Los estudios de Jung en astrología

Liz Greene

Los estudios de Jung en astrología

Profecía, magia y la naturaleza del tiempo

EDICIONES OBELISCO

Si este libro le ha interesado y desea que le mantengamos informado
de nuestras publicaciones, escríbanos indicándonos qué temas son de su interés
(Astrología, Autoayuda, Ciencias Ocultas, Artes Marciales, Naturismo,
Espiritualidad, Tradición…) y gustosamente le complaceremos.

Puede consultar nuestro catálogo en www.edicionesobelisco.com

Colección Astrología
Los estudios de Jung en astrología
Liz Greene

1.ª edición: octubre de 2023
2.ª edición: octubre de 2025

Título otiginal: *Jung's Studies in Astrology*

Traducción: *Antonio Cutanda*
Maquetación: *Isabel Also*
Corrección: *Elena Morilla*
Diseño de cubierta: *Enrique Iborra*

Edita: Ediciones Obelisco, S. L.
Collita, 23-25. Pol. Ind. Molí de la Bastida
08191 Rubí - Barcelona - España
Tel. 93 309 85 25
E-mail: info@edicionesobelisco.com

ISBN: 978-84-9111-968-5
DL B 16950-2023

Printed in India

Descripción del libro

Los estudios de Jung en astrología es una revisión histórica del trabajo astrológico del sabio suizo desde la época en la que comenzó a estudiar el tema. Se basa no sólo en las obras publicadas, sino también en su correspondencia y en documentos encontrados en sus archivos privados, muchos de los cuales no han llegado a ver la luz del día. Liz Greene aborda la relación en profundidad de Jung con la astrología y lo hace con una precisa erudición, ahondando en las fuentes antiguas, medievales y modernas en las que Jung se sumergió, en las personas de las cuales aprendió, en sus ideas acerca de cómo y por qué funcionaba la astrología, en sus implicaciones religiosas y filosóficas, y en sus aplicaciones en el tratamiento de sus pacientes, así como en su propio conocimiento personal. Greene hace evidente que cualquier esfuerzo serio por comprender cómo se desarrollaron las teorías psicológicas de Jung, así como la naturaleza de su visión del mundo, pasa por la exploración y el estudio de su obra astrológica.

En otra de sus obras, *The Astrological World of Jung's* Liber Novus *(El mundo astrológico del* Liber Novus *de Jung),* Liz Greene explora el viaje vital de Jung a través de esa remarcable obra, e investiga cómo utilizó imágenes y temas astrológicos a la hora de interpretar y comprender la naturaleza de sus visiones y el profundo significado psicológico que había tras ellas. En el análisis que hace Greene se incluyen cierto número de elementos míticos y arquetípicos, como las historias de Salomé, Sigfrido y Elías, y demuestra que la astrología, tal como la entendía Jung, es, sin lugar a dudas, uno de los elementos más importantes en los que se fundamenta la psicología analítica, así como una parte esencial para comprender su legado.

Lo que se ha dicho de este libro

Liz Greene ha escrito lo que sin duda es la obra definitiva acerca de la relación de Jung en la astrología, y esto supone un inmenso logro. También nos ofrece profundos atisbos sobre la visión de Jung de los fundamentos psicológicos existentes tras la aparición histórica de determinados patrones arquetípicos significativos. (**Murray Stein,** autor de *El mapa del alma según C. G. Jung*)[1]

1. Publicado en castellano por Ediciones Luciérnaga. Barcelona, 2004.

Los estudios de Jung en astrología

C. G. Jung tenía un profundo interés en la astrología, algo que dejó claro en casi todos los volúmenes de sus *Obras Completas,* así como en muchas de sus cartas. Este antiguo sistema de símbolos fue de la máxima importancia para su comprensión de la naturaleza del tiempo, los arquetipos, la sincronicidad y el destino humano.

Los estudios de Jung en astrología es una revisión histórica del trabajo astrológico del sabio suizo desde la época en la que comenzó a estudiar el tema. Se basa no sólo en las obras publicadas, sino también en su correspondencia y en documentos encontrados en sus archivos privados, muchos de los cuales no han llegado a ver la luz del día. Liz Greene aborda en profundidad la relación de Jung con la astrología y con una precisa erudición, ahondando en las fuentes antiguas, medievales y modernas en las que Jung se sumergió, en las personas de las cuales aprendió, en sus ideas acerca de cómo y por qué funcionaba la astrología, en sus implicaciones religiosas y filosóficas, y en sus aplicaciones en el tratamiento de sus pacientes, así como en su propio conocimiento personal. Greene hace evidente que cualquier esfuerzo serio por comprender cómo se desarrollaron las teorías psicológicas de Jung, así como la naturaleza de su visión del mundo, pasa por la exploración y el estudio de su obra astrológica.

Esta completísima investigación sobre un tema central de la obra de Jung será sin duda de interés para profesionales de la psicología analítica y psicoterapeutas junguianos, para estudiantes y académicos de las teorías junguianas y pos-junguianas, de la historia de la psicología, del pensamiento arquetípico, la mitología y el folklore, de la historia de los movimientos *New Age*, del esoterismo y la astrología psicológica.

Liz Greene es analista junguiana y astróloga profesional, habiendo recibido su diploma en Psicología Analítica de la Association of Jungian Analysts en Londres, en 1980. Tiene un doctorado en Psicología y otro en Historia, y ha trabajado durante muchos años como tutora del Máster en Astronomía y Astrología Cultural en la Universidad de Gales, en Lampeter. Ha escrito numerosos libros, algunos de ellos de carácter académico y otros de corte interpretativo, sobre las relaciones existentes entre psicología y astrología, el Tarot, la Cábala y los mitos, y sobre *The Astrological World of Jung's* Liber Novus *(El mundo astrológico del* Liber Novus *de Jung).*

El universo en su totalidad, amigo mío, es un tremendo sacramento; una fuerza y una energía místicas e inefables, veladas por la forma externa de la materia; y el hombre, y el sol y el resto de estrellas, y la flor que emerge de la hierba, y el cristal del tubo de ensayo, son, todos y cada uno de ellos, tan espirituales como materiales, y están sometidos al trabajo interior.[1]

—ARTHUR MACHEN

Sólo puedo contemplar con asombro y sobrecogimiento las profundidades y las alturas de nuestra naturaleza psíquica. Su universo no-espacial oculta incalculables imágenes que se han ido acumulando a lo largo de millones de años de desarrollo vital y que se han fijado en el organismo... Imágenes que en absoluto podrían ser calificadas como de sombras pálidas, pues son factores psíquicos tremendamente poderosos... Además de esta imagen, me gustaría poner también la imagen del espectacular cielo estrellado nocturno, pues el único equivalente del universo interior es el universo exterior.[2]

—C.G. JUNG

---

1. Arthur Machen, «*The Novel of the White Powder*» [La novela de la pólvora blanca], en Arthur Machen, *The Three Impostors* (Londres: John Lane, 1895), pp. 95-111. Todas las citas que se encuentran al comienzo de cada capítulo de este libro que pertenezcan a otros personajes distintos a Jung son de autores cuyas obras se encuentran en la biblioteca privada de Jung.
2. Jung, CW4, p. 764.

Prólogo

Ésta es una obra que he estado buscando en vano durante varias décadas y, sin embargo, por paradójico que pueda parecer, sólo se podría haber escrito hoy. Durante años, intenté ubicar la astrología en la obra de Jung, pero, al igual que ocurre con un enigma hermético, aunque los signos y los mensajes cifrados acerca de la astrología eran evidentes y abundantes, su importancia en la obra de Jung seguía sin hacerse plenamente visible: desde los indicios que se pueden hallar en su correspondencia con Freud, que evidenciaban que Jung había estudiado el tema, al igual que en sus recuerdos con pacientes y asociados, pasando por las abundantes referencias sobre su trabajo alquímico, o el papel de su «experimento astrológico» en el artículo sobre la sincronicidad, hasta llegar al marco astrológico general que Jung ofrece en su estudio sobre el significado psicológico de la precesión de los equinoccios en su libro *Aion*. Por otra parte, había pocas pistas que vincularan todo esto con el cuerpo principal de su obra y con su proceso de formación. Y el asunto aún se complicó más cuando los astrólogos del siglo XX se abrazaron a la obra de Jung, en la medida en que, a partir de ese momento, habría que reconstruir el complejo relato de esta acogida. Por último, a todo esto, habría que añadir la escasez de materiales secundarios sobre la historia de la astrología a finales del siglo XIX y principios del siglo XX que pudieran habernos dado alguna orientación o servirnos como punto de partida.

La solución a este complejo enigma se dio de dos maneras. En primer lugar, con la publicación del *Liber Novus* de Jung, que abrió el camino, por vez primera a partir de documentación principal, para el estudio de los vínculos existentes entre las lecturas de Jung a lo largo de sus indagaciones: de cómo estimularon sus sueños, visiones y fantasías; cómo las utilizó para construir una cosmología personal en la forma de un trabajo literario, teológico, filosófico y pictórico, fermentado por paralelismo simbólicos; y cómo intentó destilar todo esto en el lenguaje conceptual de la nueva psicología que se estaba construyendo, que él a su vez utilizó hermenéuticamente para un estudio comparativo sobre el proceso de transformación en las tradiciones esotéricas. Disponíamos ahora de una fuente documental crucial con la cual vincular su vida, su trabajo y su obra, y que nos servía al mismo tiempo como palanca para apartar los escombros de tantos mitos y leyendas como se han levantado sobre su obra. En segundo lugar, apareció una escritora con la formación académica necesaria en estos campos, que había utilizado estos materiales para determinar el lugar que había ocupado la astrología en la obra de Jung, así como el lugar que la obra de Jung había tenido dentro de la historia de la astrología.

Este libro no ve la psicología a través de las lentes de la astrología, ni ve la astrología a través de las lentes de la psicología, aunque proporciona una gran riqueza de materiales para tales consideraciones. Más bien, realiza un seguimiento del progresivo uso de la astrología que hizo Jung –o, como se demuestra aquí, del uso que hizo de cierto número de formas y corrientes de astrología– en la construcción de su psicología; lo cual, a su vez, pavimentó el camino para el desarrollo de una astrología conjugada a través de la psicología. Si múltiples fueron las astrologías de las cuales se nutrió Jung, también fueron múltiples los usos que Jung les dio: para comprenderse a sí mismo, para experimentar consigo mismo (en concreto, en la relación de su imaginación activa con la teúrgia), como complemento de su práctica profesional, en su comprensión del simbolismo y la hermenéutica y a través de sus últimos estudios de astrología en sus obras académicas.

La psicología de Jung no sólo se caracteriza por la amplitud de su temática, sino también por la variedad de disciplinas a las que recurrió. Sin embargo, los estudios acerca de Jung se han poblado con una plétora de relatos monocausales que, aunque centrados en un solo elemento, los obliga a mantener la sinécdoque, *pars pro toto,* sea cual sea la fuente: (preeminentemente) Freud, el gnosticismo, la Cábala, la tradición estética germánica o el espiritismo. Y aunque algunos de estos trabajos han supuesto valiosas contribuciones, no se han fijado en el modo sincrético y combinatorio con el que Jung indagaba simultáneamente en diversos campos, por lo que, hasta ahora, se ha pasado por alto el papel que había jugado la astrología en esta mezcolanza. Evidentemente, este estudio no ha querido caer en la trampa de proponer otro relato monocausal más, sino que sitúa los usos astrológicos de Jung dentro de marcos más amplios, a través de un enfoque histórico y contextual no evaluativo. En concreto, este trabajo es también un estudio crítico de la relación de Jung con el esoterismo y el hermetismo, en tanto en cuanto la astrología constituía un elemento ineludible de estas corrientes (un elemento que ha sido obviado en los estudios sobre Jung y el esoterismo hasta la fecha). En consecuencia, este estudio intenta ofrecer una lectura instructiva y esencial por derecho propio, aunque resituando y corrigiendo otros muchos estudios.

Sonu Shamdasani

INTRODUCCIÓN

La investigación de las «materias despreciadas»

El éxtasis o la visión comienza cuando el pensamiento cesa, *para nuestra consciencia,* de proceder de nosotros mismos. Se diferencia del sueño en que el sujeto está consciente. Se diferencia de las alucinaciones en que no hay un trastorno orgánico… Por último, se diferencia de la inspiración poética en que la imaginación es pasiva. Que personas perfectamente sanas experimenten tales visiones con frecuencia es algo de lo que no se puede dudar.[1]

—William Ralph Inge

El espíritu de las profundidades de épocas inmemoriales y del futuro posee un poder mayor que el espíritu de este tiempo, que cambia con las generaciones. El espíritu de las profundidades ha subyugado todo orgullo y arrogancia al poder del juicio. Me arrebató la creencia en la ciencia, me robó la alegría de explicar y ordenar las cosas, y dejó que se extinguiera en mí la devoción a los ideales de la época. Me obligó a reducirme a lo último y lo más simple.[2]

—C. G. Jung

1. William Ralph Inge, *Christian Mysticism* (Londres: Methuen, 1899), p. 23.
2. Jung, *Liber Novus,* p. 229. Todos los números de página de las citas del *Liber Novus* se refieren a la traducción inglesa y no al texto original en alemán, a menos que se indique otra cosa.

Hay dominios del conocimiento que son fácilmente distinguibles entre sí: la arqueología, por ejemplo, o la zoología. Otros dominios, como la medicina, también se pueden identificar fácilmente, pero son tan amplios que precisan de una ulterior clarificación mediante subdivisiones tales como ginecología, cardiología o cirugía ortopédica. Sin embargo, hay otros dominios que se resisten a cualquier definición precisa, incluso con miles de subdivisiones, y podrían verse como liminares. Los temas liminares tienden a difundirse promiscuamente a través de interconexiones entre esferas de estudio dispares, como la religión, la psicología y la magia, que son, por sí mismas, notablemente resistentes a cualquier definición consensuada universalmente. Son estas regiones fronterizas de la exploración humana las que el historiador Otto Neugebauer denominó una vez las «materias despreciadas».[3] El modo en que C. G. Jung investigó, adaptó e interpretó la astrología –históricamente, una de las más importantes y duraderas de estas esferas liminares, así como una de las menos comprendidas– constituye el objeto de este libro.[4]

A los expertos les gusta saber el nombre de las cosas y las categorías en las cuales pueden encuadrar las cosas. Para ello, han inventado constructos académicos tales como el «Neoplatonismo», término creado a finales del siglo XVIII para englobar las creencias religiosas, las filosofías y las prácticas de un colectivo de individuos que vivieron entre los siglos III y VI en regiones muy dispares del Imperio romano y con denominadores culturales bien diferenciados. Estos individuos nunca se denominaron a sí mismos «*neo*», pues lo único que intentaban, cada uno a su manera, era interpretar las obras de Platón en función de sus propias perspectivas y experiencias personales.[5] Estas personas compartían su devoción por las ideas de Platón y la convicción de que en la

3. Otto E. Neugebauer, «The Study of Wretched Subjects», *Isis,* vol. 42, p. 111 (1951).
4. Véase Patrick Curry, «The Historiography of Astrology», en Günther Oestmann, H. Darrel Rutkin y Kocku von Stuckrad (eds.), *Horoscopes and Public Spheres* (Berlín: Walter de Gruyter, 2005), pp. 261-274.
5. Sobre el desarrollo del término «Neoplatonista» en alemán e inglés, véase Robert Ziomkowski, «Neoplatonism», en Maryanne Cline Horowitz (ed.), *New Dictionary of the History of Ideas,* 6 volúmenes (Detroit, MI: Charles Scribner's Sons, 2005), 4:1628.

obra de Platón había todavía mucho que elucidar. Así pues, el «Neoplatonismo» es una categoría útil, porque ubica a estas personas dentro de un marco temporal más o menos identificable, un sistema filosófico más o menos reconocible y un amplio contexto cultural. Pero, en tanto que etiqueta definitoria, el término «Neoplatonismo» puede ensombrecer las enormes diferencias existentes entre las ideas y doctrinas promulgadas, por ejemplo, por Plotino (c. 204-270 e. c.), cuyas *Enéadas* ejercieron una perdurable influencia en la teología cristiana, y Jámblico (c. 245-325 e. c.), el principal filósofo de la academia platónica de Siria, cuyo texto sobre teúrgia, *De mysteriis,* resultaría especialmente atractivo para los ocultistas de finales del siglo XIX.[6] Del mismo modo, el término «Neoplatonismo» puede eclipsar las enormes diferencias de interpretación –o, tal como se dice ahora, la «recepción»[7]– de estos autores desde la época en la que escribieron hasta la actualidad.

Otro ejemplo de clasificación académica aparentemente precisa, pero enormemente engañosa, lo constituye el término «Renacimiento». Desde mediados del siglo XIX hasta mediados del siglo XX, era del todo evidente para los historiadores aquello a lo que se aludía al hablar de «el Renacimiento».[8] Desde esta visión, el Renacimiento abarcaba el período que va desde principios del siglo XV hasta mediados del XVII, alimentado por la traducción del griego al latín de textos clásicos y de la antigüedad tardía, que se habían perdido en Occidente, pero que volvieron a ser accesibles tras la caída de Constantinopla ante los turcos otomanos en 1453.[9] El Renacimiento italiano, visto desde esta perspec-

6. El *De mysteriis* de Jámblico se denominó en sus orígenes *Respuesta del maestro Abamón a la carta de Porfirio a Anebo.* Marsilio Ficino le dio el título de *De mysteriis Ægyptiorum* a mediados del siglo XV.

7. Sobre «recepción» en tanto que término académico reciente, véase Terry Eagleton, *Literary Theory* (Londres: Blackwell, 1996), pp. 47-78.

8. Sobre uno de los más antiguos usos del término «Renacimiento», véase Jacob Burckhardt, *The Civilization of the Renaissance in Italy,* trad. Samuel George Chetwynd Middlemore (Nueva York: Doubleday, 1878).

9. Sobre este enfoque del Renacimiento, véase Frances A. Yates, *Giordano Bruno and the Hermetic Tradition* (Londres: Routledge & Kegan Paul, 1964), traducido al castellano bajo el título de *Giordano Bruno y la tradición hermética,* por Ariel, Barcelona, 1983.

tiva, vendría a ser el resurgir espontáneo y súbito del antiguo arte y la filosofía paganos en un contexto cristiano occidental, encarnado por las pinturas de Botticelli y da Vinci, las esculturas de Miguel Ángel, las elucidaciones filosóficas platónicas y herméticas de Marsilio Ficino, las explicaciones cabalistas de Pico della Mirandola, la poesía de Petrarca, Bocaccio y Angelo Poliziano, y el genio científico de Galileo y Copérnico.[10] Anunció también el resurgimiento de las tres «ciencias ocultas» de la antigüedad –la astrología, la alquimia y la magia[11]–, que resultarían después tan fascinantes para Jung. Sin embargo, esta definición de «Renacimiento» lleva siendo cuestionada en la academia desde hace más de cincuenta años.[12] Por otra parte, a un período de gran expansión religiosa y científica acaecido entre 1050 y 1250 se le denomina ahora como el «Renacimiento del siglo XII» y, al igual que el posterior Renacimiento italiano, también supuso la importación de textos de magia, astrología y alquimia, esta vez desde los mundos judío y musulmán del sur de España y Oriente Medio. Esto ha llevado a que el Renacimiento italiano se vea ahora como el resultado inevitable del Renacimiento del siglo XII, potenciado por el desarrollo de los libros impresos, que eventualmente llevarían a la Reforma y lo que se conoce como el período de los inicios de la modernidad de la historia occidental.[13] Categorías tales como «inicios de la modernidad» pueden ser revisadas con el tiempo. La historiografía de cualquier lugar o período de

---

10. Véase Edgar Wind, *Pagan Mysteries in the Renaissance* (Londres: Faber & Faber, 1968), traducido al castellano como *Los misterios paganos del Renacimiento,* editado por Barral, Barcelona, 1972; Jean Seznec, *The Survival of the Pagan Gods,* trad. Barbara F. Sessions (Nueva York: Pantheon, 1953), traducido al castellano bajo el título de *Los dioses de la antigüedad en la Edad Media y el Renacimiento,* editado por Taurus, Madrid, 1983.
11. Véase Yates, *Giordano Bruno and the Hermetic Tradition, op. cit.;* D. P. Walker, *Spiritual and Demonic Magic* (Londres: Warburg Institute, 1958).
12. Véase Erwin Panofsky, *Renaissance and Renascences in Western Art,* 2 volúmenes (Estocolomo: Almqvist & Wiksell, 1960), traducido al castellano bajo el título de *Renacimiento y renacimientos en el arte occidental,* publicado por Alianza Editorial, Madrid, 2014.
13. Véase R. N. Swanson, *The 12th-Century Renaissance* (Manchester: Manchester University Press, 1999).

la cultura humana, y de cualquier género de la creatividad humana, es tan reveladora y compleja como la propia historia.[14]

Muchas personas ajenas a la academia no tienen ningún inconveniente en identificarse como «religiosas», pero los académicos siguen discutiendo frenéticamente con la mera definición del término «religión» de acuerdo a determinados criterios; criterios que quizás no signifiquen nada para todas aquellas personas que ponen su confianza en lo inefable a través de la experiencia directa, aunque nunca hayan entrado en un lugar de culto reconocido colectivamente ni llamen a su divinidad por un nombre convencionalmente acordado.[15] El hecho de que muchas de estas personas no tengan intención alguna de poner siquiera un pie en una iglesia, capilla, sinagoga, mezquita o templo, lleva a encuadrarlas o bien en los «cultos *New Age* (Nueva Era)», como en el caso de muchas espiritualidades contemporáneas,[16] o bien como parte del proceso moderno de «secularización», que no es más que otra categoría inventada, como el «Neoplatonismo», que sirve a los objetivos de la academia, pero que en modo alguno refleja –y puede incluso tergiversar groseramente– las ideas, creencias, experiencias y aspiraciones enormemente individuales de aquellas personas agrupadas bajo tales etiquetas.[17]

Incluso el término «moderno» está siendo cuestionado. Podríamos pensar que somos «modernos» y hablar del mundo «moderno», o incluso «posmoderno». Se considera a la psicología como una ciencia «moderna», en tanto que la astrología se considera «premoderna», aunque su indestructible popularidad siga desconcertando a los investigadores de tendencias sociológicas. Pero ¿acaso la modernidad es un período

14. Véase John Burrow, *A History of Histories* (Londres: Penguin, 2009).

15. Para una visión general de las diversas definiciones académicas de «religión», véase James Thrower, *Religion* (Edimburgo: Edinburgh University Press, 1999).

16. Sobre el uso del término «culto» en las espiritualidades contemporáneas, véase Eileen Barker y Margit Warburg (eds.), *New Religions and New Religiosity* (Aarhus: Aarhus University Press, 1998). Sobre el uso que Richard Noll da al término «culto» en referencia a Jung, véase Sonu Shamdasani, *Cult Fictions: C. G. Jung and the Founding of Analytical Psychology* (Londres: Routledge, 1998), pp. 1-12.

17. Sobre la «secularización», véase William H. Swatos y Daniel V. A. Olson (eds.), *The Secularization Debate* (Nueva York: Rowman & Littlefield, 2000).

preciso de la historia que comenzó en la época de la «Ilustración» (otro constructo académico) a finales del siglo XVIII? ¿Acaso la modernidad es un paso evolutivo en el avance social, o es un paso regresivo? ¿Es el producto de la industrialización, de la secularización, de la ciencia o del «desencanto»?[18] ¿Acaso es «moderna» una perspectiva que se ha repetido multitud de veces a lo largo de la historia, quizás de forma cíclica, reflejando por tanto cierta forma de ver la realidad? ¿O el término «moderno» hace referencia, simplemente, a una categoría fluida que la gente ha venido utilizando a lo largo de la historia, aunque con otros nombres, para diferenciarse de un pasado que se percibía como «primitivo»?[19]

Las categorías construidas por el mundo académico, aunque sean cuestionadas implacablemente o estén sujetas a revisión constante, son útiles, no sólo porque en cualquier obra académica conviene hacerse comprender, dejando claro a qué te refieres al utilizar un término en concreto, sino también porque estas categorías deben seguir siendo hipotéticas y fluidas, porque no existen dos culturas, ni tampoco dos individuos, que coincidan exactamente en lo que se entiende por religión, magia o psicología. Y la astrología, que normalmente se percibe desde los académicos de la historia como una entidad monolítica, bajo el epígrafe de «adivinación»,[20] también precisa ser entendida como un producto cultural ciertamente plural. Siempre han existido astrologías

18. Acerca del concepto de «desencanto», véase Alkis Kontos, «The World Disenchanted, and the Return of Gods and Demons», en Asher Horowitz y Terry Maley (eds.), *The Barbarism of Reason* (Toronto: University of Toronto Press, 1994), pp. 223-247.

19. Véase, por ejemplo, la idealización de Jámblico de la teología del «antiguo» Egipto, en Jámblico, *De mysteriis,* trad. Emma C. Clarke, John M. Dillon y Jackson P. Hershbell (Atlanta, GA: Society of Biblical Literature, 2003), Libros VII y VIII. Todas las citas de *De mysteriis* utilizadas en este libro son de esta traducción, a menos que se indique otra cosa.

20. Para ver una definición de la astrología como adivinación en el siglo I a.e.c., véase Cicerón, *De divinatione,* en *On Old Age, on Friendship, on Divination,* trad. W. A. Falconer (Cambridge, MA: Harvard University Press, 1970), II: 44.93. Acerca de ecuaciones académicas modernas de la astrología con la adivinación, véase Tamsyn Barton, *Ancient Astrology* (Londres: Routledge, 1994), p. 11; Sarah Iles Johnston, «Introduction: Divining Divination», en Sarah Iles Johnston y Peter T. Struck (eds.), *Mantikê* (Leiden: Brill, 2005), p. 7. Para una perspectiva al-

diversas, dadas las multitud de cosmologías, filosofías, técnicas, modos de interpretación y aplicaciones materiales y espirituales que han desarrollado los practicantes de la astrología.[21] Aunque las representaciones simbólicas de la astrología occidental han conservado una relativa coherencia a lo largo de muchos siglos,[22] el enfoque astrológico psicológicamente orientado de Jung es muy diferente de la astrología aristotélica de Ptolomeo del siglo II, que a su vez difiere de la astrología mágica de los adeptos de la Orden Hermética de la Aurora Dorada de finales del siglo XIX y de la astrología teosófica de Alan Leo de principios del siglo XX, que tiene sus raíces en la reinterpretación de H. P. Blavatsky de las ideas neoplatónicas y gnósticas relativas a la evolución espiritual del alma.

En décadas recientes, la especificidad cultural se ha convertido en una poderosa herramienta dentro de la academia para garantizar que las definiciones académicas de esferas de la actividad humana como la «religión» sigan siendo fluidas. Pero, al mismo tiempo y paradójicamente, se espera que estas definiciones proporcionen unos límites precisos y estables entre áreas discretas de la experiencia humana que podrían estar más sutilmente entrelazadas de lo que pueda parecer en un principio. Por ejemplo, se puede ser psicólogo de las religiones, pero es bastante más difícil ser un psicólogo abiertamente religioso sin correr el riesgo de perder credibilidad ante los ojos de aquéllos que ven la psicología estrictamente como una ciencia.[23] Sonu Shamdasani señala que gran parte de la controversia que rodea a la obra de Jung se basa en el

---

ternativa, véase Liz Greene en «Is Astrology a Divinatory System?» *Culture and Cosmos,* vol. 12:1, pp. 3-30 (2008).

21. Sobre la diversidad de astrologías a lo largo de la historia, véase Nicholas Campion y Liz Greene (eds.), *Astrologies* (Lamperer: Sophia Centre Press, 2011).
22. Véase Liz Greene, «Signs, Signatures, and Symbols: The Language of Heaven», en Campion y Greene (eds.), *Astrologies, op. cit.,* pp. 17-46.
23. M. Scott Peck (1936-2005), psiquiatra y místico cristiano, escribió dos superventas, *The Road Less Travelled* (Londres: Hutchinson, 1983), traducido al castellano como *El camino menos transitado* (Barcelona: Vergara, 2019) y *People of the Lie* (Londres: Rider, 1988). Estos libros le granjearon la reputación de ser un «gurú de la autoayuda», y, aunque enormemente respetado en círculos cristianos, su trabajo no se ha valorado en modo alguno en el mundo de la psicología clínica.

hecho de que fue «uno de los más destacados psicólogos modernos en afirmar valores religiosos».[24] Uno puede ser un académico experto en magia o en astrología, pero no puede practicar la magia ritual ni la astrología sin ser cuestionado seriamente por su supuesta falta de «empirismo» académico,[25] aunque resulte problemático, o quizás incluso imposible, discutir inteligentemente de estas materias sin tener experiencia directa de ellas. Como afirma Shamdasani, «que Jung prestara atención a tales temas sin despreciarlos fue suficiente para que se le etiquetara de ocultista».[26] Si el hecho de no despreciar estos temas lleva a la experimentación directa (como ocurrió con Jung), los críticos no se van a formular cuestiones del todo relevantes, como qué planteamientos psicológicos valiosos se pueden extraer de tal experimentación. Los prejuicios y una opinión sin fundamento, e incluso la hostilidad personal, pueden reemplazar al «agnosticismo metodológico» y negar el testimonio de la experiencia individual.[27]

Incluso las figuras del mundo antiguo pueden sufrir este tipo de imposición anacrónica desde los paradigmas culturales actuales. La reputación de Jámblico, que fue etiquetado de «mago» por el historiador de las religiones E. R. Dodds a mediados del siglo XX, no se ha recuperado del todo de la idea preconcebida de que filosofía racional y misticismo teúrgico son mutuamente excluyentes. De hecho, Jámblico sigue siendo visto por algunos académicos como un «depravado ocultista», a pesar de los recientes esfuerzos académicos por rehabilitar su figura.[28] Como señala Zeke Mazur en un artículo sobre las raíces mágicas del

24. Shamdasani, *Cult Fictions, op. cit.*, p. 10.
25. Sobre el cuestionamiento al academicismo del practicante «religioso», véase Wouter J. Hanegraff, *Esotericism and the Academy* (Cambridge: Cambridge University Press, 2012), pp. 340-370. Véase también Alasdair MacIntyre, «Is Understanding Religion Compatible with Believing?», en Russell T. McCutcheon (ed.), *The Insider/Outsider Problem in the Study of Religion: A Reader* (Londres: Cassell, 1999), pp. 37-49.
26. Shamdasani, *Cult Fictions, op. cit.*, p. 3.
27. Sobre el «agnosticismo metodológico», véase Ninian Smart, *The Science of Religion and the Sociology of Knowledge* (Princeton, NJ: Princeton University Press, 1973).
28. Para ver comentarios acerca de esta tendencia académica, véase Gregory Shaw, «Theurgy», *Traditio*, vol. 41, pp. 1-28, esp. pp. 4-6 (1985).

misticismo «racional» de Plotino: «Gran parte del academicismo previo ha supuesto, consciente o inconscientemente, que la magia es una categoría radicalmente distinta tanto de la filosofía como de la "alta" religión».[29] Y mientras algunos intentan «rehabilitar» a los neoplatónicos orientados teúrgicamente como Jámblico, esa neutralidad de sentido común no siempre se extiende a los dominios de la psicología académica. El trabajo de psicólogos y psicoterapeutas que dedican muchísimo tiempo a explorar las zonas liminares se suele encontrar con recepciones sesgadas.

En el mundo de las «materias despreciadas», las categorías precisas tienden a disolverse, fundirse y combinarse para generar nuevos híbridos. Los conocimientos obtenidos a través de la experiencia directa pueden ser tan importantes como los análisis intelectuales y las metodologías científicas, en tanto que lo habitual es que los límites sean difusos. Sin embargo, por perturbador que pueda resultar esto, se pueden ver ideas tremendamente aplicables y longevas en sus formas más dinámicas –a pesar de encontrarse en un proceso de transformación y de adaptación creativa a determinado medio cultural– que, sin embargo, se han visto limitadas por la codificada inercia y las exigencias de ciertas preocupaciones académicas, socioeconómicas y políticas. Las «materias despreciadas», por abundantes y potentes que sean las evidencias documentales, siguen formando parte de las tierras vírgenes de la academia, unos territorios relativamente inexplorados hasta hace poco, en los que no existen reglas precisas e indiscutibles para la metodología escolástica o la ontología religiosa. Esto puede resultar ciertamente incómodo, y a veces se hace irresistible la tentación de convertir las tierras vírgenes en un jardín cuidado y domesticado mediante la aplicación de podas, herbicidas e insecticidas intelectuales. Pero el pensamiento genuinamente creativo sólo es posible cuando estas esferas se exploran tanto desde dentro como desde fuera.

Jung dedicó mucho tiempo a las interconexiones liminares entre psicología y religión, psicología y magia, magia y misticismo, misticismo y medicina. Como cualquier otra persona, Jung fue vulnerable a los valores

29. Zeke Mazur, «*Unio Magica* Part I: On the Magical Origins of Plotinus' Mysticism», *Dionysius*, vol. 21, pp. 23-52, en p. 24 (2003).

dominantes de su época y de su cultura, y sufrió enormemente cada vez que se aventuraba a ir más allá de las alambradas que rodeaban y protegían, al igual que ahora, su disciplina psiquiátrica para buscar conocimientos psicológicos en lo que ahora vemos como temas «esotéricos». No está claro si los temas que Jung estudió eran en verdad «esotéricos», puesto que esto depende de cómo se defina el término y de en qué período histórico emerge tal definición.[30] La astrología es normalmente vista como una esfera de estudio «esotérica», pero hasta finales del siglo XVIII formaba parte de la «cultura dominante» y, a pesar de los esfuerzos desplegados en diversas coyunturas históricas por impedir su práctica o por cuestionar su legitimidad, ha seguido formando parte intrínseca, aunque a veces encubierta, de las cosmologías religiosas de Oriente y de Occidente. Muchos de los temas que Jung estudió combinan diferentes esferas de la experiencia humana: el arte se convierte en un instrumento para la magia, los símbolos astrológicos transmiten conocimientos psicológicos, las imágenes oníricas abren puertas a experiencias religiosas disfrazadas de locura, Dios y el inconsciente se hacen indistinguibles, la medicina y el ritual chamánico se dan la mano, y la sexualidad es un rito mágico sagrado. Sin embargo, la etiqueta de «esotérico» puede resultar reconfortante para los expertos porque, una vez se le ponen límites fijos a este término,[31] ya no es necesario tolerar la incertidumbre de si lo que Jung hizo era psicología o religión, o si intentar diferenciar entre ambas podría suponer formular una pregunta incorrecta. Desde el punto de vista de muchos académicos, Jung no era un psicólogo de verdad, sino más bien un «esoterista» con un sesgo «religioso» cuyo trabajo arraiga en el Romanticismo alemán del siglo XIX.[32] Eso, al parecer, le sitúa, «por fortu-

---

30. Para una definición reciente de «esotérico», véase Antoine Faivre y Karen-Clare Voss, «Western Esotericism and the Science of Religion», *Numen,* vol. 42:1, pp. 48-77 (1995). Para una definición diferente, véase Moshe Halbertal, *Concealment and Revelation* (Princeton, NJ: Princeton University Press, 2007), p. 1.

31. Véase Faivre and Voss, «Western Esotericism», *op. cit.* Para una elaboración más extensa de esta definición, véase Wouter J. Hanegraaff, *New Age Religion and Western Culture* (Leiden: Brill, 1996), pp. 384-410.

32. Véase, por ejemplo, Hanegraaff, *New Age Religion, op. cit.,* pp. 497-501; Valentine C. Hubbs, «German Romanticism and C. G. Jung», *Journal of Evolutionary Psychology,* vol. 4:1-2, pp. 17-24 (1983). Shamdasani vincula el Romanticismo

na», en una categoría reconocible donde, hasta hace muy poco, se asumía que permanecería en silencio, como un genio tramposo encerrado en una lámpara maravillosa.

Pero en el otoño de 2009, se publicó una nueva obra de Jung, titulada *El Libro Rojo: Liber Novus.*[33] No mucho antes de morir en 1961, Jung hizo los siguientes comentarios acerca del período de su vida en el que estuvo creando el *Liber Novus:*

> Los años en que fui en pos de mis imágenes interiores fueron los más importantes de mi vida, pues en ellos se decidió todo lo que sería esencial. Todo comenzó entonces; los detalles posteriores no son más que añadidos y clarificaciones del material que emergía desde el inconsciente, y que al principio me abrumaba. Fue la *prima materia* para el trabajo de toda una vida.[34]

El *Liber Novus,* conocido como *El Libro Rojo* debido a su encuadernación original en cuero rojo, es la revisión caligráfica de Jung de una serie de diarios privados, conocidos como los *Libros Negros,* que abarcan el período que va desde 1913 –la época de su ruptura con Freud– hasta 1932. La obra es tanto textual como pictórica, puesto que casi todas las páginas tienen pintada una imagen, todas ellas sorprendentemente hermosas y ejecutadas impecablemente, y la escritura caligráfica imita a los manuscritos ilustrados medievales. La narrativa dominante del *Liber Novus* es el viaje de Jung desde la alienación hasta la restauración de su alma, a través del largo y penoso proceso que tuvo que realizar para cerrar una profunda grieta en su propia naturaleza: el aparentemente irreconciliable conflicto entre razón y revelación, mun-

---

alemán con la idea de Jung del «sueño profético y diagnóstico»; véase Sonu Shamdasani, *Jung and the Making of Modern Psychology* (Cambridge: Cambridge University Press, 2003), p. 147.

33. Sobre la historia de la publicación del *Liber novus,* véase la introducción de Sonu Shamdasani en Jung, *Liber Novus, op. cit.*, pp. VIII-XII. Sobre el génesis del *Liber novus* explicado por el propio Jung, véase C. G. Jung, *Memories, Dreams, Reflections,* ed. Aniela Jaffé, trad. Richard y Clara Winston (Londres: Routledge & Kegan Paul, 1963), pp. 194-225.

34. Jung, *MDR,* p. 225.

do externo y mundo interno, subjetividad y objetividad, así como entre el científico y el visionario religioso, a los que vivenciaba como dimensiones auténticas, exigentes y mutuamente excluyentes de su propio ser.

La existencia del *Liber Novus* ha sido un secreto a voces desde que se publicó su autobiografía *Recuerdos, sueños, pensamientos,* en alemán en 1961 y en inglés en 1962,[35] dado que en este libro hablaba del origen del *Liber Novus*, y también porque venían circulando copias no publicadas del *Liber Novus* entre los colegas íntimos de Jung desde hacía tiempo. Pero nunca había sido accesible al público en general, ni siquiera para la mayoría de psicólogos analíticos, que no se hallaban en el círculo íntimo de Jung. Ahora, su publicación ha dado lugar a multitud de libros, artículos, talleres, entrevistas, conferencias y comentarios, que van desde revisiones en los periódicos y seminarios en Internet hasta interpretaciones en revistas analíticas y páginas web de colectivos paganos modernos, uno de los cuales, bastante acertadamente, declaró que el *Liber Novus* es «el grimorio más importante de la era moderna».[36]

La reputación de Jung en el mundo de la psicología clínica siempre había sido ambigua. Se le veía como a un místico o, incluso, desde la perspectiva del analista freudiano D. W. Winnicott, un esquizofrénico que, de algún modo, se las había ingeniado para sanarse a sí mismo.[37] Los modelos teóricos de Jung se han cuestionado porque no son suficientemente «científicos», pero no es fácil demostrar a través de experimentos repetitivos la existencia y la situación de los arquetipos del inconsciente colectivo.[38] Los actuales paradigmas de la psicología clínica tienden a favorecer los enfoques cognitivos de la mente humana, que

35. Sobre la cuestionable autenticidad de algunos de los materiales de esta obra, véase Sonu Shamdasani, «Memories, Dreams, Omissions», en Paul Bishop, *Jung in Contexts* (Londres: Routledge, 1999), pp. 33-50.

36. <http://wildhunt.org/blog/tag/liber-novus>.

37. Véase D. W. Winnicott, «Review of C. G. Jung, Memories, Dreams, Reflections», *International Journal of Psycho-analysis,* vol. 45, pp. 450-455 (1964).

38. Acerca del contraste entre el enfoque hermenéutico de Jung y el enfoque de las ciencias naturales, véase William E. Smythe y Angelina Baydala, «The Hermeneutic Background of C. G. Jung», *Journal of Analytical Psychology,* vol. 57, pp. 57-75 (2012).

resultan ser más adecuados para las metodologías de las ciencias naturales.[39] Según David Tacey, profesor de psicoanálisis en la Universidad La Trobe de Melbourne, uno de los motivos por los que Jung ha sido marginado en los departamentos de psicología de las universidades es porque «su obra no encaja con ninguna disciplina académica específica. El profesorado de psicología suele referirse a su obra como estudios religiosos».[40]

Sorprendentemente, considerar la obra de Jung como «no científica» es algo que también se ha hecho en el mundo académico de los estudios esotéricos, campo de erudición que, hasta hace muy poco, también estaba marginado, y donde hubiera sido de esperar un enfoque metodológicamente más neutro y tolerante con la experiencia personal. Esta imagen del trabajo de Jung da por supuesto que, dado que recurrió a fuentes esotéricas para formular sus modelos psicológicos, debería ser visto como un esoterista, en tanto que el esoterismo y la psicología son, para estos académicos, mutuamente exclusivos.[41] Un ejemplo de este enfoque nos lo ofrece Richard Noll, de quien se ha cuestionado su neutralidad, e incluso su veracidad, en el tratamiento académico que le da a Jung. G. William Barnard, hablando del trabajo de Noll, comenta:

> También da la impresión de que, bajo las aparentemente impecables buenas intenciones académicas de Noll, operan motivos con una fuerte carga emocional. Noll no ofrece simplemente un retrato neutral y desapasionado de Jung, sino que, al igual que otros académicos que desprecian las diversas perspectivas «incultas» de la psicología-en-tanto-que-religión, se

39. Merecen mención dos excepciones en el Reino Unido: el Centre for Psychoanalytic Studies, en la Universidad de Essex, fundado en 1993, que explora enfoques tanto clínicos como académicos de los modelos freudianos y junguianos, y el programa de posgrado en Estudios Psicoanalíticos del University College de Londres, donde Sonu Shamdasani, editor del *Liber Novus,* es catedrático de Historia de Jung.

40. David Tacey, «The Challenge of Teaching Jung in the University», en Kelly Bukeley y Clodagh Weldon (eds.) *Teaching Jung* (Oxford: Oxford University Press, 2011), pp. 13-27, en p. 15.

41. Véase, por ejemplo, Hanegraff, *New Age Religion, op. cit.,* pp. 496-513.

podría decir que Noll intenta desacreditar a Jung simplemente por su afiliación a cierto número de movimientos esotéricos y ocultos que estaban activos en la Europa de su época.[42]

Y yo diría que Barnard aún ha sido excesivamente cortés en su evaluación de Noll. John Haule, un analista junguiano formado en Zúrich y que aborda diversas biografías de Jung, deja simplemente de lado a Noll calificándolo como de «chismoso».[43] Sonu Shamdasani, en *Cult Fictions,* se quita también los guantes de terciopelo y destaca, con impecable erudición, la falta de honestidad y la malicia con la que Noll construyó su proyecto para «aporrear a Jung».[44] Pero Noll no es el único. Otros académicos habían calificado ya a Jung como a un filósofo de la religión que, encubiertamente, utilizaba modelos psicológicos para sustentar afirmaciones metafísicas. Esto, aparentemente, debería llevarnos a sembrar dudas sobre sus teorías psicológicas en tanto en cuanto, supuestamente, Jung habría estado ocultando su creencia en la existencia de Dios bajo una capa de análisis psicológico de la experiencia religiosa.[45] Desde este punto de vista, la creencia religiosa, como Ann Bedford Ulinov sugiere irónicamente, podría «contaminar el proceso de aprendizaje con cierto fervor proselitista». [46]

Aunque no se haya demostrado empíricamente que creer en Dios sea incompatible con la capacidad para generar investigaciones científicas válidas, parece existir no obstante la suposición implícita de que hay que ser ateo, o al menos agnóstico, para producir psicología científica legítima. Este punto de vista se sustenta en suposiciones concretas que consideran que la psicología, en tanto que ciencia, se desarrolla mejor dentro del marco, más amplio, de la medicina. Estas suposicio-

42. G. William Barnard, «Diving into the Depths», en Diane Jonte-Pace y William B. Parsons (eds.), *Religion and Psychology* (Londres: Routledge, 2001), pp. 297-318.
43. John Ryan Haule, «Personal Secrets, Ethical Questions», en Bulkeley y Weldon (eds.), *Teaching Jung, op. cit.,* pp. 151-167, en p. 151.
44. Shamdasani, *Cult Fictions, op. cit.,* pp. 107-112.
45. Véase Robert A. Segal, «Jung as Psychologist of Religion and Jung as Philosopher of Religion», *Journal of Analytical Psychology,* vol. 55, pp. 361-384 (2010).
46. Ann Bedford Ulinov, «Teaching Jung in a Theological Seminary», en Bulkeley y Weldon (eds.), *Teaching Jung, op. cit.,* pp. 51-59, en p. 53.

nes, reflejo de la fijación en el «cientificismo» de principios del siglo XX, le resultaron también molestas al propio Jung. Pero en la actualidad están siendo intensamente cuestionadas, no sólo por parte de terapeutas de distintos enfoques, sino también de aquellos historiadores que no olvidan la cáustica observación de Thomas Kuhn de que la ciencia, más que acumular verdades incontrovertibles de forma continuada, tiende a dar bandazos de paradigma en paradigma.[47] Sin embargo, a pesar de la frecuencia con que aparecen opiniones no fundamentadas acerca de Jung y de la falta de experiencia directa en el proceso analítico, las tensiones en torno a dónde situar a Jung dentro de la academia son un reflejo preciso del propio conflicto profundo que vivió Jung entre las «verdades» científicamente demostrables y su experiencia visionaria.

Pero, a pesar de la posición ambigua que se le da a Jung dentro del mundo de la psicología clínica, su influencia ha sido tremendamente poderosa en las distintas corrientes de la psicología transpersonal.[48] En círculos teológicos, los teólogos de tendencias psicológicas han tenido a Jung muy bien considerado, dado que la creencia, en este contexto, «no se tiene por un obstáculo, sino por un recurso».[49] El viaje espiritual que presenta Jung en el *Liber Novus* es probable que potencie, en vez de mitigar, la influencia de Jung en estos dominios.[50] Por otra parte, en el campo de la literatura, las ideas de Jung brillan como hilos fluorescentes dentro de la obra de novelistas como James Joyce, Hermann Hesse

47. Thomas Kuhn, *The Structure of Scientific Revolutions* (Chicago: University of Chicago Press, 1962), publicado en castellano como *La estructura de las revoluciones científicas* por Fondo de Cultura Económica de España, 4.ª edición, Madrid, 2017.

48. Véase, por ejemplo, Ira Progoff, *The Symbolic and the Real* (Nueva York: McGraw-Hill, 1973); Abraham Maslow, *Toward a Psychology of Being* (Londres: John Wiley & Sons, 1968), publicado en castellano como *El hombre autorrealizado: hacia una psicología del ser*, Kairós, 19.ª edición, Barcelona, 2012.

49. Ulanov, «Teaching Jung in a Theological Seminary», *op. cit.*, p. 53.

50. Véase, por ejemplo, John P. Dourley, *The Intellectual Autobiography of a Jungian Theologian* (Lampeter: Edwin Mellen Press, 2006); Brendan Collins, «Wisdom in Jung's Answer to Job», *Biblical Theology Bulletin*, vol. 21, pp. 97-101 (1991).

y Thomas Mann,[51] mientras que muchos académicos de la literatura del siglo XX, además de explorar estos hilos, utilizan frecuentemente los modelos junguianos como metodología para explorar los principales temas de los textos literarios.[52] Durante muchas décadas, las ideas de Jung han ejercido también una notable influencia en los historiadores de las religiones, como Mircea Eliade, Gilles Quispel, Henry Corbin y Pierre Riffard, que examinaron los temas repetitivos de mitos y rituales a través de culturas y de épocas históricas, y abrazaron la idea de Jung de los patrones arquetípicos como reflejos de las dinámicas más profundas de la imaginación humana. Quispel se refería a estos patrones como «estructuras básicas de la percepción religiosa»; Riffard los llamaba «estructuras antropológicas», dando a entender una predisposición humana transcultural para generar ideas religiosas según unos patrones específicos de pensamiento.[53] Las conferencias Eranos, que comenzaron en 1933 y se celebraron anualmente en Ascona, Suiza, hasta 1976, fueron inspiradas por la obra de Jung, y atrajeron la participación de Eliade y Corbin, así como de Gershom Scholem, el fundador de la investigación académica moderna de la Cábala judía. Estos

---

51. Sobre Joyce, *véase* Hiromi Yoshida, *Joyce and Jung* (Nueva York: Peter Lang, 2007). La hija de Joyce, Lucía, comenzó a someterse a análisis con Jung en 1934. Sobre Hesse, *véase* Miguel Serrano, *C. G. Jung and Herman Hesse* (Einsiedeln, Suiza: Daimon Verlag, 1998), publicado originalmente en castellano bajo el título *El círculo hermético: de Hermann Hesse a Carl G. Jung,* editado por Grupo Libro 88, Madrid, 1992. Hesse fue paciente analítico del ayudante de Jung, J. B. Lang (1883-1945). Sobre Mann, véase Paul Bishop, «Thomas Mann y C. G. Jung», en Bishop (ed.), *Jung in Contexts, op. cit.*, pp. 154-188.
52. Véase Terence Dawson, «Jung, Literature, and Literary Criticism», en Polly Young-Eisendrath y Terence Dawson (eds.), *The Cambridge Companion to Jung* (Cambridge: Cambridge University Press, 1997), pp. 255-280; Bettina L. Knapp, *A Jungian Approach to Literature* (Carbondale: Southern Illinois University Press, 1984).
53. Gilles Quispel, *Gnosis als Weltreligion* (Zúrich: Origo Verlag, 1951), p. 39; Pierre Riffard, *L'esoterisme* (París: Laffont, 1990), p. 135. Sobre la influencia de Jung en Corbin, véase Stephen Wasserstrom, *Religion After Religion* (Princeton, NJ: Princeton University Press, 1999). Para más Información sobre las conferencias Eranos, véase Hans Thomas Hakl, *Eranos,* trad. Christopher McIntosh (Montreal: McGill-Queens University Press, 2013).

académicos se vieron influidos de diversas maneras por la teoría de los arquetipos de Jung, y se centraron en los rasgos genéricos de las religiones y en la centralidad de la experiencia mística, en vez de en las formas específicas culturales de culto y en sus dimensiones sociales y políticas. Durante muchas décadas, sus enfoques influyeron en los trabajos académicos sobre las religiones en todo el mundo.[54]

Pero todos los paradigmas, como observara sabiamente Kuhn, tienen una vida finita, y da la impresión de que, al igual que los cuerpos celestes, también se mueven en ciclos. En la taxonomía zoológica, por ejemplo, el debate entre los «agrupadores» (en inglés, *lumpers,* que son aquellos que agrupan las diferentes subpoblaciones de un género de animal específico y resaltan sus similitudes como una única especie) y los «desglosadores» (en inglés, *splitters,* que son los que se centran en las diferencias y dan a cada subpoblación un nombre de especie diferente) es un reflejo del debate existente en estudios históricos y religiosos entre los enfoques «universalista» y «específico de la cultura».[55] El enfoque específico de la cultura en la historia de las religiones, dominante ahora dentro de la academia, supuso el correctivo necesario para los peligros de las grandes «metanarrativas»,[56] pero en ocasiones se puede llevar hasta el extremo. Desde esta perspectiva, las teorías de Jung son «universalistas» o «esencialistas» y son, por tanto, poco sólidas[57] –aunque el propio Jung insistía continuamente en la adaptabilidad cultural y en la fluidez de los temas míticos.[58] El método de la «amplificación» de Jung para comprender mejor un símbolo mediante la comparación

54. Véase Wasserstrom, *Religion After Religion, op. cit.,* p. 3.

55. Sobre este debate en la taxonomía zoológica, véase Stephen Budiansky, *The Character of Cats* (Londres: Weidenfeld and Nicolson, 2002), pp. 8-9.

56. Sobre las «metanarrativas» y sus problemas metodológicos, véase Charlotte Aull Davies, *Reflexive Ethnography* (Londres: Routledge, 1999), pp. 4-5.

57. Para una discusión sobre el supuesto «esencialismo» de Jung, véase David L. Miller, «Misprision», en Bulkeley y Weldon (eds.), *Teaching Jung, op. cit.,* pp. 29-50, especialmente pp. 36-39.

58. Véase, por ejemplo, Jung, CX9i, pp. 111-147. Véase también Roger Brooke, «Jung in the Alchemy: A Response to David Tacey», *Journal of Analytical Psychology,* vol. 42:2, pp. 285-296 (1997); James S. Baumlin, «Reading/Misreading Jung», *College Literature,* vol. 32:1, pp. 177-186 (2005).

con otros símbolos no es, como a veces se ha supuesto, un medio para abstraer «categorías» universales, sino, más bien, una forma de entrar, y de experimentar, en las dimensiones dinámicas del mismo símbolo:[59]

> La esencia de la hermenéutica… consiste en añadir más analogías a lo ya dado por el símbolo… El símbolo inicial se agranda y enriquece a través de este procedimiento, dando como resultado una imagen altamente compleja y de múltiples facetas… De ahí se obtienen ciertas líneas psicológicas de desarrollo de carácter tanto individual como colectivo. Ninguna ciencia existente podría demostrar la precisión de estas líneas… Pero estas líneas reivindican su validez mediante su *valor para la vida.*[60]

Ése fue el enfoque que Jung adoptó en su utilización de los símbolos astrológicos como una forma de hermenéutica.

A la tendencia de validar las filosofías ocultas a través de los modelos psicológicos de Jung, que se observa dentro de los círculos esotéricos contemporáneos, se le ha dado en llamar «Junguismo».[61] Este término se puede aplicar a astrólogos del siglo XX como Dane Rudhyar (1895-1985) y Alexander Ruperti (1913-1998), que eligieron temas concretos del trabajo de Jung y los utilizaron para justificar una gama de interpretaciones de orientación teosófica.[62] La influencia de Jung en las astrologías contemporáneas ha sido ciertamente potente, y no sólo porque él mismo practicara la astrología, pues la influencia fluyó en ambos sentidos. Sin embargo, el objeto de este libro no es desestimar las teorías psicológicas de Jung como una modernización de doctrinas esoté-

---

59. Véase Smythe y Baydala, «The Hermeneutic Background of C. G. Jung», *op. cit.*, John Beebe, «Can There Be a Science of the Symbolic?», en Bulkeley y Weldon (eds.), *Teaching Jung, op. cit.*, pp. 255-268.
60. Jung, «The Conception of the Unconscious», en Jung, *Collected Papers on Analytical Psychology*, p. 469.
61. Sobre el «Junguismo», véase Olav Hammer, *Claiming Knowledge* (Leiden: Brill, 2004), pp. 67-68.
62. Véase Nicholas Campion, «Is Astrology a Symbolic Language?», en Nicholas Campion y Liz Greene (eds.) *Sky and Symbol* (Lampeter: Sophia Centre Press, 2013), pp. 9-46, en p. 22.

ricas adaptada a los requisitos de una era moderna «cientificista».[63] La astrología de Jung ayudó a conformar sus modelos psicológicos desde la escritura del *Liber Novus* en adelante, y la astrología moderna se ha reconformado profundamente a partir de los conceptos psicológicos de Jung. Esto ni confirma ni niega la validez de ninguno de ambos campos de estudio, sino que simplemente subraya la importancia de explorar ambas esferas lo más completamente posible si lo que se busca es comprender la génesis y el desarrollo de un sistema psicológico cuya influencia, a pesar de las críticas de la psicología académica, no ha dejado de crecer. La sumamente ecléctica biblioteca de Jung, su amistad con personas tales como el teósofo G. R. S. Mead, y su correspondencia con astrólogos como André Barbault, John M. Thorburn y B. V. Raman, le llevaron mucho más allá de los límites del mundo de la Clínica Burghölzli, permitiendo que ideas ajenas a aquel entorno clínico fertilizaran el desarrollo de sus modelos psicológicos.[64] Estos modelos, a su vez, tuvieron posteriormente un enorme impacto en muchas esferas de la exploración humana, mucho más allá de lo que se entiende académicamente, o incluso coloquialmente, como psicología.

Una figura tan influyente como Jung en los campos de la psicología, la literatura, la filosofía, la teología, la historia y las espiritualidades contemporáneas va a estar inevitablemente sometida a multitud de biografías y análisis. Algunos de ellos son hagiográficos, otros son objetivamente afirmativos, otros más concienzudamente neutrales, otros objetivamente críticos y algunos más agresivamente hostiles. Un buen número de trabajos académicos recientes acerca de Jung, previos a la publicación del *Liber Novus,* han explorado algunas de las fuentes en las que se inspiró el sabio suizo para desarrollar sus modelos psicológicos. Estas investigaciones examinan las incursiones tempranas de Jung en el espiritismo, así como en los diversos enfoques no convencionales de la psicología «subliminal» vigente en los primeros años del siglo xx.[65]

63. Véase Hammer, *Claiming Knowledge, op. cit.,* pp. 69-70.

64. Sobre Jung y Mead, *véase* el Capítulo 5. Sobre el Fraternitas Saturni, *véase* el Capítulo 4. Sobre la correspondencia de Jung con Barbault, *véase* el Capítulo 1.

65. Sobre las incursiones de Jung en el espiritismo, véase F. X. Charet, *Spiritualism and the Foundations of C. G. Jung's Psychology* (Albany: SUNY Press, 1993). Sobre

La preocupación de Jung por los gnósticos de la antigüedad tardía ha sido la fuente de otros trabajos,[66] y sus vínculos con las corrientes del Romanticismo alemán han dado combustible a un buen número de trabajos académicos.[67] Diversos autores se han hecho eco de la conexión de Jung con Mead, sugiriendo que sus primeros acercamientos a los materiales gnósticos, órficos y herméticos dependieron en gran medida de las traducciones y elucidaciones teosóficamente sesgadas de Mead.[68] Modelos psicológicos y filosóficos previos, como el élan vital de Henri Bergson, el «vitalismo» de Hans Driesch y *die Psychoide* de Eugen Bleuler, también se han tomado en consideración,[69] así como la influencia que tuvieron en Jung las exploraciones filosóficas de Nietzsche, Schopenhauer y Kant.[70] Todas estas perspectivas son enormemente relevantes a la hora de comprender la génesis de las ideas de Jung, que no se casó exclusivamente con ninguna corriente de pensamiento o cuerpo de doctrinas singular, sino que intentó corroborar sus propias

---

el interés de Jung en la adivinación, la escritura automática y la hipnosis, *véase* Wendy Swan, «C. G. Jung's Psychotherapeutic Technique of Active Imagination in Historical Context», *Psychoanalysis and History*, vol. 10:2, pp. 185-204 (2008).

66. Sobre el interés de Jung por los gnósticos, véase Robert A. Segal (ed.), *The Gnostic Jung* (Princeton, NJ: Princeton University Press, 1992); Stephan A. Hoeller, *The Gnostic Jung and the Seven Sermons to the Dead* (Wheaton, IL: Theosophical Publishing House, 1982), publicado en castellano bajo el título *Jung gnóstico y los siete sermones a los muertos,* por Editorial Sirio, Málaga, 2005.
67. Véase Hanegraaff, *New Age Religion, op. cit.*, pp. 496-513; Paul Bishop, *Analytical Psychology and German Classical Aesthetics* (Londres: Routledge, 2009).
68. Sobre la dependencia de Jung de las interpretaciones de materiales gnósticos y herméticos de Mead, véase Hanegraaff, *New Age Religion, op. cit.*, p. 510; Noll, *The Jung Cult, op. cit.*, pp. 69, 326.
69. Sobre Bergson, véase Shamdasani, *Jung and the Making of Modern Psychology, op. cit.*, pp. 77 y 129; Beatrice Hinkle, «Jung's Libido Theory and the Bergsonian Philosophy», *New York Medical Journal*, vol. 30, pp. 1080-10896 (1914). Sobre Driesch y Bleuler, véase Ann Addison, «Jung, Vitalism, and 'the Psychoid': An Historical Reconstruction», *Journal of Analytical Psychology*, vol. 54, pp. 123-142 (2009).
70. Véase Lucy Huskinson, *Nietzsche and Jung* (Londres: Routledge, 2004); James L. Jarrett (ed.), *Jung's Seminar on Nietzsche's Zarathustra* (Princeton, NJ: Princeton University Press, 1997).

experiencias y las de sus pacientes a través de una ingente variedad de fuentes, muchas de ellas habitantes de los reinos liminares.

Sin embargo, la astrología de Jung no ha sido nunca objeto de una investigación en profundidad, ni siquiera por parte de psicólogos analíticos, a pesar del impresionante número de referencias a la astrología que aparecen en sus obras y sus cartas. Hace poco se publicó una compilación muy necesaria de referencias de Jung a la astrología, centrándose por vez primera en esta importante dimensión de su pensamiento.[71] Pero este volumen, que forma parte de una serie de volúmenes que presentan los puntos de vista de Jung sobre diversos temas, es una compilación más que una monografía, y no pretende explorar las fuentes históricas de su interés por la astrología y su práctica en ésta. Es posible que algunos analistas junguianos, cuando se discute el trabajo de su padre fundador, no acepten bien que se menoscabe su reputación con estas «materias despreciadas», que siguen estando muy vivas, pero que son tratadas despectivamente por la comunidad científica; entre otras cosas porque tal vinculación puede ser, y ha sido, utilizada por los críticos hostiles a Jung para justificar el rechazo que sienten por sus teorías psicológicas. Con todo ello, se le ha prestado poca atención a las propias palabras de Jung, que decía que comenzó a estudiar astrología cuando aún estaba trabajando con Freud «a fin de encontrar una pista hacia el núcleo de la verdad psicológica»;[72] que utilizaba horóscopos natales para comprender mejor las dinámicas inconscientes de sus pacientes «en casos de difíciles diagnósticos psicológicos»;[73] que recomendaba que en la formación de todo psicoterapeuta se incluyera la astrología;[74] y que el valor de la astrología «es suficientemente obvio para el psicólogo, dado que la astrología representa la suma de todo el conocimiento psicológico de la antigüedad».[75] Se trata de declaraciones de

71. C. G. Jung, *Jung on Astrology*, ed. Keiron le Grice y Safron Rossi (Londres: Routledge, 2017).
72. C. G. Jung, Carta a Sigmund Freud, 12 de junio de 1911, en *C. G. Jung Letters*, vol. 1, pp. 23-24.
73. Carta a B. V. Raman, 6 de septiembre de 1947, en *C. G. Jung Letters*, vol. 1, pp. 475-476.
74. Carta de Ira Progoff a Cary F. Baynes, por cortesía de Sonu Shamdasani.
75. Jung, CW15, p. 81.

peso, pero sólo los practicantes de la astrología suelen valorarlas en toda su dimensión. Y tampoco se ha hecho investigación alguna sobre las numerosas interpretaciones que de su propio horóscopo solicitó Jung a otros practicantes de la astrología, sobre todo de Gran Bretaña y de Estados Unidos, ni sobre los numerosos horóscopos de pacientes, amigos y miembros de la familia que se han encontrado en sus archivos privados, elaborados por él mismo o por la mano de Emma Jung.

Las declaraciones de Jung publicadas y, todavía más, las evidencias documentales de sus papeles privados, dejan claro el hecho de que la astrología tuvo una importancia inmensa para él, tanto en lo personal como en su trabajo psicológico. Sin embargo, este hecho se ha estado ignorando en gran medida. También se ha ignorado el hecho de que diversas cosmologías de la antigüedad tardía con las que Jung trabajó mientras escribía el *Liber Novus* –gnóstica, neoplatónica, órfica, hermética–, se basaban, como él mismo señaló, en la cosmología astrológica que se centraba en el origen celeste del alma humana, el dilema del destino planetario y el viaje del alma, asistida por el ritual teúrgico, hacia su transformación y su liberación, más allá de las obligaciones de las esferas planetarias.[76] El interés persistente de Jung por el destino astral como compulsión interior, su interpretación del destino en el contexto de la «individuación» y su utilización de la teúrgia en psicoterapia no son precisamente temas de los que hable normalmente en sus trabajos sobre el desarrollo y la aplicación de sus ideas.

Con el fin de explorar a fondo la astrología de Jung, examinaremos en este libro esas cosmologías antiguas y las interpretaciones y aplicaciones que Jung desarrolló, basadas en lo que descubrió en las fuentes primarias y en las posteriores interpretaciones académicas de las que dispuso. Mi segundo libro, *The Astrological World of Jung's* Liber Novus *(El mundo astrológico del* Liber Novus *de Jung),* se centra en el

76. Para los debates de Jung sobre el destino y la ascensión planetaria del alma, *véase* Capítulo 5. Sobre este tema en las religiones de la antigüedad tardía, véase Alan F. Segal, «Heavenly Ascent in Hellenistic Judaism, Early Christianity and Their Environment», en *Aufstieg und Niedergang der römischen Welt (ANRW),* vol. 2, ed. W. Haase (Berlín: De Gruyter, 1980), pp. 1333-1394; Ioan P. Couliano, *Psychanodia I* (Leiden: Brill, 1983).

propio *Liber Novus,* y en cómo la astrología impregna tanto el texto como las imágenes de este remarcable viaje humano personal y, a la vez, mítico. Si, como el propio Jung afirma, los años que pasó trabajando con el *Liber Novus* le proporcionaron la materia prima de todas sus teorías posteriores, entonces la astrología, tal como la entendió y la trabajó, es incuestionablemente una de las más importantes piedras angulares de la psicología analítica, y tiene que ser reconocida como tal, sin prejuicios y con el mismo agnosticismo metodológico que Ninian Smart recomendó hace mucho a todos los académicos, fuera cual fuera su campo de investigación.

1

Cómo entendía Jung la astrología

Aunque tengo que admitir que utilizo la Astrología en el pronóstico del resultado de determinadas causas, no es para mí de vital importancia... Claro está que esta consideración abre totalmente el debate entre Destino y Libre Albedrío, y a la vez marca la diferencia entre el astrólogo «exotérico» y el «esotérico». El primero es un fatalista consumado, que se cree sometido al Destino por toda la eternidad... El astrólogo esotérico no tiene tal credo. Su fe se basa en la creencia de que el hombre cosecha aquello que siembra; su lema es «Hombre, conócete a ti mismo».[1]

—Alan Leo

El sol, la luna y los planetas eran los exponentes, por decirlo así, de determinados componentes psicológicos o psíquicos del carácter del ser humano, y ésta es la razón por la cual la astrología puede dar información más o menos válida acerca del carácter... Los misterios religiosos de la antigüedad tardía intentaban liberar al hombre de la *Heimarmene;* dicho de otro modo, liberarle de la cualidad compulsiva de los fundamentos de su propio carácter.[2]

—C. G. Jung

1. Alan Leo, *The Progressed Horoscope* (Londres: Modern Astrology Office, 1905), p. III.
2. Jung, *Modern Psychology,* vol. 5-6, p. 120.

La astrología a principios del siglo xx

Tal como corresponde a su naturaleza liminar, la astrología está abierta a muchas definiciones. Pero, para dar sentido a la astrología de Jung tendremos que situarla en una especie de contexto: ¿cómo se veía esta disciplina en Occidente durante la época en la que Jung comenzó a estudiarla? Patrick Curry nos ha ofrecido una definición de la astrología admirablemente cabal: es «la práctica de relacionar los cuerpos celestes con las vidas y los acontecimientos en la tierra, y la tradición que de este modo se ha generado».[3] La astronomía trata de la observación y medida de los cuerpos celestes, pero la astrología les asigna significados en relación con la experiencia humana. Aunque la historia de la astrología occidental durante los años en que Jung trabajaba sobre el *Liber Novus* está más allá del alcance de este libro,[4] los distintos enfoques de la astrología existentes a finales del siglo xix y principios del siglo xx son, no obstante, relevantes para entender cómo pudo entenderla Jung.

La astrología como método de predicción de acontecimientos era tan ubicua en círculos esotéricos en el *fin de siècle* como lo había sido en la Edad Media; y, con pocas excepciones, los astrólogos de habla germana que escribían libros en la época en la que Jung comenzó a trabajar sobre el *Liber Novus* utilizaban la astrología como un método para la predicción del futuro.[5] No hubo un «movimiento» astrológico

---

3. Patrick Curry, «Astrology», en Kelly Boyd (ed.), *The Encyclopedia of Historians and Historican Writing* (Londres: Fitzroy Dearborn, 1999), pp. 55-57.

4. Sobre la astrología en el *fin de siècle,* véase Nicholas Campion, *A History of Western Astrology,* vol. 2 (Londres: Continuum, 2009), pp. 229-239. Sobre una historia de la astrología británica durante esta época, véase Patrick Curry, *A Confusion of Prophets* (Londres: Collins & Brown, 1992).

5. Entre los astrólogos alemanes que escribieron durante la década de 1920 y que se han encontrado en la biblioteca de Jung están: Karl Brandler-Pracht, Adolph Dreschler, A. Frank Glahn, Alexander von Steiger y H. von Klöckler. Sobre Brandler-Pracht y von Klöckler, véase Ellic Howe, *Urania's Children* (Londres: William Kimber, 1967), pp. 81-83 y 99-100. Sobre Dreschler, véase James H. Holden, *A History of Horoscopic Astrology* (Tempe, AZ: American Federation of Astrologers, 1996), p. 256. Ninguno de estos astrólogos había publicado libros durante la primera época de los estudios de Jung.

alemán hasta mediados de la década de 1920,[6] y la astrología orientada psicológicamente que comenzaría a desarrollarse posteriormente en el mundo de habla germana se basaría en gran medida en las publicaciones del propio Jung. Sin embargo, otros dos tipos de astrología, con antecedentes en la antigüedad tardía, emergieron en Gran Bretaña con el cambio de siglo y comenzaron a influir poco a poco en los astrólogos de Europa y de Estados Unidos. Estas «nuevas» astrologías –aunque en modo alguno eran nuevas– fueron en gran medida la consecuencia de los trabajos de la Sociedad Teosófica, fundada por Helena Petrovna Blavatsky en 1875, y de la Orden Hermética de la Aurora Dorada, fundada por William Wynn Westcott, Samuel Liddell MacGregor Mathers y William Robert Woodman en 1888.[7] Los astrólogos teosóficos como Alan Leo, cuyo trabajo se discute con mayor detalle en el siguiente capítulo, estaban interesados en lo que el horóscopo natal podría indicar acerca del desarrollo espiritual de la persona; en tanto que los astrólogos ocultistas, como Frederick Hockley y MacGregor Mathers, ambos practicantes de magia, adaptaron la astrología a los rituales mágicos derivados de los textos neoplatónicos y de la magia astral cabalista del período medieval. Estaban más interesados en utilizar la astrología para la invocación de potencias celestiales a través del uso de símbolos, sellos y talismanes astrológicos, con el fin de conseguir la transformación psicológica y espiritual individual.[8] Aunque los astrólogos vinculados a la Aurora Dorada y otras sociedades ocultas utilizaban horóscopos con propósitos caracteriológicos y adivinatorios, sobre todo a la hora de evaluar la idoneidad de un neófito para la iniciación o el momento idóneo para un ritual mágico, su enfoque era

6. Howe, *Urania's Children, op. cit.*, p. 95.

7. Sobre la historia de la Sociedad Teosófica, *véase* Bruce F. Campbell, *Ancient Wisdom Revived* (Berkeley: University of California Press, 1980). Sobre la historia de la Aurora Dorada, *véase* Robert A. Gilbert, *The Golden Dawn Scrapbook* (Slough: Quantum, 1997). Sobre el contexto social, *véase* Alex Owen, *The Place of Enchantment* (Chicago: University of Chicago Press, 2004).

8. Sobre el uso de la magia astral en los rituales de la Aurora Dorada y sobre la literatura producida por los miembros de esta orden, *véase* Liz Greene, *Magi and Maggidim* (Lampeter: Sophia Centre Press, 2012), pp. 244-273 y las referencias dadas aquí.

más interior, y sirvieron de prototipo para el enfoque psicológico de la astrología que el propio Jung desarrollaría después.[9]

Aunque no ha aparecido ninguna evidencia que indique que Jung estuvo familiarizado con el trabajo de Hockley y MacGregor Mathers, sí sabemos que conocía los escritos de otros miembros de la Aurora Dorada, y que adquirió una serie de textos mágicos similares, aunque más antiguos, durante el tiempo que trabajó con el *Liber Novus*.[10] La amistad de Jung con el anterior secretario de la Sociedad Teosófica, G. R. S. Mead,[11] y su dependencia de astrólogos de inclinaciones teosóficas cuando pedía interpretaciones horoscópicas, sugieren que Jung encontró más inspiración en la comunidad esotérica británica a la hora de comprender la psicología de la astrología. Da la impresión de que, desde el principio, Jung no estaba interesado en la predicción literal de acontecimientos, aunque no fuera inmune al deseo de especular acerca del futuro. Parece que, más bien, le preocupaban los acontecimientos psicológicos e intentaba comprender lo que el horóscopo, en tanto que mapa simbólico, podría revelarle en lo relativo a la psique individual y a su despliegue a lo largo del tiempo. Y parece que mantuvo esta posición a lo largo de toda su vida. En una extensa carta al astrólogo francés André Barbault, escrita en 1954, Jung declaraba:

> Hay muchos casos de analogías sorprendentes entre las constelaciones astrológicas y los acontecimientos psicológicos... La astrología, al igual que el inconsciente colectivo del cual se ocupa la psicología, consta de configuraciones simbólicas: los «planetas» son los dioses, símbolos de los poderes del inconsciente... Yo diría que el astrólogo no siempre considera sus

---

9. Sobre la astrología horoscópica en la Aurora Dorada, véase J. W. Brodie-Innes, *Astrology of the Golden Dawn,* ed. Darcy Küntz (Sequim, WA: Holmes Publishing Group, 1996).

10. Para una discusión a fondo, *véanse* Capítulos 2 y 3. Jung estaba familiarizado con el trabajo de varios miembros de la Aurora Dorada y sus grupos disidentes, entre los que se hallaban A. E. White, Algernon Blackwood, Arthur Machen e Israel Regardie.

11. *Véase* Capítulo 4. Mead parece haber estado involucrado en magia cabalista; *véase* Greene, *Magi and Maggidim, op. cit.,* pp. 289-292.

afirmaciones como meras posibilidades. La interpretación es a veces demasiado literal y no lo suficientemente simbólica.[12]

En círculos analíticos, siempre fue un secreto a voces que Jung se involucró profundamente en la astrología. Sin embargo, incluso dentro de esta comunidad de expertos, algunos analistas parecen bastante incómodos con su aparentemente cuestionable predilección, al igual que ocurre en algunos grupos de formación junguiana.[13] Hubo veces en que el propio Jung creyó necesario ocultar, incluso ante sus propios colegas, hasta qué punto estaba interesado en la astrología. En una carta a Michael Fordham (1905-1995), que fundó la Sociedad para la Psicología Analítica en Londres en 1946, y que ayudó en la publicación al inglés de las *Obras Completas* de Jung, éste escribió, mientras defendía la investigación astrológica de la que hablaba en sus dos ensayos sobre la sincronicidad:[14]

> No necesita usted creer en absoluto en la astrología para hacer un horóscopo o una estadística. Yo soy razonablemente escéptico y, sin embargo, puedo llevar a cabo y poner a prueba todo tipo de experimentos adivinatorios. Puedo incluso repetir algunos procedimientos alquímicos absurdos sin la más mínima convicción, por mera curiosidad. También puede

---

12. C. G. Jung, Carta a André Barbault, 26 de mayo de 1954, en Jung, *C. G. Jung Letters,* vol. 2, pp. 175-177. Sobre la perspectiva psicológica de Barbault, véase André Barbault, *De la psychanalyse à l'Astrologie* (París, Seuil, 1961); André Barbault, «L'astrologia, psicología del profondo dell'antichitâ», *Ricerca '90,* vol. 48, pp. 105-113 (2001).
13. Los colectivos de formación analítica varían en sus actitudes en relación con las tendencias astrológicas de Jung. El Instituto C. G. Jung de Zúrich lleva décadas impartiendo cursos de astrología y, recientemente, la Asociación de Analistas Junguianos de Londres ha ofrecido seminarios sobre astrología y sincronicidad. La Sociedad de Psicología Analítica de Londres, en cambio, nunca ha incluido la astrología en su currículum.
14. Véase Jung, «Synchronicity», CW8, pp. 816-968; Jung, «On Synchronicity», CW8, pp. 969-997; Jung, «On Synchronicity», CW18, p. 1193-1212.

usted asistir a una misa sin creer en la transubstanciación [*sic*] o a un mitin comunista sin creer en Stalin.[15]

Esta carta está fechada el 15 de diciembre de 1954, justo siete meses después de la carta de Jung a Barbault hablando de las «analogías sorprendentes» que había observado entre las configuraciones astrológicas y los acontecimientos psicológicos. Es improbable que Jung tuviera un repentino cambio de opinión con respecto a la astrología durante aquellos meses, o que hubiera intentado quedar bien sin necesidad alguna con un astrólogo profesional como Barbault. Más bien, da la impresión de que Jung prefirió disfrazar sus investigaciones astrológicas como «experimentos adivinatorios», mientras intentaba explicarle a Fordham en posteriores cartas, de la forma más diplomática posible, que las distintas críticas a su experimento se debían a «una profunda carencia de conocimientos astrológicos»,[16] y que los resultados estadísticos eran «más complementarios con la astrología».[17] No existen indicios de que Fordham llegara a convencerse alguna vez.[18] La preocupación de Jung por mantener su trabajo astrológico en secreto es también evidente en

15. C. G. Jung, Carta a Michael S. Fordham, 15 de diciembre de 1954, Wellcome Library, Londres, PP/FOR/C.1/1/2:Box 7. Todas las cartas citadas entre Fordham y Jung pertenecen a este archivo de materiales.
16. C. G. Jung, Carta a Michael J. Fordham, 9 de noviembre de 1954.
17. C. G. Jung, Carta a Michael J. Fordham, 20 de octubre de 1954.
18. La correspondencia de Jung con Fordham era ciertamente agradable. Fordham le sugirió a Jung que Liliane Frey, que había colaborado con Jung en el «experimento astrológico», podría escribir un breve prólogo esbozando las tradiciones astrológicas que se hallaban tras el experimento (Michael S. Fordham, Carta a C. G. Jung, 20 de octubre de 1954). También tranquilizó a Jung diciendo que, aunque no podía «hablar con apariencia de autoridad alguna sobre este complejo tema», sabía lo que era un horóscopo (Michael S. Fordham, Carta a C. G. Jung, 10 de enero de 1955). Esto viene confirmado por el hecho de que disponemos del horóscopo natal del propio Fordham, realizado al estilo alemán por mano desconocida, que va acompañado por un análisis mecanografiado donde se utiliza tanto el lenguaje técnico astrológico como términos junguianos tales como «anima-possession» (Wellcome Library PP/FOR/A.4). Este horóscopo no lleva fecha ni firma. No lo hizo Jung; es probable que Fordham se lo pidiera a un astrólogo suizo o alemán, pero optó por no mencionárselo a Jung.

una carta escrita en 1953 que la psicoterapeuta estadounidense Ira Progoff (1921-1998), que estudió con Jung en Zúrich desde 1952 hasta 1955, dirigió a Cary F. Baynes, que tradujo muchas de las obras de Jung al inglés:

> Supongo que le interesara saber que el Dr. J. me ha aconsejado que estudie Astrología cuando vuelva... Dice que todo analista debería formarse en ello porque existen casos fronterizos en los que proporciona pistas muy valiosas. No creo que a él le guste que se sepa que tiene a la Astrología en tan alta estima, si bien comentó que no cree que necesite ser tan cauto al respecto como lo era antes.[19]

El horóscopo de Progoff, realizado por una mano desconocida, es uno de tantos en la gran colección de cartas natales de pacientes y colegas de los archivos privados de Jung.

El hecho de que Jung quedara absorto con el simbolismo alquímico puede resultar más aceptable en círculos analíticos debido a que la alquimia se escindió del mundo moderno, afortunadamente para algunos, y quedó separada de él por un intervalo histórico sustancial, de ahí que sea vista como una especie de ataque de hipo en la historia de la ciencia. En cualquier caso, Jung no fue un practicante de alquimia en sentido literal. Sin embargo, la astrología, formando parte del mundo moderno, así como de los mundos antiguo y medieval, no parece ser algo con lo que un psicólogo racionalista debería involucrarse, sobre todo cuando la astrología adopta las formas extremadamente simplistas en las cuales se nos presenta a través de la prensa. Andrew Samuels, en su detallada obra, *Jung and the Post-Jungians,*[20] en ningún momento menciona que Jung estuviera interesado en la *Heimarmene,* el concepto de destino astral de la antigüedad tardía,[21] y sólo hace una referencia a

---

19. Ira Progoff, Carta a Cary F. Baynes, 18 de mayo de 1953, por cortesía de Sonu Shamdani.
20. Publicado en castellano bajo el título de *Jung y los post-junguianos,* en D. L., Morata de Tajuña, Madrid, 2015.
21. Sobre los puntos de vista de Jung acerca de la *Heimarmene, véase* Capítulo 5.

la astrología, una referencia despectiva.[22] Robert Segal, un prolífico escritor y conferenciante sobre las ideas de Jung, nunca habla de la inclinación de Jung hacia la sabiduría tradicional astral; ni siquiera lo hace en la extensa introducción que escribió para una selección de debates de Jung sobre el gnosticismo, una corriente religiosa firmemente arraigada en la cosmología astral y profundamente interesada con el destino astrológico como compulsión interior.[23]

El intento de interpretar el trabajo de un autor de forma selectiva, en función de los prejuicios del intérprete y de las modas imperantes en la academia, no es un fenómeno nuevo en el mundo de la erudición. La imposición del «sesgo del investigador» viene existiendo desde que los alegoristas griegos discutían acerca de lo que significaba «realmente» Orfeo, desde que Jámblico y Porfirio contendían respecto a la «verdadera» visión del mundo platónica, y desde que los teólogos cristianos dijeron que habían descubierto «firmas» ocultas de sus propias verdades tanto en la Torá como en la Cábala judía.[24] Limpiar las manchas que dejan las «materias despreciadas» en la reputación de un gran pensador científico es algo que han intentado hacer muchos académicos modernos con figuras tales como Galileo, quien, además de su reconocida aportación a la historia de la ciencia, era un astrólogo consumado, además de astrónomo.[25] Sin embargo, aparte del antiquísimo fenómeno del «sesgo del investigador» y sus caprichos, y con independencia de los muchos y reveladores documentos astrológicos existentes en los archivos privados de Jung, sólo en sus *Obras Completas,* así como en las

22. Andrew Samuels, *Jung and the Post-Jungians* (Londres: Routledge & Kegan Paul, 1985), p. 123.
23. Véase Segal (ed.), *The Gnostic Jung,* pp. 3-52.
24. Sobre la alegoría griega, véase Peter T. Struck, *Birth of the Symbol* (Princeton, NJ: Princeton University Press, 2004). Sobre los textos órficos, véase Gábor Betegh, ed. y trad., *The Derveni Papyrus* (Cambridge: Cambridge University Press, 2004); W. K. C. Guthrie, *Orpheus and Greek Religion* (Londres: Methuen, 1952). Sobre las interpretaciones cristianas de la Cábala como un «presagio» de la doctrina trinitaria cristiana, véase Joseph Dan (ed.), *The Christian Kabbalah* (Cambridge, MA: Harvard University Press, 1997).
25. Véase Nicholas Campion y Nick Kollerstrom (eds.), «Galileo's Astrology», *Culture and Cosmos,* vol. 7:1 (2003).

cartas publicadas de Jung a Freud y otros, se hace evidente, e indiscutible hasta para el lector lego, el agudo interés que Jung tenía por la filosofía, la naturaleza y las aplicaciones prácticas de la astrología como forma de exégesis psicológica.

La libido y las cualidades del tiempo

A partir de la correspondencia publicada, da la impresión de que Jung comenzó a explorar la astrología en la primavera de 1911, cuando aún estaba trabajando con Freud.[26] En una carta a Freud, fechada el 8 de mayo de aquel año, Jung escribía:

> En estos momentos, me estoy adentrando en la astrología, que me parece indispensable para comprender adecuadamente la mitología. Existen cosas extrañas y asombrosas en estas tierras de oscuridad.[27]

La respuesta de Freud no fue antagónica, pero sí que mostró cierta preocupación por la última excentricidad de su discípulo favorito:

> Me doy cuenta de que tiene una profunda inclinación por el estudio de lo oculto, y estoy convencido de que se enriquecerá mucho con ello... Se le acusará de misticismo.[28]

Esta última observación resultaría profética. En otra carta a Freud, fechada el 12 de junio del mismo año, Jung comentaba más detalles

---

26. Jung quizás comenzó sus exploraciones astrológicas antes incluso, pues adquirió una edición original del ensayo de Alan Leo sobre el planeta Marte, que apareció en 1910 en el diario de Leo, *Modern Astrology.* Leo publicaría más tarde este material en un libro: *Mars the War Lord* (Londres: L. N. Fowler, 1915) y Jung también compró este libro, por lo que podríamos entender que había adquirido la versión primitiva cuando se publicó por vez primera.
27. *The Freud-Jung Letters,* ed. William McGuire, trad. Ralph Manheim y R. F. C. Hull (Londres: Hogarth Press / Routledge & Kegan Paul, 1977), 254J, p. 421.
28. *Freud-Jung Letters, op. cit.,* 255F, p. 422.

sobre sus estudios astrológicos, haciendo hincapié aún más en la importancia de la astrología para la psicología:

> La mayor parte de mis tardes las ocupo con la astrología. He hecho cálculos horoscópicos con el fin de encontrar una pista que me lleve al núcleo de la verdad psicológica... Da la impresión de que los signos del zodíaco son imágenes del carácter, dicho de otro modo, símbolos de la libido que estarían representando las cualidades típicas de ésta en un momento determinado.[29]

En su respuesta, Freud no quiso hacer comentario alguno sobre esta implicación mayor de Jung en la astrología, aunque no parece que estuviera tan desinteresado como quiso dar a entender. En 1896, once años antes de conocer a Jung, Freud escribió una carta a su amigo íntimo y colega médico Wilhelm Fliess (1858-1928), haciendo comentarios sobre la teoría idiosincrática de Fliess de la «periodicidad vital»: la idea de que los ciclos astronómicos influyen tanto en los períodos históricos como en los órganos del cuerpo humano.[30]

> Tú sabes que en absoluto me río de fantasías tales como las de los períodos históricos... Hay algo en estas ideas; es el presentimiento simbólico de realidades desconocidas con las cuales tienen algo en común... No se puede dejar de reconocer la existencia de influencias celestes. Me inclino ante ti, astrólogo honorífico.[31]

29. *Freud-Jung Letters, op. cit.* 259J, p. 427.
30. Véase Wilhelm Fliess, *Der Ablauf des Lebens* (Leipzig: F. Deuticke, 1906). Sobre la «periodicidad vital» de Fliess –aunque sin mención específica a la astrología– véase Frank J. Sulloway, *Freud, Biologist of the Mind* (Cambridge, MA: Harvard University Press, 1992), pp. 152-158.
31. Sigmund Freud, Carta a Wilhelm Fliess, 9 de octubre de 1896, en Jeffrey Moussaieff Masson (ed. y trad.), *The Complete Letters of Sigmund Freud to Wilhelm Fliess, 1887-1904* (Cambridge, MA: Harvard University Press, 1985), p. 200. Véase también Nicholas Campion, «Sigmund Freud's Investigation of Astrology», *Culture and Cosmos,* vol. 2:1, pp. 49-53 (1998); Frank McGillion, «The Influence of Wilhelm Fliess' Cosmology on Sigmund Freud», *Culture and Cosmos,* vol. 2:1, pp. 33-48 (1998).

Sea lo que sea que intentara decir con esta afirmación, parece que Freud no estaba dispuesto a compartir con Jung sus propios puntos de vista sobre las «influencias celestes». De hecho, en 1910, un año antes de que Jung anunciara su interés por la astrología, Freud le había pedido a Jung que le ayudará a construir un «baluarte inamovible» contra «la marea negra de cieno-de ocultismo».[32] Jung desconfiaba, comprensiblemente, de lo que le veía en Freud como una «huida de sí mismo... de esa otra parte de él que quizás podría denominarse mística».[33] Poco después llegaría la dolorosa y amarga ruptura entre ellos, cuando Jung le arrojó el guante al publicar, *Wandlungen und Symbole der Libido,* en 1911-1912.[34] Tal como lo expresó el propio Jung: «La publicación del libro marca el final de nuestra amistad».[35]

La segunda carta a Freud es tan importante como que Jung admitiera que la astrología podía aportar importantes atisbos psicológicos, y lo es por el modo en que utilizó el término «libido». Para Jung, la libido no se limitaba al instinto sexual, como insistía Freud, sino que englobaba toda la energía psíquica cruda de la vida en tanto en cuanto «impulso creativo».[36] La ampliación del concepto de libido quedó claramente expresada con la publicación del *Wandlungen,* así como con el concepto de Jung del ciclo del zodíaco como de un retrato imaginal de los ciclos de la libido. Todo ello nos indica que la astrología había comenzado ya a ejercer su influencia en Jung, en su comprensión de las dinámicas psicológicas, al menos dos años antes de la ruptura final con Freud. Jung describió al principio la imaginería astrológica como una «proyección» –la imposición inconsciente de un contenido psicológico interior sobre un objeto externo–, dando a entender que la astrología es enteramente un producto de la psique humana, que no tiene conexión

32. Jung, *MDR,* p. 173.
33. Jung, *MDR,* p. 175.
34. Jung, *Wandlungen und Symbole der Libido* (Leipzig: Dueticke Verlag, 1912). La primera traducción al inglés, *Psychology of the Unconscious,* apareció en 1917, y fue revisada y reeditada como Jung, CW5 en 1956. Las citas a partir de la edición de 1917 harían referencia a este libro como *Psychology of the Unconscious (Psicología del inconsciente).*
35. Jung, *Introduction to Jungian Psychology,* p. 27.
36. Véase Jung, *Psychology of the Unconscious,* pp. 77-86.

alguna con los cielos. Sin embargo, en su carta a Freud podemos ver un punto de vista mucho más sutil. El filósofo francés Henri Bergson había planteado por entonces un concepto, el *élan vital* («fuerza vital»), y Jung tomó prestada la frase de Bergson, *durée créatice* o «poder creativo», como sinónimo de la libido que existe en todas partes y se halla en todo.[37] Desde este marco, los símbolos del zodíaco, aunque hubiera podido ser un producto de la psique humana en su imaginería, encontraban su correspondencia en algo inherente a la propia realidad, algo que se refleja en las cualidades del tiempo. «Tiempo y poder creativo –decía Jung– son absolutamente idénticos».[38] Dicho de otro modo, existe una forma de «simpatía» o resonancia entre lo que los seres humanos experimentan y formulan imaginalmente como imágenes zodiacales y lo que pertenece realmente a la propia vida, que despliega su potencia creativa a través de atributos concretos a cada instante. Aunque los símbolos astrológicos, como proyecciones psíquicas, pudieran no tener conexión con los cielos a nivel físico, los ciclos de los cielos reflejarían cualidades temporales que están «ahí afuera» en la misma medida que «aquí dentro».

Jung resaltó esta idea de la resonancia entre la psique humana y los ciclos celestes en uno de sus seminarios sobre «Interpretación de visiones», impartido en Zúrich en 1932:

> La astrología puede resultarles a ustedes una completa desconocida a nivel consciente y, sin embargo, su inconsciente la conoce íntimamente... Las cualidades de los diferentes meses del año, en otras palabras, los signos del

---

37. El concepto de Bergson de élan vital tuvo un poderoso influjo en las ideas de Jung acerca de la libido. Jung adquirió una traducción al alemán de *L'energie spirituelle* de Bergson (París, Librarie F. Alcan, 1919), y se refiere al élan vital con frecuencia en las *Obras Completas;* véase Jung, CW3, p. 418; Jung, CW4, p. 568; Jung, CW6, p. 540; Jung, CW8, p. 55. Jung acusó a Bergson de «criptomnesia» insistiendo en que Berson había extraído inconscientemente su idea de *durée créatrice* del neoplatónico Plotino; véase Jung, *Visions Seminars,* vol. 2, p. 325. Es muy probable que esta idea procediera del bagaje hasídico de Bergson; véase Ben-Ami Scharfstein, *The Roots of Bergson's Philosophy* (Nueva York: Columbia University Press, 1943).
38. Jung, *The Vision Seminars,* vol. 2, p. 325.

> zodíaco, son en realidad las proyecciones de nuestro conocimiento inconsciente del tiempo y de las cualidades del tiempo. Es como si dispusiéramos del profundo conocimiento en nuestro inconsciente –conocimiento basado en experiencias inconscientes– de que determinadas cosas que tienen su origen en determinados momentos del año tienen tales o cuales cualidades.[39]

Esta idea refleja de algún modo la afirmación de Platón de que el tiempo es «la imagen móvil de la eternidad», y que los cielos, junto con los días, las noches, los meses y los años, generados por el movimiento cíclico de los cuerpos celestes, «son todos parte del tiempo».[40] En los *Seminarios sobre las visiones,* Jung desarrolló aún más su idea de las cualidades del tiempo tal como se expresan en las imágenes zodiacales individuales. El período de tiempo que se desarrolla entre la tercera semana de julio y la tercera semana de agosto, representado por Leo, el León celeste, es «apasionado, fogoso, peligroso y... excesivamente masculino», y simboliza, «la idea de poder».[41] Tauro, el Toro celeste –el «signo de mayo»–, es «fuerza creadora ciega e inconsciente».[42] Como veremos en el Capítulo 6, la idea que tenía Jung del Año Platónico, el gran ciclo de 26 000 años que cartografía el movimiento del punto equinoccial vernal a través de las constelaciones del zodíaco, se basaba también en la percepción del ciclo del zodíaco como un símbolo de las cualidades del tiempo. Jung estaba convencido de que el inconsciente colectivo, así como la psique individual, son un reflejo de ello, cambiando constantemente las cualidades de la libido, y pensaba que los ciclos de la historia –en especial la formación de nuevas imágenes religiosas– son un reflejo de los grandes ciclos de la precesión equinoccial.

La primera referencia pública de Jung a la astrología apareció poco después de su carta a Freud, en un ensayo titulado «The Theory of Psychoanalysis» (La Teoría del Psicoanálisis). Este ensayo se presentó inicialmente como una serie de conferencias realizadas en la Facultad

39. Jung, *The Vision Seminars,* vol. 1, p. 44.
40. Platón, *Timaeus, op. cit.,* 37c-e.
41. Jung, *The Visions Seminars,* vol. 1, pp. 175-176.
42. Jung, *The Visions Seminars,* vol. 1, pp. 39-40.

de Medicina de la Universidad de Fordham, en Nueva York, en septiembre de 1912, cuando Jung y Freud cruzaron el Atlántico para transmitir su mensaje psicoanalítico ante la flor y nata de la psiquiatría estadounidense.[43] En aquella época, la relación entre Jung y su mentor estaba ya muy tensa, al borde de la fractura.[44] En 1913 se publicó una traducción al alemán del ensayo de Jung, apareciendo la versión inglesa entre 1913 y 1915, en cinco números de la revista estadounidense *The Psychoanalytic Review*.[45] Comentando el sueño de una paciente, Jung se refirió al tema mítico de la muerte y la resurrección, diciendo:

> Este motivo se encuentra en incontables mitos de todo el mundo... El significado que emerge inmediatamente por detrás es astro-mitológico: un monstruo marino se traga al sol, que nace de nuevo cuando llega la mañana. Claro está que la astro-mitología, en su conjunto, no es en el fondo otra cosa que psicología –psicología del inconsciente– proyectada en los cielos; pues los mitos nunca se hicieron y nunca se hacen de forma consciente; surgen del inconsciente del hombre.[46]

Este párrafo está cuidadosamente construido para evitar malas interpretaciones: la «astrología» se ha convertido en «astro-mitología», un término que es, qué duda cabe, más apropiado para los estudiantes de medicina de una universidad dirigida por jesuitas.[47] Sin embargo, es un

---

43. Véase Sonu Shamdasani, «Introduction: New York, 1912», en Sonu Shamdasani (ed.), *Jung contra Freud* (Princeton, NJ: Princeton University Press, 2011), pp. VII-XXI; John Ryan Haule, «Freud and Jung: A Failure of Eros», *Harvest,* vol. 39, pp. 147-158 (1993).
44. Sobre los comentarios de Jung acerca de su viaje a Estados Unidos con Freud, véanse sus cartas a Emma en Jung, *MDR,* pp. 400-404.
45. Jung, «Versuch einer Darstellung der psychoanalytischen Theorie», en *Jahrbuch für psychoanalytische und psychopathologische Forschungen,* V (Viena y Leipzig, 1913); Jung, «The Theory of Psychoanalysis», *The Psychoanalytic Review* (Nueva York), I (1913-1914), pp. 1-4 y II (1915), p. 1.
46. Jung, CW4, p. 477.
47. La Universidad de Fordham comenzó a ser financiada por la Diócesis Católica de Nueva York en 1841, y se puso bajo la dirección de los jesuitas poco después. Aunque es una universidad de investigación independiente, su actual Consejo de Administración la describe como dentro «de la tradición jesuita».

reflejo de la carta que Jung le envió a Freud el año anterior, en la cual afirmaba que el zodíaco es una proyección imaginal de la psique humana en los cielos. Las palabras de Jung a Freud diciendo que la astrología es «indispensable» para comprender la mitología dan a entender que, para él, la «astro-mitología» –los relatos acerca de los cuerpos celestes– era la fuente de todo mito, una idea que vendría sustentada por los mitos cosmogónicos más antiguos que existen, los mitos sumerios y babilónicos.[48] Desde el punto de vista de Jung, las experiencias humanas fundamentales, como el nacimiento, la juventud, la madurez y la muerte, tanto físicas como psicológicas, se «proyectan» en los ciclos del Sol, los planetas y las constelaciones, que emergen, culminan y se ponen sólo para emerger de nuevo en un ciclo aparentemente eterno.

La suposición de Jung de que debía existir una conexión misteriosa y «empática» entre la psique y el cosmos quizás estaba ya firmemente arraigada en él para cuando impartió sus conferencias en la Universidad de Fordham. Robert Segal dice que Jung era un «modernista» que seguía la tradición de *sir* James Frazer y de Edward Burnett Tylor en el siglo XIX, porque Jung promulgaba una «clara separación de lo psicológico, por un lado, y lo físico y metafísico por el otro; la separación entre lo interior y lo exterior».[49] Pero esta observación sólo es relevante si nos referimos a las primeras declaraciones de Jung sobre la astrología, que posiblemente fueron formuladas de esa manera para evitarse problemas con Freud y protegerse ante cualquier intento de ridiculizarle. Lo que resulta particularmente interesante acerca de los comentarios de Jung en la Universidad de Fordham es el mero hecho de que sintiera la necesidad de decir aquello. En 1912, Jung, en su condición de freudiano oficial, parecía ofrecer en Fordham una explicación «científica» de la astrología: la ubicua experiencia humana del nacimiento y la muerte se contempla como una narrativa solar, que ofrece una promesa del rena-

48. Véase la epopeya babilónica del *Enuma Elish,* en la cual la deidad solar Marduk da forma a los cielos y a las constelaciones del zodíaco a partir del cuerpo de su madre asesinada, Tiamat, y consúltense también los primeros versículos del Génesis, en los cuales el Sol y la Luna son las primeras creaciones de Dios.

49. Robert A. Segal, «Jung's Very Twentieth-Century View of Myth», *Journal of Analytical Psychology,* vol. 48, pp. 593-617, en p. 593 (2003).

cimiento al tiempo que le da significado a un evento celeste natural. Como sugiere Segal, este enfoque se parece mucho al del *Golden Bough (La rama dorada)* de Frazer,[50] que presentaba el viaje cíclico del Sol-dios o de su sustituto humano, el héroe solar, como un intento de la «mente primitiva» de explicar el fenómeno natural de la salida y la puesta del Sol, así como de dar significado a la aterradora realización de la brevedad de la vida humana. Desde esta perspectiva, el mito sería por tanto no más que una mala ciencia, además de un intento de escape ante el hecho existencial de la muerte. Pero la afirmación de Jung era mucho más sutil, e insinuaba la trascendencia psicológica que había comenzado a asignarle a la percepción del significado de los ciclos celestes. Su comentario ante los estudiantes de Fordham era un anticipo de lo que emergería poco después en el *Liber Novus:* la importancia decisiva del Sol astrológico como símbolo de un Sí Mismo interior y transpersonal.

En cuanto se publicó el *Wandlungen* y se hizo público el repudio del psicoanálisis freudiano por parte de Jung, las referencias a la astrología se hicieron más frecuentes, como se puede ver en diversos artículos que se incluyen en sus *Obras Completas.* Estas referencias indican que Jung siguió profundizando en la astrología, como se constata también en varias cartas a colegas y amigos, que revelan la creciente dependencia de Jung del simbolismo astrológico como fuente de inspiración, tanto en el trabajo sobre sus pacientes como consigo mismo. A pesar de que pretendía presentar su trabajo desde una perspectiva científica, Jung se consentía de vez en cuando alguna que otra travesura, pues, en sus ensayos, dejaba caer observaciones astrológicas como de forma casual, acompañadas por los tradicionales símbolos astrológicos. Es decir, hacía comentarios que difícilmente iban a comprender sus colegas y que él ni siquiera se molestaba en explicar.

Un ejemplo de estas travesuras se puede ver en un ensayo que se publicó en alemán en 1934.[51] En este trabajo, Jung hablaba de una

---

50. Publicado en castellano por Fondo de Cultura Económica, Madrid, 2014.

51. «Zur Empirie des Individuationsprozesses» se publicó en *Eranos-Jahrbuch* en 1934, y se publicó en inglés como *The Integration of Personality,* trad. Stanley Dell (Nueva York: Farrar & Rinehart, 1939; Londres, 1940). La versión publicada en CW9i es, según el propio Jung, una «versión completamente revisada y ampliada».

paciente a la que llamaba «Señorita X»,[52] que había «nacido en los primeros grados de Cáncer».[53] En una nota a pie de página vinculada con esta afirmación, Jung dejaba caer que el horóscopo de la Señorita X «muestra cuatro signos terrestres, pero ningún signo de aire». Es muy probable que esto carezca de significado para un lector no familiarizado con la terminología astrológica. Pero, para un astrólogo, la frase «muestra cuatro signos terrestres, pero ningún signo de aire» indica que, en el horóscopo de nacimiento, no hay ningún planeta situado en los signos zodiacales del trígono de aire (Géminis, Libra y/o Acuario) y que, sin embargo, hay cuatro planetas situados en signos del trígono de tierra (Tauro, Virgo y/o Capricornio).[54] Es decir, hay un énfasis importante e inherente en aquellos atributos caracteriológicos descritos por el símbolo de la tierra, y hay una marcada ausencia de los atributos descritos por el símbolo del aire. A continuación de esta información, para la cual no ofrecía interpretación alguna, Jung añadía lacónicamente:

> El peligro procedente del animus está reflejado por B o C.[55]

Aparte del desconcierto que, muy probablemente, esta frase pudo generar entre los no iniciados en la astrología, Jung estaba expresando tres importantes ideas con este detalle del horóscopo de la Señorita X. La primera idea guarda relación con su formulación de los «tipos» psicológicos y su relación con los cuatro elementos astrológicos.

52. La «Señorita X» era Kristine Mann (1873-1945), una médica estadounidense que fue paciente de Jung entre 1921 y 1922. Véase Thomas B. Kirsch, *The Jungians* (Londres: Routledge, 2012), p. 65.
53. Jung, CW9i, p. 606.
54. En la época en la que Jung escribió este ensayo, Plutón acababa de ser descubierto, motivo por el cual no lo incluyó en su evaluación. Él sólo conocía nueve planetas.
55. Jung, CW9i, p. 606, n.º 166. Los glifos indican que la Luna estaba en «cuadratura» o ángulo de 90º con Mercurio.

Los cuatro elementos y los tipos psicológicos

La investigación que dio lugar a *Psychological Types,* publicado en 1921, tuvo lugar en realidad unos años antes, entre 1913 y 1918, cuando Jung estaba inmerso en las visiones del *Liber Novus* y estaba ampliando simultáneamente sus conocimientos en astrología.[56] La teoría de Jung de los tipos proporciona modelos sobre la orientación general de las personas con respecto al mundo (extravertidos o introvertidos) y de las cuatro «funciones de la conciencia» (pensamiento, sentimiento, sensación e intuición): modos de adaptación a través de los cuales una persona percibe y evalúa la realidad. Es un modelo dinámico que está en constante movimiento, desarrollo y cambio a lo largo de toda la vida, donde la integración y la totalidad se consiguen en tanto en cuanto la persona hace un esfuerzo por tomar conciencia de los aspectos de su personalidad que son inherentemente «débiles» y están por desarrollar.

De todos los modelos teóricos de Jung, su tipología psicológica ha demostrado ser el más popular. Se ha simplificado, generalizado y adaptado bajo numerosas formas, tanto en la psicología cognitiva como en los más diversos medios comerciales –algo que Jung habría cuestionado mucho, dada su profunda desconfianza en el «espíritu de este tiempo»–. El Inventario Tipológico de Myers-Briggs (MBTI por sus siglas en inglés), publicado por Katharine Briggs e Isabel Myers en 1943, está basado en el trabajo de Jung y todavía se utiliza mucho en procesos de orientación vocacional, así como en evaluación de la personalidad y asesoramiento de parejas, a pesar de las numerosas críticas recibidas a cuenta de su precisión y efectividad.[57] Desde 1977, la revista académica

56. C. G. Jung, *Psychologische Typen* (Zúrich: Rascher Verlag, 1921). La obra se publicó en inglés como *Psychological Types, or, the Psychology of Individuation,* trad. H. G. Baynes (Londres: Kegan Paul, Trench, Trubner, 1923), y reapareció, con poca revisión, pero en una nueva traducción de R. F. C. Hull, en 1959 como CW6. Véase «Editorial Note» en Jung, CW6, pp. V-VI. Este libro se puede encontrar en castellano bajo el título *Tipos psicológicos,* publicado por Editorial Trotta, Madrid, 2013.

57. Sobre el MBTI, véase Isabel Briggs Myers, *An Introduction to Type* (Oxford: Oxford Psychologists Press, 2000 [1990]). Sobre las críticas, *véase* David J. Pittin-

Journal of Psychological Type ha venido ofreciendo una incesante serie de artículos sobre el tema, y el Center for Applications of Psychological Type (Centro de Aplicaciones del Tipo Psicológico), la organización que actualmente difunde el Inventario Tipológico, ofrece en su página web un «manual rápido y de fácil lectura sobre los arquetipos», cuya brevedad y simplicidad le recuerda a una la competición «All-England Summarize Proust» de Monty Python.[58] También se ha convertido en algo habitual, entre los textos de astrología modernos, aplicar a los cuatro elementos astrológicos la teoría de Jung de los cuatro tipos de funciones psicológicas, haciendo interpretaciones de aquellos a partir de las descripciones de Jung.[59]

Evidentemente, Jung dio gran importancia a los elementos astrológicos a la hora de evaluar los horóscopos de sus pacientes, tal como se puede ver por sus comentarios acerca de la Señorita X. También se puede ver la relevancia que dio a los elementos en los personajes que aparecen en las visiones del *Liber Novus,* dado que Jung describió estas figuras en función de elementos concretos: El Rojo, por ejemplo, lleva una «vestidura color rojo fuego».[60] Los elementos, y sus concomitantes cualidades aristotélicas de caliente y frío, húmedo o seco, constituyeron también un aspecto esencial de los fondos escénicos o los paisajes en los cuales aparecen los personajes en el *Liber Novus.* Ésta es la «composición de lugar» de la que hablaba Ignacio de Loyola en sus *Ejercicios es-*

---

ger, «Measuring the MBTI… and Coming Up Short», *Journal of Career Planning and Employment,* vol. 54:1, pp. 48-52 (1993).

58. <www.capt.org/research/psychological-type-journal.htm#>. La competición «All-England Summarize Proust», escrita por Graham Chapman, John Cleese, Eric Idle, Terry Jones, Michael Palin y Terry Gilliam, la emitió la BBC por televisión el 16 de noviembre de 1972, en el Episodio 5 de la Temporada 3 del programa *Monty Python's Flying Circus.*

59. *Véase,* por ejemplo, Stephen Arroyo, *Astrology, Psychology, and the Four Elements* (Davis, CA: CRCS, 1975), publicado en castellano como *Astrología, psicología y los 4 elementos,* por Editorial Kier, Buenos Aires, 2022.

60. Jung, *Liber Novus,* p. 275. Para más información sobre El Rojo, véase Liz Greene, *The Astrological World of Jung's 'Liber Novus'* (Londres: Routledge, 2018), capítulo 1.

pirituales,[61] una obra del siglo XVI que tuvo considerable importancia para Jung.[62] En el *Liber Novus,* el anacoreta Amonio, por ejemplo, aparece en un paisaje desértico, caliente y seco, aunque él mismo se describe como seco y frío: en términos aristotélicos, Amonio es una figura terrestre que habita, y depende de un paisaje de fuego.[63] Este tipo de asociaciones entre elementos del *Liber Novus* se discuten con más detalle en *The Astrological World of Jung's* Liber Novus.

Los textos astrológicos y alquímicos de la antigüedad tardía, la Edad Media y principios de la modernidad que se encontraban en la biblioteca de Jung le proporcionaron una rica matriz de especulaciones sobre los cuatro elementos. La primera evidencia textual que existe sobre los elementos clásicos aparece en los escritos del filósofo Empédocles en el siglo V a. e. c. Pero, a pesar de la afirmación de Jung de que Empédocles «intentó poner orden en el caos de los fenómenos naturales dividiéndolos en los cuatro elementos»,[64] el propio Empédocles se refiere a ellos como «raíces» u «orígenes» más que como «elementos». Son divinidades, no sustancias, y generan «las formas y los colores de todas las cosas mortales».[65] Platón fue el primero en llamarlos «elementos» *(stoicheia),* por la palabra griega que designa a una letra del alfabeto; las letras del griego antiguo, al igual que las del hebreo, se utilizan también como números, y el número, para Platón, proporciona el fundamento arquetípico de todas las cosas.[66] Para Jung, los números también eran arquetípicos, teniendo existencia tanto dentro como fuera de la psique humana:

61. Publicado en castellano bajo el mismo nombre por San Pablo D. L., Madrid, 2011.

62. *Véase* Capítulo 2.

63. Jung, *Liber Novus,* pp. 267-273.

64. Jung, CW6, p. 960.

65. Empédocles, Frag. 71, citado por John Burnet, *Early Greek Philosophy* (Londres: A&C Black, 1920), pp. 215-216. Jung citaba a Empédocles con frecuencia: *véase* Jung, CW8, p. 55; Jung, CW9ii, p. 35; Jung, CW11, pp. 62, 93, 104, 246; Jung, CW12, pp. 109, 433, 436; Jung, CW13, p. 242; Jung CW15, p. 11.

66. Véase Platón, *Timeus, op. cit.,* 48b.

> Uno no sabe si los números se descubrieron o se inventaron. Yo creo que el cálculo, es decir, hacer uso de los números, es algo que se inventó; pero los números fueron encontrados dentro y fuera de nosotros. Los números son como arquetipos, *que están tanto fuera como dentro.*[67]

En el siglo II e. c., el astrólogo Claudio Ptolomeo, aunque no utilizó el término «elemento», adoptó la asociación aristotélica de caliente, frío, húmedo y seco en relación con los elementos, que son combinaciones de esos cuatro atributos: la tierra es seca y fría, el fuego es seco y caliente, el agua es húmeda y fría, y el aire es húmedo y caliente,[68] y los temperamentos asociados con los cuatro elementos astrológicos reflejan estas cualidades en términos caracteriológicos y fisiológicos.[69] Vecio Valente, un contemporáneo de Ptolomeo, aunque más joven que éste, con cuya obra se familiarizó Jung,[70] al igual que con la de Ptolomeo, fue el primer astrólogo en asignar los elementos a los cuatro grupos de tres signos zodiacales cada uno, denominados «triplicidades» o «trígonos». Según Valente, el elemento fuego se adscribe a la triplicidad Aries, Leo y Sagitario; la tierra se adscribe a la triplicidad Tauro, Virgo y Capricornio; el aire, a la triplicidad Géminis, Libra y Acuario; y el agua, a la triplicidad Cáncer, Escorpio y Piscis.[71] Esta idea de las triplicidades astrológicas ha terminado siendo una tradición sumamente longeva, pues la volvemos a encontrar en textos astrológicos medievales y de principios de la modernidad, e incluso en los trabajos de astrólogos modernos que proporcionaron los materiales a partir de los cuales Jung

---

67. Jung, Carta a Michael J. Fordham, 20 de octubre de 1954. El énfasis en cursiva es mío.
68. Véase Aristóteles, *On Coming-to-Be and Passing Away,* trad. Forster and Furley, en *Aristotle III* (Cambridge, MA: Harvard University Press, 1955), II:4, pp. 279-281. Sobre el desarrollo de esta idea en la obra de Galeno, véase Peter Brain, *Galen on Bloodletting* (Cambridge: Cambridge University Press, 1986).
69. Véase Ptolomeo, *Tetrabiblos,* I:3.27. Jung estaba familiarizado con la obra de Ptolomeo; *véase* Jung, CW8, p. 869; Jung, CW9ii, pp. 128 y 149; Jung, CW14, p. 576.
70. Jung cita el *Anthologiarium* de Valens en Jung, CW13, p. 412.
71. Vettius Valens, *The Anthology,* trad. Robert Schmidt (Berkeley Springs, WV: Golden Hind Press, 1993-1996), Libro I, pp. 7-16.

aprendió a hacer y leer horóscopos.[72] En su descripción de los tipos de funciones –pensamiento, sentimiento, sensación e intuición–,[73] Jung no los asignó explícitamente a los cuatro elementos de aire, agua, tierra y fuego, pero dejó claro en *Tipos Psicológicos* que creía que existía una correlación entre ellos:

> Desde muy antiguo, se ha intentado clasificar a las personas según determinados tipos con el fin de poner orden en el caos. Los intentos más antiguos que se conocen los realizaron astrólogos orientales, que diseñaron los llamados trígonos de los cuatro elementos –aire, agua, tierra y fuego–... Según esta antiquísima visión, quien nace en estos trígonos participa de su naturaleza aérea o ígnea, y tendrá el temperamento y el destino que les corresponden.[74]

Jung hizo referencia también a las teorías de Claudio Galeno (129-216 e. c.), médico, cirujano y astrólogo cuyos cuatro «temperamentos», derivados de otro médico del siglo v a. e. c., Hipócrates, equiparaban el elemento aire con el temperamento sanguíneo, el agua con el flemático, el fuego con el colérico y la tierra con el melancólico. Jung comentó que había que atribuirle a Galeno «el crédito de haber creado una clasificación psicológica de los seres humanos que ha perdurado durante dos mil años».[75] La insistencia de Jung en que los cuatro elementos de la astrología habían proporcionado la más antigua de las tipologías puede ser cuestionable; de hecho, se dice que las teorías del temperamento no comenzaron con la astrología, sino que ésta las tomó de la filosofía y la medicina.[76] Sin embargo, lo relevante en el contexto de la astrología de Jung es lo que él mismo creyera, y parece que él sustentaba su teoría de la historia antigua tras los cuatro tipos de funcio-

---

72. Para una historia antigua de los elementos, véase Dorian Gieseler Greenbaum, *Temperament* (Bournemouth: Wessex Astrologer, 2005), pp. 5-44.
73. Sobre descripciones de los «tipos de funciones», véase Jung, CW6, pp. 556-671.
74. Jung, CW6, p. 933. *Orientales* significa aquí «mesopotámicos», «babilonios» o de Oriente Próximo.
75. Jung, CW6, pp. 883-884.
76. Véase Greenbaum, *Temperament, op. cit.*, p. 47.

nes con la suposición de que la astrología proporcionó el primer molde para ello.

Podemos encontrar pistas a una de las rutas –y posiblemente a la ruta principal– por las cuales Jung llegó a su tipología si comparamos las descripciones que hace Jung de los tipos de funciones con las descripciones de los elementos que se encuentran en los textos astrológicos contemporáneos de Jung. Alan Leo, cuya obra fue publicada más de una década antes de que Jung escribiera *Tipos psicológicos,* describía el elemento aire como «la mente superior», relacionado con «extensión y expansión»; lo signos de aire sintetizan la «esencia» de los objetos y las situaciones externas, y relacionan esa esencia con un «ideal».[77] Para Jung, la función pensamiento es un «proceso intelectual» que comienza con la percepción de los objetos e «intenta subordinarlos a una idea subjetiva».[78] Leo describía el elemento tierra como «el cuerpo denso del hombre», representando «solidez y estabilidad»; la tierra es el «plano de la acción, de la conservación de la energía y de las fuerzas concentradas». Virgo, como signo terrestre, refleja el poder para «interpretar sensaciones de forma más o menos correcta».[79] Para Jung, la función sensación, como percepción sensible, depende por completo de las evidencias de la realidad material:

> Dado que la sensación está principalmente condicionada por el objeto, aquellos objetos que excitan las más intensas sensaciones serán decisivos para la psicología de la persona... Los objetos se valoran en tanto en cuanto excitan sensaciones y, en la medida en que se hallen bajo el poder de la sensación, serán plenamente aceptados por la consciencia, tanto si son compatibles con los juicios racionales como si no. El único criterio de valor será la intensidad de la sensación producida por sus cualidades objetivas.[80]

---

77. Alan Leo, *The Art of Synthesis* (Londres: Modern Astrology Office, 1912), p. 179; Alan Leo, *How to Judge a Nativity* (Londres: Modern Astrology Office, 1903), p. 14.
78. Jung, CW6, pp. 577-581.
79. Leo, *The Art of Synthesis, op. cit.,* pp. 177-178; Leo, *How to Judge a Nativity, op. cit.,* p. 14.
80. Jung, CW6, pp. 604-605.

La elaboración de Jung del elemento astrológico tierra, incluido en un ensayo que escribió en 1928 acerca del papel de Suiza en Europa, no era del todo complementario.[81] Pero su descripción de los tipos psicológicos tampoco fue escrita para halagar; y su retrato de los signos de tierra, que reflejan las descripciones que hizo del tipo sensación, seguían fielmente las interpretaciones ofrecidas por los astrólogos desde Ptolomeo hasta Alan Leo en términos de las cualidades de carácter asociadas con este elemento «seco» y «frío».

> Desde antiguo, se considera que el signo astrológico de Suiza es o bien Virgo o bien Tauro; ambos son signos de tierra, indicio seguro de que el carácter terrestre de Suiza no escapó a los astrólogos de antaño. De esta conexión de Suiza con la tierra proceden todas sus cualidades negativas, así como todas las positivas: su realismo, su visión limitada, su falta de espiritualidad, su parsimonia, su imperturbabilidad, su terquedad, su desagrado por los extranjeros, su desconfianza, así como ese terrible *Schwitzerdütsch* y su rechazo a que se la moleste, o dicho en términos políticos, su neutralidad.[82]

Según este modelo, la paciente de Jung, la Señorita X, nacida con «cuatro signos terrestres», sentía una inclinación inherente a relacionarse con la vida a través de una función sensación bien adaptada, centrada en lo particular, en vez de en lo general, y en los niveles concretos de la existencia, en vez de en sus significados ocultos o en relación con ideas más amplias. Con «ningún signo de aire» –es decir, sin planetas ubicados en ninguno de los tres signos de aire en el momento del nacimiento– su función pensamiento, aunque capaz de exhibir un alto grado de inteligencia, era menos consciente y, por tanto, estaba menos adaptada. Consecuentemente, era más vulnerable a dejarse dominar por inclinaciones críticas, tendenciosas y divisivas del *animus* incons-

81. C. G. Jung, «The Swiss Line in the European Spectrum«, en Jung, CW10, pp. 903-924, publicado inicialmente como «Die Bedeutung der schweizerischen Linie im Spektrum Europas», *Neue Schweitzer Rundschau,* vol. 24:6, pp. 1-11 (1928).

82. Jung, CW10, p. 914.

ciente, exacerbadas por esa inoportuna configuración Luna-Mercurio que Jung señaló en su enigmática nota a pie de página.[83] La división en polaridades que hizo Jung de los tipos de función –con expresiones extravertidas e introvertidas de cada función– no encaja con la división tripartita que Alan Leo hizo de cada elemento en lo que se conoce en astrología como las cuadruplicidades: las expresiones «cardinal» (puesta en marcha), «fijo» (estabilización) y «mutable» (interpretación y adaptación).[84] Pero tanto Leo como Jung postulaban, para cada uno de los cuatro tipos de personalidad, diversos modos de percepción y de acción dentro de una esfera de experiencia en particular. Ambos insistían también en que el tipo de función, o elemento, tiene que verse en relación con otros factores de la personalidad individual para poder comprenderse bien y, si es necesario, integrarlo plenamente en la conciencia a través de un esfuerzo deliberado. Dicho de otro modo, ambos veían sus tipologías como dinámicas, flexibles y evolutivas, en vez de como estáticas e inamovibles.

Los planetas y los complejos

La segunda idea que Jung expresó en su descripción de la constitución astrológica de la Señorita X guarda relación con su idea de que las configuraciones planetarias –los «dioses planetarios» en la relación dinámica mutua– simbolizan complejos inconscientes, que se expresan imaginalmente a través de narrativas míticas, que retratan de forma simbólica la estructura y la teleología del complejo. El *animus,* según Jung, personifica el aspecto masculino inconsciente de la psique femenina, y en el horóscopo de la Señorita X está simbolizado en parte por

83. Sobre la tendencia del *animus* a expresarse de formas críticas y divisivas, véase Jung, CW7, pp. 296-340; Jung, CW13, pp. 57-63; Jung, CW9ii, pp. 20-42.

84. Esta división está compuesta por las «cuadruplicidades» astrológicas: tres grupos de cuatro signos cada uno, vinculados con la acción (cardinal), la estabilización (fijo) y la adaptación (mutable). Cada signo zodiacal comparte así un elemento (triplicidad) y un modo de respuesta (cuadruplicidad). Véase Leo, *How to Judge a Nativity, op. cit.,* pp. 14-15.

el planeta Mercurio, que amenaza las cualidades instintivas femeninas de la Luna mediante la tensión del difícil ángulo existente entre ellos. Esta tensión está, a su vez, exacerbada por la poco sofisticada cualidad de la función pensamiento de la Señorita X.[85] Visto de este modo, un complejo inconsciente no es el producto de unos acontecimientos traumáticos de la infancia ni de unas necesidades instintivas reprimidas; es inherente y arquetípico, aunque sus expresiones estén coloreadas por las circunstancias y por una elección consciente.

Para cuando Jung escribió *Psychology of the Unconscious (Psicología del inconsciente),* su manera de entender los complejos había cambiado radicalmente con respecto a los planteamientos de Freud y sus predecesores.[86] Freud creía que los complejos estaban arraigados en los impulsos instintivos; de hecho, según el modelo freudiano, el complejo (y concretamente el complejo de Edipo) es el principal factor de las dinámicas psíquicas. El mito es secundario, ya que lo veía como una expresión poética y, a la vez, sublimada de esos impulsos instintivos que han sido reprimidos por causa de los tabúes sociales. De ahí que pensara que los mitos se pueden analizar intelectualmente y «reducir» a meros conflictos sexuales inconscientes.[87] Así, cuando Edipo mata a su padre Layo y se casa con su madre Yocasta, sin saber quiénes son, la narrativa mítica «no es más» que un retrato poético del deseo incons-

85. Sobre la relación que establece Jung entre la Luna y lo femenino instintivo, véase Jung, CW14, pp. 154-173; Jung, CW9i, p. 156. Sobre las descripciones de las relaciones planetarias (aspectos) en la astrología, véase Leo, *How to Judge a Nativity, op. cit.,* pp. 39-67; Charles E. O. Carter, *The Astrological Aspects* (Londres: Theosophical Publishing House, 1930), publicado en castellano bajo el título *Los aspectos astrológicos,* por RBA, Barcelona, 2003. Jung poseía una obra anterior de este astrólogo inglés, *An Encyclopedia of Psychological Astrology* (Londres: Theosophical Publishing House, 1924).

86. Tales predecesores fueron Jean-Martin Charcot (1825-1893), Pierre Janet (1859-1947) y Josef Breuer (1842-1925). Sobre el trabajo de Charcot, véase Jean-Martin Charcot, *Clinical Lectures on Diseases of the Nervous System,* ed. Ruth Harris, trad. Thomas Savill (Londres: Routledge, 1991 [1886]). Sobre la idea de los complejos como «idées fixes» en Janet, véase Pierre Janet, *The Major Symptoms of Hysteria* (Nueva York: Macmillan, 1924). Sobre Breuer, véase Freud y Breuer, SE2. Sobre la comprensión de Freud de los complejos, véase Freud, SE7.

87. Véase Jung, CW8, pp. 194-219.

ciente de todo hijo varón de destruir al padre con el fin de poseer sexualmente a la madre. Tras el Edipo mítico estaría, por tanto, el «complejo de Edipo».

Para Freud, al igual que para sus predecesores, el complejo es siempre patológico, porque implica una represión de poderosos impulsos instintivos que da como resultado un conflicto y su correspondiente sufrimiento psíquico. Los complejos, para ellos, no son «normales», y mucho menos dan lugar o apuntan a una teleología con significado, sino que deben ser superados:

> [Los neuróticos] se ponen enfermos por los mismos complejos contra los cuales nosotros, las personas sanas, luchamos también. La única diferencia es que las personas sanas saben cómo superar estos complejos sin sufrir graves daños en su vida práctica, en tanto que, en el caso de las personas nerviosas, la represión de los complejos sólo se consigue al precio de costosas formaciones sustitutivas.[88]

Jung, en cambio, llegó a comprender eventualmente que tras el «complejo de Edipo» se hallaba el mismo Edipo, no como una realidad histórica, sino como el retrato imaginal de una energía psíquica dinámica de la cual el impulso sexual representa sólo una dimensión. La destrucción del padre a manos de Edipo y su unión con la madre podrían reflejar, en este contexto, no sólo un deseo literal incestuoso y prohibido, sino también el anhelo humano fundamental por hacer pedazos al ego racional (el padre) con el fin de fundirse con, y verse trasformado por, las profundidades del inconsciente (la madre), un proceso interior que conforma el tema principal del *Liber Novus.*[89] Los complejos, tal como Jung desarrolló la idea en sus orígenes, en 1912, en *Psychology of the Unconscious* (*Psicología del inconsciente),* son las expresiones psíquicas de la libido, y no se limitan exclusivamente a los deseos edípicos prohibidos. Los complejos encarnan procesos fundamentales de la vida, tanto psíquicos como espirituales e instintivos, y no son

88. Freud, SE7, p. 188.
89. Sobre este enfoque del mito de Edipo, véase Erich Neumann, *The Origins and History of Consciousness* (Princeton, NJ: Princeton University Press, 1954)

meramente el producto de la represión del instinto sexual. El poder compulsivo y, a menudo, destructivo que poseen no proviene de una malignidad innata, sino de lo que Jung percibió como el fracaso de la persona en reconocer e integrar su teleología más profunda:

> Porque si permite que su libido se estanque en un medio infantil y no la libera para que cumpla con propósitos más elevados, caerá bajo el hechizo de una compulsión inconsciente. Dondequiera que él se halle, el inconsciente recreará entonces el medio infantil, proyectando sus complejos, reproduciéndolo todo de nuevo de este modo, por encima de sus intereses vitales, con la misma dependencia y falta de libertad que caracterizaban las relaciones que mantenía con sus progenitores en un principio. Su destino ya no se hallará en sus propias manos: sus Τυχαι και Μοιραι (fortunas y destinos) caerán de las estrellas.[90]

Para Jung, el mito vino primero. Como ya sugiriera en la Universidad de Fordham en 1912, los mitos emergen de proyecciones de patrones psíquicos fundamentales en los cielos, que proporcionan un excelente «gancho», porque reflejan los mismos patrones a través de las cualidades del tiempo. Estos patrones están «tanto fuera como dentro». El Sol sale desde la desconocida oscuridad cada mañana y se hunde de nuevo en la oscuridad al anochecer; el ser humano emerge desde la desconocida oscuridad al nacer y vuelve a la desconocida oscuridad al morir, con la esperanza de que, al igual que el Sol, algún fragmento inmortal sobreviva a la muerte y renazca bajo alguna forma, en algún tiempo, en algún lugar.

El mito, por tanto, encarna el complejo en forma imaginal. Complejo y mito son lo mismo: el primero se experimenta como una compulsión psíquica y el segundo como una imagen psíquica que puede facilitar la toma de conciencia y la transformación de la compulsión. La expresión individual del complejo, a su vez, sigue unos canales específicos conformados por una singular sucesión de experiencias personales y de las respuestas ante esas experiencias; pero las respuestas en sí están arraigadas en el temperamento inherente. De ahí que tipología y com-

90. Jung, CW5, p. 644.

plejo estén íntimamente relacionados. Jung creía que los colectivos también tienen complejos, al igual que las religiones; y también los ciclos de la historia. Todo cuanto posee vida y dinamismo está, por tanto, «destinado» por la naturaleza de sus complejos, que son patrones inherentes que la psique humana percibe como narrativas míticas que determinan tanto el carácter como el destino. Los estudios sobre la posesión demoníaca, el fenómeno de las personalidades múltiples, los trances mediúmnicos, los rituales chamánicos, el exorcismo, los trances de curación hipnótica, la escritura automática y las visiones en la bola de cristal contribuyeron a que Jung apreciara cada vez más los contenidos del complejo inconsciente como míticos y transpersonales, en lugar de como personales y patológicos.[91] Y para Jung, los arquetipos que se hallan en el núcleo de cada complejo están simbolizados por los dioses planetarios:

> El viaje a través de las casas planetarias... por tanto, significa la superación del obstáculo psíquico, o de un complejo autónomo, adecuadamente representado por un dios o un demonio planetario.[92]

Transformación e individuación

La tercera idea implícita en el debate de Jung del horóscopo de la Señorita X es la posibilidad de transformación. Los complejos, al igual que el destino planetario, son negociables, al menos en su nivel de expresión, si no incluso en su esencia. Si Jung no hubiera creído que el cambio era posible, no habría aceptado a la Señorita X como paciente,

---

91. Sobre los trabajos de psicólogos analíticos acerca del complejo, véase Erel Shalit, *The Complex* (Toronto: Inner City Books, 2002); Edward F. Edinger, *Ego and Archetype* (Nueva York: Putnam, 1972), publicado en castellano bajo el título *Ego y arquetipos: Una ventana a los símbolos de transformación,* por Sirena de los Vientos, Madrid, 2018. Sobre los complejos en los colectivos y los ciclos históricos, *véase* Thomas Singer y Samuel L. Kimbles (eds.), *The Cultural Complex* (Londres: Routledge, 2004); James L. Henderson, *A Bridge Across Time* (Londres: Turnstone, 1975).

92. Jung, CW14, p. 308.

no habría hecho referencia al «peligro» del *animus,* sino que habría hablado de un destino irrevocable. La palabra «peligro» sugiere que algo puede ser mitigado o evitado, siempre y cuando haya conocimiento y percepción suficientes; el breve comentario de Jung sobre la cuadratura de Mercurio sobre la Luna no se plantea como un acontecimiento predestinado, sino como una dinámica psicológica abierta a la intervención consciente. La idea de un proceso de desarrollo iniciado por la propia psique inconsciente –la transformación del instinto para «propósitos más elevados» a través del poder de los símbolos– proporciona el núcleo del tema del *Wandlungen,* y es un reflejo de una afirmación seminal de Jámblico en el siglo III e. c.: que son los mismos dioses, por su propia voluntad y a través de sus propios símbolos, quienes se hacen cargo del ritual teúrgico y logran la transformación del alma de la persona.[93] Esta idea está íntimamente relacionada con el concepto de «individuación» de Jung, que definió como el proceso interior por el cual una persona puede lograr la plena integración de su singular e inherente personalidad:

> Individuación significa convertirse en «in-dividuo», y, en la medida en que la «individualidad» abarca nuestra más profunda, duradera e incomparable singularidad, también implica convertirse en uno mismo. Por tanto, podemos traducir individuación como un «llegar a ser uno mismo» o «autorrelización».[94]

Pero este proceso no se puede lograr solamente mediante el poder de la voluntad consciente, pues depende de la cooperación del inconsciente o, tal como lo expresa Jámblico, de los propios dioses.

Jung asoció la individuación con cierto grado de libertad psicológica, comparando una vez más el desarrollo del proceso con el mito del viaje del alma a través de las esferas planetarias:

---

93. Para más información sobre la teúrgia de Jámblico y su importancia en la obra de Jung, *véase* Capítulo 3.
94. Jung, CW7, p. 266.

> El viaje a través de las casas planetarias se reduce a hacerse consciente de las cualidades buenas y malas de nuestro carácter, y la apoteosis no significa otra cosa que la conciencia máxima, que equivale a la libertad máxima de la voluntad.[95]

Debería señalarse que libertad «máxima» no es lo mismo que libertad completa. En sus comentarios sobre el viaje planetario del alma tal como se describe en un romance de finales del siglo XV escrito por Francesco Colonna, titulado *Hypnerotomachia Poliphili,* Jung señalaba que el autor compuso un documento psicológico que es «un ejemplo perfecto del curso y el simbolismo del proceso de individuación».[96] Da la impresión de que Jung, desde el momento en que equiparó el viaje celeste del alma con el proceso de individuación, entendía el horóscopo natal no sólo como un mapa psicológico del carácter y de los complejos, sino también como una narrativa plena de significado o, en efecto, un viaje mítico personal. Este viaje se desplegaría en el tiempo, según él, a través de una secuencia de experiencias vitales, conectadas por sus significados a través de un principio organizador central comprendido como el Sí Mismo, dirigiéndose hacia la experiencia de una personalidad completa y una vida con sentido.

Desde el punto de vista de Jung, en tanto que este proceso tiene lugar de forma natural en todos los seres humanos y lo pone en marcha la propia psique inconsciente, técnicas de trabajo analítico, tales como

---

95. Jung, CW14, p. 309. «Casas», en este caso, se refiere a las «moradas» celestes o «esferas planetarias», tal como aparecen en la literatura gnóstica y hermética. La «apoteosis» se describe en textos tales como el hermético *Poimandres* como una experiencia de elevación hasta más allá de las esferas planetarias, hasta una unión con la deidad, que da como resultado la transformación del individuo. Jung tenía en su poder la traducción de Mead del *Poimandres:* sobre el pasaje relevante, véase G. R. S. Mead (ed. y trad.), *Thrice-Greatest Hermes,* 3 volúmenes (Londres: Theosophical Publishing Society, 1906), II: 15-16. Para una traducción más reciente: véase Brian P. Copenhauer (ed. y trad.), *Hermetica* (Cambridge: Cambridge University Press, 1992), *CH*1: 25-26.
96. Jung, CW14, p. 297. Para la única traducción completa al inglés de la *Hypnerotomachia,* véase Joscelyn Godwin (trad.), *Hypnerotomachia Poliphili* (Londres: Thams and Hudson, 1999). Véase también Greene, *The Astrological World of Jung's 'Liber Novus', op. cit.,* conclusion.

la imaginación activa, profundizan y potencian este proceso,[97] permitiendo que una persona como la Señorita X trabaje con el «peligro procedente del *animus*» de una forma consciente y más creativa. Jung en ningún momento sugería que la Señorita X pudiera sustituir su horóscopo por otro diferente. Sin embargo, parece que estaba convencido de que la relación entre la conciencia y la esfera arquetípica tenía que convertirse en un diálogo, y no en un monólogo, y que participar en el diálogo con la receptividad adecuada podía tener efectos tanto en la persona como en los misteriosos patrones arquetípicos que constituyen el destino individual.

Astrología y alquimia

En los años que siguieron a la terminación del *Liber Novus,* los comentarios astrológicos de Jung se hicieron más frecuentes, tanto en su correspondencia como en sus conferencias y en sus obras publicadas. Mientras seguía formulando su experiencia astrológica a través de términos como el de «sincronicidad», que esperaba que la comunidad científica pudiera aceptar, seguía profundizando sus conocimientos en torno a la relación de la astrología con otras esferas liminares, en concreto con la alquimia, cuyo simbolismo le proporcionó también un modelo del proceso de individuación. Jung insistía en que la astrología y la alquimia siempre habían estado entrelazadas:

> Las figuras alquímicas, sobre todo las de los dioses de los metales, deberían entenderse también como astrológicas… Los símbolos alquímicos están saturados de astrología.[98]

En otro ensayo sugería, escribiendo como lo hubiera hecho un astrólogo, que era necesario conocer tanto mitología como alquimia para una interpretación psicológica de los significantes astrológicos:

97. Jung, CW14, pp. 752-755.
98. Jung, CW14, pp. 311 y 353.

> La alquimia es inconcebible sin la influencia de su hermana mayor, la astrología, y conviene tomar en consideración las afirmaciones de estas tres disciplinas [mitología, alquimia y astrología] en cualquier evaluación psicológica de las luminarias [el Sol y la Luna].[99]

Esta relación íntima se basa en la idea de que la astrología y la alquimia, así como los mitos que las acompañan, presentan el proceso de individuación de forma simbólica. La astrología, al igual que la alquimia, está «comprometida con la preservación permanente del puente que lleva... a la psique inconsciente»; la astrología «llevó de vuelta una y otra vez a la mente consciente al conocimiento de la Heimarmene, es decir, a la dependencia de carácter y destino en determinados instantes del tiempo».[100] La combinación del simbolismo alquímico con el de su «hermana mayor», la astrología, llevó a Jung a percibir un sorprendente paralelismo entre las fases del *opus* alquímico –las representaciones gnósticas, neoplatónicas y herméticas del viaje del alma a través de las esferas planetarias– y el enrevesado sendero por el cual la psique individual logra la integración y la totalidad.

> Astrológicamente... este proceso [el de la alquimia] se corresponde con una ascensión a través de los planetas desde el oscuro, frío y distante Saturno hasta el Sol... La ascensión a través de las esferas planetarias significaría, por tanto, algo así como un despojamiento de las cualidades de carácter indicadas por el horóscopo... Todo aquel que haya atravesado la totalidad de las esteras es libre de compulsiones; ha obtenido la corona de la victoria y se convierte en algo parecido a un dios.[101]

99. Jung, CW14, p. 222.
100. Jung, CW12, p. 40. Para una discusión más detallada sobre cómo comprendía Jung la *heimarmene,* véase Capítulo 5.
101. Jung, CW14, p. 308.

Años más tarde, Jung seguía insistiendo en que la astrología podía tener un valor inmenso para la psicología. En una carta al astrólogo indio Bangalore Venkata Raman, escrita en 1947, afirmaba:[102]

> Dado que soy psicólogo, estoy interesado principalmente en la luz que el horóscopo puede arrojar sobre determinadas complicaciones del carácter. En casos de difícil diagnóstico psicológico, obtengo normalmente el horóscopo con el fin de contrastar mis observaciones con otro punto de vista, desde un ángulo completamente diferente. Tengo que decir que, con frecuencia, he constatado que los datos astrológicos elucidan ciertos puntos que, de otro modo, no habría sido capaz de comprender. A partir de tales experiencias me he formado la opinión de que la astrología es de particular interés para el psicólogo.[103]

Según Jung, los dioses planetarios son símbolos de las dominantes arquetípicas del inconsciente colectivo, presentes en la psique de todo ser humano; pero, dependiendo del momento concreto del nacimiento, éstas aparecen en el individuo bajo un patrón singular de interrelaciones, representando «un instante definido en el coloquio de los dioses, es decir, de los arquetipos psíquicos». Jung sugería a André Barbault que estos patrones «se expresan de un modo reconocible en el horóscopo», pero están presentes igualmente en la propia vida.[104] La idea de que la astrología no es más que una proyección humana sobre el cielo inanimado –la idea de Frazer del mito como una mala ciencia– había quedado superada para Jung tiempo atrás, si es que alguna vez había pensado realmente así.

---

102. B. V. Raman (1912-1998) fue un influyente astrólogo indio que publicó un buen número de libros y artículos sobre la astrología hindú o védica, y editaba una revista llamada *The Astrological Magazine,* a la cual se refería Jung en su carta. *Véase* B. V. Raman, *How to Judge a Horoscope,* 2 volúmenes (Columbia, MO: South Asia Books, 2000).
103. C. G. Jung, Carta a B. V. Raman, 6 de septiembre de 1947, en Jung, *C. G. Jung Letters,* vol. 1, *op. cit.,* pp. 475-476.
104. Jung, Carta a André Barbault, *op. cit.,* p. 176.

2

Los astrólogos de Jung

Pero, si las estrellas anuncian el futuro… ¿qué explicación podemos ofrecer de la causa?… Podemos ver las estrellas como cartas que se graban una y otra vez en los cielos, o que se graban de una vez y para siempre, y, no obstante, se mueven a medida que van en pos de las otras tareas que tienen asignadas; sobre estas tareas principales se seguirá la cualidad de *significar…* Todo rebosa de símbolos; el hombre sabio es aquel que en cualquier cosa puede leer otra.[1]

—Plotino

En el símbolo está la liberación de la fuerza humana que está ligada a la lucha con la oscuridad… Ciertamente, se puede obtener la libertad externa mediante el uso de la fuerza, pero sólo se puede generar la libertad interior a través del símbolo. El símbolo es la palabra que sale de la boca, que uno no pronuncia simplemente, sino que se eleva desde las profundidades del yo como una palabra de poder y gran necesidad, y se sitúa inesperadamente en la lengua.[2]

—C. G. Jung

1. Plotino, *Ennead* II.3.7.
2. Jung, *Liber Novus, op. cit.*, pp. 136-137, trad. p. 310.

Las fuentes astrológicas de Jung

Las fuentes astrológicas que aparecen citadas en las *Obras Completas* de Jung para consumo público –de puertas hacia afuera, por decirlo así– son aquellas que, con el transcurso de los siglos, se habían convertido ya en referencias históricas. Entre ellas están obras tales como el *Tetrabiblos* de Ptolomeo, del siglo II; el *De magnis coniunctionibus,* de Abu Ma'ashar, del siglo IX, publicado en latín en 1515; y el *Commentaria in Ptolomaeum de astrorum indiciis,* de Gerolamo Cardano, del siglo XVI.[3] Dicho de otro modo, Jung evitaba citar a todo astrólogo contemporáneo cuando hablaba sobre el tema en sus obras publicadas, salvo a aquellos autores relacionados con investigaciones estadísticas. Sin embargo, aunque los textos antiguos le proporcionaban evidentemente conocimientos e indicios importantes, es poco probable que Jung aprendiera a levantar un horóscopo a partir de ellos, pues su lenguaje no sólo es oscuro, sino que los cálculos matemáticos, si es que se detallan, se realizan sobre observaciones y medidas reales en los cielos, y no a partir de las tablas de posiciones planetarias –las efemérides– a las que Jung ya tenía acceso en su época, y que eran más sencillas de manejar. Da la impresión de que Jung no se sentía cómodo revelando las fuentes de sus investigaciones astrológicas, una incomodidad que le persiguió toda la vida.

En su ensayo *Synchronicity: An Acausal Connecting Principle* (*Sincronicidad: un principio de conexión acausal*),[4] Jung exhibió un considerable conocimiento técnico astrológico. Hizo referencia a exploradores de los fenómenos psíquicos, como J. B. Rhine,[5] y reconoció los resultados estadísticos de los experimentos astrológicos realizados en las décadas

3. Sobre Ptolomeo, *véase* arriba, Capítulo 1, n.º 66. Sobre Abu Ma'ashar (Albumasar), *véase* Jung, CW9ii, pp. 128-131-133, 153-154. Sobre Cardano, *véase* Jung, CW8, p. 869; Jung, CW9i, p. 436; Jung, CW9ii, pp. 130 y 136; Jung, CW14, p. 474.

4. Jung, CW8, pp. 816-968.

5. J. B. Rhine, *Extra-Sensory Perception* (Boston, 1934); J. B. Rhine, *New Frontiers of the Mind* (Nueva York: Farrar & Rinehart, 1937), publicado en castellano bajo el título *El nuevo mundo de la mente,* por Paidós, Barcelona, 1982. Véase Jung, CW8, p. 833, n.º 29.

de 1920 y 1930 por investigadores tales como el astrólogo suizo Karl Ernst Krafft y el astrólogo francés Paul Flambart.[6] Pero a la hora de interpretar los horóscopos citaba sólo a los «grandes nombres» de la astrología antigua, medieval y de principios de la era moderna, junto con diversos textos alquímicos y las obras de aquellos filósofos reputados –Filón de Alejandría, Plotino, Schopenhauer– que habían simpatizado con el tema.[7] En las primeras cartas que Jung escribió a Freud no queda claro si se estaba «adentrando en» la astrología –o, para ser más precisos, aprendiendo a hacer e interpretar horóscopos– a través de los textos que había adquirido o si disponía de un tutor personal. Según el nieto de Jung, Ulrich Hoerni, Jung «obtuvo sus conocimientos a partir de libros y no a través de un instructor personal».[8]

Richard Noll dice que «se cree» que Toni Wolff enseñó astrología a Jung, pero no dice exactamente quién es el que «lo cree»; y, en cualquier caso, los estudios astrológicos de Jung son anteriores en al menos dos años a la fecha en que conoció a Wolff.[9] Jung no habló de fuente alguna en sus cartas a Freud, aunque posteriormente sí que mantuvo una animada correspondencia con astrólogos profesionales como Barbault y Raman. Pero, aunque en las *Obras Completas* se citen fuentes astrológicas eruditas del pasado, la biblioteca privada de Jung nos cuenta otra historia. Aunque Jung acumuló obras de astrólogos alemanes, franceses, británicos y estadounidenses publicadas a partir de mediados de la década de 1920, los únicos libros que había en la biblioteca de Jung que habían sido publicados poco antes de las dos cartas a Freud son los de tres astrólogos británicos. Muy probablemente, estos libros fueron las fuentes modernas de sus primeros estudios en astrología. Y de

6. Karl Ernst Krafft, *Le premier traité d'astro-biologie* (París: Wyckmans, 1939); Paul Flambart (alias, Paul Choisnard), *Preuves et bases de l'astrologie scientifique* (París: Bibliothèque Chacornac, 1921).
7. Sobre el *De opificio mundi,* de Filón, véase Jung, CW8, p. 855. Sobre las *Enéadas,* de Plotino, véase Jung, CW8, p. 927. Sobre *Parega und Paralipomena,* de Schopenhauer, véase Jung, CW8, p. 829.
8. Carta privada de Ulrich Hoerni, 15 de diciembre de 2012.
9. Noll, «Jung the *Leontocphalus*», *op. cit.,* p. 67. Noll no ofrece fuente para tal afirmación.

estos tres astrólogos británicos, sólo uno resultó suficientemente interesante para Jung como para adquirir más de uno de sus libros.

El primero de estos textos, una obra titulada *The Text-Book of Astrology (Manual de astrología)*, de Alfred John Pearce (1840-1923), se publicó originalmente en 1889 en una serie de volúmenes con diversos temas astrológicos, entre los que se incluía la lectura del horóscopo de nacimiento, astrología médica y astrología «electiva» (la elección del momento apropiado para comenzar un proyecto). Estas obras más pequeñas aparecieron en un único volumen en 1911, que es la edición que Jung adquirió. James Holden, director de investigación de la Federación Estadounidense de Astrólogos, que reimprimió la obra de Pearce en 2006, señala que el libro de Pearce es «tradicional» y «carece de la tendencia psicológica que puso en marcha su contemporáneo, más joven, Alan Leo». Con un sesgo que refleja sus propios puntos de vista personales sobre lo que es una astrología válida –un debate que lleva ya dos milenios y sigue vivo dentro del mundo de los astrólogos–, Holden afirma después que *The Text-Book of Astrology* «es anterior a las complicaciones que el esoterismo introduciría posteriormente... y a las vagas interpretaciones psicológicas».[10] Pearce era contrario a toda astrología que llevara tras ella insinuaciones esotéricas, declarando categóricamente: «Trazamos la línea en la magia y el espiritismo». Según Pearce, la astrología teosófica de Alan Leo era «absurda y supersticiosa».[11]

Pero si Pearce no estaba interesado en el esoterismo y en las «vagas interpretaciones psicológicas», parece que Jung no se interesó demasiado en Pearce. Aunque éste escribió numerosas obras, *The Text-Book of Astrology* es la única de sus publicaciones que se ha encontrado en la biblioteca de Jung.[12] Y tampoco parece que Jung se sintiera interesado

10. James Holden, «Preface to the 2006 Reprint», en Pearce, *The Text-Book of Astrology*, p. VII.
11. Citado en Curry, *A Confusion of Prophets, op. cit.*, p. 111.
12. Véase, por ejemplo, Alfred J. Pearce, *The Science of the Stars* (Londres: Simpkin, Marshall, 1881), y *The Weather Guide-Book: A Concise Exposition of Astronomic-Meteorology* (Londres: Simpkin, Marshall, 1864).

por las revistas que editaba Pearce,[13] aunque sí adquirió una importante colección de revistas esotéricas distintas que incluían material astrológico, como *The Occult Review,* de Ralph Shirley, y *The Quest,* la propia revista de Mead.[14] Parecería que la «tendencia psicológica» que comenzó a emerger en la astrología británica con la entrada en el siglo XX resultó más gratificante para Jung durante la época en la que estaba formulando sus teorías acerca de la naturaleza y la dinámica de la psique humana.

El segundo libro que Jung adquirió de un astrólogo británico escrito durante este período fue el *The Key to Astrology (La clave de la astrología),* de Raphael.[15] Entre los astrólogos de la época se puso de moda adoptar pseudónimos celestes, normalmente de ángeles vinculados con planetas específicos. Una serie de astrólogos editando una revista en particular podían llegar a utilizar el mismo pseudónimo uno tras otro, que es lo que ocurrió con Raphael. El ángel Rafael, uno de los siete arcángeles, está normalmente vinculado a Mercurio, el planeta de la tradición astrológica, asociado con la escritura y la comunicación de ideas y, por tanto, apropiado para el editor de una revista.[16] Raphael fue en principio el pseudónimo de un astrólogo llamado Robert Cross Smith (1795-1832). El pseudónimo de Smith lo adoptó más tarde el astrólogo John Palmer (1807-1837), y otros cuatro astrólogos más antes de que Robert Thomas Cross (1850-1923), autor de *The Key to Astrology,* tomara el nombre para sí.[17] *The Key to Astrology* se publicó original-

13. Entre ellas están *The Future,* lanzada en 1892 y que dejó de existir en 1894; *Urania;* y *Star Lore.* Pearce fue también editor del popular anuario *Zadkiel's Almanac,* que tampoco estaba en la biblioteca de Jung.
14. Los números de Jung de *The Occult Review* constan de cuatro volúmenes fechados entre 1920 y 1933. Los números de *The Quest* que Jung coleccionó se extienden a lo largo de muchos años (1910-1924 y 1929-1930), y constan de diecisiete volúmenes.
15. Raphael, *The Key of Astrology* (Londres: W. foulsham, 1896).
16. Véase Kin Farnell, «Seven Faces of Raphael», <www.skyscript.co.uk/raphael.html>.
17. Véase Curry, *A Confusion of Prophets, op. cit.,* pp. 46-60. La similitud de nombres entre Robert Cross Smith y Robert Thomas Cross parece ser una coincidencia (o una sincronicidad).

mente en 1896, si bien posteriormente se reimprimiría en varias ocasiones. La edición en concreto del ejemplar que poseía Jung es de 1909. Al igual que Pearce, Raphael resultó ser tan tradicional como prolífico, pues publicó otros libros, entre ellos *Raphael's Horary Astrology (Astrología horaria de Raphael)* (1897). También como Pearce, Raphael editó un almanaque que, como sería de esperar, se titulaba *Raphael's Almanac.* Y al igual que ocurrió con Pearce, parece que Jung, después de leer un libro de este autor, no se sintió suficientemente impresionado como para adquirir más libros suyos.

La astrología «moderna» de Alan Leo

El tercer astrólogo británico cuya obra fue publicada en torno a la época en la que Jung comenzó sus estudios parece que resultó mucho más interesante para éste que Pearce y Raphael. Alan Leo, nacido William Frederick Allan (1860-1917), fue una figura única en el mundo esotérico del *fin-de-siècle* británico porque, prácticamente sin ayuda, llevó la astrología hasta la era moderna, convirtiéndola en una herramienta para obtener indicios acerca del carácter en vez de como un método de predicción.[18] Leo no hizo exhibición de erudición en campo alguno de la psicología clínica ni del academicismo clásico, pues se basó casi por completo en los trabajos de su mentora, H. P. Blavatsky, fundadora de la Sociedad Teosófica. Según la esposa de Leo, Bessie, que elaboró una hagiografía de su marido dos años después de la muerte de éste, Leo no estudió otras obras astrológicas más que las de Raphael, y depositó toda su confianza en los textos fundacionales teosóficos de Blavatsky, *Isis sin velo* y *La doctrina secreta,* para cimentar sus conocimientos espirituales.[19] En una sección de su biografía titulada «Alan Leo Faith», Bessie

---

18. Sobre la vida y la obra de Alan Leo, véase Curry, *A Confusion of Prophets, op. cit.*, pp. 122-159; Bessie Leo, *The Life and Work of Alan Leo* (Londres: Modern Astrology Office/N. L. Fowler, 1919); Campion, *A History of Western Astrology, op. cit.*, pp. 231-234.

19. Bessie Leo, *The Life and Work of Alan Leo,* p. 43. Véase también Campion, *A History of Western Astrology, op. cit.*, p. 232.

Leo citaba las percepciones cosmológicas y religiosas en las que su marido basó su forma de entender la astrología:

Figura 2.1. Alan Leo

> Yo creo que el Principio dador de vida mora en nosotros y sin nosotros viene de la Inteligencia Suprema a través de los Rayos del Sol... Creo que el Alma de la Humanidad es inmortal o perpetua; y estoy convencido de que cada alma o mente individual está simbolizada por la Luna en su flujo y reflujo... también por su relación con las Esferas Planetarias de Influencia... Cada hombre deriva su fuerza de voluntad de una Esfera Planetaria de Influencia de la cual hace uso o abuso, y por la cual puede imponerse a sus tendencias malignas y controlar su naturaleza animal, de ahí que la Astrología enseñe que Carácter es Destino.[20]

20. Leo, *The Life and Work of Alan Leo, op. cit.*, pp. 11-12.

Alan Leo entró en la Sociedad Teosófica en 1890, cuando entró en contacto con G. R. S. Mead, por entonces secretario de la Sociedad, para crear una logia teosófica en Brixton. La biografía que hizo Bessie de su marido constituye un inmenso tesoro de información y de anécdotas acerca de la primitiva astrología psicológica y de su aparición con el cambio de siglo, información que tiene muchas resonancias con la propia obra de Jung. Lo más importante de estas resonancias es la importancia decisiva que se le da al Sol en el horóscopo, que fue una de las grandes innovaciones de Leo en la astrología moderna. Él desarrolló esta idea a partir de las enseñanzas cuasi-neoplatónicas de Blavatsky acerca del Sol «espiritual» invisible o Logos Solar como encarnación de la divinidad,[21] y es reconocible en la obra de Jung cuando identifica esta potencia solar noética como centro del viaje interior del *Liber Novus.*[22]

Jung adquirió primeras ediciones de cierto número de libros de Leo, algunos de los cuales se habían publicado en un principio como artículos en la propia revista de Leo, *Modern Astrology.* Estos artículos aparecerían posteriormente como panfletos individuales, para ser compilados, revisados y reeditados, al cabo de pocos años como volúmenes individuales. De la poderosa influencia de Alan Leo en la imaginería astrológica de Jung del *Liber Novus* traté a fondo en los capítulos correspondientes de *The Astrological World of Jung's* Liber Novus. Pero las ediciones de los libros de Leo que tenía Jung en su biblioteca nos cuentan, por sí mismas, una interesante historia. Jung era muy cuidadoso con sus libros; ni doblaba las esquinas de las páginas ni las garabateaba con la pluma. Sí que hay secciones muy concretas de determinados libros escogidos que están marcadas a lápiz ligeramente, con líneas verticales en los márgenes para señalar aquellos párrafos que le resultaban significativos, o con el ocasional subrayado de una frase o referencia. A veces,

21. Para las explicaciones de Blavatsky acerca del «Sol Invisible», véase Blavatsky, *Isis Unveiled: A Master-Key to the Mysteries of Ancient and Modern Science and Theology,* 2 volúmenes (Londres: Theosophical Publishing, 1877), vol. 1, p. 302; Blavatsky, *The Secret Doctrine: The Synthesis of Science, Religion, and Philosophy,* 2 volúmenes (Londres: Theosophical Publishing, 1888), vol. 1, p. 100.

22. Véase Greene, *The Astrological World of Jung's 'Liber Novus',* capítulo 2.

escribía unas pocas palabras a lápiz en el margen de una obra que le interesara particularmente, o bien ponía un signo de interrogación si cuestionaba la opinión de un autor. El libro de Alan Leo, *Astrology for All (Astrología para todos)* fue publicado originalmente en dos volúmenes en 1899.[23] En el primer volumen habla de la interpretación de la carta natal a través de la combinación de los signos del Sol y de la Luna. El segundo volumen consta de tablas matemáticas y de instrucciones detalladas para calcular un horóscopo. La segunda edición de ambos volúmenes se publicó en 1904, y ésta es la edición que Jung obtuvo. Dado que en 1908 apareció una tercera edición revisada, y una cuarta en 1912, es probable que Jung adquiriera sus copias antes de la aparición de la tercera edición, por lo que habría que concluir que comenzó su exploración de la astrología mucho antes de su carta a Freud.

Habría que señalar además que Jung había comenzado a hacerse con otros elementos técnicos de la astrología, como son las efemérides –las tablas de posiciones planetarias–, cinco años antes de su carta a Freud. Dado que estas tablas planetarias se publicaban anualmente en aquella época, unas efemérides de 1906 no serían útiles una vez pasado ese año,[24] si bien es posible que Jung adquiriera sus efemérides de 1906 en una fecha posterior con el fin de calcular el horóscopo de su hija Gret, que había nacido ese año.[25] La copia de Jung de *Astrology for All, Part II* está llena de anotaciones, donde se pueden ver fechas concretas, que Jung subrayó con lápices de colores, así como una serie de cálculos matemáticos a lápiz en los márgenes. Da la impresión de que Jung estaba aprendiendo la mecánica de cómo levantar un horóscopo natal a

---

23. Alan Leo, *Astrology for All, Parts I and II* (Londres: Modern Astrology Office, 1899; reimp. 1904, 1912, 1921 y múltiples ediciones posteriores), publicado en castellano como *Los signos del zodíaco* por RBA, Barcelona, 2003.

24. Unas efemérides en alemán tituladas *Planeten-Calendarium,* en las que se listaban las posiciones planetarias para 1906, aparecen en la biblioteca de Jung.

25. La primera hija de Jung, Agathe, nació el 28 de diciembre de 1904; su segunda hija, Gret, nació el 8 de febrero de 1906. El año 1906 no estaba incluido en la tabla de tiempos siderales que se daba en la edición de Jung del *Astrology for All, Part II,* de Leo; la tabla de efemérides termina en 1904, la fecha de la publicación del libro. Jung añadió los tiempos siderales para 1906, 1907 y 1908 a lápiz en la parte de debajo de la columna de la p. 182. Franz, el hijo de Jung, nació en 1908.

partir de las instrucciones que Alan Leo daba en su libro.[26] Esta evidencia, así como la inequívoca similitud entre Leo y Jung en la construcción de frases e ideas acerca de configuraciones astrológicas particulares, sugiere que Jung estuvo leyendo, y aprendiendo de, un buen número de publicaciones de Leo a lo largo del período en el que estuvo trabajando con el *Liber Novus.*

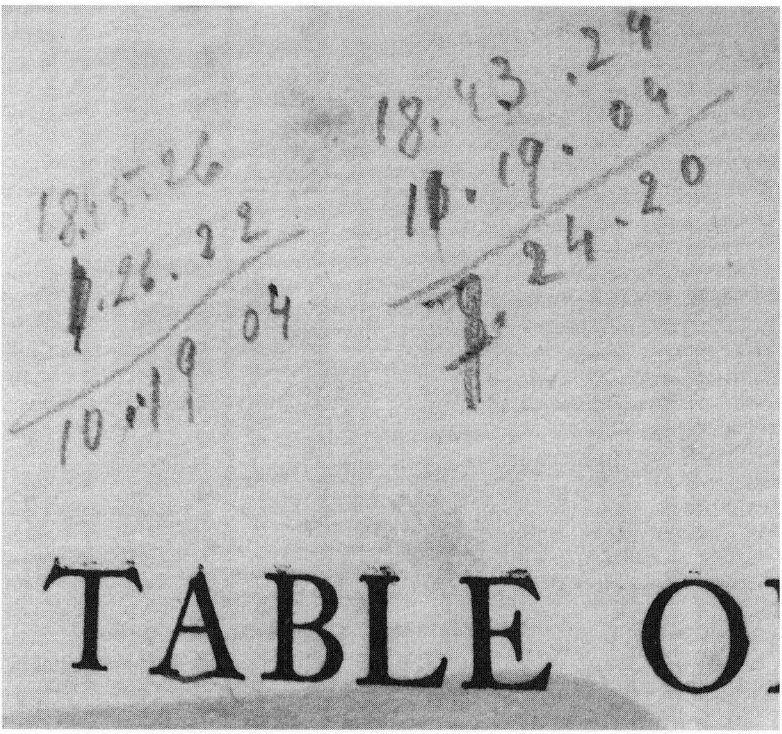

Figura 2.2. Anotaciones de Jung en la segunda parte de *Astrology for All,* de Alan Leo[27]

Otro indicio, y bastante más sorprendente, de que Jung tomaba como base las interpretaciones astrológicas de Alan Leo nos lo proporciona un documento titulado «The Key to Your Own Nativity: Special

26. La copia de Jung del libro *How to Judge a Nativity,* de Leo, tiene también muchas anotaciones a lápiz.
27. ©2007 Foundation of the Works of C. G. Jung, Zúrich.

Chart» (La clave para tu propia natividad: Carta especial), que Jung recibió del psicoanalista holandés Dr. Johan van Ophuijsen en 1911 –el año en que informó a Jung de que se estaba «adentrando en» la astrología–. Van Ophuijsen (1882-1950), cuya firma está en el documento, era discípulo de Freud, y había pasado algún tiempo en Zúrich como paciente de Jung entre 1911 y 1913, cuando Jung todavía era nominalmente parte de la *camarilla* psicoanalítica.[28] Van Ophuijsen sería el cofundador de la Sociedad Psicoanalítica de los Países Bajos en 1917, y fue uno de los psicoanalistas que intentó resolver el creciente conflicto entre Freud y Jung, llegando a estar presente en una reunión que mantuvieron ambos en Múnich en noviembre de 1912, organizada para tratar de la escalada de antipatía mutua y buscar algún tipo de reconciliación. Tras la separación de caminos entre Freud y Jung, van Ophuijsen siguió siendo un devoto freudiano. Sin embargo, sus inclinaciones astrológicas sugieren que el hecho de que Freud no respondiera a Jung en su interés por el tema o bien era algo que no compartían sus seguidores, o bien no reflejaba el verdadero punto de vista de Freud en aquel momento. La «Carta especial» no proporciona ningún nombre, y simplemente pone «para varón» (en inglés), pero hace una relación de todas las ubicaciones planetarias de Jung en el momento de su nacimiento. Como su propio título indica, pretendía llevar a modo de suplementos párrafos específicos del libro de Leo, *The Key to Your Own Nativity,* publicado en 1910.[29] Un ejemplo del uso que se podía hacer de la «Carta especial» viene dado al comienzo del libro de Leo, con las ubicaciones planetarias de rey Jorge V como ilustración. A cada posición planetaria en la «Carta especial» se le asignaba un número de párrafo, que se correspondía con un pasaje descriptivo específico del libro de Leo.

El formulario impreso en blanco sobre el cual se escribió la información astrológica de Jung es de la Modern Astrology Office de Leo en Londres, lo que sugiere que o bien van Ophuijsen trabajaba oficialmente

28. Sobre van Ophuijsen, véase su relación en *The International Dictionary of Psychoanalysis,* 3 volúmenes, ed. Alain de Mijolla (Farmington Hills, MI: Cengage Gale, 2004), y las referencias dadas allí.

29. Alan Leo, *The Key to Your Own Nativity* (Londres: Modern Astrology Office, 1910).

como tutor de la escuela de Leo, o bien había obtenido de algún modo un formulario de esta escuela. Aunque van Ophuijsen pudiera haberse hecho copias a partir del formulario en blanco que se incluía al final del libro *The Key to Your Own Nativity,30* el documento que se encuentra en los archivos privados de Jung no es una copia, sino un formulario impreso individual, pues no está mimeografiado ni está arrancado de un libro. Las anotaciones a mano de van Ophuijsen están en inglés. No es posible saber a partir de la «Carta especial» si ambos hombres estuvieron discutiendo en profundidad los detalles que ahí aparecen, si bien resultaría extraño que no lo hubieran hecho si tenemos en cuenta la presencia de van Ophuijsen en Zúrich durante los dos años que estuvo allí como colega y paciente suyo. La carta natal afirma explícitamente que Saturno es el «planeta regente» del horóscopo de Jung, y hace referencia al párrafo del libro de Leo en el cual dice que Saturno proporciona cierta «disposición sobria, seria y concienzuda», y que confiere el don de «la mente meditativa».[31] Como veremos después, la regencia saturnina en el horóscopo de Jung fue sumamente importante para él y es especialmente relevante para ciertas figuras del *Liber Novus.*

En la esquina inferior derecha de la «Carta especial» hay una sección titulada «Perspectivas futuras», en la cual van Ophuijsen insertó los movimientos de los planetas de Jung para los años 1911, 1912 y 1913.[32] La «Carta especial» fue elaborada evidentemente en 1911, justo en la época en la que Jung le anunció a Freud sus investigaciones en astrología, y nos proporciona uno de los más importantes indicios documentales sobre las fuentes que utilizaba Jung en sus investigaciones astrológicas en aquella época. También sugiere que, a pesar de «la marea negra del ocultismo», el estudio de Jung sobre Alan Leo fue algo fomentado, si no directamente propiciado, por uno de los colegas de Freud. Por lo que vemos aquí, en 1911, Jung no estaba solo entre sus colegas psicoanalistas en las indagaciones sobre las «materias despreciadas».

---

30. Leo, *The Key to Your Own Nativity, op. cit.*, p. 283.
31. Leo, *The Key to Your Own Nativity*, op. cit., p. 21.
32. Estos movimientos planetarios se conocen como «progresiones secundarias»; sobre esta técnica astrológica, véase Alan Leo, *The Progressed Horoscope* (Londres: Modern Astrology Office, 1905).

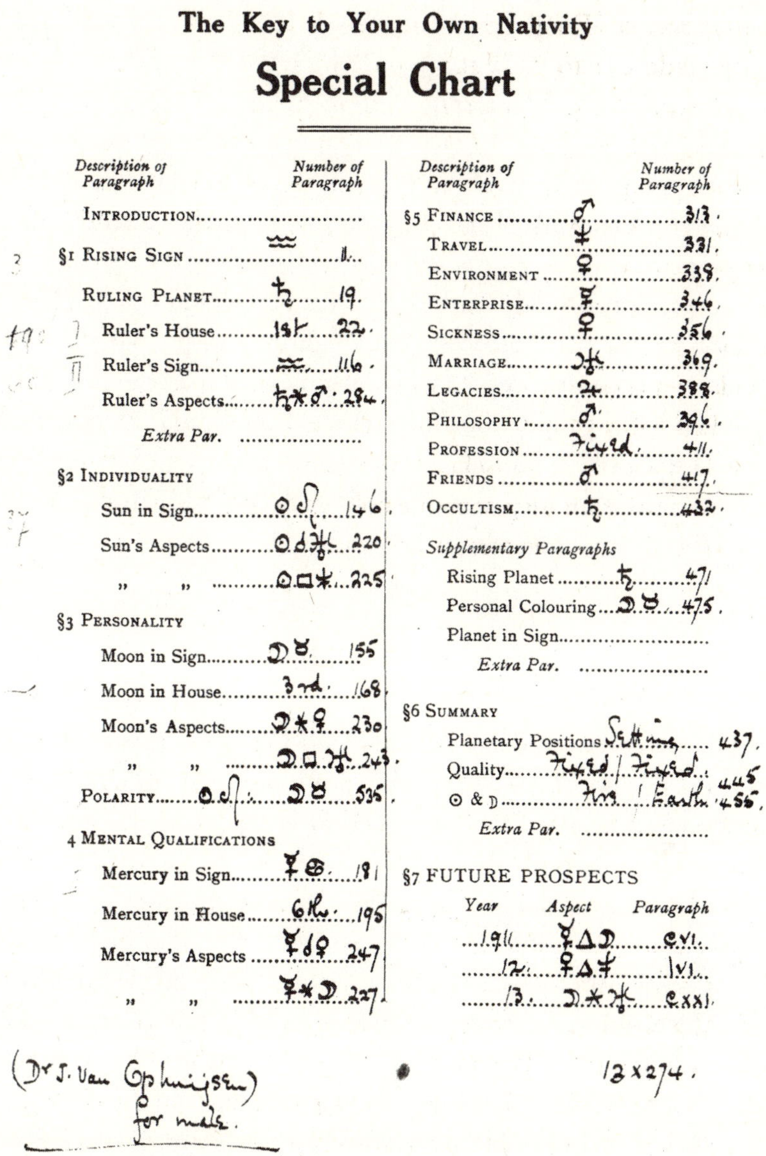

The Key to Your Own Nativity

Special Chart

Description of Paragraph	Number of Paragraph
Introduction	
§1 Rising Sign ♒	1
Ruling Planet ♄	19
Ruler's House 1st	22
Ruler's Sign ♒	116
Ruler's Aspects ♄✱♂	284
Extra Par.	
§2 Individuality	
Sun in Sign ☉♌	146
Sun's Aspects ☉☌♅	220
" " ☉□♆	225
§3 Personality	
Moon in Sign ☽♉	155
Moon in House 3rd	168
Moon's Aspects ☽✱♀	230
" " ☽□♅	243
Polarity ☉♌ ☽♉	535
4 Mental Qualifications	
Mercury in Sign ☿♋	181
Mercury in House 6th	195
Mercury's Aspects ☿☌♀	247
" " ☿✱☽	227

Description of Paragraph	Number of Paragraph
§5 Finance ♂	313
Travel ♆	331
Environment ♀	338
Enterprise ☿	346
Sickness ♀	356
Marriage ♅	369
Legacies ♃	388
Philosophy ♂	396
Profession Fixed	411
Friends ♂	417
Occultism ♄	432
Supplementary Paragraphs	
Rising Planet ♄	471
Personal Colouring ☽♉	475
Planet in Sign	
Extra Par.	
§6 Summary	
Planetary Positions Setting	437
Quality Fixed / Fixed	445
☉ & ☽ Fire / Earth	455
Extra Par.	

§7 Future Prospects

Year	*Aspect*	*Paragraph*
1911	☿△☽	cvi
12	♀△♆	lvi
13	☽✱♅	cxxi

(Dr J. Van Ophuijsen) for male.

12 x 274.

Figura 2.3. «Carta especial», donde se vincula el horóscopo natal de Jung con párrafos específicos del libro de Alan Leo, *The Key to Your Own Nativity*[33]

33. Archivos privados de Jung, reimpreso por cortesía de Andreas Jung, ©2007 Foundation of the Works of C. G. Jung, Zúrich.

La sección de «Perspectivas futuras» de la «Carta especial», que cubre el período exacto de la ruptura de Jung con Freud, la publicación de *Psychology of the Unconscious (Psicología del inconsciente),* y el comienzo del trabajo sobre el *Liber Novus,* sugiere también que Jung quizás estuviera buscando ayuda en la astrología en lo relacionado con sus tensiones con Freud. En 1911, Jung no sólo se estaba «adentrando en» la astrología, sino que estaba leyendo asiduamente los libros de Alan Leo y estaba aprendiendo astrología, y había recibido –probablemente a petición propia– un horóscopo elaborado por un psicoanalista familiarizado con la escuela de Leo y vinculado con el material interpretativo que Leo había proporcionado en el texto publicado. Es muy probable que la mayoría, si no todas, las primeras incursiones de Jung en la astrología estuvieran intensamente coloreadas por la distintiva perspectiva psico-espiritual que ofrecía Leo en sus obras.

La astrología «rosacruz» de Max Heindel

En 1909, un esoterista danés llamado Carl Louis von Grasshoff (1865-1919), que posteriormente se pondría por nombre Max Heindel, fundó una escuela en Seattle, Washington, bajo el título de «La Fraternidad Rosacruz: Una asociación de cristianos místicos». La misión de la escuela de Heindel era preparar a la gente para el advenimiento de la Era de Acuario a través de la difusión de la «verdadera filosofía» de los rosacruces. Esta «verdadera filosofía» estaba relacionada con una legendaria hermandad histórica supuestamente fundada en 1313 por un cristiano místico llamado Christian Rosenkreutz. Al igual que ocurre con la narrativa fundacional de la francmasonería, la narrativa fundacional de los rosacruces es difícil, si no imposible, de confirmar a través de evidencias históricas, al igual que tampoco se puede confirmar la existencia de ningún personaje histórico llamado Christian Rosenkreutz. La existencia de los rosacruces se proclamó por vez primera a principios del siglo XVII a través de una serie de panfletos conocidos como los «Manifiestos Rosacruces».[34]

34. Véase Frances A. Yates, *The Rosicrucian Enlightenment* (Londres: Routledge & Kegan Paul, 1972), pp. 294-322, para traducciones al inglés de estos tres tratados.

No obstante, desde entonces, diversos colectivos y corrientes vinculados tanto con la alquimia moderna primitiva como con la francmasonería se han proclamado «rosacruces»,[35] y hasta el día de hoy ha habido una larga e incesante secuencia de obras de autoproclamados miembros de la «Orden». Que Jung estaba muy interesado en los rosacruces lo sugiere el elevado número de referencias a ellos que se pueden encontrar en sus *Obras Completas,36* y también su familiaridad con, y su respeto por, la obra de A. E. Waite (1857-1942), antiguo teósofo y miembro de la Orden de la Aurora Dorada, así como historiador de las tradiciones rosacruz, alquímica y griálica, que, en 1915, fundó su propio grupo «rosacruz», bajo el nombre de Fraternidad de la Rosa Cruz.[37]

---

35. Véase Joscelyn Godwin, *The Theosophical Enlightenment* (Albany: SUNY Press, 1994), pp. 216-222; Roland Edighoffer, «Rosicrucianism: From the Seventeenth to the Twentieth Century», en Antoine Faivre y Jacob Needleman (eds.), *Modern Esoteric Spirituality* (Nueva York: Crossroad, 1992), pp. 186-209. Sobre literatura de colectivos modernos que se vinculan a sí mismos con la «orden» rosacruz original, véase H. Spencer Lewis, *Rosicrucian Questions and Answers with Complete Answers* (San José, CA: Supreme Grand Lodge of AMORC, 1969), publicado en castellano como *Preguntas y respuestas Rosacruces: Con la historia completa de la Orden Rosacruz,* por Maxtor, Valladolid, 2009; R. Swinburne Clymer, *The Rosy Cross* (Quakertown, PA: Beverly Hall, 1965). Para una visión general del tema, véase Christopher McIntosh, *The Rosicrucians* (York Beach, ME: Weiserbooks, 1998), publicado en castellano como *Los rosacruces,* por EDAF, Madrid, 1988. Para interpretaciones teosóficas y antroposóficas, véase A. E. Waite, *The Real History of the Rosicrucians* (Londres: George Redway, 1887); Rudolf Steiner, *The Secret Stream* (Great Barrington, MA: Anthroposohic Press, 2000).
36. *Véase* Jung, CW6, pp. 314-316; Jung, CW7, pp. 385, 494; Jung, CW9i, p. 652; Jung, CW10, p. 764; Jung, CW12, pp. 99, 422; Jung, CW13, p. 391.
37. Waite escribió dos libros sobre los rosacruces: *The Real History of the Rosicrucians* y *The Brotherhood of the Rosy Cross* (Londres: William Rider & Son, 1924). Jung adquirió el primero de ellos, y hace referencia a él en Jung, CW14, p. 312, y Jung, CW16, p. 500. Jung tenía también otros libros de Waite acerca del Tarot y de la Cábala. Sobre Waite, véase R. A. Gilbert, *A. E. Waite* (Wellingborough: Crucible, 1987); Greene, *Magi and Maggidim, op. cit.,* pp. 301-376.

Figura 2.4. Max Heindel

En 1911, Max Heindel estableció de forma permanente la sede de su organización rosacruz en Oceanside, California, donde sigue encontrándose hoy en día; e, incluso en estos tiempos posmodernos y multiculturales, siguen utilizando el subtítulo de «Una asociación de cristianos místicos».[38] Heindel estaba fuertemente influenciado por la obra del esoterista alemán Rudolph Steiner (1861-1925), que también se formó con la Sociedad Teosófica de Blavatsky antes de alejarse de ella debido a la orientación exclusivamente orientalista de Blavatsky. Stei-

38. Se puede encontrar información sobre La Fraternidad Rosacruz en <www.rosicrucianfellowship.org/>. Existen otras organizaciones rosacruces actuales, entre las que se incluyen la estadounidense AMORC (Antigua y Mística Orden Rosae Crucis) y la británica SRIA (Societas Rosicruciana in Anglia), ambas con sus correspondientes *websites*.

ner fundaría posteriormente su propia escuela, conocida como Antroposofía,[39] y Jung –no debería sorprendernos– estaba tan familiarizado con esta particular corriente esotérica alemana como con la Teosofía británica, y era igualmente crítico con ambas. La Sociedad Antroposófica de Steiner, al igual que la Sociedad Teosófica de Blavatsky, era, según Jung, un movimiento «de carácter genuinamente religioso», pero enmascarado como «ciencia espiritual»; un movimiento que, a pesar de los esfuerzos de Steiner, no consiguió convertirse en una iglesia organizada.[40] Claro está que algo similar se ha dicho de Jung: que su psicología analítica es «de un carácter genuinamente religioso», pero enmascarado como psicología científica.[41] A pesar de todo, y aunque Jung no veía atractivas ni la Antroposofía ni la Teosofía en sus dogmas oficiales y en sus estructuras organizativas, parece que no repudió con tanta facilidad las ideas de Steiner, muchas de las cuales estaban inspiradas en Goethe y eran particularmente adecuadas para su incorporación en un contexto astrológico-psicológico.[42]

Al igual que Blavatsky, Max Heindel creía que había recibido comunicaciones de entidades espirituales desencarnadas altamente evolucionadas, a las que denominaba «los Hermanos Mayores», y fueron estas comunicaciones las que formaron la base de las doctrinas de la Fraternidad Rosacruz. Heindel fue un prolífico maestro y escritor; sus libros más importantes fueron *The Rosicrucian Cosmo-conception,* una obra similar por su género a *La doctrina secreta* de Blavatsky, y *The Message*

39. Para la obra de Steiner, véase, entre otros muchos libros, Rudolf Steiner, *The Way of Initiation,* trad. Max Gysi (Londres: Theosophical Publishing Society, 1910), publicado en castellano bajo el título *La iniciación*, por EDAF, Madrid, 1988; Rudolf Steiner, *An Outline of Occult Science,* trad. Max Gysi (Londres: Theosophical Publishing Society, 1914), publicado en castellano bajo el título de *La ciencia oculta: un bosquejo,* por Ed. Rudolf Steiner, Madrid, 2000. Véase también Gilbert Childs, *Rudolf Steiner* (Hudson, NY: Anthroposophic Press, 1996).
40. Jung, CW10, p. 170; Jung, CW11, p. 859.
41. Véase Hanegraaff, *New Age Religion, op. cit.,* pp. 496-513.
42. Sobre los esfuerzos de un antropósofo por encontrar terrenos coincidentes entre Jung y Steiner, véase Gerhard Wehr, *Jung and Steiner,* trad. Magdalene Jaeckel (Great Barrington, MA: Anthroposophic Press, 2002).

of the Stars,[43] uno de los diversos libros que escribió acerca de la astrología y sus aplicaciones, tanto para la sanación como para lo que él entendía como crecimiento espiritual.[44] Ninguno de los libros de Heindel aparece en el catálogo de la biblioteca privada de Jung. Pero parece que Jung estaba más interesado en Heindel de lo que podría sugerir este hecho;[45] pues, aunque Jung nunca compró libro alguno de Heindel, sí que realizó un curso de astrología de su Fraternidad Rosacruz a mediados de la década de 1920, utilizando este material «rosacruz» no sólo para comprender su propio horóscopo, sino también, como veremos con más detalle en el Capítulo 5, para abordar determinados temas en lo relacionado con la interpretación de las Eras Astrológicas o Aiones.

La organización de Heindel ofrecía entonces, y sigue ofreciendo ahora, cursos por correspondencia tanto de «filosofía Rosacruz» como de astrología, y Jung, al parecer, se inscribió en el curso de astrología por correspondencia. No está claro durante cuánto tiempo lo siguió, dado que los materiales en los archivos no están fechados y muchos parecen haberse perdido; quizás siguió unas cuantas lecciones del curso y luego lo dejó, o quizás lo llevó a término. Lo más probable es que ocurriera lo primero, dado que Jung no tenía mucha paciencia con cualquier tipo de enseñanza dogmática repleta de certidumbres religiosas, y Heindel era bastante dogmático. El curso se anunciaba como un programa de estudios sobre «la importancia de la astrología como un aspecto de la religión y una Ciencia Divina», y, tras una explicación sobre

43. Ambos libros de Max Heindel publicados en castellano bajo los títulos de *Concepto Rosacruz del cosmos* y *El mensaje de las estrellas,* por Editorial Luis Cárcamo, Madrid, 1979.

44. Véase también Max Heindel, *Simplified Scientific Astrology* (Londres: L. N. Fowler, 1928), publicada en castellano bajo el título de *Astrología científica simplificada,* por Claraso, Barcelona, 1930.

45. Los libros, como me dijo Andreas Jung, tienen la tendencia a «caminar» desde las bibliotecas privadas tras el fallecimiento de su propietario, ya que los solicitan miembros de la familia y amigos; muchos de los textos astrológicos de Jung aparecieron en la biblioteca de su hija Gret (1906-1995), que practicaba la astrología. Dado que Jung no escribía su nombre en los libros, no es posible saber qué libros de la biblioteca astrológica de Gret podrían haber pertenecido a Jung en un principio.

el modo en que Heindel entendía la astrología, más como un conocimiento espiritual que como una disciplina adivinatoria, el curso se ofrecía a «cualquier persona que no se dedique a la adivinación o a métodos similares de comercialización de conocimientos espirituales».[46] Los materiales hallados en los archivos de Jung constan de varias páginas, y comienzan con un diagrama en el que se muestra un esquema astrológico general, aunque bastante completo, en el que se pueden ver los signos zodiacales tradicionales divididos por triplicidades (elementos), cuadruplicidades («cardinal», «fijo» y «mutable»), decanatos (divisiones de cada signo en segmentos de diez grados) y planetas regentes, así como las esferas de la vida que cubre cada uno de los doce sectores o «casas» del horóscopo.

En la base del diagrama hay un párrafo titulado «Aviso a los estudiantes»; el diagrama, que es un documento original impreso y no una mimeografía, es una introducción para neófitos que se acaban de inscribir en el curso por correspondencia.

> Este diagrama está diseñado para darle una visión general del tema de la Astrología... Debería utilizarse como un medio para correlacionar la información que poco a poco se le irá dando a través de nuestro curso por correspondencia y nuestros libros. Un cuidadoso estudio de esta carta le resultará muy beneficioso... Si tiene alguna pregunta acerca de ello, le sugerimos que, en la medida de lo posible, espere hasta que pueda obtener respuestas a través de su estudio del curso por correspondencia y los libros de texto recomendados... A medida que progrese en su estudio del tema, usted seguirá añadiendo nuevas palabras clave a la lista previa.

46. Heindel, *Simplified Scientific Astrology, op. cit.*, p. 201.

Astrological Chart

The Rosicrucian Fellowship,
Oceanside, California

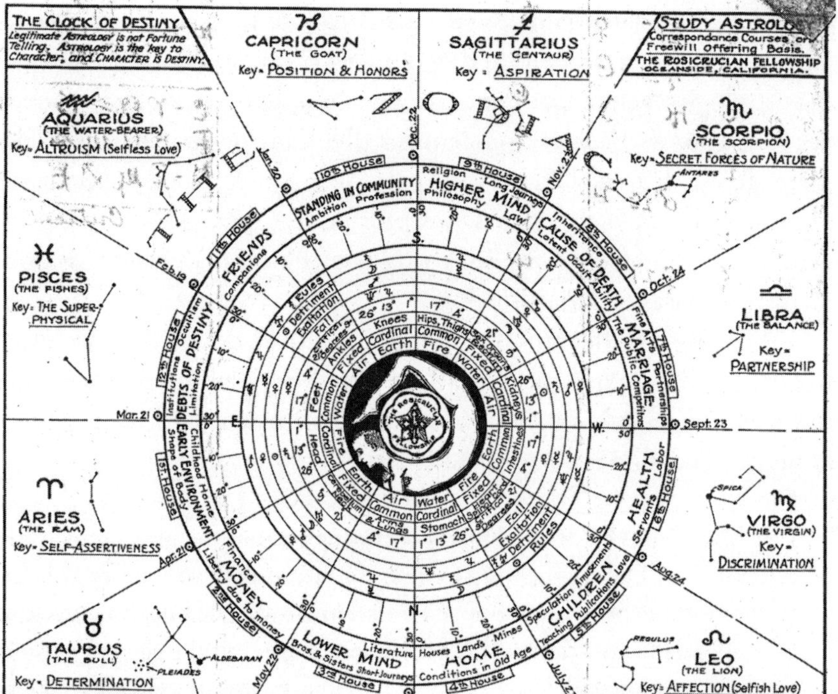

PLANETS		INFLUENCE	METAL	COLOR
Sun	☉	Life	Gold	Orange
Moon	☽	Fecundation	Silver	Green
Mercury	☿	Reason	Mercury	Violet
Venus	♀	Love	Copper	Yellow
Mars	♂	Dynamic Energy	Iron	Red
Jupiter	♃	Idealism	Tin	Blue
Saturn	♄	Obstruction	Lead	Indigo
Uranus	♅	Altruism	?	?
Neptune	♆	Divinity	?	?

PLANETARY ASPECTS		
Parallel	P	
Conjunction	☌	0°
Sextile	✱	60°
Square	□	90°
Trine	△	120°
Opposition	☍	180°
Within Orb		6°

	Sun	Moon	Mercury	Venus	Earth	Mars	Asteroids	Jupiter	Saturn	Uranus	Neptune
Proportional distances from Sun (Earth taken as 1.0)			0.4	0.7	1.0	1.6	2.8	5.2	10.0	19.6	38.8
Time it takes to revolve once around the Sun			88 dys.	224d.	365d.	687d.	—	12 yrs.	29½ y.	84 y.	165 y.
Time in hours planets take to rotate once	24⅔	23½	24	24½			—	10	10¼	9½	?
Diameters of planets in miles	866,400	2,162	3,030	7,700	7,918	4,230	0 to 485	86,500	73,000	31,900	34,800

NOTICE TO STUDENTS:

This chart is designed to give you a bird's eye view of the whole subject of Astrology, including keywords, elements, metals, colors, a star map, and general astronomical information.

It should be used as a means of correlating the information which you gradually obtain from our correspondence course and books. A careful study of it will well repay you. There are no answers required in connection with it; it is merely to be kept for reference. If you have any questions about it, we would suggest that as far as possible you wait until you are able to obtain the answers from your study of the correspondence course and the text books recommended. We would call your attention to the fact that every sign, house, and planet has several keywords to describe all its various qualities. As you progress in your study of the subject, you will constantly add new keywords to your previous list.

Figura 2.5. Página de portada del curso de astrología por correspondencia de la Fraternidad Rosacruz[47]

47. ©2007 Foundation of the Works of C. G. Jung, Zúrich.

A continuación de esta página de portada hay una «Hoja de datos del horóscopo», donde la sección en la que debería figurar el nombre del estudiante aparece en blanco, pero sí que aparecen la fecha, el lugar y la hora de nacimiento de Jung. La caligrafía no es de Jung, por lo que es probable que esta información la cumplimentara uno de los tutores que impartían el curso. Sí que podemos decir que la hoja está manuscrita por un astrólogo estadounidense, a tenor del modo en que escribe las fechas, poniendo primero el mes y luego el día, al revés de como se hace en Reino Unido. También se ofrece una lista de tránsitos planetarios para diversas fechas de 1928. Hay también una segunda «Hoja de datos del horóscopo» con el mismo tipo de escritura donde se presenta de nuevo la carta natal de Jung (con el nombre en blanco otra vez), pero con una lista de las posiciones progresadas de los planetas para los años 1926, 1927 y 1928. Una tercera «Hoja de datos del horóscopo» ofrece las posiciones de los planetas progresados para 1929. Finalmente, la cuarta «Hoja de datos del horóscopo» presenta una lista de las posiciones de los planetas natales y de los tránsitos para 1931. Todas estas listas de datos horoscópicos están escritas por la misma mano sobre formularios impresos en blanco con el membrete de la Fraternidad Rosacruz impreso arriba. Es imposible saber, a partir de los documentos existentes, si Jung solicitó todas estas cartas al mismo tiempo o durante un período de varios años, dado que los documentos no están fechados. Pero, precisamente durante aquella misma época –de mediados a finales de la década de 1920–, Jung mantuvo una prolongada correspondencia con un astrólogo británico llamado John Thorburn, de la que hablaremos con más detalle abajo, al cual solicitó una interpretación de su carta natal. También fue durante este período cuando Jung terminó su transcripción caligráfica del *Liber Novus*.

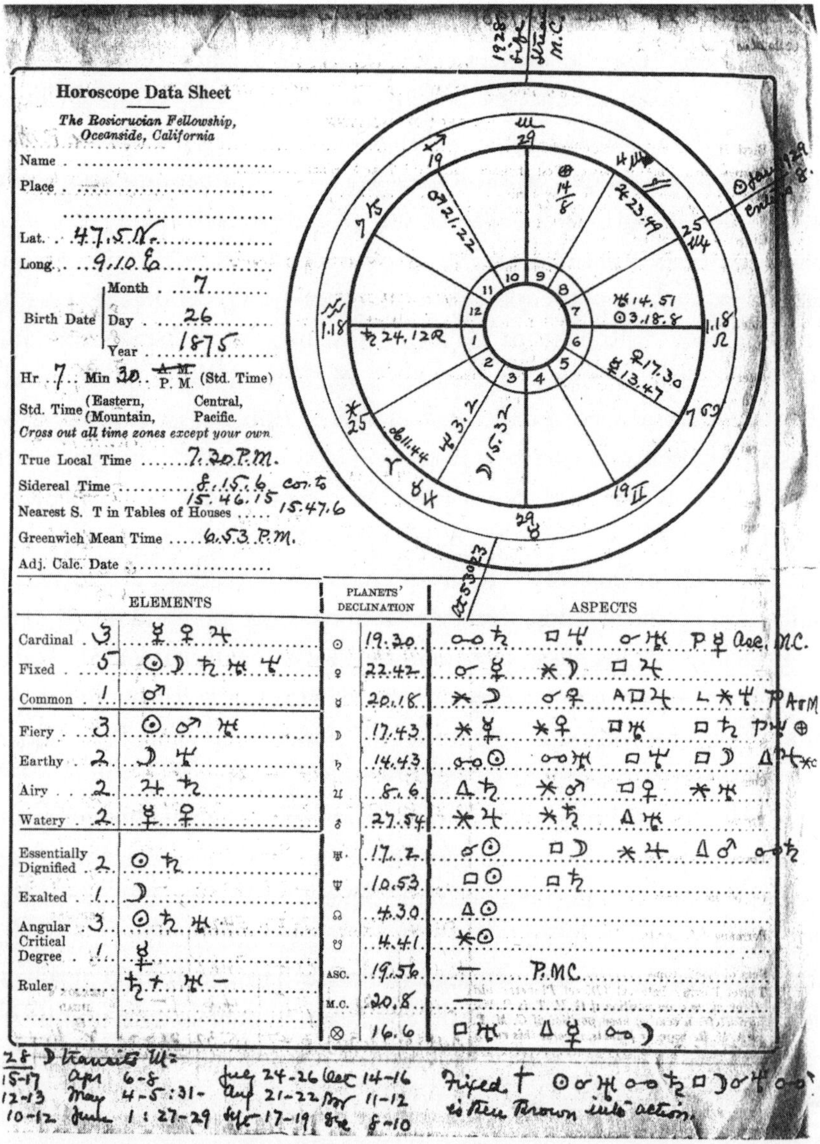

Figura 2.6. «Hoja de datos del horóscopo» de la Fraternidad Rosacruz, con el año, fecha, hora y lugar de nacimiento de Jung[48]

48. ©2007 Foundation of the Works of C. G. Jung, Zúrich.

Es posible que Jung involucrara a algún amigo perteneciente a la organización de Heindel para que le hiciera estos horóscopos. De hecho, en los archivos privados de Jung figuran un buen número de cartas natales de colegas y pacientes –entre los cuales están Freud, Toni Wolff y Eugen Bleuler (1857-1939), que fue el mentor de Jung en la Clínica Burghölzli entre 1900 y 1909– hechas por manos distintas a la suya. Algunas de ellas las hizo Emma Jung, que parece que se sumergió en la astrología al igual que Jung; otras estás hechas por personas desconocidas.[49] Unas cuantas las hizo el propio Jung, como la que se muestra abajo, en la Fig. 2.7, y que es la carta natal de alguien desconocido, y también hay una hoja de cálculos que Jung realizó para su hija Helene, nacida en 1914.

49. Algunas de las cartas natales de los pacientes de Jung están firmadas con las iniciales de una persona desconocida, «BW». Hay dos cartas idénticas sobre los datos de nacimiento de Toni Wolff, una hecha por Emma Jung y la otra por una mano desconocida. Algunas de las cartas natales se las entregaron a Jung las propias personas cuyos datos figuran en ellas. Los glifos astrológicos, cuando se trazan a mano, reflejan las mismas peculiaridades individuales de la caligrafía. La identificación de la caligrafía astrológica de Jung, a diferencia de la de Emma, me la proporcionó amablemente Vreni Jung, la esposa de Andreas Jung; la señora Jung está muy versada en grafología.

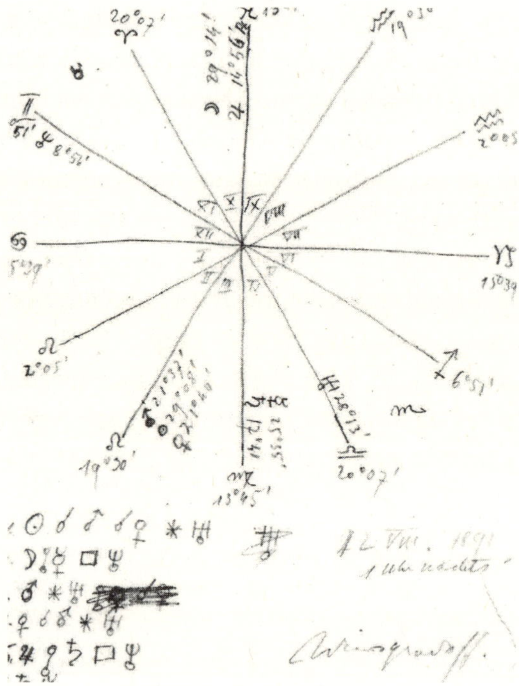

Figura 2.7. Horóscopo realizado por Jung para una persona desconocida, nacida el 12 de agosto de 1891[50]

Sin embargo, si las cartas natales rosacruces fueron realizadas por alguien que no fuera un tutor de la Fraternidad, resultaría difícil comprender por qué la hoja de la portada para los estudiantes estaba incluida en los materiales. Además, aun en el caso de que Jung no se hubiera inscrito en este curso por correspondencia, el hecho de que eligiera a un astrólogo con una visión esotérica y espiritual sería un reflejo más del interés de Jung por astrólogos de inclinaciones teosóficas como las de Alan Leo. Aunque Jung no era más rosacruz que teósofo, parece que congenió mejor con el enfoque astrológico de Heindel que con las aplicaciones predictivas disponibles en la época, tanto en inglés como en alemán, porque Heindel promulgaba un proceso de transformación

50. ©2007 Foundation of the Works of C. G. Jung, Zúrich. Compárense los glifos planetarios con los que aparecen en el *Systema Munditotius,* del que se habla en Greene, *The Astrological World of Jung's 'Liber Novus',* capítulo 7.

dinámica interior que podía comprenderse tanto desde un punto de vista psicológico como espiritual. Al igual que Leo, Heindel incorporaba la idea de la reencarnación en su comprensión del horóscopo natal:

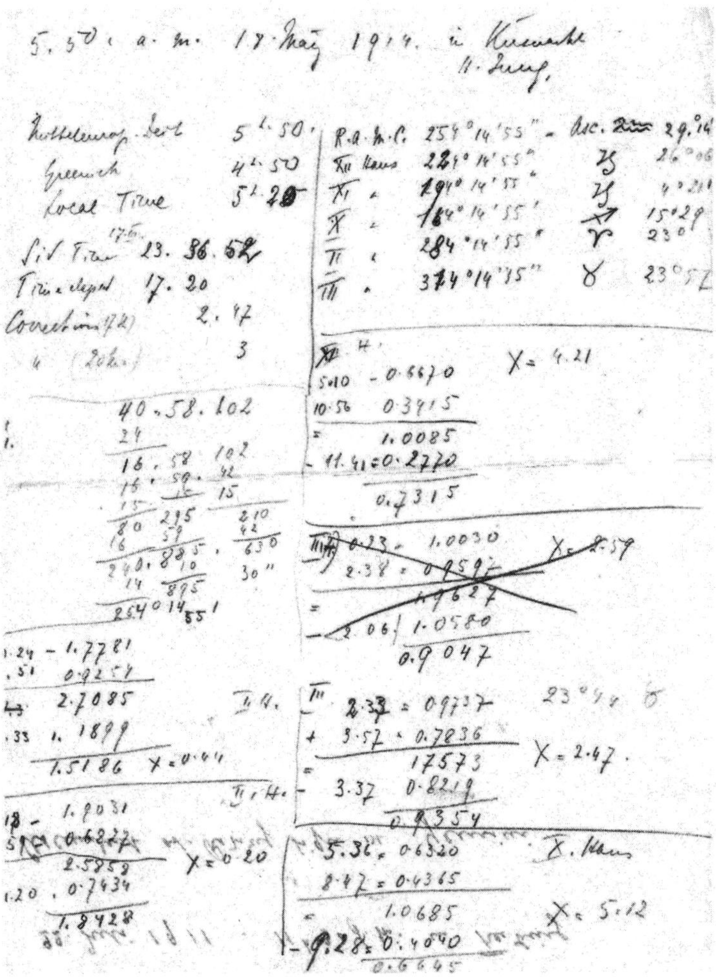

Figura 2.8. Cálculos de Jung para el horóscopo de su hija Helene, nacida el 18 de marzo de 1914 a las 5:50 a. m. en Küsnacht[51]

51. ©2007 Foundation of the Works of C. G. Jung, Zúrich. La caligrafía de estos cálculos, y el nombre de «Jung» escrito en la parte superior de la página, son idénticos a la primera página de la tesis de habilitación de Jung, reproducida por Shamdasani, *Jung, op. cit.*, p. 43.

> No debería olvidarse, no obstante, que el horóscopo nos muestra lo que hemos hecho de nosotros mismos en vidas pasadas, y quien tiene una configuración que le atrae muchos amigos es porque debe haber sido amable y servicial, en tanto que el que saca de los demás el lado más mezquino de la naturaleza humana y se hace enemigos es por sus muestras de egoísmo y antipatía. Pero, si se esfuerza por dejar a un lado esos modales y se sacrifica por los demás, con el tiempo superará los aspectos indeseables, porque los Ángeles de las Estrellas no fustigan a nadie por malicia.[52]

En su extrema simplicidad y certidumbre moral, difícilmente podríamos ver esto como un enfoque «psicológico» del horóscopo natal. Pero la astrología de Heindel intentaba inspirar una transformación consciente de las propensiones habituales del carácter, y en este sentido se ajustaba más al enfoque psicológico de Jung que una simple descripción de los rasgos de la personalidad o una prognosis de acontecimientos futuros predeterminados.

Mitos y símbolos astrológicos

Existen otros elementos de la obra de Heindel que merecen un estudio más detallado en lo relativo a cómo entendía Jung las configuraciones astrológicas. La utilización de narrativas míticas en la interpretación de los símbolos astrológicos es un rasgo distintivo del enfoque de Heindel, y se parece mucho al concepto de «amplificación» de Jung; es decir, al uso de relatos e imágenes míticas para elucidar asociaciones y significados más profundos en un símbolo. Heindel era un cristiano confeso, por lo que jamás habría considerado los relatos de la vida de Jesús como mitos, y las narrativas míticas que él utilizó estaban normalmente ligadas al gran drama cosmológico de la evolución humana que presentó Blavatsky en *Isis sin velo.* No obstante, parte de la imaginería que utilizó Heindel –que solía ser menos cristiana de lo que hubiera estado dispuesto a reconocer– se refleja en cómo trabajó Jung

52. Heindel, *Simplified Scientific Astrology, op. cit.*, p. 160.

los motivos míticos para dar vida y teleología a lo que de otro modo hubieran sido simples descripciones caracteriológicas estáticas de los signos zodiacales.

En *El mensaje de las estrellas,* por ejemplo, Heindel describe a Mercurio a través del papel mítico del planeta como «Mensajero de los Dioses», cuya «enseñanza de sabiduría está simbólicamente representada por el caduceo o "bastón de Mercurio"»; y después explicaba el simbolismo de las serpientes en torno al caduceo como el teosófico «sendero en espiral» de la «involución» del alma en la materia.[53] La interpretación que hacía Heindel del signo zodiacal de Virgo nos ofrece otro ejemplo: a diferencia de otros textos astrológicos que se centran en la naturaleza terrestre y quisquillosa del signo (como hizo el propio Jung en su descripción del pueblo suizo), Heindel resaltaba el simbolismo de la «virgen celeste» como la madre del mesías interior que espera nacer.

> Antes de que se inicie la Era de Acuario, probablemente habremos hecho grandes avances, tanto en la superación de los deseos carnales como en la lujuria de la carne. Pues Virgo, la virgen celeste inmaculada, y las espigas de trigo que contiene el signo, indican que estos ideales son provechosos para el crecimiento del alma en el momento presente... Contemplando el ideal materno de Virgo durante la Era de Piscis, y siguiendo el ejemplo de servicio y sacrificio de Cristo, la inmaculada concepción se convierte en una experiencia real para cada uno de nosotros, y Cristo, el Hijo del Hombre, Acuario, nace dentro de nosotros.[54]

En tanto que Acuario, para Heindel, es el «Hijo del Hombre», que nos ofrece la oportunidad de tomar conciencia de la chispa divina en nuestro interior, Virgo es «el vehículo de la inmaculada concepción»:

---

53. Max Heindel, *The Message of the Stars* (Oceanside, CA: Rosicrucian Fellowship, 1918), p. 192.
54. Heindel, *The Message of the Stars, op. cit.*, p. 28.

> Todos los años, en el solsticio de invierno, la Madonna inmaculada asciende en la medianoche, cuando el recién nacido Sol comienza a elevarse para emprender la tarea de hacer crecer el cereal y la uva... El Sol es, por tanto, un símbolo adecuado del Salvador, nacido para alimentar a su grey con el pan espiritual de la vida.[55]

Equiparar a María con la «virgen celeste» y a Cristo con el Sol recién nacido que entra en Capricornio en el solsticio de invierno no fue algo que inventara Heindel. Los atributos solares de Cristo son observables en la iconografía de la Iglesia primitiva, principalmente en la figura nimbada del salvador con los rayos solares en torno a su cabeza, y en la elección del solsticio de invierno para el nacimiento del mesías cristiano; es decir, el solsticio que marcaba el renacimiento anual de las deidades solares paganas, como Mitra y el Sol Invictus. Ciertamente, no descubrimos nada nuevo al decir que la Iglesia primitiva se apropió de un buen número de motivos de la iconografía religiosa pagana con el fin de hacer más «vendible» si propio mensaje.[56]

Heindel se sirvió de la literatura de finales del siglo XIX en lo referente a la relación íntima entre los mitos solares, la religión y los fenómenos celestes. Como astrólogo que era, aplicó las imágenes míticas a la interpretación de los horóscopos individuales. En 1873, el influyente orientalista Friedrich Max Müller (1823-1900) le otorgó respetabilidad académica al tema del culto solar universal al reiterar la reconocida afirmación de que existió en otro tiempo una religión original y pura centrada en el Sol:

---

55. Heindel, *The Message of the Stars, op. cit.,* p. 10. Virgo «ascendiendo en la medianoche» en el solsticio de invierno se refiere a la relación del Sol con el signo zodiacal que se eleva en el este. En las latitudes septentrionales, en los momentos previos a la medianoche del solsticio, el Sol, entrando en el signo zodiacal de Capricornio, está a punto de llegar al *Imum Coeli,* el norte o punto de la «medianoche», asociado con la muerte y el renacimiento; en este momento, los últimos grados de Virgo se están elevando por el este.

56. Para una discusión reciente sobre la mitología solar en su relación con Cristo, véase David Fideler, *Jesus Christ, Sun of God* (Wheaton, IL: Quest Books/Theosophical Publishing House, 1993).

> Esta fuente de luz y de vida, este viajero silencioso, este majestuoso gobernante, este amigo que se va o héroe moribundo en su recorrido diario o anual.[57]

El influjo de Müller no se extendió sólo a Blavatsky y a Heindel, sino también a Jung, que adquirió la *Theosophy: or, Psychological Religion* de Müller, así como la traducción al alemán de *Lectures on the Origin and Growth of Religions.*[58] La tendencia académica a ver una religión solar primigenia y universal tras figuras tales como Cristo y Mitra impregna el trabajo de Jung durante el período que trabajó con el *Liber Novus.* En *Psicología del inconsciente,* hay multitud de referencias al Sol como motivo simbólico central del proceso de individuación, además de ser uno de los temas nucleares del *Liber Novus.* Si el Sol recién nacido del solsticio de invierno se equipara con el mesías, la «virgen celeste», Virgo, habrá que equipararla necesariamente con María como madre del mesías. Max Heindel no fue el primero en utilizar el mito para dotar de un significado más profundo a los signos zodiacales, pero fue quizás el autor astrológico más importante, contemporáneo de Jung y con el que Jung estaba familiarizado, que se apropió de la idea del Sol como símbolo crístico y de Virgo como «Madre Celestial», y que los utilizó en sus interpretaciones astrológicas.

Jung, al igual que Heindel, se basó en ideas más antiguas sobre las asociaciones míticas de las constelaciones, adaptándolas a su comprensión de los signos zodiacales e incorporándolas en su interpretación de los significadores de la carta natal. Nos vendrá bien comparar la descripción que hace Heindel de Virgo, que hemos ofrecido arriba, y la propia interpretación mítica de Jung de este signo zodiacal. Según Jung:

---

57. F. Max Müller, *Lectures on the Origin and Growth of Religions as Illustrated by the Religions of India* (Londres: Longmans, Green, 1878), p. 213.
58. F. Max Müller, *Theosophy* (Londres: Longmans, Green, 1917); F. Max Müller, *Vorlesungen über den Ursprung und die Entwickelung der Religion* (Strasbourg: Trübner, 1880), publicado en castellano bajo el título de *La ciencia de la religión: Origen y desarrollo de la religión,* Ed. Albatros, Buenos Aires, 1945.

> La diosa-madre –y la mujer coronada de estrellas del Apocalipsis habrá que tomarla como tal– se suele considerar como una virgen... Virgo, el signo zodiacal, porta o bien una gavilla de trigo o un niño... Se mire como se mire, esta mujer tiene algo que ver con la profecía del nacimiento del Mesías en el fin de los tiempos... Su [del *Salvatore mundi,* del salvador del mundo] madre es la *Sapientia Dei* [Sofía, la sabiduría de Dios] o Mercurio como Virgo.[59]

Virgo, por tanto, no es sólo un signo terrestre regido por Mercurio, cuya «parsimonia, imperturbabilidad y terquedad» parecían tan evidentes para Jung en el carácter del pueblo suizo. Para él, este signo zodiacal portaba un significado más profundo: simbolizaba ese aspecto de la libido que concibe y da a luz al «salvador» solar interior o Sí Mismo. En términos psicológicos, Virgo le hablaba a Jung de la mediumnidad y de la sabiduría oculta de la esfera arquetípica, visión que emerge en la figura de Salomé en el *Liber Novus,* y que quizás no deja de estar influenciada por el hecho de que Toni Wolff, que ejerció el papel de guía psíquico y comadrona de Jung a lo largo del período en que éste trabajó sobre el *Liber Novus,* había nacido con el Sol en Virgo.[60]

En otro ejemplo, Jung describía el signo zodiacal de Cáncer en 1934 del siguiente modo: «significa la resurrección, porque el cangrejo se desprende de su caparazón» y, como «signo femenino y de agua» perteneciente a la esfera de la Madre, está relacionado con una ambigua criatura similar al cangrejo llamada Karkinos, que Hera envió para que mordiera al héroe Heracles en el talón mientras luchaba con la Hidra de Lerna.[61] Esta utilización de temas míticos en relación con el horóscopo específico de una persona (en el caso de Cáncer, con el horóscopo de su paciente, la Señorita X, que había «nacido bajo» este

59. Jung, CW9ii, pp. 164-166 y 194. Jung quizás derivó la imagen de Virgo con un niño en brazos desde alguna de las fuentes dadas arriba. Sin embargo, en la mayoría de los textos astrológicos, la figura femenina que representa a Virgo sostiene una espiga de trigo y no un bebé.
60. Los datos de nacimiento según los dos horóscopos existentes en los archivos privados de Jung: Antonia Anna Wolff, 18 de septiembre de 1888, 2:30 p. m., Zúrich.
61. Jung, CW9i, pp. 604-605.

signo zodiacal)[62] pudo venir inspirada en parte por el enfoque astrológico de Heindel. Pero, sea cual sea su origen, da la impresión de que Jung obtuvo de los mitos la idea de que el horóscopo de nacimiento no sólo era capaz de describir el temperamento inherente y los complejos inconscientes del individuo, sino, aún más importante, la teleología más profunda de la vida psíquica de éste: el sendero de individuación. La singular manera en la cual Jung entendía los mitos, y la forma en que los aplicó para amplificar las firmas astrológicas y viceversa, es lo que le permitió tejer los temas horoscópicos en su idea del proceso de individuación.

John Thorburn y las cartas de «Época»

En 1928, cuando Jung estaba a punto de terminar la transcripción caligráfica del *Liber Novus* y se hallaba explorando la astrología de la Fraternidad Rosacruz de Max Heindel, él y su esposa Emma mantuvieron correspondencia regular con John MacCaig Thorburn (1883-1970), un astrólogo escocés, profesor universitario de filosofía, que vivía en el oeste de Inglaterra. El 19 de agosto de 1928, Thorburn le envió a Jung, a petición de éste, una extensa interpretación por escrito de su horóscopo natal. Thorburn estaba dando clases por entonces en el University College de Cardiff, pero había pasado algún tiempo con Jung en Zúrich en calidad de paciente y amigo. En una carta a Emma Jung, fechada el 15 de febrero de 1929, Thorburn mencionaba lo mucho que echaba de menos a David y a Cary Baynes,[63] y decía que su trabajo psicoterapéutico con cierta «señora Schwill», en Inglaterra,

62. Con lo de «nacido bajo», parece que Jung intentaba decir que Cáncer estaba elevándose por el horizonte oriental (el Ascendente) en el momento del nacimiento de la Señorita X. Alan Leo utilizaba esta frase para hablar del Ascendente, en lugar del signo zodiacal en el cual el Sol estuviera ubicado en el momento del nacimiento; véase, por ejemplo, Leo, *The Art of Synthesis, op. cit.*, p. 203.

63. John M. Thorburn, Carta a Emma Jung, 15 de febrero de 1929, Archivos Privados de Jung. «David» Baynes es Helton Godwin Baynes (1882-1943); él y su esposa Cary Fink Baynes (1883-1977) eran amigos íntimos de Jung, además de los traductores al inglés de un buen número de obras de Jung.

le había llevado «a mantener cierto contacto con Zúrich en un momento en que parece ya imposible viajar allí».

Thorburn fue uno de los primeros admiradores de la obra de Jung, y escribió en el plazo de tres años, desde la publicación de *Psicología del inconsciente* al inglés, varios artículos académicos y un libro que favorecían la psicología analítica de Jung sobre las teorías psicoanalíticas de Freud. Estas obras las escribió varios años antes de que Thorburn hiciera la interpretación del horóscopo de Jung.[64] Thorburn, en su libro *Art and the Unconscious (El arte y el inconsciente),* publicado en 1925, hacía una crítica contundente de la teoría freudiana al compararla con lo que él consideraba como la incontestable importancia de los conceptos de Jung sobre el simbolismo religioso y el papel de la imaginación en el trabajo creativo.[65] Thorburn fue uno de los miembros originales del Club de Psicología Analítica de Londres,[66] y siguió siendo miembro de éste durante muchos años, escribiendo un artículo para el club en 1958 titulado «Do the Gods Exist?» (¿Existen los dioses?), que sería publicado posteriormente en la revista junguiana *Harvest.*[67] También estuvo muy activo en los círculos astrológicos británicos, además de participar en el primer congreso formal de astrología de Gran Bretaña, que tuvo lugar en Harrogate en abril de 1939. En éste, un buen número de astrólogos británicos (si bien no todos), al igual que otros muchos de sus homólogos europeos, hicieron predicciones excesivamente optimistas al afirmar que no habría guerra en Europa.[68] Aunque Thorburn había

64. Véase J. M. Thorburn, «Mysticism and Art», *The Monist,* vol. 30:4, pp. 599-617 (1920); J. M. Thorburn, *Art and the Unconscious* (Londres: Kegan Paul, Trench, Trubner, 1925); J. M. Thorburn, «Analytical Psychology and the Concept of Individuality», *International Journal of Ethics,* vol. 35:2, pp. 125-139 (1925); J. M. Thorburn, A. H. Hannay y P. Leon, «Artistic Form and the Unconscious», *Proceedings of the Aristotelian Society,* vol. 13, pp. 119-158 (1934).

65. Véase Thorburn, *Art and the Unconscious, op. cit.,* pp. 39-80, en el cual Thorburn cita y parafrasea ampliamente la *Psicología del inconsciente* de Jung. Véase también Jung, CW15, pp. 133-162.

66. Véase Diana Baynes Jansen, *Jung's Apprentice* (Eisiedeln, Switzerland: Daimon Verlag, 2003), p. 271.

67. J. M. Thorburn, «Do the Gods Exist?», *Harvest,* vol. 6, pp. 72-87 (1959).

68. Sobre la participación de Thorburn en este congreso, véase «Astrologers' Weekend», *Picture Post: Hulton's National Weekly,* 29 de abril de 1939, pp. 3-4.

sido paciente de Jung, también era su amigo, y parece que pasó un tiempo considerable en Zúrich hablando de astrología con Jung. Se trataba de una astrología en parte caracteriológica, pero no era el tipo de análisis predictivo del que se hablaba en muchos entornos de la época. Era una astrología cuasi-psicológica, cuasi-teosófica, centrada principalmente en la teleología del proceso de individuación.

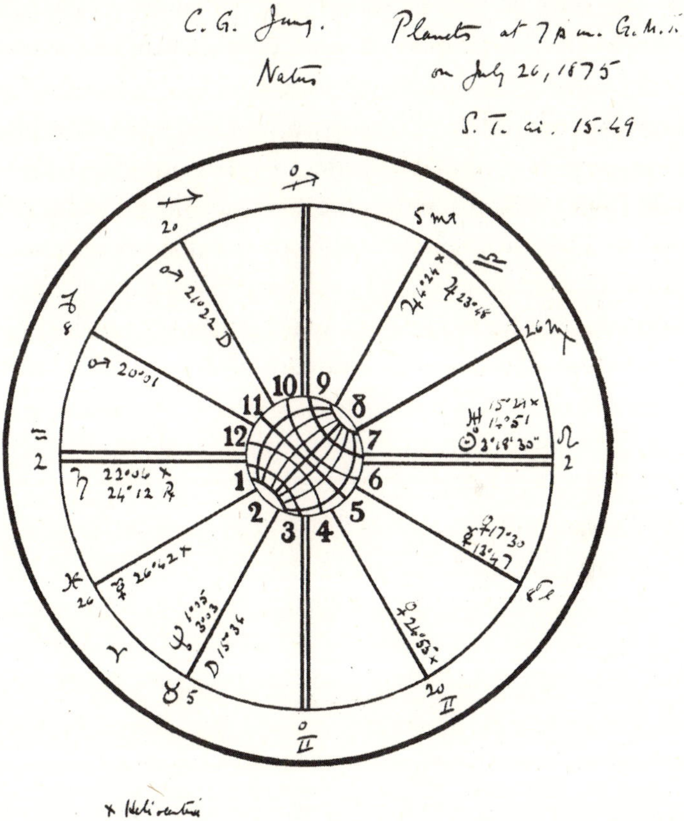

Figura 2.9. Carta natal de Jung realizada por John M. Thorburn, que iba en una carta fechada el 19 de agosto de 1928[69]

69. ©2007 Foundation of the Works of C. G. Jung, Zúrich.

El análisis de Thorburn de la carta natal de Jung es, a primera vista, un estudio de carácter bastante convencional. La carta natal en sí se halla sobre el formulario horoscópico impreso que había diseñado Alan Leo.[70] Sin embargo, por convencionales y caracteriológicas que pudieran ser las afirmaciones de Thorburn, en su análisis había también algunas referencias psicológicas muy precisas, como el hecho de interpretar como «complejos» determinadas configuraciones planetarias. Por ejemplo, Thorburn calificó al Sol de Jung en Leo en cuadratura (90º) con Neptuno en Tauro como de «un complejo "místico"» que es «el equivalente astrológico directo de su misticismo y de su orientación mística hacia la naturaleza».[71] Equiparar una configuración planetaria con un complejo es, indudablemente, una derivada del propio pensamiento de Jung sobre el tema, sobre todo debido al hecho de que la valoración de Thorburn del «complejo» no portaba implicación patológica alguna. Esta referencia en el análisis de Thorburn es importante, porque demuestra que las ideas que tenía Jung acerca de los complejos estaban asociadas a las relaciones entre los planetas del horóscopo.

70. Leo falleció por la época en la que Thorburn hizo la carta natal de Jung, pero sus formularios impresos para horóscopos seguían estando disponibles. Muchas escuelas de astrología de la época utilizaban sus propios formularios impresos para horóscopos, pero los impresos de Leo llevaban un diagrama con el globo terráqueo en el centro, con los ejes del horizonte y el meridiano del horóscopo marcados con una línea doble. Se pueden encontrar ejemplos de esta peculiar rueda zodiacal en Leo, *The Art of Synthesis, op. cit.*, p. 228, 232 y 238.

71. John M. Thorburn, «Analysis of Jung's Natal Horoscope», archivos privados de Jung, p. 4.

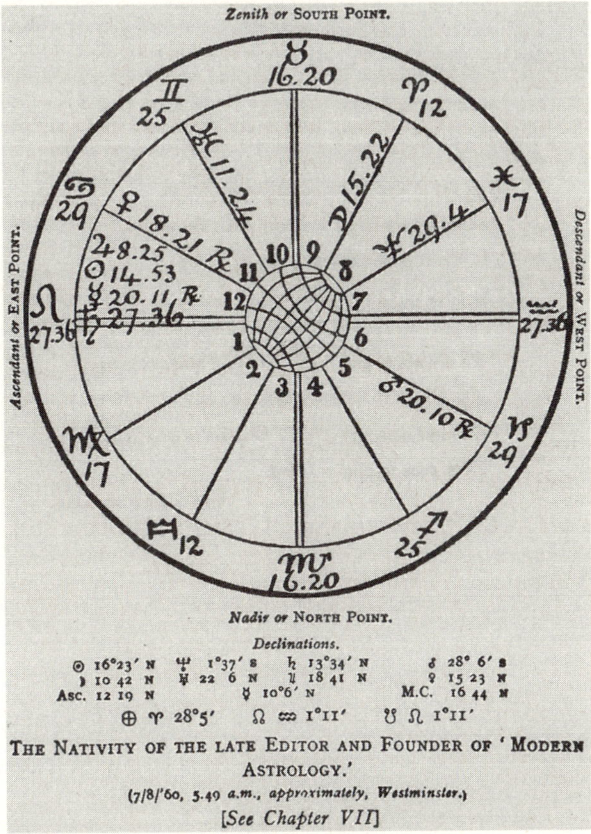

Figura 2.10. Carta natal de Alan Leo, realizada sobre el impreso que él mismo diseñó[72]

En uno de los artículos que publicó, Thorburn afirmaba que el psicoanálisis de Freud se basaba en la función de «sensación», a diferencia de la psicología analítica de Jung, que se basaba en la «intuición», es decir, la función opuesta.[73] En *Tipos psicológicos,* Jung había afirmado que las personas perciben invariablemente la vida a través del sesgo de su propio temperamento; la completa objetividad es una ilusión, y la

72. La carta aparece en Leo, *The Progressed Horoscope, op. cit.*, p. xvi.

73. Thorburn, «Analythical Psychology and the Concept of Individuality», *op. cit.*, p. 128

creación de cualquier «sistema» psicológico se basa, inevitablemente, en la psicología individual del propio psicólogo.[74]

> Uno ve lo que mejor puede ver por sí mismo. Así pues, en primer lugar, uno ve la mota en el ojo ajeno. Sin duda, la mota está ahí, pero la viga la tiene uno en su propio ojo, y puede obstaculizar considerablemente el acto de ver.[75]

Aunque Jung no hizo mención alguna al «tipo de función» de Freud ni al suyo propio en *Tipos psicológicos,* sí que declaró explícitamente su tipología en una carta al astrólogo alemán Oskar Schmitz, escrita en 1923: Jung se consideraba a sí mismo «un introvertido intuitivo pensativo».[76] Por otra parte, hay que tener en cuenta que, mientras investigaba los contenidos de *Tipos psicológicos,* Jung se hallaba inmerso en las visiones del *Liber Novus,* por lo que no haría falta más que mirar en este libro para ver en sus páginas la valoración que hacía de su propio temperamento:

> Si este tipo [intuitivo introvertido] no existiera, no habría habido profetas en Israel... El tipo intuitivo introvertido capta las imágenes que surgen de los fundamentos heredados *a priori* del inconsciente.[77]

En su obra publicada, Jung no equiparó específicamente elementos astrológicos con tipos de funciones. Pero, como astrólogo, sería perfectamente consciente de que Freud había nacido bajo Tauro, un signo de tierra (que Thorburn vinculaba con la función de sensación), en tanto que el propio Jung había nacido bajo Leo, un signo de fuego (que Thorburn vinculaba con la intuición). Además, el Ascendente de Jung, y el

74. Jung, CW6, p. 601.
75. Jung, CW6, p. 9.
76. Jung, Carta a Oskar Schmitz, 26 de mayo de 1923, en «Letters to Oskar Schmitz», p. 82. En 1955, Jung declaró: «Todo el mundo diría que soy un introvertido». Véase Stephen Black, «The Stephen Black Interviews», en *C. G. Jung Speaking, op. cit.,* p. 256.
77. Jung, CW6, pp. 658-659.

importantísimo regente de su carta natal, Saturno, estaban situados en el elemento aire (que Jung parece que vinculaba con el pensamiento). Siguiendo la lógica de Jung con respecto al equilibrio o desequilibrio de los elementos en la carta de su paciente, la Señorita X, el énfasis en el aire y el fuego en la carta natal de Jung encajaría bastante bien con el hecho de que evaluara con tanta precisión su propia tipología, afirmando que tendía hacia el pensamiento y la intuición. Los comentarios de Thorburn sobre las respectivas tipologías de Freud y de Jung reflejan una perspectiva astrológica sobre la naturaleza del conflicto entre ambos hombres, una colisión entre un mundo percibido a través de la sensación y un mundo percibido a través de la intuición, algo que Thorburn debió discutir con el propio Jung. Los comentarios de Thorburn resaltan, por tanto, la importancia de la astrología en el desarrollo del modelo tipológico de Jung.

Una de las observaciones más notables de la interpretación de Thorburn del horóscopo natal de Jung estriba en la enorme importancia que le dio al planeta Saturno. El análisis de Thorburn se iniciaba con la escueta afirmación de «Saturno se eleva en Acuario», y después lo desarrollaba así:

> Tenemos aquí un Saturno sin aflicción, fuerte, dignificado y poderosamente aspectado. Se trata de un rasgo remarcable y, hasta donde llega mi experiencia, un rasgo muy inusual... Sin duda, debe de ser un tremendo activo que «el gran maléfico» esté tan libre y tan favorecido en la persona... El trino[78] entre Júpiter y Saturno en estos signos [Libra y Acuario respectivamente] evidencia claramente a una persona que aborda el trabajo de su vida con perseverancia, en nombre de la humanidad y con una incuestionable orientación ética y religiosa.[79]

Las palabras de Thorburn reflejan con precisión el papel que Filemón, la más importante figura imaginal del *Liber Novus,* jugó a lo largo de toda la vida psíquica de Jung. La paradoja de que un planeta

78. Un «trino» es un ángulo de 120º entre dos planetas, y normalmente se interpreta como beneficioso.

79. Thorburn, «Analysis of Jung's Natal Horoscope», p. 1.

conocido como el «gran maléfico» adquiera el papel de guía positivo y creativo en el «trabajo de la vida» anímica estaría reflejado por la ambigüedad del «anciano sabio» arquetípico de Jung en el *Liber Novus.* La vinculación de Filemón con el Saturno astrológico se comenta con gran detalle en *The Astrological World of Jung's* Liber Novus. Aquí bastará con señalar que Jung se tomó muy en serio la idea de que él estaba «regido» por Saturno. En una carta que escribió al escritor estadounidense Upton Sinclair en 1955, Jung declaraba:

> Mi regente de nacimiento, el viejo Saturno, ralentizó mi proceso de maduración hasta tal punto que sólo tomé conciencia de mis propias ideas al comienzo de la segunda mitad de mi vida, es decir, exactamente a los 36 años.[80]

Jung tenía treinta y seis años en 1911, el año en que dijo a Freud que estaba estudiando astrología e hizo público su desacuerdo con las teorías de su mentor con la publicación del *Wandlungen,* la versión alemana de *Psicología del inconsciente.*

Las cartas de «Época» de Thorburn

Junto con la interpretación de la carta natal de Jung, Thorburn incluyó una interpretación detallada de una carta que él tituló como de «Época».

80. Jung, Carta a Upton Sinclair, 25 de febrero de 1955, en *C. G. Jung Letters,* vol. 2, pp. 230-232.

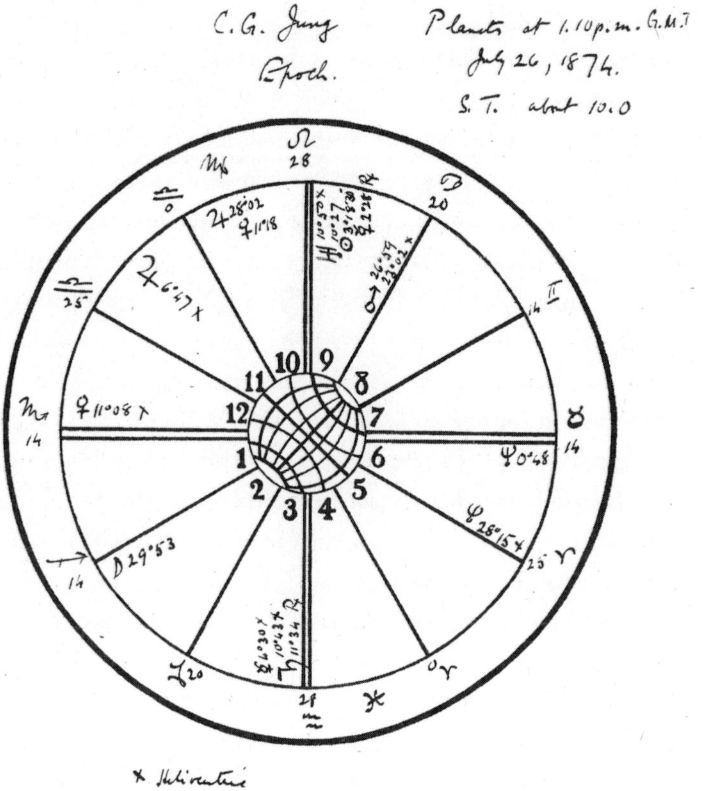

Figura 2.11. Carta de «Época» de Jung trazada por John M. Thorburn[81]

Durante las décadas de 1920 y 1930, se puso de moda en Gran Bretaña una técnica astrológica conocida como la «Época Prenatal». Se basaba en una antigua teoría conocida como «Trutina de Hermes», atribuida a Hermes Trismegisto y mencionada en el siglo II e. c. por Vecio Valente en su *Anthologiarum Libri* y por Ptolomeo en su *Tetrabiblos.*[82] La técnica se desarrolló plenamente en el mundo árabe durante el siglo X, refinándose posteriormente entre el período medieval y los inicios de la era moderna, para ser resucitada por la astrología de princi-

81. ©2007 Foundation of the Works of C. G. Jung, Zúrich.
82. Véase Robert Zoller, *Tools & Techniques of the Medieval Astrologer* (Londres: New Library, 2001), libro 1, p. 17.

pios del siglo xx.[83] La Época Prenatal era un intento por determinar e interpretar el horóscopo del momento de la concepción,[84] y se utilizaba como un medio para «rectificar» o corregir el horóscopo cuando el momento de nacimiento era vago o impreciso (un problema habitual en Inglaterra, dado que la hora de nacimiento no se solía registrar, salvo en el caso de gemelos). La Época Prenatal se consideraba útil también como medio para investigar las posibles causas de defectos de nacimiento de diversos tipos. Esta técnica se utiliza todavía en algunos círculos astrológicos, e incluso existe *software* informático para calcularla.[85]

En 1925, surgió una interpretación más esotérica de la Época Prenatal, cuando el astrólogo y teósofo británico Walter Gorn Old (1864-1929), que escribía bajo el pseudónimo de Sepharial, publicó un trabajo que transformó la técnica en un medio para determinar el propósito de la encarnación del alma. La idea subyacente de Sepharial, que estaba en consonancia con las doctrinas teosóficas, se basaba en la creencia de que hacen falta muchas vidas hasta que el alma llega a su pleno potencial espiritual. Sepharial planteaba que el horóscopo natal reflejaba las circunstancias físicas de una vida en particular, en tanto que la carta de Época indicaba la herencia «astral» o nivel del alma en esa vida. El propósito espiritual de una encarnación dada se podía discernir en un híbrido de la carta de Época Prenatal que Sepharial denominó Época Solar.[86] En el libro que escribió sobre este tema, Sepharial resaltaba la

83. Sobre las fuentes arábicas, véase Zoller, *Tools & Techniques, op. cit.*, p. 22. Para una discusión medieval, véase Guido Bonatti, *Liber Astronomiae* (1277), ed. Robert Hand, trad. Robert Zoller (Berkeley Springs, WV: Golden Hind Press, 1994-1996), vol. 3, pp. 45-48.

84. Los cálculos se basan en la idea de una relación entre la Luna, como regente de la formación del embrión, y el Ascendente, como el que designa el instante de nacimiento.

85. Véase http://astrozet.com/Manual/trutina.html

86. Sepharial, *The Solar Epoch* (Londres: W. Foulsham, 1925). Sobre Sepharial, véase Kim Farnell, «That Terrible Iconoclast: A Brief Biography of Sepharial», en <www.skyscript.co.uk/sepharial.html>. Sepharial había dedicado previamente un capítulo a la Época Prenatal en Sepharial, *The New Manual of Astrology* (Filadelfia, PA: David McKaym, 1898), libro 3, pp. 151-174. Esta primera descripción de la técnica sigue la clásica Trutina de Hermes en términos de intercambios Luna-Ascendente.

naturaleza espiritual del Sol –un tema muy querido para cualquier teósofo astrólogo– en contraste con la naturaleza biológica de la Luna. Esta obra de Sepharial fue seguida poco después por otros textos donde se resaltaba el potencial espiritual de diversas formas de horóscopos de Época.[87] En 1931, el astrólogo A. E. Thierens (1875-1941) declaró abiertamente su lealtad a Madame Blavatsky y a su obra fundamental, *La doctrina secreta,* y dijo que la carta de Época Solar de Sepharial era un mapa de «la naturaleza solar del ser del Hombre».[88]

Sin embargo, una serie de permutaciones técnicas de la Época Solar de Sepharial dieron lugar a una plétora de innovaciones interpretativas. La carta de Época que John Thorburn le envió a Jung es una de tales innovaciones. Se calculó para el momento en que el Sol estaba en la posición exacta que había ocupado en el momento y lugar del nacimiento de Jung, pero exactamente una revolución solar antes, en julio de 1874, cuando el resto de cuerpos celestes estaban en posiciones completamente diferentes de las que ocupaban en la carta natal de Jung.[89] A partir de la idea teosófica del Sol como símbolo de la chispa divina en el ser humano encarnado, la interpretación que hizo Thorburn de la carta de Época de Jung intentaba determinar el «propósito espiritual» de la vida de Jung. Thorburn hacía referencia a un tema que aparece repetidamente en el *Liber Novus:* la naturaleza de la magia.

---

87. En 1928, George H. Bailey (1896-1959), miembro de la Logia Astrológica de Londres, fundada por Alan Leo en 1915, publicó un artículo titulado, «The Descent to Birth and the Soli-Lunar Interchanges», *Modern Astrology* (1928). La técnica de Bailey se utilizaba para la «rectificación», un medio para determinar la hora exacta de nacimiento.

88. A. E. Thierens, *Elements of Esoteric Astrology* (Filadelfia, PA: David McKay, 1931), pp. 145-147. Parece que Jung se interesó de algún modo en el trabajo de Thierens y adquirió otro de sus libros, esta vez sobre el Tarot: A. E. Thierens, *The General Book of the Tarot* (Londres: Rider, 1930), con introducción de A. E. Waite.

89. Esta carta es, en efecto, una carta del retorno solar para el año anterior al nacimiento de Jung. Sobre las diversas perspectivas acerca de cartas de regreso solar –calculadas para cada año de la vida y basadas en el regreso del Sol al grado y minuto exactos de su signo zodiacal al nacimiento– véase, entre otros, Lynn Bell, *Cycles of Light* (Londres: CPA Press, 2005); J. Lee Lehman, *Clasical Solar Returns* (Atglen, PA: Schiffer, 2012).

> De ahí que podamos considerarlo como el horóscopo de un mago... Estas [configuraciones] acentúan la reflexión filosófica, la religión y, en general, la maestría espiritual –una espiritualidad que domina tanto dentro como fuera–. La regeneración... podría, por tanto, caracterizarle mejor que la magia.[90]

Thorburn identificó también el «problema vital» de Jung en el propio lenguaje de Jung –la «relación del inconsciente con el consciente»– para después afirmar que las configuraciones de la carta de Época hacían de Jung «un profeta, un maestro, apropiándose ideas de una fuente elemental o aplicándolas a través de un medio elemental».[91] No es éste un sencillo análisis de carácter, sino una declaración de cómo entendía Thorburn la astrología: como una herramienta psicológica y espiritual capaz de señalar los desafíos esenciales y el propósito último de la vida y la obra de Jung.

Thorburn le daba un gran valor a su carta de Época como clave para el objetivo de la individuación. También hizo una carta de Época para Emma Jung, quien, aparentemente impresionada por la interpretación de la carta de su marido, le pidió a Thorburn que se la hiciera a ella también.[92] Aunque la carta de Época fue, qué duda cabe, un tema de conversación entre Thorburn y Jung durante sus reuniones en Zúrich, no se han encontrado otras cartas de este tipo en los archivos privados de Jung, por lo que parece que éste no utilizó tal técnica. No obstante, Thorburn le pudo proporcionar a Jung el tipo de astrología en el que estaba más interesado: una astrología de la psique y el alma, abierta a la interpretación a través de los modelos psicológicos y capaz de reflejar una teleología y un patrón de desarrollo interior –«individuación»– que el trabajo analítico pudiera facilitar y potenciar.

---

90. John M. Thorburn, Carta de «Época» de Jung, archivos privados de Jung, pp. 2-3.
91. Thorburn, Carta de «Época» de Jung, p. 5.
92. En la carta de Thorburn a Emma (15 de febrero de 1929), en la que iban tanto la carta natal como la carta de «Época» de ésta, el propio Thorburn indica que Emma le había pedido estas cartas en el mes de septiembre anterior, y que le había preguntado también cómo se podía utilizar la astrología «para la individuación».

El influjo de Jung en la astrología

Jung obtuvo numerosas interpretaciones de su propio horóscopo de la mano de otros astrólogos. Aunque las posiciones zodiacales y planetarias eran siempre las mismas en todas estas versiones de su carta natal (con la excepción de la carta de Época de Thorburn), da la impresión de que Jung estuviera tanteando diversos enfoques, así como buscando información sobre los movimientos planetarios en momentos concretos de su vida. La carta natal que le proporcionó Thorburn iba acompañada por un análisis escrito. Así también podemos encontrar otro horóscopo, que le hizo a Jung la psicóloga analítica de Zúrich, Liliane Frey-Rohn (1901-1991). El material de Frey-Rohn consta de una lista detallada de movimientos planetarios desde el nacimiento de Jung hasta 1945,[93] con breves interpretaciones de las configuraciones más destacadas de cada año. Frey-Rohn era una consumada astróloga, así como una importante psicóloga analítica, e hizo el papel de ayudante de Jung en el «experimento» astrológico que sirvió de base para los ensayos de Jung sobre la sincronicidad.[94] En una entrevista con el psicólogo clínico Gene F. Nameche, Frey-Rohn decía que, cuando conoció a Jung, le aconsejó que hiciera investigaciones astrológicas con esquizofrénicos en la Clínica Burghölzli. «Posteriormente –le dijo a Nameche–, él me proporcionaba una fecha de nacimiento y quería saber si esa persona podía desarrollar una esquizofrenia o no».[95]

---

93. Estos movimientos están calculados como «Direcciones Primarias», nombre dado a un método de progresión del horóscopo a partir del instante del nacimiento que tiene sus orígenes en el *Tetrabiblos* de Ptolomeo y que sigue en uso hoy en día. Véase Sepharial, *Directional Astrology* (Londres: Rider, 1921).

94. Véase Angela Graf-Nold, «C. G. Jung's Position at the Swiss Federal Institute of Technology Zürich», *Jung History*, vol. 2:2, disponible en <http://philemonfoundation.org/wp-content/uploads/2017/12/phil.vol2_.iss2_-4.pdf>. Para el principal trabajo de Frey-Rohn sobre psicología analítica, véase Liliane Frey-Rohn, *From Freud to Jung*, trad. Fred. E. Engreen y Evelyn K. Engreen (Nueva York: Putnam, 1976; reimp. Shambhala/Daimon Verlag, 1990).

95. Liliane Frey-Rohn, «Entrevista con Gene Nameche», C. G. Jung Biographical Archive 1968-1973, Countway Library of Medicine, Harvard University, Interview 2, p. 25.

El material que Frey-Rohn le envió a Jung iba acompañado por una carta sin fechar, pero, dado que incluía un horóscopo con las posiciones planetarias progresadas para 1939-1940, y dado que hacía referencia en su carta a la petición de Jung de información sobre estos años, es muy probable que todo ese material fuera elaborado en 1939, en el momento en que estalló la Segunda Guerra Mundial.[96]

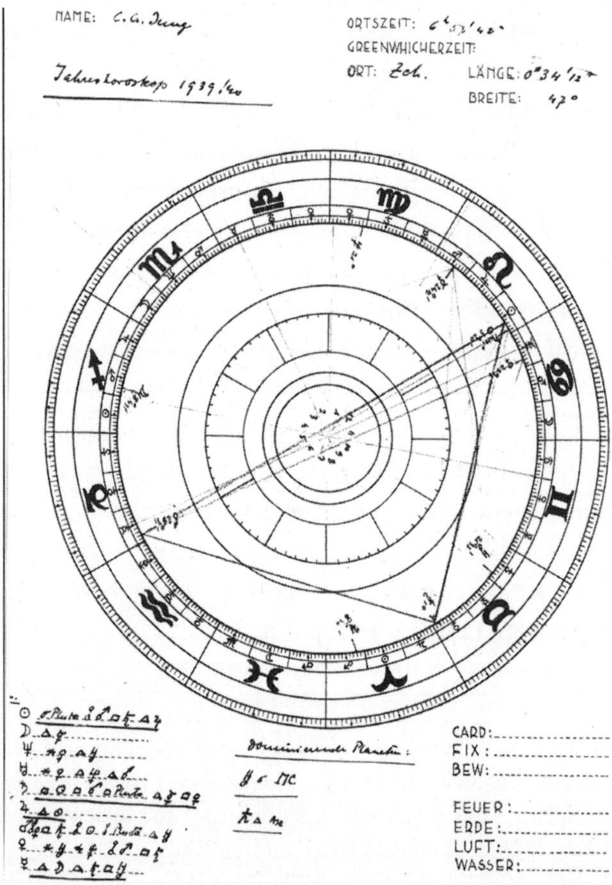

Figura 2.12. Horóscopo progresado de Jung para 1939-1940, realizado por Liliane Frey-Rohn[97]

96. Archivos personales de Jung, proporcionado amablemente por Andreas Jung, ©2007 Foundation of the Works of C. G. Jung, Zúrich.
97. ©2007 Foundation of the Works of C. G. Jung, Zúrich.

Otras versiones del horóscopo de Jung debieron ser detalladas, al parecer, de forma presencial, cara a cara, dado que no existen análisis escritos que acompañen a estos horóscopos en los archivos. Uno de tales horóscopos estaba realizado, al igual que el que hiciera Thorburn, sobre el fácilmente identificable formulario impreso de Alan Leo. Incluye tanto el horóscopo natal de Jung como las posiciones planetarias para 1926, dos años antes de que Thorburn enviara su propia interpretación a Jung. Junto con esta carta natal hay varias páginas en las que encontramos un análisis de «palabras clave» de las principales configuraciones del horóscopo de nacimiento de Jung y algunos párrafos, más extensos, sobre los cuatro significadores astrológicos principales: el Sol, la Luna, el Ascendente y el regente planetario de Jung, el «Viejo Saturno». Hay una página más en la que se puede ver una relación de importantes movimientos planetarios entre 1928 y 1930, el mismo período en que Jung estaba recibiendo materiales de la Fraternidad Rosacruz y estaba carteándose con Thorburn. La persona que compiló todo este material lo firmó como «M. C. Bond». Se sabe que era estadounidense no sólo por el modo en que escribió las fechas, sino también porque Bond incluyó su propio horóscopo junto con el de Jung. Y, si bien no aparecía en él el lugar de nacimiento, la longitud y la latitud indican que Bond nació en Washington D. C. Esta persona, que era ocho años mayor que Jung, quizás fuera paciente de éste. Pero Bond era también un astrólogo o astróloga competente, que utilizó los formularios horoscópicos de la astrología teosófica de Alan Leo.

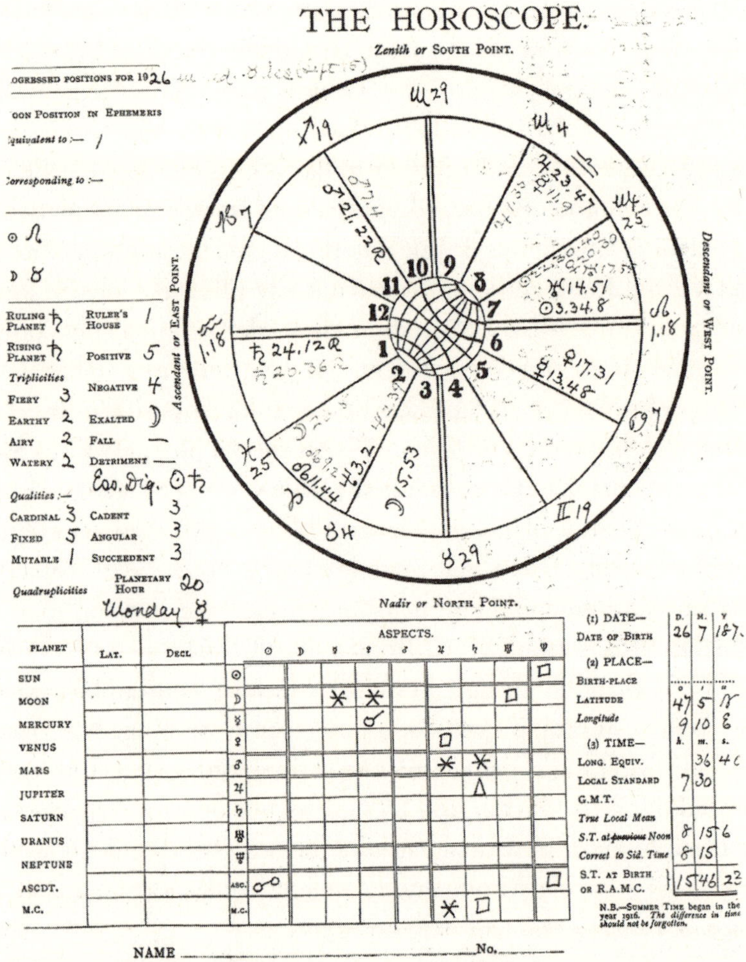

Figura 2.13. Carta natal de Jung realizada por M. C. Bond, con las progresiones planetarias para 1926[98]

Evidentemente, Jung estaba muy preocupado con la dirección que estaba tomando su vida a finales de la década de 1920, a medida que se aproximaba al fin de su trabajo sobre el *Liber Novus.* Pero no está clara la naturaleza de su preocupación. A mediados de la década de 1920 estaba viajando mucho, visitando el este de África y a los indios Pueblo,

98. ©2007 Foundation of the Works of C. G. Jung, Zúrich.

en América del Norte. En 1929 publicó su comentario sobre la traducción de Richard Wilhelm del *I Ching*, titulado *El secreto de la flor de oro*, aunque sería varios años más tarde cuando se daría cuenta de la inmensa importancia del simbolismo alquímico como mapa del proceso de individuación.[99] Thorburn proporcionó los horóscopos natal y de Época de Jung, pero no dio información sobre posteriores movimientos planetarios. Quizás Jung quería que le dieran alguna pista sobre algún dilema personal a través de una interpretación de los factores astrológicos imperantes. Quizás se percató de alguna configuración inminente destacada y quería comprender su significado. A la vista de los movimientos planetarios en su carta durante este período, quizás observó, por ejemplo, un tránsito de Saturno sobre el «medio cielo» o *Medium Coeli* de su horóscopo natal para finales del otoño de 1926. Alan Leo decía que este tránsito trae «fracasos, escándalos, problemas con los superiores y pérdida del honor y del crédito» a menos que la persona fuera «culta y refinada», en cuyo caso el tránsito significaría «la asunción de grandes responsabilidades».[100] Es posible que Jung tuviera la esperanza de evitar lo primero y encaminarse hacia lo segundo.

La astrología tuvo un influjo penetrante y profundo sobre el pensamiento de Jung, y lo mismo se puede decir de la influencia de éste sobre las astrologías modernas. A pesar de los esfuerzos realizados por astrólogos «tradicionales», como Alfred Pearce a finales del siglo XIX, que se oponían al matrimonio de la astrología con la psicología, el impacto de Jung sobre la astrología sigue sin mostrar signos de desgaste.[101] Su in-

---

99. Richard Wilhelm, *Das Geheimnis der goldenen Blüte* (Múnich: Dorn, 1929); publicado en inglés como *The Secret of the Golden Flower*, trad. Cary F. Baynes (Londres: Kegan Paul, Trench, Tubner, 1931); se puede encontrar en castellano en Editorial Paidós, Barcelona, 2009. Sobre la posterior realización de Jung de la importancia psicológica de la alquimia, véase Jung, *MDR*, pp. 229-231; Jung, CW13, «Foreword to the Second German Edition», en Wilhelm, *Secret of the Golden Flower*, p. 4; Jung, *Liber Novus*, p. 360 y p. 305, n.º 232.

100. La configuración era la de un tránsito de Saturno pasando sobre el *Medium Coeli* (MC) o punto sur de la carta natal; para una descripción al respecto, *véase* Leo, *The Progressed Horoscope*, *op. cit.*, p.263.

101. El término «tradicional» puede llevar a equívoco, pues estas corrientes resaltan la importancia de las técnicas helenísticas y/o arábigas, que no son otra cosa que

flujo se inició, no durante sus últimos años de vida, ni durante la década de 1970, cuando las ideas «*New Age*» estaban en pleno florecimiento, sino durante el período en el cual Jung trabajaba sobre el *Liber Novus*. Los esfuerzos de Jung por convencer a sus colegas psicólogos de que la astrología podía ser una herramienta destacada para la psicología, y que la psicología podía enriquecer a la astrología, tuvieron un éxito inmediato en determinados círculos. Heinz Arthur Strauss, astrólogo e historiador de la astrología, y su esposa Sigrid Strauss-Klöbe, una psicoterapeuta, trabajaron dentro de una corriente exclusivamente alemana de astrología conocida como *Kosmobiologie,* que se desarrolló a finales de la década de 1920 y principios de la de 1930, y que sustentaba la idea de que las energías cósmicas influyen en los procesos biológicos de la Tierra.[102] La *Kosmobiologie* fue uno de los primeros campos de la astrología en resaltar la importancia de los descubrimientos realizados en la investigación de diversas disciplinas científicas, centrándose concretamente en la astrología médica. Entre 1927 y 1928, Strauss editó una revista denominada *Jahrbuch für kosmobiologische Forshcung,* en la que se publicaban artículos sobre astrología médica y su lógica. Jung adquirió los volúmenes de esta revista.[103]

En este punto, la influencia parecía estar fluyendo en un sentido. Jung, al tiempo que estaba recibiendo interpretaciones astrológicas de John Thorburn, M. C. Bond y la Fraternidad Rosacruz, estaba leyendo el libro de Strauss y Strauss-Klöbe para profundizar sus conoci-

---

tradiciones concretas dentro de la astrología. Para un texto contemporáneo sobre este enfoque, véase Benjamin Dykes, *Traditional Astrology for Today* (St. Paul, MN: Cazimi Press, 2011). Sin embargo, Jung prefería las tradiciones de la antigüedad tardía neoplatónicas y herméticas, que resaltaban la astrología interior, simbólica. Existen distintas «tradiciones» dentro de la astrología, todas aparentemente válidas para aquellos que las siguen.

102. Sobre obras de estos autores, véase Heinz Arthur Strauss, *Astrologie* (Leipzig: Kurt Wolff, 1977); Heinz Arthur Strauss y Sigrid Strauss-Klöbe, *Die Astrologie des Johannes Kepler* (Munich: Oldenbourg, 1926). El término «Kosmobiologie» lo incorporaría posteriormente el astrólogo Reinhold Ebertin (1901-1988) en su obra, al punto que algunos lo consideran como el fundador de esta escuela. Sin embargo, Strauss venía utilizando este concepto más de una década antes que Ebertin, y el término en sí se puede datar en 1914.

103. Véase *C. G. Jung Bibliothek Katalog* DF 16-17.

mientos en astrología. Pero el sentido de esa influencia mutua cambió con rapidez. Strauss y su esposa estuvieron implicados en la publicación de *El secreto de la flor de oro,* de Wilhelm. Jung, por su parte, en su discurso conmemorativo en homenaje a Wilhelm de 1930, afirmaba que el *I Ching,* el tema del libro de Wilhelm, «no sólo era análogo a la astrología, sino que está relacionado con ella de forma esencial».[104] En la segunda de las conferencias Eranos, celebrada en Ascona en 1934, Sigrid Strauss-Klöbe, que evidentemente había estado leyendo las obras de Jung, pronunció una ponencia titulada «The Psychological Significance of the Symbol in Astrology» (La importancia psicológica del símbolo en la astrología),[105] y Jung, que había pronunciado otra ponencia en aquella misma conferencia,[106] respondió a la presentación de Strauss-Klöbe diciendo que ésta era «la primera persona en profundizar en los símbolos astrológicos en términos psicológicos»[107] –lo cual quizás fuera también un reflejo de la poca estima que mostraba Jung por muchos de los textos astrológicos a los que pudo tener acceso en su época–. Strauss-Klöbe ya estaba familiarizada con las teorías psicoanalíticas, pero en 1935, un año después de la conferencia Eranos, se decidió a trabajar con Jung como paciente suya.[108] Sus publicaciones astrológicas en años posteriores fueron incluyendo de forma creciente las teorías junguianas de los tipos, los complejos, los mitos y los arquetipos.[109] Profundamente influenciada por las ideas de Jung durante el resto de su vida, Strauss-Klöbe publicó en 1982 un breve ensayo titula-

104. Jung, «Appendix: In Memory of Richard Wilhelm», en *The Secret of the Golden Flower,* p. 144. Este discurso conmemorativo se pronunció originalmente el 10 de mayo de 1930.

105. Sigrid Strauss-Klöbe, «Über die psychologysche Bedeutung des astrologischen Symbols», en *Eranos Jahrbuch 1934, Band 2* (Zúrich: Rhein-Verlag, 1935).

106. Jung, «Über die Archetypen des kollektiven Unbewussten». Esta ponencia apareció primero en *Eranos Jahrbuch 1934,* y fue revisada, traducida y publicada en Jung, CW9i, pp. 3-41.

107. Hakl, *Eranos, op. cit.,* p. 96.

108. Véase la propia declaración de Strauss-Klöbe en Ferne Jensen y Sidney Mullen (eds.), *C. G. Jung, Emma Jung, and Toni Wolff* (San Francisco, CA: Analytical Psychology Club of San Francisco, 1982), p. 90.

109. Véase Sigrid Strauss-Klöbe, *Kosmische Bedingtheit der Psyche* (Oberbayern: O. W. Barth, 1968); Sigrid Strauss-Klöbe, *Das kosmopsychische Phänomen* (Fribur-

do «Memory of C. G. Jung» (Memoria de C. G. Jung) para el volumen conmemorativo *C. G. Jung, Emma Jung, and Toni Wolff*.[110] Strauss-Klöbe y su marido constituyen un ejemplo de cierta tendencia en la astrología alemana, que debe directamente a Jung su enfoque en lo psicológico más que en lo literal.

Otro astrólogo alemán, Oskar Adolf Hermann Schmitz (1873-1931),[111] se consideraba discípulo de Jung por el hecho de haber asistido a algunos seminarios que éste impartió en Zúrich en 1925.[112] Aunque Schmitz fue un gran admirador de Jung por su teoría de los tipos psicológicos y fue muy activo en la difusión de las ideas de Jung en sus propias publicaciones,[113] éste no simpatizaba demasiado con los puntos de vista que propugnaba el colectivo esotérico del cual formaba parte Schmitz. Jung lo comparaba con la Teosofía, y decía que era un «peligro» porque:

---

go: Walter-Verlag, 1977); Heinz Arthur Strauss, *Psychologie und astrologische Symbolik* (Zúrich: Rascher Verlag, 1953).

110. Jensen y Mullen (eds.), *C. G. Jung, Emma Jung, and Toni Wolff, op. cit.*, pp. 89-90.

111. Sobre Schmitz, véase André Barbault, *From Psychoanalysis to Astrology* (Múnich: Hugendubel, 1991 [1961]); Carl-Ludwig Reichert, «Oskar Adolf Hermann Schmitz», en *New German Biography*, vol. 23 (Berlín: Duncker and Humblot, 2007), pp. 254-255.

112. Sobre la asistencia de Schmitz a los seminarios, véase William McGuire, «Introduction to the 1989 Edition», en Jung, *Introduction to Jungian Psychology*, p. XXXI. Véase también las cartas de Jung a Schmitz en Jung, «Letters to Oskar Schmitz, 1921-1931», trad. James Kirsch, *Psychological Perspectives* 6:1 (1975), pp. 79-95. Tres de estas cartas se pueden encontrar en *C. G. Jung Letters*, vol. 1, *op. cit.*, pp. 39-41, 53-54, 82.

113. Véase, por ejemplo, Oskar A. H. Schmitz, *Geist der Astrologie*, 2 volúmenes (Múnich: Müller, 1922), en los cuales Schmitz utiliza el término «astro-psicología». Jung tenía otras obras de Schmitz en su biblioteca, pero no eran astrológicas. Acerca de la referencia de Jung a Schmitz en sus *Obras Completas*, véase Jung, CW9i, p. 51; Jung, CW10, pp. 188 y 921; Jung, CW18, p. 1825. Ninguna de estas referencias guarda relación con la astrología, sino que se centran en la relación entre psicoanálisis y folklore. Jung escribió también una introducción al libro de Schmitz, publicado de manera póstuma, *Märchen aus dem Unbewussten* (Múnich: Karl Hanser, 1932), una obra sobre cuentos de hadas, y no de astrología.

> Se está levantando una nueva casa sobre cimientos viejos y poco satisfactorios, y se está echando vino nuevo en botellas viejas... cuando, después de todo, el hombre debe cambiar primero desde el interior.[114]

Según Ellic Howe (1910-1991), un historiador británico del ocultismo del siglo XX, gran diversidad de enfoques astrológicos emergió en Alemania durante el período de entre guerras. Entre estos enfoques los había aquéllos influenciados por la Teosofía de Blavatsky, otros por la Antroposofía de Steiner y diversos colectivos mágicos aliados de estos dos movimientos. Los alemanes, según Howe, fueron «los primeros en discutir la idea de lo que ellos llamaban «astrología psicológica».[115] Howe no menciona a Strauss-Klöbe, ni tampoco da a las conferencias Eranos la importancia que merecen en el desarrollo de este matrimonio entre psicología y astrología. Sí que habla de Schmitz, a quien califica como de «el entusiasta discípulo de C. G. Jung», pero sugiere que el influjo de Schmitz fue mínimo en la comunidad astrológica.[116] Sin embargo, Howe no sólo pasa por alto la amplia influencia que tuvo Jung entre los astrólogos alemanes, como es el caso de Strauss-Klöbe, cuyos libros fueron reeditados numerosas veces, sino que tampoco habla del influjo indirecto que tuvieron, a nivel internacional, las conferencias Eranos, sus ponentes y sus asistentes sobre muchas corrientes de pensamiento esotérico. Casi todas ellas empatizaron, en mayor o menor medida, con las teorías de Jung sobre los arquetipos y los tipos psicológicos.

Símbolos y doctrinas

A pesar del desagrado que sentía Jung por el carácter adoctrinador de la Teosofía, la inesperadamente fructífera triple unión entre las ideas teosóficas, la psicología analítica y la astrología dio lugar a un buen

114. C. G. Jung, Carta a Oskar Schmitz, 26 de mayo de 1923, en «Letters to Oskar Schmitz», p. 82.
115. Howe, *Urania's Children, op. cit.,* pp. 98-99.
116. Howe, *Urania's Children, op. cit.,* pp. 99.

número de híbridos interesantes durante las décadas de 1920 y 1930. Sin embargo, casi ninguno de estos híbridos disfrutó de la aprobación de Jung, dado que éste se opuso enérgicamente a todo intento por exteriorizar la esfera arquetípica, insistiendo en que las interpretaciones que ofrecían la Teosofía y la Antroposofía eran problemáticas debido a que objetivaban los arquetipos, en lugar de reconocerlos como procesos internos.

> No me gustaría que mi concepto del inconsciente se asociara, ni siquiera remotamente, con la parapsicología, pues entonces el inconsciente asumiría una forma concreta, haciendo imposible el enfoque psicológico que tan necesario nos resulta... Si queremos evitar el peligro de crear una nueva Teosofía, tendremos que aferrarnos todavía mucho tiempo al territorio de la psicología crítica. No se puede insistir demasiado en la necesidad de mantenerse en guardia ante la tentación de ver las manifestaciones del misticismo y la parapsicología desde el exterior... Todo lo que busca la psicología analítica es abrir el territorio desde el interior, es decir, desde dentro del alma.[117]

El hecho de que Jung viera las imágenes zodiacales como proyecciones imaginales del inconsciente humano, generadas mediante una comprensión intuitiva de las cualidades del tiempo cíclico, es otra prueba de su insistencia en un enfoque interior de los símbolos astrológicos. Los «dioses» planetarios se encuentran dentro, y el individuo sólo puede tratar con ellos a un nivel psicológico. Este enfoque no se encuentra en las discusiones de astrólogos como Schmitz, aunque es evidente en el trabajo de Strauss-Klöbe y, a pesar de la gruesa capa del lenguaje teosófico, se puede discernir también de forma incipiente –quizás inintencionadamente– en los libros de Alan Leo.

Las fronteras entre la esfera «espiritual» y la «psicológica», ambas liminares, están llenas de pasadizos ocultos, túneles desconocidos y

117. C. G. Jung, Carta a Gustav-Richard Heyer, 4 de diciembre de 1931, citada en Hakl, *Eranos, op. cit.*, p. 66. Hakl señala que esta carta es un testimonio elocuente que desbarata las «simplistas críticas» de Richard Noll acerca de la supuesta promoción de un culto místico pagano por parte de Jung.

ventanas secretas, algo de lo que Jung era perfectamente consciente. Los propios términos son una imposición moderna de categorías construidas que nada habrían significado para Jámblico, Plotino, Agripa o Paracelso. *Psuche* es la palabra griega que designa al «alma», y *logos* la palabra que designa la «palabra»; y el término «psicología», considerado en el contexto de sus raíces etimológicas, porta cierta semblanza con algunas de las perspectivas que se ofrecen ahora en la academia. Pero Jung no sólo se estaba protegiendo a sí mismo intentando evitar la etiqueta de «misticismo» que Freud había pronosticado que terminaría soportando. Da la impresión de que Jung sentía profundamente que cualquier idea astrológica tenía que comprenderse como una dinámica psicológica, sin intentar exteriorizar o concretar sus símbolos. En esto coincidía con Plotino, que asumía la idea de las «simpatías» cósmicas, pero entendiéndolas como una red de símbolos vinculados a través del significado, en vez de como una red de «influencias» o, como decía la teósofa Alice A. Bailey, una red de «rayos» emanados de seres planetarios deificados.[118]

El enfoque de Alice Bailey, y de las corrientes astrológicas que surgen de sus enseñanzas, llevó precisamente a aquello que Jung había estado intentando evitar en Eranos: que sus ideas se incorporaran a una astrología ligada a una cosmología religiosa exteriorizada, en lugar de presentar la astrología psicológicamente, como un proceso interior. En los Estados Unidos, el muy influyente astrólogo de origen francés Dane Rudhyar (1895-1985), cuya obra sigue siendo muy popular en multitud de círculos astrológicos, se formó en la Escuela Arcana de Alice Bailey, siendo por tanto un vástago de la Sociedad Teosófica. Sin embargo, Rudhyar se encontró con los trabajos de Jung durante la década de 1930,[119] y comenzó a mencionar a Jung en *The Astrology of Personality (Astrología de la personalidad),* publicado en 1936 por la propia editorial

118. Sobre la teoría de Bailey de los siete Rayos, véase Alice A. Bailey, *Esoteric Astrology* (Nueva York: Lucis, 1951). Jung estaba familiarizado con la obra de Bailey a través de sus contactos en Eranos, y se oponía enérgicamente a ella; véase Hakl, *Eranos, op. cit.,* pp. 27-32.

119. Véase Dane Rudhyar, «Preface to the Third Edition», en Dane Rudhyar, *The Astrology of Personality* (Nueva York: Doubleday, 1970 [1936]), pp. VII-XVI.

de Bailey, Lucis Trust. En este primitivo trabajo, Rudhyar utilizaba términos tales como «El Principio de Sincronicidad», y dedicaba todo un capítulo a «Astrología y Psicología Analítica», citando libremente a Jung a partir de sus *Obras Completas*.

Sin embargo, Rudhyar pasaba después a hablar de una «psicología espiritual» relacionada con la psicología analítica, aunque radicalmente diferente de ella, una psicología que «considera que el hombre es esencialmente y en realidad un ser espiritual que utiliza un cuerpo con el propósito de adquirir experiencias concretas y determinadas facultades que sólo se pueden generar en contacto con la materia».[120] En este apuntalamiento «junguianista» de una cosmología que asume la independencia ontológica de unos poderes espirituales superiores que gobiernan un universo espiritualmente evolutivo, Rudhyar no hizo otra cosa que demostrar su fidelidad a sus raíces teosóficas.[121] Jung sabía de Rudhyar, y adquirió *The Astrology of Personality* en su edición original, así como uno de las primeras obras de Rudhyar sobre música.[122] Pero Jung nunca mencionó a este bien conocido astrólogo en sus trabajos públicos ni en sus cartas, ni adquirió ninguno de los libros posteriores de Rudhyar. Tampoco hay evidencias de correspondencia entre ellos. A pesar de la importancia de Rudhyar en los círculos astrológicos estadounidenses, Jung quizás lo viera, al igual que había visto a Schmitz, como excesivamente adoctrinador en sus pronunciamientos, a pesar del hecho de que muchas de las ideas de Rudhyar sobre la teleología del horóscopo de nacimiento estaban inspiradas en el propio concepto de individuación de Jung.

---

120. Rudhyar, *The Astrology of Personality, op. cit.*, pp. 75-82.

121. Rudhyar era un artista, además de un prolífico escritor de novelas, así como de ensayos sobre música y arte. Muchos de sus trabajos astrológicos se centran en perspicaces interpretaciones horoscópicas; otros, como *The Planetarization of Consciousness* (Nueva York: Harper, 1972), son una muestra de su fiel devoción a la cosmología de Bailey. De este último libro existe una traducción al castellano bajo el título *Planetarización de la conciencia,* publicado por Editorial Sirio, Málaga, 1987.

122. Dane Rudhyar, *The Rebirth of Hindu Music* (Adyar: Theosophical Publishing House, 1928).

La profecía de Jung de que la astrología tenía «asegurado el reconocimiento de la psicología» podría parecer que jamás se hará realidad. Muchos psicólogos, especialmente en la esfera clínica, son bastante más reacios a reconocer la astrología que los astrólogos a reconocer la psicología. Pero en las corrientes de la psicología de las profundidades y la psicología transpersonal, la astrología, tal como la percibió Jung, ha resultado muy útil e iluminadora.[123] La fertilización cruzada entre la astrología de Jung y los astrólogos de Jung –y entre la astrología de Jung y las diversas psicologías de las profundidades y transpersonales que han emergido a partir de su trabajo– está demostrando ser muy enriquecedora y duradera.

123. Véase James Hillman, «The Azure Vault: The Caelum as Experience», en Nicholas Campion y Patrick Curry (eds.), *Sky and Psyche* (Edimburgo: Floris Books, 2006), pp. 37-58. Sé que Hillman estuvo involucrado en la astrología merced a contacto y correspondencia personal.

3

Imaginación activa y teúrgia

De las obras de teúrgia que se puedan llevar a cabo en determinado momento, unas tienen una causa secreta y superior a toda explicación racional, otras son como símbolos consagrados desde la eternidad a los seres superiores, otras preservan alguna otra imagen, del mismo modo que la naturaleza, en su papel generador, imprime (en las cosas) formas visibles a partir de principios de razón invisibles.[1]

—Jámblico

El Profesor: «Actualmente, la imitación de Cristo lleva al manicomio».
Jung: «No cabe duda de ello, profesor».
El Profesor: «El hombre es ingenioso. Es evidente que sufre una excitación maníaca. ¿Escucha usted voces?».
Jung: «¡Ya lo creo! Hoy había una multitud de anabaptistas pululando por la cocina».
El Profesor: «Ahí lo tenemos. ¿Le siguen a usted las voces?».
Jung: «Oh no, no lo permita el Cielo. Las he convocado yo».[2]

—C. G. Jung

1. Jámblico, *De mysteriis,* I.11.
2. Jung, *Liber Novus, op. cit.,* p. 295.

Los orígenes de la imaginación activa

El *Liber Novus,* y los *Libros Negros* que dieron lugar a aquél, constituyen la primera evidencia documental del uso que hizo Jung de una técnica psicológica que, posteriormente, denominaría «imaginación activa». Jung desarrolló la técnica no más tarde de 1913, cuando comenzó a trabajar sobre el *Liber Novus,* pues éste es, de hecho, el primer fruto de esta técnica. Jung publicó sus primeras ideas sobre la imaginación activa en 1916,[3] y volvió sobre el tema en 1921,[4] pero no utilizó ese término hasta una serie de conferencias que impartió en la Clínica Tavistock de Londres, en 1935.[5] En un principio, se refería a ella como la «función trascendente», y luego como el «método de imágenes»; también lo denominó «fantasía activa», «trance», «visualización», «ejercicios» y, quizás de lo más revelador, «técnica del descenso».[6] Joan Chodorow, en la introducción a su selección de discusiones de Jung sobre la imaginación activa, señala que es «un método singular, pero se expresa a través de muchas formas diferentes».[7] Tal método supone un tipo concreto de meditación: una concentración profunda y un compromiso emocional con imágenes que han podido surgir en sueños, ensueños, erupciones emocionales, fantasías de vigilia o estados alterados de la conciencia deliberadamente invocados. Aquí, la imaginación se entiende como una especie de puerta o de umbral hacia esferas psíquicas que normalmente no nos son accesibles, y como un medio de dar forma a realidades psíquicas incipientes.

En 1916, Jung describió el punto de entrada para la imaginación activa como un estado emocional turbulento:

---

3. Jung, «New Paths in Psychology», en Jung, *Collected Papers on Analythical Psychology, op. cit.,* pp. 352-377. Este artículo está ahora insertado en Jung, CW7, pp. 407-411.
4. Jung, CW6, pp. 711-722.
5. Las «Conferencias Tavistock» se pueden encontrar en Jung, CW18, pp. 1-415. La discusión de Jung sobre imaginación activa se encuentra en la Conferencia V, pp. 390-406.
6. *Véase* Joan Chodorow, «Introduction» en Joan Chodorow (ed.), *Jung on Active Imagination* (Princeton, NJ: Princeton University Press, 1997), p. 3.
7. Chodorow, «Introduction», *op. cit.,* p. 4.

> Él tiene que hacer del estado emocional la base o punto de partida del procedimiento. Tiene que hacerse tan consciente como sea posible del estado de ánimo en el que se halla, sumergiéndose en él sin reservas y tomando nota en un papel de todas las fantasías y demás asociaciones que emerjan. Se debe permitir fantasear de la forma más libre posible, pero no tanto como para abandonar la órbita de su objeto, es decir, el afecto [emocional].[8]

Estas palabras, escritas tres años después de su ruptura con Freud, se consideran a veces como la versión de Jung de la técnica psicoanalítica de la «asociación libre», que Freud describió por vez primera en 1893.[9] Pero Jung diferenciaba muy bien entre ambas técnicas, al describir la imaginación activa como «una secuencia de fantasías producida mediante una concentración deliberada»:

> No se trata de la «asociación libre» que recomienda Freud para el de análisis de los sueños, sino de elaborar la fantasía observando el material de fantasía adicional que se agrega al fragmento de manera natural.[10]

El propósito de la imaginación activa no es, por tanto, proporcionar material para un análisis intelectual de conflictos reprimidos, sino más bien permitir que lo que se halla oculto, lo desconocido, se exprese en su propio lenguaje, el lenguaje de las imágenes. La imaginación activa se puede ver también como una especie de ritual, algo parecido a los estados de concentración propios de la contemplación religiosa, que podemos encontrar en la *kavvanah* o «atención dirigida» de la Cábala judía, en ciertas formas de meditación sufí, en los «ejercicios espirituales» de Ignacio de Loyola y en la teúrgia neoplatónica. Estos procedimientos antiguos para el encuentro con la deidad suponen la suspen-

---

8. Jung, CW8, p. 167.
9. Para la primera descripción que hizo Freud de la técnica de «asociación libre», publicada por vez primera en 1893, véase Freud, SE2, p. 112. Para una descripción más detallada, véase Freud, SE5, pp. 176-178.
10. Jung, CW9i, p. 101. El ensayo en el cual se dio esta descripción se publicó por vez primera en 1936.

sión deliberada de las facultades críticas racionales con el fin de permitir que una imagen, un color o un sonido específicos revelen su vida oculta a su propio modo.[11] Es este parentesco con las prácticas religiosas, a menudo de corrientes religiosas marginales o «heréticas», lo que, en determinados círculos, le ha dado a la imaginación activa cierta connotación esotérica. Y, a pesar de las numerosas elaboraciones de Jung, la ambigüedad sigue rodeando las fuentes que podrían haberle inspirado esta técnica.

Unos cuantos trabajos recientes han representado la imaginación activa en términos terapéuticos prácticos con la intención de dar algunas ideas a los psicoterapeutas. Pero, comprensiblemente, tales investigaciones no se ocupan de los detalles de las fuentes históricas de Jung.[12] Marie-Louise von Franz (1915-1998), una de las más conocidas discípulas e intérpretes de Jung, diferenciaba entre las diversas formas de meditación orientales, que buscan ignorar el flujo de imágenes en la práctica meditativa, y la imaginación activa junguiana: «A diferencia de las técnicas orientales, le damos la bienvenida a esta imagen y no la desestimamos ni la ignoramos».[13] Pero el ensayo de von Franz no ex-

11. Sobre la *kavvanah,* véase Gershom Scholem, «The Concept of Kavvanah in Early Kabbalah», en Alfred Jospe (ed.), *Studies in Jewish Thought* (Detroit, MI: Wayne State University Press, 1981), pp. 162-180; Elliot R. Wolfson, *Through a Speculum That Shines* (Princeton, NJ: Princeton University Press, 1994), pp. 270-325. Sobre los «ejercicios» de Loyola, véase George E. Ganss (trad.), *The Spiritual Exercises of Saint Ignatius* (Chicago: Loyola Press, 1992); original en castellano bajo el título *Ejercicios espirituales,* publicado por Mensajero, Bilbao, 2019. Sobre las prácticas visionarias sufíes, véase Henry Corbin, *Avicenna and the Visionary Recital* (Princeton, NJ: Princeton University Press, 1960), publicado en castellano bajo el título de *Avicena y el relato visionario,* por Paidós Ibérica, Barcelona, 1995. Sobre la teurgia neoplatónica, *véase* Capítulo 3.
12. Acerca de imaginación activa en obras orientadas terapéuticamente, *véase* Marie-Louise von Franz, *Alchemical Active Imagination* (Boston, MA: Shambhala, 1997); Benjamin Sells (ed.), *Working with Images* (Woodstock, CT: Spring, 2000). Chodorow presenta en *Jung on Active Imagination* una colección de pasajes de la propia obra de Jung, con comentarios y discusión, así como una amplia lista de referencias «posjunguianas» en pp. 177-179.
13. Marie-Louise von Franz, «On Active Imagination», en Ian Baker (ed.), *Methods of Treatment in Analytical Psychology* (Fellbach: Verlag Adolf Bonz, 1980), p. 88.

plora los orígenes de esta aparente tendencia occidental a favorecer la imagen en el trabajo interior. Jeffrey Raff, en un libro titulado *Jung and the Alchemical Imagination (Jung y la imaginación alquímica),* afirma enfáticamente que la psicología analítica de Jung es un «proceso espiritual» dirigido a «fomentar una experiencia transformadora profunda».[14] En tanto que muchas personas que han pasado por un análisis junguiano podrían estar totalmente de acuerdo con este comentario, existe aquí, como siempre, un problema de definición. ¿Qué quiere decir Raff cuando habla de un proceso «espiritual» en contraste con un proceso «psicológico», y en qué contexto se debería comprender lo de «experiencia transformadora»? ¿Es una experiencia espiritual, psicológica, fisiológica o, quizás, las tres a la vez? Raff señala que, en la medida en que Jung hacía referencia constantemente a tradiciones esotérica antiguas, como la alquimia y el gnosticismo, sus modelos psicológicos estaban evidentemente conectados con «escuelas esotéricas anteriores». Y, aunque esta observación la han hecho también otros autores, Raff no la desarrolla en su discusión. En el contexto de su libro, Raff está más preocupado por las aplicaciones prácticas de la imaginación activa que por examinar lo que estas «escuelas esotéricas anteriores» suponían, en qué se diferenciaban unas de otras, cuáles de sus ideas adaptó Jung y de qué formas las utilizó.[15]

La imaginación activa tiene cierta afinidad con los estados mediúmnicos de trance.[16] El interés de Jung en el espiritismo, que le llevó a su tesis doctoral, *On the Psychology and Pathology of So-Called Occult Phenomena (Sobre la psicología y las patologías de los llamados fenómenos ocultos),*[17] hace altamente probable que sus observaciones sobre el esta-

---

14. Jeffrey Raff, *Jung and the Alchemical Imagination* (York Beach, ME: Nicholas-Hays, 2000), pp. 4-5.

15. Para sustentar la idea de que Jung pertenece a una «tradición esotérica», Raff cita a Gerhard Wehr, «C. G. Jung in the Context of Christian Esotericism and Cultural History», en Faivre y Needleman (eds.), *Modern Esoteric Spirituality, op. cit.,* pp. 381-399.

16. Véase Leon Hoffman, «Varieties of Psychoanalytic Experience», *Journal of the American Psychoanalytic Association,* vol. 58, pp. 781-785, en p. 783 (2010).

17. Jung, «On the Psychology and Pathology of So-Called Occult Phenomena», en Jung, CW1, pp. 3-92. Este trabajo se publicó por vez primera en inglés en 1916,

do de trance mediúmnico le llevaran a desarrollar la idea de que la imaginación podría revestir una gran importancia en el trabajo psicológico. Sin embargo, Jung no dejó de explorar el fenómeno espiritista tras la finalización de su tesis, y seguía asistiendo a sesiones espiritistas en 1931, bastante más tarde de haber terminado el texto del *Liber Novus*.[18] Estas sesiones las organizaba el Hermetische Gesellschaft, un colectivo suizo fundado en 1930 por Rudolf Bernoulli (1880-1948), un historiador del arte y practicante del Tarot; Fritz Allemann (1884-1968), banquero y financiero que se unió al Club de Psicología de Zúrich en 1930; y Oskar Rudolf Schlag (1907-1990), un psicoanalista de tendencias esotéricas, grafólogo y francmasón, a quien Jung había conocido en la Clínica Burghölzli cuando Schlag estaba allí en período de formación.[19] El grupo estaba centrado en el simbolismo del Tarot, pero también hacían sesiones espiritistas. Jung, según Schlag, asistía normalmente a estas sesiones, hasta que su expulsión «se hizo necesaria» debido a las fricciones que tuvo con Schlag.[20] Aunque el Hermetische Gessellschaft se fundó tras la finalización del *Liber Novus* por parte de Jung, el hecho de que éste participara en estas sesiones demuestra

Collected Papers on Analytical Psychology, op. cit., pp. 1-93. Esta colección de artículos fue el primer trabajo de Jung disponible en inglés, publicado un año antes de *Psicología del inconsciente.* La tesis fue publicada en Leipzig en 1902 como *Zur Psychologie und Pathologie sugennanter occulter Phänomene.*

18. Charet, *Spiritualism and the Foundations of C. G. Jung's Psychology, op. cit.*, p. 283. Véase también Jung, *C. G. Jung Letters* I, p. 511.

19. Para Bernoulli, Allemann y Schlag, véase W. P. Mulacz, «Oscar R. Schlag», *Journal of the Society for Psychical Research,* vol. 60, pp. 263-267 (1995); Hakl, *Eranos, op. cit.*, pp. 93-95; Riccardo Bernardini, *Jung a Eranos* (Milán: FrancoAngeli, 2011), pp. 176-178.

20. Véase Hakl, *Eranos, op. cit.*, p. 93. Para las supuestas perturbaciones causadas por el «psicogogo» interno de Jung, Filemón, en las sesiones de espiritismo, *véase* Peter-Robert Koenig, «Did You Know Oscar R. Schlag?», en <www.parareligion.ch/sunrise/schlag1.htm>. Véase también Charet, *Spiritualism and the Foundations of C. G. Jung's Psychology, op. cit.*, p. 283 nn. 230-231; Roderick Main, «Introduction», en Roderick Main (ed.), *Jung, Synchronicity, and the Paranormal* (Londres: Routledge, 1997), pp. 6-7; Nandor Fodor, *Freud, Jung and Occultism* (New Hyde Park, NY: University Books, 1971); Roderick Main, *The Rupture of Time* (Londres: Routledge, 2013), p. 71.

su interés en las fronteras entre los estados alterados de conciencia como un fenómeno psicológico espontáneo y las visiones deliberadamente provocadas y experiencias de escritura automática generadas por lo que podría entenderse como magia ritual.

Jung se interesó mucho por la psicología de la escritura automática, en tanto en cuanto intentaba comprender tanto sus propias experiencias como los trabajos de inspiración o revelación de otros autores.[21] F. X. Charet, en una obra titulada *Spiritualism and the Foundation of C. G. Jung Psychology (El espiritismo y los cimientos de la psicología de C. G. Jung),* sostiene de forma bastante convincente que las primeras investigaciones de Jung, combinadas con la popularidad del espiritismo y de los estados de trance hipnóticos de finales del siglo XIX, ejercieron una importante influencia en sus posteriores trabajos.[22] Sin embargo, la afirmación de Charet de que el espiritismo constituye «el fundamento» de los modelos psicológicos de Jung podría ser un tanto excesiva, al dar más importancia a un factor que a otros que podrían ser igualmente importantes. Jung era un morfólogo incurable. Intentando confirmar sus teorías a través de evidencias históricas, así como a través de la observación y la experiencia directa, Jung intentaba discernir patrones estructurales similares en sistemas de pensamiento y de creencias muy diversos. De ahí que quizás no sea sensato sugerir que una única corriente, sea religiosa, filosófica o científica, antigua, medieval o moderna, pudiera haber proporcionado el fundamento teórico o práctico de la técnica de la imaginación activa. La astrología tuvo una gran importancia para Jung, y parece que la exploró no sólo intelectualmente, sino también a través de la imaginación activa; de hecho, esta aplicación de la astrología constituye el tema de *The Astrological World of Jung's* Liber Novus. Pero, para Jung, la astrología no era una entidad discreta en sí misma. Él, más bien, percibía las complejas interrelaciones existentes entre astrología y alquimia, magia, ritual, símbolo, transformación psi-

21. Sobre las propias experiencias de Jung, véase Jung, *MDR, op. cit.,* pp. 215-217.
22. Véase también James Hillman, «Some Early Background to Jung's Ideas: Notes on C. G. Jung's Medium by Stephanie Zumstein-Preiswerk», *Spring* (1976), pp. 123-136.

cológica individual y cambios colectivos en la percepción religiosa, unas interconexiones en las que se interesó toda su vida.

Charet señala también a las discusiones filosóficas de Kant acerca de la imaginación como un elemento a tener en cuenta en los esfuerzos de Jung por reconciliar el fenómeno espiritista con la ciencia.[23] Se podría señalar también convincentemente la existencia de una posible relación entre la imaginación activa y la *kavvanah* cabalista hebrea, que es una forma de meditación que busca generar transformaciones tanto internamente como dentro de la infraestructura de la divinidad.[24] Y, si tenemos en cuenta el número de libros sobre magia práctica –antigua, medieval y moderna– que había en la biblioteca de Jung, también se podría justificar de forma convincente que Jung quizás experimentó con magia ritual como técnica psicológica para inducir estados alterados de la conciencia.[25] También habría que tomar en consideración los antecedentes cristianos de Jung en relación con la imaginación activa. Diversos rituales teúrgicos cristianos –sobre todo los relacionados con los estados alterados de la conciencia intencionados, desarrollados en el monaquismo oriental ya en el siglo IV e. c.– podrían haber contribuido al desarrollo de la técnica de Jung.[26] Estos rituales se derivaban en gran

23. Véase Michael Thompson, *Roots and Role of Imagination in Kant* (tesis de doctorado no publicada, University of South Florida, 2009); Janet Kaylo, «Imagination and the Mundus Imaginalis», *Spring,* vol. 77, pp. 107-124 (2007).

24. Jung hizo numerosas referencias a la Cábala en sus *Collected Works* (*Obras Completas),* y también adquirió cierto número de obras cabalistas para su biblioteca, entre las cuales se encuentran Christian Knorr von Rosenroth, *Kabbala denudata* (Sulzbach/Frankfurt: Abraham von Lichtenthal, 1677-1684); Christian D. Ginzburg, *The Kabbalah* (Londres: Longmans, Green, 1863); A. E. Waite, *The Holy Kabbalah* (Londres: Williams & Norgate, 1929); Ernst Müller (ed. y trad.), *Der Zohar* (Viena: Heinrich Glanz, 1932); Harry Sperling y Maurice Simon (ed. y trad.), *The Zohar* (Londres: Soncino Press, 1949).

25. *Véanse* la discusión y las referencias a las obras mágicas de la colección de Jung en el Capítulo 4.

26. Para la tradición de la teúrgia cristiana, véase Gregorio de Nisa, *On the Soul and Resurrection,* trad. Catherine P. Roth (Yonkers, NY: St. Vladimir's Seminary Press, 1993), publicado en castellano bajo el título *Diálogo sobre el alma y la resurrección,* publicado por Apostolado Mariano, Sevilla, 1990; Basilio de Cesarea, *Hexaemeron,* trad. Blomfield Jackson (Amazon CreateSpace, 2014); John F. Callahan,

medida de las prácticas neoplatónicas, de las que hablaremos más a fondo a continuación, y fueron utilizados por el filósofo cristiano de principios del siglo VI Dionisio Areopagita («Pseudo Dionisio»), con cuya obra se familiarizó Jung hacia 1921.[27] En un seminario impartido en 1939, Jung señaló explícitamente a los místicos cristianos de la antigüedad tardía como predecesores de la técnica de la imaginación activa, porque éstos utilizaban la fantasía dirigida para conseguir la transformación espiritual.[28]

Los «ejercicios espirituales» del sacerdote jesuita del siglo XVI, Ignacio de Loyola, al cual Jung situaba en la misma categoría, le resultaron lo suficientemente interesantes como para llevarle a impartir toda una serie de conferencias en la ETH de Zúrich en 1939.[29] Según Loyola, la persona tiene que aprender a «ver con los ojos de la imaginación la longitud, anchura y profundidad del infierno», y a responder a estas visiones con todos sus sentidos.[30] Loyola es una de las fuentes cristianas más

---

«Greek Philosophy and the Cappadocian Cosmology», *Dumbarton Oaks Papers,* vol. 12 (1958). Jung estaba familiarizado tanto con Gregorio como con Basilio, y se refiere a ellos en varios volúmenes de sus *Collected Works.*

27. Jung hizo referencia a Dionisio muchas veces en las Obras Completas; véase, por ejemplo, Jung, CW6, p. 62, publicado por vez primera en 1921. Para la teúrgia de Dionisio, véase Gregory Shaw, «Neoplatonic Theurgy and Dionysius the Areopagite», *Journal of Early Christian Studies,* vol. 7:4, pp. 573-599 (1999); Sarah Klitenic Wear y John M. Dillon, *Dionysius the Areopagite and the Neoplatonist Tradition* (Farnham: Ashgate, 2007). La edición alemana de Jung era Max Remmerich (trad.), *Was mir das Jenseits mitteilte* (Diessen: C. Hubers Verlag, Diessen vor München, 1928).

28. Jung, *Modern Psychology, op. cit.,* vol. 3-4, p. 154. Esta transcripción de las conferencias de Jung en la ETH de Zúrich la publicó privadamente el propio Jung y nunca la editó. La Philemon Foundation está preparando actualmente la publicación de una nueva edición de las conferencias ETH; véase <https://philemonfoundation.org/current-projects/eth-lectures/>.

29. Véase Jung, «Exercitia spiritualia of St. Ignatius of Loyola», en *Modern Psychology, op. cit.,* vol. 3-4, pp. 153-157. Esta conferencia la impartió originalmente en 1939. Véase también Ken L. Becker, *Unlikely Companions* (Leominster: Gracewing/Inigo, 2001); Dan Merkur, *Crucified with Christ* (Albany: SUNY Press, 2007), pp. 47-68.

30. San Ignacio de Loyola, «The Spiritual Exercises», en *Personal Writings,* trad. J. Munitiz y P. Endean (Londres: Penguin, 1996), p. 298, citado por Shamdasani en Jung, *Liber Novus, op. cit.,* p. 200, n.º 62.

importantes que Jung aplicó a sus ideas acerca de la imaginación activa. Pero Jung también estableció un vínculo directo entre los *exercitia spiritualia* y las teorías neoplatónicas del mundo imaginal que ofrecieron Plotino, Jámblico, Porfirio y Proclo.[31] Jung se refería a los *exercitia* de Loyola como una «técnica especial»:

> Es una experiencia transformadora inducida por medios técnicos... Son ejercicios o técnicas especiales que se prescriben con anterioridad y que pretenden conseguir un efecto psíquico definido, o al menos promoverlo... Son, por tanto, procedimientos técnicos en el más pleno sentido de la palabra; elaboraciones de procesos de transformación que fueron naturales en sus orígenes.[32]

Estas palabras vienen a continuación de una frase acerca de «procedimientos mágicos» como una forma similar, técnicamente inducida, de transformación psico-espiritual: «El rito se utiliza con el propósito expreso de efectuar la transformación».[33] Evidentemente, desde el punto de vista de Jung, religión y magia no eran tan distintas entre sí de lo que suponían otros estudiosos de su época que estaban influenciados por la visión de la magia de Frazer, que la consideraba una forma primitiva de religión que «comete el error de suponer que cosas que se parecen entre sí son lo mismo».[34] El tipo de magia en el que estaba interesado Jung no tenía nada que ver con consecuciones materiales, ni se basaba en analogías «erróneas». Mediante el uso de los símbolos, esta magia se centraba en la transformación de la personalidad a través de la experiencia directa de los dominantes arquetípicos que sustentan la vida consciente, según la moderna terminología psicológica de lo que en otro tiempo se entendió como la *unio mystica*. Describiendo la imaginación activa en términos más prosaicos para los miembros de la Society for Psychical Research (SPR) (Sociedad de Investigaciones Psíquicas) de Londres en 1919, Jung se refirió a ella como «un medio para

31. Jung, *Modern Psychology, op. cit.*, vol. 3-4, pp. 178-179.
32. Jung, CW9i, p. 232.
33. Jung, CW9i, p. 231.
34. James Frazer, *The Golden Bugh* (Nueva York: Macmillan, 1922), 3:1-2.

traer contenidos inconscientes a la conciencia».[35] En un entorno público como éste, Jung no estaba preparado para ofrecer atisbo alguno del carácter religioso y mágico de la imaginación activa en fuentes previas o, para el caso, en sus propias exploraciones privadas, aunque se hallaba inmerso en el trabajo del *Liber Novus* cuando pronunció esta ponencia ante la SPR.

Jung no fue el único investigador de la época en cruzar la frontera de las zonas liminares. A finales del siglo XIX y principios del siglo XX, un buen número de psicólogos estaban experimentando con una amplia variedad de técnicas psicoterapéuticas no convencionales, como la escritura automática, la observación de cristales y la sugestión poshipnótica, en un esfuerzo por comprender mejor la naturaleza y la dinámica del inconsciente.[36] Es evidente que el propio Jung probó con la observación de cristales (conocida también como «adivinación»), a tenor de lo que cuenta sobre el cristal de Elías en el *Liber Novus*.[37] Entre los investigadores que exploraron estos oscuros temas se hallan William James (1842-1910), cuya obra parece que impresionó a Jung profundamente; Herbert Spencer (1882-1923), que escribió un libro sobre el simbolismo de la alquimia que le proporcionó a Jung, según sus propias palabras, la «conexión» entre la psicología analítica y la filosofía griega; y F. W. H. Myers (1843-1901), poeta, estudioso clásico, filólogo y miembro fundador de la Society for Psychical Research, que utilizaba

35. Jung, CW8, p. 599. La ponencia en la cual se encuentra esta definición, «The Psychological Foundations of Belief in Spirits», fue traducida originalmente por H. G. y C. F. Baynes a partir del manuscrito en alemán de Jung, y se publicó por vez primera en *Proceedings of the Society for Psychical Research* 31 (1920). Tanto Freud como Jung eran miembros de la SPR.

36. Véanse los comentarios de Shamdasani en el *Liber Novus*, p. 196. Sobre la observación de cristales a principios del siglo XX, véase Sepharial, *How to Read the Crystal* (Londres: Foulsham, 1922); Theodore Besterman, *Crystal-Gazing* (Londres: Rider, 1924), p. 160. *Véase* también Greene, *Magi and Maggidim, op. cit.*, pp. 177-181.

37. Véase, por ejemplo, Jung, *Liber Novus, op. cit.*, pp. 239, 248, 252.

la escritura automática para explorar el inconsciente, y al cual citó Jung en su propia tesis sobre los fenómenos espiritistas.[38]

La pasión por mezclar lo oculto con los psicológico arraigó en Gran Bretaña debido en parte a los callados intercambios entre determinados psicoterapeutas y diversas corrientes esotéricas como la Sociedad Teosófica y la Orden Hermética de la Aurora Dorada.[39] Por ejemplo, la Clínica Médico-Psicológica, de corta pero influyente vida, proporcionó la primera formación psicoanalítica no oficial en el Reino Unido, pero sus practicantes utilizaban constantemente la adivinación y la escritura automática junto con métodos más ortodoxos de psicoterapia.[40] Jung estaba al tanto de todas estas investigaciones llevadas a cabo dentro de su profesión, y estaba feliz de hacer uso de todo aquello.[41] Desde una perspectiva morfológica, hay un único tema reconocible y evidente en las fuentes de Jung sobre la imaginación activa, un tema expresado a través de numerosas adaptaciones culturales, pero poseedor de cierta integridad estructural. Este tema descansa en la idea de que la imagi-

38. Entre las muchas referencias de Jung al libro de James *The Varieties of Religious Experience* (Londres: Longmans, Green, 1902), véase Jung, CW5, pp. 18-19; Jung, CW6, pp. 506-509, 864-866; Jung, CW18, p.1144. Sobre Myers, véase William James, «Frederic Myers's Service to Psychology», *Popular Science Monthly* (Agosto, 1901), pp. 380-389. Sobre Silberer, véase Carta de C. G. Jung a Erich Neumann, 22 de diciembre de 1935, en *C. G. Jung Letters, op. cit.*, 1:206; Herbert Silberer, *Hidden Symbolism of Alchemy and the Occult Arts* (Nueva York: Dover, 1917). Sobre el propio trabajo de Myers, véase F. H. W. Myers, *Human Personality and Its Survival of Death* (Londres: Longmans, 1903). Sobre el interés de Myers en la «escritura automática», véase Ann Casement, *Carl Gustav Jung* (Londres: Sage, 2001), pp. 46-47. Citas de Jung del ensayo de Myers, «Automatic Writing», publicado en 1895, en CW1, p. 91.

39. Para antecedentes generales sobre las raíces de la psiquiatría y la psicología dinámicas modernas, véase Henri Ellenberger, *The Discovery of the Unconscious* (Nueva York: Basic Books, 1970), pp. 53-109. Sobre los antecedentes ocultos del psicoanálisis a finales del siglo XIX, véase James Webb, *The Occult Establishment* (Londres: Richard Drew, 1981), pp. 347-381.

40. Sobre la Clínica Médico-Psicológica, véase Suzanne Raitt, «Early British Psychoanalysis and the Medico-Psychological Clinic», *History Workshop Journal*, vol. 58, pp. 63-85 (2004); Philippa Martindale, «Against All Hushing Up and Stamping Down», *Psychoanalysis and History*, vol. 6:2, pp. 177-200 (2004).

41. Véase Swan, «C. G. Jung's Psychotherapeutic Technique of Active Imagination».

nación humana, desarrollada y entrenada del modo adecuado, puede proporcionar una vía de paso desde una dimensión de la conciencia –comprendida en términos psicológicos como conciencia egoica– a otra dimensión más misteriosa, a la que se denomina «el inconsciente» y que la persona la vive como algo compulsivo, atemorizador y, en ocasiones, numinoso, transformador e incluso indiferenciable de la deidad.

Robert Kugelman, que hizo una revisión del *Liber Novus* poco después de su publicación, dice de esta obra que es «escritura visionaria», y sugiere que sus raíces se hallan en las tradiciones del Romanticismo alemán de principios del siglo XIX.[42] Wouter J. Hanegraaff, escribiendo sobre las espiritualidades «*New Age*», considera igualmente al Romanticismo alemán como la fuente primaria de las ideas de Jung acerca de la imaginación.[43] No se puede discutir la importancia que tuvieron los autores románticos para la obra de Jung, sobre todo Goethe, pero el Romanticismo alemán no floreció súbitamente en todo su esplendor mediante algún tipo de generación cultural espontánea, sino que fue el heredero de aquellas mismas corrientes filosóficas y religiosas de la antigüedad tardía –gnósticas, herméticas, neoplatónicas, cabalistas– de las que Jung bebió directamente.[44] Si Jung se identificó con determinadas ideas románticas, pudo deberse en parte al hecho de que reconoció los rastros de corrientes más antiguas en la obra de Goethe, Novalis y otros autores del movimiento romántico.

Jung insistía en que la energía psíquica, o libido, «no puede aparecer en la conciencia salvo bajo la forma de imágenes».[45] Esto proporciona

---

42. Robert Kugelman, «Review of the *Red Book*», *Journal of the History of the Behavioral Sciences,* vol. 47:1, pp. 101-104, en p. 101 (2011).
43. Wouter J. Hanegraaff, «Romanticism and the Esoteric Connection», en van den Broek y Hanegraaff (eds.), *Gnosis and Hermeticism, op. cit.,* pp. 237-268. Para una perspectiva similar de un psicólogo analítico, véase Gilbert Durand, «Exploration of the Imaginal», en Sells (ed.), *Working with Images, op. cit.,* pp. 53-68.
44. Sobre estos orígenes del Romanticismo alemán, véase Ernst Benz, *The Mystical Sources of German Romantic Philosophy,* trad. Blair R. Reynolds y Eunice M. Paul (Eugene, OR: Pickwick, 1983), publicado en castellano bajo el título de *Mística y romanticismo: Las fuentes místicas del romanticismo alemán,* por Ediciones Siruela, Madrid, 2016.
45. Jung, CW6, p. 722.

una explicación científica aparentemente moderna de tales imágenes, al identificarlas como productos de niveles más profundos de la psique inconsciente, que emergen bien espontáneamente en sueños y visiones o bien mediante una invocación deliberada, dando forma así a realidades psíquicas que, de otro modo, serían incomunicables. Este punto de vista lo propugnaron también algunos ocultistas británicos contemporáneos de Jung, como Dion Fortune (1890-1946), que había trabajado en la Clínica Médico-Psicológica de Londres antes de unirse a la Orden de la Aurora Dorada:

> La persona no instruida piensa que está desarrollando su psiquismo cuando ve elfos, arcángeles y elementales con el ojo interior. La persona instruida sabe que está utilizando una técnica de la imaginación con el fin de vestir con formas visibles cosas intangibles que, de otro modo, serían imperceptibles para su conciencia.[46]

Es la naturaleza precisa de estas «cosas intangibles» lo que da lugar a la mayor controversia en torno a las ideas de Jung acerca del inconsciente. Fortune adquirió muchos de sus conceptos del propio Jung, así como de los enfoques freudianos y kleinianos que se ofrecían en la Clínica Médico-Psicológica. Ella utilizaba los modelos de Jung para sustentar su creencia de que el ocultismo y la psicología analítica eran modos complementarios de exploración de las esferas invisibles.[47] Pero hay que tener en cuenta que los ocultistas como Fortune estaban familiarizados, al igual que lo estaba Jung, con fuentes más antiguas, entre los que se encuentran Loyola y Jámblico.[48] La práctica de «ver con el ojo interior» es muy anterior a los experimentos psicoterapéuticos de Charcot, Janet, James, Myers y Silberer de la era moderna, y constitu-

46. Dion Fortune, «Types of Mind Working», en Dion Fortune y Gareth Knight, *An Introduction to Ritual Magic* (Loughborough: Thoth, 1997), pp. 32-39, en p. 22.
47. Para la adaptación de Fortune de los modelos junguianos, véase Greene, *Magi and Maggidim, op. cit.*, pp. 283-363.
48. Para las referencias de Fortune a Jámblico, y cómo relacionó el neoplatonismo de Jámblico con Loyola, véase Dion Fortune, *The Goat-Foot God* (Londres: Norgate, 1936), p. 49. Fortune escribió su novela en 1936, tres años antes de que Jung hablara de los ejercicios de Loyola en CW9i.

ye un aspecto importante de las técnicas teúrgicas alquímicas y cabalistas de los períodos medieval y moderno primitivo, del mismo modo que constituye un tema central de la literatura gnóstica, hermética, judía y neoplatónica de la antigüedad tardía.[49] Aunque las explicaciones de Jung sobre la imaginación activa son de carácter psicológico, suelen atribuir al inconsciente colectivo las cualidades de la divinidad, aunque sea de forma encubierta. De este modo, refleja una idea panenteísta de los símbolos en tanto que redes complejas de asociaciones que trascienden los opuestos percibidos y unen paradójicamente, en una imagen única y aparentemente discreta, objeto, palabra, número o glifo, lo interior y lo exterior, lo material y lo psíquico, dentro de un *unus mundus* o cosmos unificado. El cosmos unificado que Platón, en el siglo IV a. e. c., denominó «Alma del Mundo».[50]

Sumpatheia, sunthemata y *sumbola*

Jung animaba a sus pacientes a que pintaran las imágenes que emergían de su trabajo imaginal, y existen numerosos estudios de casos en sus *Obras Completas* que presentan evidencias de cuán eficaz podía ser este esfuerzo creativo para el proceso de integración psicológica.[51] En ocasiones, Jung discutía incluso sus propias pinturas como si se tratara de ejemplos de pacientes suyos.[52] La práctica de pintar los productos vi-

49. Sobre la práctica en diversas corrientes de la antigüedad tardía, véase Dan Merkur, *Gnosis* (Albany: SUNY Press, 1993); Gregory Shaw, *Theurgy and the Soul* (University Park: Penn State University Press, 1971); Dan Merkur, «Stages of Ascension in Hermetic Rebirth», *Esoterica,* vol. 1, pp. 79-96 (1999); Rebecca Macy Lesses, *Ritual Practices to Gain Power* (Harrisburg, PA: Trinity Press, 1998).

50. Para el Alma del Mundo platónica, véase Platón, *Timeus;* Proclo, *Commentary on Plato's Timaeus,* trad. Dirk Baltzly (Cambridge: Cambridge University Press, 2010), Libro 3.

51. Véase el material del caso en «Miss Miller» en Jung, *Psychology of the Unconscious;* la secuencia de las imágenes pintadas en Jung, CW12; el material visual en Jung, CW9i; y el material del caso en Jung, CW18, pp. 1-415.

52. Véase, por ejemplo, la descripción de la imagen del *anima* atribuida a «una serie onírica» comunicada ostensiblemente por un paciente del que no se da el nombre en Jung y Kerényi, *Essays on a Science of Mythology, op. cit.*, p. 176. El «Sueño XI»

suales del inconsciente es algo que aconsejan muchos analistas junguianos, pero se ha difundido también en otras psicologías dinámicas, sobre todo en aquellas relacionadas con temas transpersonales, y proporciona la base para algunas formas de terapia artística.[53] El enorme detalle y el cuidado con los que Jung ejecutó sus pinturas en el *Liber Novus* es una prueba de lo importante que era para él dar forma concreta a las imágenes que emergían de sus exploraciones interiores, incluidas aquellas que relacionaba con los símbolos astrológicos. Sin embargo, por extraño que parezca, el enfoque de Jung sobre la imagen encarnada, que ha sido ampliamente explicado en numerosos trabajos por psicólogos analíticos como una herramienta terapéutica, no ha sido suficientemente explorado en lo relativo a su historia y su importancia en las prácticas teúrgicas.

Jung sugirió que, al proporcionar un contenedor para las potencias arquetípicas, la persona podría evitarse la experiencia frecuentemente terrorífica de verse inundada por el inconsciente colectivo, algo que da como resultado una psicosis.[54] Una inundación así parece que zarandeó al propio Jung durante el período que va desde 1913 a 1917, cuando experimentaba visiones incontrolables y creía que su casa estaba «encantada» por los espíritus de los muertos. Al proporcionar un contenedor visual para lo que él entendía como la irrupción de la esfera arquetípica, Jung pudo mantener una vida externa razonablemente estable, preservando así su práctica psicoterapéutica. Las tradiciones de la teúrgia de la antigüedad tardía no sólo ofrecieron alimento suficiente para el «hambre» de Jung de un marco filosófico en el cual insertar sus ideas psicológicas, sino que le proporcionaron instrucciones explícitas sobre cómo evitar la desintegración de la personalidad que puede acompañar a una confrontación con lo divino. Los teúrgos neoplatónicos como Jámblico expusieron elocuentemente las razones y los métodos para

---

es, de hecho, una pintura del propio Jung del *Liber Novus. Véase* también la nota 283 de Sonu Shamdasani en Jung, *Liber Novus, op. cit.*, p. 317.

53. Véase Liesl Silverstone, *Art Therapy Exercises* (Londres: Jessica Kingsley, 2009); Joy Schaverien, *The Revealing Image* (Londres: Jessica Kingsley, 2009).

54. Entre las muchas referencias de Jung a la psicosis como una inundación del inconsciente, véase Jung, CW18, p. 1159.

proporcionar vehículos simbólicos a los dioses, y fueron igualmente elocuentes al hablar de las terroríficas consecuencias sufridas por cualquier mortal que experimentara la «posesión» de una deidad sin la protección de la *sumbola* adecuada.[55]

Clave para el desarrollo de la imaginación activa de Jung es su concepto de los símbolos, que difiere radicalmente del enfoque actualmente aceptado por la academia. Desde la antropología y la sociología, los símbolos se entienden actualmente como constructos humanos que resultan relevantes, exclusivamente, dentro de un contexto cultural específico.[56] Mary LeCron Foster, por ejemplo, expresa la perspectiva funcional de muchos antropólogos culturales al afirmar que un símbolo «es cualquier entidad que tiene un significado socialmente participativo».[57] El significado que se percibe en los símbolos, por tanto, existe sólo en las mentes concordantes de los participantes en una cultura dada; los símbolos no contienen un significado intrínseco óntico, sino que son constructos que hacen el papel de una especie de pegamento aglutinador de las sociedades y sus costumbres. La potencia de un símbolo en una cultura determinada está determinada, según LeCron, por su «potencial de uso», como el logo de una compañía o de un producto de limpieza de la casa. Cuanto más difundida y útil sea su aplicación, más potente será el símbolo:

> El simbolismo surge y evoluciona en la cultura humana debido a la apreciación creciente y a la utilización social de la similitud abstracta entre objetos y acontecimientos separados en el tiempo y el espacio.[58]

---

55. Véase Jámblico, *De mysteriis,* III.4-8. Para una versión judía de la antigüedad tardía de los peligros que existen en las visiones celestiales, véase *The Book of Enoch, or 1 Enoch,* trad. R. H. Charles (Oxford: Clarendon Press, 1912), un corpus de textos judíos de la antigüedad tardía que Jung adquirió para su biblioteca.
56. Para una visión general de teorías contemporáneas del simbolismo, véase Dan Sperber, *Rethinking Symbolism,* trad. Alice L. Morton (Cambridge: Cambridge University Press, 1974).
57. Mary LeCon Foster, «Symbolism: The Foundation of Culture», en Tim Ingold (ed.), *The Companion Encyclopedia of Anthropology* (Londres: Routledge, 1994), pp. 366-395, en p. 366.
58. Foster, «Symbolism», *op. cit.,* p. 370.

En cambio, el punto de vista de Jung de que el símbolo «surge de las profundidades del yo como una palabra de poder» parece derivar de fuentes más antiguas, así como de su propia experiencia directa.[59] El influjo del Romanticismo alemán en las ideas de Jung acerca de los símbolos ha sido objeto de examen por parte de un buen número de expertos: se suele citar a autores del siglo XIX como Johann Gottfried Herder (1744-1803) y Friedrich Wilhelm Joseph von Schelling (1775-1854) como origen de la creencia de Jung de que los símbolos, y las narrativas míticas que los acompañan, expresan una realidad óntica independiente de los seres humanos que articulan los símbolos.[60] Pero parece que Jung se apropió también, directamente, de las teorías neoplatónicas relativas a la naturaleza de los símbolos.[61] Esta visión de los símbolos como expresión visible de una realidad invisible descansa sobre la idea de συμπαθεια *(sumpatheia)* o «simpatías», término propuesto por el filósofo estoico-platónico Posidonio de Apamea (135-51 a. e. c.). La *sumpatheia* expresa la afinidad de todas las partes del cosmos entre sí y con la totalidad orgánica, que da como resultado una mutua interdependencia a lo largo de «cadenas» de correspondencias que operan en diferentes niveles de la realidad. Tal como lo expresó Jámblico, tomándolo prestado del *Timeo* de Platón: «El universo es un único ser vivo».[62]

La *sumpatheia* proporciona el sustrato filosófico para el concepto y el énfasis en la astrología por parte de los neoplatónicos, dado que los planetas, como símbolos celestes en la cadena de emanaciones cósmicas interconectadas, tienen su reflejo, y son inherentes a, sus correspondencias tanto en la realidad terrestre como en el alma humana. Así, la «Cadena de la Luna», desde el enfoque de Proclo, comienza con las deidades lunares Atenea, Ártemis y Hécate, todas ellas expresiones de una emanación específica del Uno. La cadena sigue descendiendo a través del «alma-Luna» hasta la Luna física en los cielos, la plata como

59. Jung, *Liber Novus, op. cit.,* p. 311.

60. Véase Alexander Altmann, «Myth and Symbol», *Philosophy,* vol. 20:76, pp. 162-171 (1945).

61. Sobre el modo neoplatónico de entender los símbolos, véase Struck, *Birth of the Symbol, op. cit.,* pp. 204-253; Shaw, *Theurgy and the Soul.*

62. Jámblico, *De mysteriis, op. cit.,* 4:12. Véase Platón, *Timeus, op. cit.,* 30 a-e.

metal, la gema conocida como selenita, el poder vegetativo de la naturaleza y el pez conocido como «pez luna».[63] Aunque Proclo no habla de las distintas dimensiones del cuerpo y de la psique humanos como algo perteneciente a estas cadenas, tales asociaciones aparecen por todas partes en la antigüedad, sobre todo en la idea de la melotesia, donde cada órgano del cuerpo está asociado con un planeta o signo zodiacal en concreto *(véase* Lámina 1),[64] y en los «humores» elementales y planetarios de Galeno. Estas cadenas simbólicas abundan en las imágenes y textos del *Liber Novus.*

Esta interconexión de los diferentes niveles y dimensiones del cosmos proporcionan también un modo de comprensión del destino astral. La interacción de cada parte (o «causa») con todas las demás partes da como resultado la cadena de causación denominada *Heimarmene,* que es el término estoico con el cual se designa el destino,[65] descrito elocuentemente por el erudito clásico Gilbert Murray en 1912:

> La *heimarmene,* en el asombroso símil de Zenón [el fundador del estoicismo], es como un hilo fino que discurriera a través de toda la existencia –el mundo, debemos recordar, era para los estoicos algo vivo– como el hilo invisible de la vida que, en la herencia, pasa de generación en generación de las especies vivas y mantiene vivo el tipo; discurre causando, causando para siempre, tanto lo infinitesimal como lo infinito.[66]

63. Véase el diagrama de «Chain of the Moon» de Proclo, en Struck, *Birth of the Symbol,* p. 230, y su discusión en pp. 230-232.
64. Sobre la melotesia en la antigüedad, véase Mladen Popovic, *Reading the Human Body* (Leiden: Brill, 2007); Roelof van den Broek, *Studies in Gnosticism and Alexandrian Christianity* (Leiden: Brill, 1996), pp. 67-85.
65. Para más información sobre la *heimarmene* y el concepto del destino astral en Jung, *véase* Capítulo 4.
66. Gilbert Murray, *Four Stages of Greek Religion* (Oxford: Oxford University Press, 1912), 115. Zenón de Citio (c. 334-262 a. e. c.) fue el fundador de la escuela estoica de filosofía.

Las causas, desde el pensamiento estoico, no son las causas en el sentido moderno de la «causalidad instrumental»,[67] en la cual el Evento A hace que ocurra el Evento B, y conducir a 90 Km/h en una zona de 50 Km/h es la «causa» del disparo del *flash* de una cámara de velocidad y del inevitable destino que supone el pago de una elevada multa. La *heimarmene* estoica no es una secuencia de eventos que causan otros eventos, sino más bien «una interacción mutua y simultánea» entre los diferentes componentes y niveles de la realidad. Dicho de otro modo, una causa es una relación dinámica que genera más relaciones dinámicas.[68] Y da la impresión de que Jung utilizó esta antigua idea cuando comparó la naturaleza de una relación humana cualquiera con el trabajo alquímico: «El encuentro de dos personalidades es como mezclar dos sustancias químicas diferentes: si existe algún tipo de combinación, ambas se transforman».[69]

Posidonio describía a las almas individuales como las «piezas» (αποσπασμα) o «semillas» (σπερματα) del «aliento ígneo intelectual» del cosmos (πνευμα νοερον και πυρωδεσ), similar al Alma del Mundo de Platón.[70] Según Posidonio, existen simpatías entre todas las partes de esta divinidad material o materia divina, y Jung utilizaría posteriormente el término «psicoide» en referencia a la «psique objetiva» o «inconsciente colectivo» como algo tanto físico como psíquico.[71] El alma humana está por tanto hecha del mismo material que la divinidad, y es a través de esta sustancia compartida que la teúrgia adquiere su eficacia. Las almas humanas no sólo son «piezas» o «chispas» del Alma del Mun-

67. Sobre la «causalidad instrumental», véase Wouter J. Hanegraaff, «How Magic Survived the Disenchantment of the World», *Religion,* vol. 33, pp. 357-380 (2003).

68. Peter Struck, «A World Full of Signs», en Patrick Curry y Angela Voss (eds.), *Seeing with Different Eyes* (Cambridge: Cambridge Scholars Press, 2008), pp. 3-20, en p. 12.

69. Jung, CW16, p. 163.

70. Véase I. G. Kidd (trad.), *Poseidonius* (Cambridge: Cambridge University Press, 2004).

71. Para las discusiones de Jung acerca de la naturaleza «psicoide» del inconsciente colectivo, *véase* Jung, CW8, pp. 419-420; Jung, CW14, p. 788; Jung, CW10, pp. 851-852.

do; sino que los dioses han incrustado sus señales o «contraseñas» (συνθεματα = *sunthemata)* en toda existencia, y esto encapsula la idea neoplatónica del símbolo (συμβολον = *sumbolon).*

Jámblico y Proclo utilizaban los términos *sumbolon* y *sunthema* indistintamente para describir los «receptáculos» o «señales» de la realidad material a través de los cuales se puede contactar con los dioses. El *sumbolon* opera sobre la base de las simpatías naturales entre la deidad y el mundo manifiesto. No es un constructo social humano, sino más bien la expresión de la divinidad inefable en la realidad manifiesta. Tanto para estos filósofos como para Jung, los verdaderos símbolos se descubren, en vez de ser creados por los seres humanos como constructos sociales, porque los símbolos encarnan a la divinidad –o, siguiendo la terminología de Jung, encarnan el reino de los arquetipos– en el mundo, bajo la forma de imágenes. Tal como lo expresaría Jung posteriormente: «Los mitos... constan de símbolos que no fueron inventados, sino que sucedieron».[72] Los símbolos, para Jung, son también puertas, puesto que no sólo encarnan, sino que facilitan el tránsito hacia la zona liminar; a través de ellos, uno puede pasar de una dimensión de la realidad a otra.

> Si aceptamos el símbolo, es como si se abriera una puerta hacia una nueva sala cuya existencia no conocíamos previamente. Pero si no aceptamos el símbolo, es como si cruzáramos esa puerta por descuido y, dado que ésta es la única puerta que lleva a las cámaras interiores, tenemos que salir a las calles de nuevo, exponiéndonos a todo lo externo... La salvación es un largo camino que atraviesa muchas puertas. Estas puertas son los símbolos.[73]

El poeta William Butler Yeats (1865-1939), miembro de la Orden de la Aurora Dorada además de astrólogo, describió los símbolos de una manera similar:

72. Jung, CW18, p. 568.
73. Jung, *Liber Novus, op. cit.*, pp. 136-137.

> Los símbolos y las fórmulas son poderes que actúan por derecho propio y sin tomar en consideración nuestras intenciones... Son, de hecho, espíritus personificados que haríamos bien en llamar Puertas y Guardianes de la Puerta, porque, merced a su espectacular poder, llevan a nuestra alma a entrar en crisis.[74]

La palabra *sumbolon* se deriva de συμβαλλειν *(sumballein),* que significa «unir». Un símbolo tiene, por tanto, dos aspectos: funciona como la mitad visible de un objeto íntegro y es una entidad perceptible que apunta a una entidad preexistente imperceptible de la cual el símbolo es su expresión. En las antiguas prácticas adivinatorias griegas, el término *sumbolon* sugería también la noción de un encuentro, o un «choque con» algo.[75] Proclo utilizaba el término *sumbolon* para describir un tipo particular de relación entre un objeto visible (un planeta, una planta, una flor, un metal o una gema) y una realidad invisible. Las potencias divinas «aparecen ocultas tras una forma ante nosotros, que hemos sido dotados con forma»,[76] y estas formas son símbolos, que ocultan y revelan al mismo tiempo. Así, el Sol físico y los planetas físicos son las formas que ocultan y revelan a la vez a las divinidades celestes: el Sol oculta y revela a Apolo y a Helios, mientras que la Luna oculta y revela a Atenea, Ártemis y Hécate.

En las *Collected Works (Obras completas),* Jung ofrece muchas definiciones de símbolo, prefiriendo normalmente un contexto ontológicamente neutro;[77] pero también se refiere a los símbolos como «imágenes

74. William Butler Yeats, Carta a Florence Farr, citada en Kathleen Raine, *Yeats, the Tarot, and the Golden Dawn* (Dublín: Dolmen Press, 1972), p. 44. Jung adquirió un ejemplar de la obra cuasi-astrológica sobre escritura automática de Yeats, *A Vision: An Explanation of Life Founded upon the Writings of Giraldus and upon Certain Doctrines Attributed to Eusta Ben Luka* (Publicación privada, 1925; reimpreso en Nueva York, Macmillan, 1939), Sólo se publicaron 600 ejemplares de esta edición limitada.
75. Véase Struck, *Birth of the Symbol, op. cit.*, pp. 90-94.
76. Proclo, *On the Sacred Art,* trad. Stephen Ronan (Chtohonios Books, 1998), disponible en <www.esotericism.co.uk/proclus-sacred.htm>, 150.
77. *Véase,* por ejemplo, Jung, CW6, p. 817; Jung, CW8, p. 88.

divinas».[78] En el *Liber Novus,* Jung presentó una perspectiva muy cercana a la de Proclo:

> El sol y la luna, es decir, sus símbolos, son Dioses. Y existen otros Dioses; sus símbolos son los planetas.[79]

La recitación de ciertos tipos de mitos tiene efectos muy parecidos, según Proclo, a los del ritual religioso o mágico. El mito es en sí un símbolo, y cada símbolo encarna una narrativa mítica. El símbolo y la simpatía son nociones complementarias; los símbolos sólo son posibles donde un lazo de simpatía vincula lo invisible con lo visible.

> Existe simpatía entre todas las cosas, apareciendo lo derivativo en lo primordial, reflejándose lo primordial en lo derivativo... Existen... mitos que se dirigen a un estado del alma más inspirado y unen lo más bajo con lo más elevado por medio de la analogía sola, y dan el valor más elevado posible a esa simpatía universal que une los efectos con las causas que les dan nacimiento.[80]

Para Proclo, el símbolo es tanto la imagen como la encarnación del dios o *daimon*, y dispone del poder inherente de activar el vínculo entre lo humano y lo divino:

> Para los pocos cuyo intelecto está despierto, ellos [los mitos de Platón] revelan la simpatía y demuestran, por medio de los trabajos del arte sagrado [la teúrgia], que el poder que poseen comparte su naturaleza con los dioses. Pues los dioses, cuando escuchan símbolos como éstos, se regocijan y atienden gustosos a aquellos que los invocan; también revelan su carácter especial a través de estas señales *[sunthemata]* porque son suyas, son apropiadas para ellos y les resultan familiares.[81]

---

78. Jung, CW6, p. 202.
79. Jung, *Liber Novus, op. cit.*, p. 371.
80. Proclo, *The Elements of Theology, op. cit.*, 83:26-84.12.
81. Proclo, *The Elements of Theology, op. cit.*, 83:12-22.

Esta perspectiva es tan cercana a la percepción de Jung del poder de los símbolos que deberíamos considerar la teúrgia neoplatónica como una de las más importantes contribuciones a la más seminal de las ideas de Jung. No está claro cuándo se encontró éste con el *De mysteriis* de Jámblico, dado que no lo cita en *Psicología del inconsciente,* como sí hizo con Plotino y con Proclo. Pero podemos encontrar un buen número de referencias a Jámblico en el *Poimandres* de Reitzenstein, así como en su *Die hellenistiche Mysterienreligionen,* a los que Jung hizo referencia en 1912. Reitzenstein estaba convencido de que los tratados herméticos, y no las antiguas prácticas religiosas egipcias, se hallaban a la base de la teúrgia de Jámblico.[82] Por otra parte, Mead, citando a Reitzenstein, resaltó esta misma convicción, y ofreció su propia traducción de algunas secciones del *De Mysteriis* en *Thrice-Greatest Hermes (El tres veces grande Hermes),* publicado en 1906, declarando que Jámblico

> es de primordial importancia, si consideramos que fue él quien puso a la Escuela Platónica Tardía, dirigida previamente por los puramente filosóficos Amonio, Plotino y Porfirio, en contacto consciente con aquellos centros de la gnosis en los cuales se había iniciado.[83]

Resultaría sorprendente que Jung hubiera pasado por alto estas referencias, sobre todo por cuanto vinculan las prácticas teúrgicas de Jámblico con los textos herméticos, los cuales preocupaban ya a Jung du-

82. Véase Reitzenstein, *Poimandres* (Leipzig: Teubner, 1904), p. 108; Reitzenstein, *Hellenistic Mystery-Religions,* trad. John E. Steely (Pittsburgh, PA: Pickwick Press, 1978), pp. 100 n.º 72, 104 n.º 96, 383.

83. Mead, *Thrice-Greatest Hermes, op. cit.,* III:285. En 1879, Mead publicó un extenso artículo sobre los neoplatónicos, incluido Jámblico: G. R. S. Mead, «The Lives of the Later Platonists», *Lucifer,* vol. 18, pp. 185-200, 288-302, 368-380, 456-469 (Marzo-Agosto, 1896); *Lucifer,* vol. 19, pp. 16-32, 103-113, 186-195 (Septiembre, 1896-Febrero, 1897). Véase también G. R. S. Mead, «Hermes the Thrice-Greatest According to Iamblichus an Initiate of the Egyptian Wisdom», *The Theosophical Review,* vol. 25, pp. 9-19 (Septiembre, 1899-Febrero, 1900). Es poco probable que Jung no conociera estos artículos dada su asidua adquisición de obras de Mead.

rante el tiempo en que trabajó sobre el *Liber Novus.* Es más probable que Jung hubiera adquirido ya, al menos, una de las ediciones de *De mysteriis* hacia 1912, aunque no está claro por qué no hizo referencia a esta obra. Quizás fuera porque, a diferencia de Plotino, los académicos de principios del siglo XX no consideraban a Jámblico como un filósofo en sí, sino como un proponente de la magia y la adivinación; todo ello pese a los esfuerzos de Ficino por «rehabilitar» a Jámblico durante el Renacimiento.[84] Sin embargo, ni siquiera Plotino era adverso a la práctica de la teúrgia para alcanzar la experiencia directa de lo divino, aunque Mead dijera de él que era «puramente filosófico». Plotino prefería, no obstante, el término «contemplación», definiendo su fruto como «una visión» propiciada por «un objeto de contemplación» (en otras palabras, un símbolo), y sugiriendo que las «Formas Ideales» platónicas –o lo que Jung entendería después como arquetipos– se podían experimentar a través de tales visiones:

> Todas las formas de Existencia Auténtica surgen de la visión y son una visión. Todo lo que surge de estas Existencias Auténticas en su visión es un objeto de visión... Todo lo que surge de la visión existe para producir una Forma Ideal, que es un objeto nuevo de visión, de tal modo que, universalmente, en tanto imágenes de sus principios engendradores, todas ellas producen objetos de visión, Formas Ideales.[85]

Aunque algunos expertos atribuyen a los escritores del movimiento Romántico alemán la difusión en tiempos modernos de la idea de que los símbolos expresan una realidad óntica independiente de la consciencia humana, Jung recurrió directamente a los textos neoplatónicos, no confiando exclusivamente en sus posteriores intérpretes románticos. En estos textos se insistía en el poder independiente del símbolo, el

---

84. Véase John Dillon, «Iamblichus' Defence of Theurgy», *International Journal of the Platonic Tradition,* vol. 1, pp. 34-35 (2007); Shaw, *Theurgy and the Soul, op. cit.,* p. 7.
85. Plotino, *Enéadas, op. cit.,* III.8.7.

cual, según Jámblico, ejerce su influjo transformador, no a través de la agencia humana, sino a través de los mismos dioses.[86]

Cualquiera que esté familiarizado con el posterior concepto junguiano de «sincronicidad» –el «principio conector acausal» que vincula misteriosamente acontecimientos exteriores aparentemente no relacionados con acontecimientos psíquicos interiores– reconocerá en esta idea los fundamentos de la *sumpatheia,* rebautizada y despojada de sus connotaciones abiertamente religiosas. En su carta al astrólogo francés André Barbault, Jung respondía de forma explícita a la pregunta de este último sobre el *modus operandi* de las configuraciones astrológicas con la ecuación entre sincronicidad y *sympatheia*:

> Me da la impresión de que es, básicamente, una cuestión del paralelismo o «simpatía» al que denomino *sincronicidad.*[87]

El Alma del Mundo ha sido rebautizada como inconsciente colectivo, y los dioses se han convertido en arquetipos. Pero la idea de que todo en el universo está secretamente interconectado a través de cadenas invisibles de correspondencias simbólicas sigue sin cambiar, como tampoco lo ha hecho la idea de que los dioses (o arquetipos) en sí, a través de sus «señales», se prestan a, e incluso están deseando, entablar una interacción dinámica con la consciencia humana, que, según Jung, lleva hacia algún objetivo desconocido:

> Existen otros procesos que llevan en su interior un significado oculto, procesos que no se derivan meramente de algo, sino que buscan convertirse en algo, y son por tanto símbolos.[88]

86. Véase Jámblico, *De mysteriis, op. cit.,* 96: 13.97.9. *Véase* también Shaw, *Theurgy and the Soul, op. cit.,* p. 84.
87. Jung, Carta a André Barbault, en *C. G. Jung Letters,* vol. 2, *op. cit.,* p. 175.
88. Jung, CW6, p. 822.

4

Invocando al *daimon*

El *daimon* personal de cada uno de nosotros no nos llega nunca a partir de la configuración dominante en nuestro nacimiento, sino que existe un principio causal tras él aún más primordial que ésta… ¿Quién, después de todo, tomaría esta figura como guía para liberarse del destino, si se nos ha dado exclusivamente con el propósito de cumplir con las dispensaciones del destino? … Es la emanación de las estrellas la que nos adjudica a nuestro daimon, tanto si lo comprendemos como si no.[1]

—Jámblico

Prefiero el término de «el inconsciente», sabiendo que podría hablar igualmente de «Dios» o del «daimon» si deseara expresarme con el lenguaje mítico… Soy consciente de que «mana», «daimon» y «Dios» son sinónimos del inconsciente… Una persona creativa tiene poco poder sobre su propia vida. No es libre. Está cautiva por su daimon y está dirigida por él.[2]

—C. G. Jung

1. Jámblico, *De mysteriis, op. cit.*, IX:3.
2. Jung, *MDR, op. cit.*, pp. 369 y 391.

La cadena del platonismo hierático

Durante el tiempo en que Jung trabajó sobre el *Liber Novus,* hubo una serie de fuentes –astrología, espiritismo, adivinación, hipnosis, Romanticismo alemán y misticismo cristiano, junto con abundantes porciones del *De anima* de Aristóteles y del *Timeo* de Platón, textos gnósticos y herméticos,[3] y las investigaciones experimentales de sus colegas psiquiatras– que aportaron importantes ideas a las cada vez más profundas especulaciones de Jung sobre la agencia y el poder transformador del mundo imaginal. Como hemos visto, la influencia de los neoplatónicos en Jung resulta igualmente convincente, así como el de las obras pertenecientes a lo que John Dillon denominó como el «inframundo» del platonismo: los rituales mágicos de los *Oráculos Caldeos* y la denominada *Liturgia de Mitra.*[4] Estas obras de la antigüedad tardía, bajo diversas traducciones, constituyeron una parte destacada de la biblioteca privada de Jung,[5] que incluso se tomó la molestia de adquirir

---

3. Acerca de la implicación de Jung en textos gnósticos, *véase* Capítulo 5.

4. Véase John Dillon, *The Middle Platonists* (Ithaca, NY: Cornell University Press, 1997), pp. 384-396. Jung adquirió las traducciones inglesas de G. R. S. Mead de la *Liturgia de Mitra* (G. R. S. Mead, *The Mysteries of Mithra* [Londres: Theosophical Publishing Society, 1907]) y de los *Oráculos Caldeos* (G. R. S. Mead, *The Chaldean Oracles* [Londres: Theosophical Publishing Society, 1908]), así como la traducción al alemán de Albrecht Dieterich, *Ein Mithrasliturgie* (Leipzig: Teubner, 1903) y la discusión de Franz Cumont del texto, *Die Mysterien des Mithra* (Leipzig: Teubner, 1903). Jung hace referencia a todos estos textos en *Psicología del inconsciente.* Para traducciones y comentarios más recientes, véase Hans Dieter Betz, *The Mithras Liturgy* (Tubinga: Mohr Siebeck, 2003); Hans Lewy, *Chaldean Oracles and Theurgy* (París: Institut d'Études Augustiniennes, 2011 [1956]).

5. Según el libro *MDR,* p. 186, durante este período, Jung «leyó como loco» una obra de Georg Friedrich Creuzer, *Symbolik und Mythologie der alten Völker* (Leipzig: K. W. Leske, 1810-1812). Creuzer había traducido también al latín las obras de Plotino y Proclo. Para las traducciones neoplatónicas de Creuzer, véase Georg Friedrich Creuzer (trad.), *Plotini Enneades cum Marsilii Ficini Interpretatione Castigata* (París: Dübner, 1855). Para la relación entre las ideas de Jung y las de los neoplatónicos, véase James Hillman, *Loose Ends* (Zúrich: Spring, 1975), pp. 146-169; Bruce MacLennan, «Evolution, Jung, and Theurgy», en Robert Berchman y John F. Finamore (eds.), *History of Platonism* (Nueva Orleans, LA: University Press of the South, 2005).

una extrañísima primera edición latina del *De mysteriis* de Jámblico, traducida del griego por Marsilio Ficino y publicada en Venecia en 1497,[6] si bien no está claro cuándo la adquirió. Numerosos expertos han discutido en profundidad sobre la influencia del neoplatonismo en la filosofía y el arte del Renacimiento italiano, y también han debatido mucho sobre su influjo en el «revival oculto» de finales del siglo XIX y principios del XX.[7] Pero Jung se valió no sólo de textos de la antigüedad tardía, sino también de las obras de intérpretes del Renacimiento y de principios de la era moderna como Marsilio Ficino y Enrique Cornelio Agripa, así como de escritos ocultistas de su propia época. Con el fin de darle sentido al modo en que Jung abordó la astrología, convendrá pues comprender de qué modo absorbió esta corriente de ideas y cómo la aplicó a la imaginación activa, especialmente en relación con los símbolos astrológicos.

La cadena del platonismo «hierático» o «sacerdotal»[8] –las ideas filosóficas platónicas convertidas en actos rituales– discurre desde Plotino y Porfirio, pasando por Jámblico hasta llegar a los neoplatónicos tardíos: Proclo, Olimpiodoro y Damascio, el último escolarca de la Academia Platónica de Atenas antes de que el cristianísimo emperador Justiniano la cerrara en 529 e. c. en un intento por liberar su imperio de

---

6. Otra edición de *De mysteriis* que Jung adquirió fue la de Pierre Quillard (trad.), *Le libre de Jamblique sur les mystères* (París: Libraire de l'art indépendant, 1875). Jung hizo referencia al *De mysteriis* de Jámblico en CW9i, p. 573 y a su *Vita Pythagorica* en CW18, p. 1521, indicando que estaba familiarizado con ambas obras, si bien nunca discutió la teúrgia de Jámblico en sus *Collected Works.*

7. Sobre el neoplatonismo en el Renacimiento, véase Yates, *Giordano Bruno, op. cit.;* Michael J. B. Allen, Valery Rees y Martin Davies (eds.), *Marsilio Ficino* (Leiden: Brill, 2002); Moshe Idel, «The Magical and Neoplatonic Interpretations of the Kabbalah in the Renaissance», en Bernard Dov Cooperman (ed.), *Jewish Thought in the Sixteenth Century* (Cambridge, MA: Harvard University Press, 1983), pp. 186-242; Lenn E. Goodman (ed.), *Neoplatonism and Jewish Thought* (Albany, NY: SUNY Press, 1992). Sobre el neoplatonismo en el *revival* ocultista de finales del siglo XIX, véase Hanegraaff, *New Age Religion, op. cit.,* pp. 386-392. Sobre el reconocimiento de los teosóficos de su deuda con el neoplatonismo, véase Anónimo, «Ancient Landmarks», *Theosophy,* vol. 28:2, pp. 53-57 (1939).

8. Sobre el término «platonismo hierático», véase Lewy, *Chaldean Oracles, op. cit.,* p. 464.

la mácula herética pagana.[9] Todos estos autores escribieron comentarios sobre los diálogos de Platón; todos incorporaron la astrología como elemento central de sus especulaciones cosmológicas como parte del tejido de la *sumpatheia;* y todos se ocuparon con los elementos más enigmáticos de la obra de Platón, que ellos consideraban que insinuaba aplicaciones mágicas de sus verdades filosóficas. La erudición académica reciente ha comenzado a centrarse con más atención y con menos prejuicios en los elementos de magia ritual que presentó esta corriente, enormemente influyente, en la filosofía y la religión de la antigüedad tardía.

El «inframundo» mágico del platonismo, que impregnó diversas corrientes de pensamiento gnóstico, así como los Papiros Mágicos Griegos, podría parecer muy diferente del platonismo cristianizado, aparentemente puro en términos filosóficos y libre de *daimones,* de Padres de la Iglesia como Orígenes y Gregorio de Nisa.[10] No obstante, estos textos menos reputados sustentaban una visión del mundo que a Jung le pareció relevante para sus modelos psicológicos. El mundo del platonismo hierático valoraba la imaginación, la autonomía ontológica de los símbolos y la importancia de la experiencia interior. Las fronteras entre la filosofía y la religión no estaban claras en este mundo liminar, como tampoco lo estaban las fronteras entre religión, psicología y magia. Parece que a Jung le gustaba mucho Plotino,[11] al que se tiene por el «fundador» del neoplatonismo, y quien, a diferencia de sus sucesores, es

---

9. Sobre los neoplatónicos tardíos, véase Crystal Addey, «Oracles, Religious Practices, and Philosophy in Late Neoplatonism» (2007), <www.practical-philosophy.org.uk>, pp. 31-35; Sebastian R. P. Gertz, *Death and Immortality in Late Neoplatonism* (Leiden: Brill, 2011).

10. Para platonismo cristiano, véase Andrew Louth, *The Origins of the Christian Mystical Tradition* (Oxford: Oxford University Press, 1983); I. P. Sheldon-Williams, «The Great Christian Platonist Tradition from the Cappadocians to Maximus and Eriugena», en A. H. Armstrong (ed.), *Later Greek and Early Medieval Philosophy* (Cambridge: Cambridge University Press, 1967), pp. 421-534.

11. Entre las referencias a Plotino en las *Obras Completas* están Jung, CW6, p. 21; Jung, CW9ii, p. 342; Jung, CW14, p. 761; Jung, CW5, p. 198; Jung, CW8, p. 927. También existen numerosas citas en Jung, *Psychology of the Unconscious,* y en Jung, *Modern Psychology, op. cit.*

visto desde el mundo académico más como un filósofo místico que como un teúrgo.[12] Pero quizás Plotino fuera tan importante para Jung por otros motivos muy distintos al del misticismo supuestamente «racional» de las *Enéadas.* Recientemente, diversos artículos académicos han estado explorando los elementos abiertamente mágicos de la obra de Plotino. Por otra parte, Jung dijo de Plotino que había sido «uno de los primeros testigos de la idea del *unus mundus»,* porque este filósofo greco-egipcio declaró que todos los individuos «son meramente un alma». Así, Jung le consideró un predecesor, junto con el mismo Platón, de la idea del inconsciente colectivo.[13]

---

12. Sobre las diversas perspectivas de las incursiones de Plotino en la magia, *véase* Wendy Elgersma Helleman, «Plotinus and Magic», *International Journal of the Platonic Tradition,* vol. 4, pp. 114-146 (2010). Sobre la influencia de Plotino en el pensamiento cristiano, véase John M. Rist, «Plotinus and Christian Philosophy», en Lloyd P. Gerson, *The Cambridge Companion to Plotinus* (Cambridge: Cambridge University Press, 1996), pp. 386-413; Henry J. Blumenthal y Robert A. Markus (eds.), *Neoplatonism and Early Christian Thought* (Farnham: Ashgate, 1981). Plotino no era del todo reacio a la magia; véase Philip Merlan, «Plotinus and Magic», *Isis,* vol. 44:4, pp. 341-348 (1953); A. H. Armstrong, «Was Plotinus a Magician?», *Phronesis,* vol. 1:1, pp. 73-79 (1955); Zeke Mazur, «Unio Magica: Part I: On the Magical Origins of Plotinus' Mysticism», *Dionysius,* vol. 21, pp. 23-52 (2003); Zeke Mazur, «Unio Magica: Part II; Plotinus, Theurgy, and the Questions of Ritual», *Dionysius,* vol. 22, pp. 29-55 (2004).
13. Jung, CW14, p. 761.

Figura 4.1. Cabeza de Plotino, finales del siglo III e. c., Museo Ostia Antica[14]

Jung también veía la descripción de Plotino del movimiento natural del alma «en torno a algo interior, en torno a un centro» como un anticipo de su propio concepto de Sí Mismo, el centro el torno al cual giran los diversos componentes de la psique.[15] En su libro *Recuerdos, sueños, pensamientos,* Jung destacaba la importancia de este movimiento centrífugo en el desarrollo de su idea de individuación:

---

14. Cabeza de Plotino del Museo Ostia Antica, Inv. 436. Esta cabeza es una de las cuatro réplicas que fueron encontradas en Ostia. Es probable que esta cabeza sea una representación de Plotino, pero no está demostrado.

15. Jung, CW9ii, p. 342, citando a Plotino, Enéada VI, en Stephen MacKenna (trad.), *Plotinus* (Londres: Medici Society, 1917-1930), publicado originalmente en seis volúmenes y posteriormente reeditado en un solo volumen (Londres: Faber & Faber, 1956). Véase abajo, n.º 17.

Durante aquellos años, entre 1918 y 1920, empecé a comprender que el objetivo del desarrollo psíquico es el yo. No hay una evolución lineal; sólo hay una circunambulación del yo. Como mucho, no hay más que un desarrollo uniforme al principio; posteriormente, todo apunta hacia el centro.[16]

Las *Enéadas* de Plotino, escritas en torno al 250 e. c. y editadas por su discípulo Porfirio, se publicaron por vez primera en inglés en una serie de volúmenes entre 1917 y 1930,[17] si bien, previamente, apareció una traducción al alemán en 1907 con extensos comentarios.[18] Ésta es la edición que parece que adquirió Jung durante el período en el cual escribió *Psicología del inconsciente* y comenzó a trabajar con el *Liber Novus.* Más tarde obtendría la traducción al inglés de Stephen MacKenna, así como una edición crítica moderna del texto griego.[19] Jung citó en múltiples ocasiones las *Enéadas* en *Psicología del inconsciente,* poniendo especial énfasis en la descripción de Plotino del Alma del Mundo, que, parafraseada por Jung, es «completamente energía», además de «un organismo vivo de ideas»: un espejo del concepto de libido como energía psíquica universal que genera, y se expresa a través de, los

16. Jung, *MDR,* p. 222.

17. La traducción al inglés estándar, la más antigua, es el *Plotinus* de MacKenna. Una traducción al inglés más reciente es la de A. H. Armstrong, trad., *Plotinus,* 7 volúmenes (Loeb Classical Library, 1966-1988). La palabra griega *enneas* (εννεας) significa una colección de nueve objetos o entidades, de εννεα, que significa «nueve». Porfirio editó los escritos de su maestro en cincuenta y cuatro tratados de diversas longitudes, ubicando cada uno de ellos en un εννεας o «grupo de nueve», tratando cada uno de ellos un tema específico; existen por tanto seis de estos grupos, que proporcionaron la base para la traducción de MacKenna en seis volúmenes.

18. Arthur C. Drews (trad.), *Plotin und der Untergang der antiken Weltanschaunng* (Jena: E. Diederichs, 1907). Drews publicó una obra en 1910, *Die Christusmythe* (Jena: E. Diederichs, 1910), que relacionaba las antiguas especulaciones astrológicas con los orígenes de la religión y con la estructura oculta de los Evangelios. No es de sorprender que Jung adquiriera esta obra, así como la traducción de Drew de Plotino.

19. Paul Henry y Hans-Rudolf Schwyzer (eds.), *Plotini opera, Porphyrii vita Plotini, Enneades I-III, IV-VI* (París: Desclée de Brouwer, 1951-1959).

arquetipos.[20] Jung también hizo referencia a la equiparación que hacía Plotino del principio creador primordial con la «luz en general», simbolizada por el Sol:[21]

> La dinámica de los dioses es energía psíquica. Ésta es nuestra inmortalidad, el vínculo a través del cual el hombre se siente inextinguiblemente uno con la continuidad de toda vida... La fuerza-vital psíquica, la libido, se simboliza en el sol.[22]

Igualmente importante para Jung fue la Cuarta Enéada de Plotino, titulada *Sobre la naturaleza del alma,* en la cual el filósofo exponía sus puntos de vista sobre la importancia determinante de la imaginación como puerta entre las esferas visible e invisible. El poder de la magia, según Plotino, depende de la *sumpatheia,* «como una cuerda musical que, pulsada en uno de sus extremos, vibra también en el extremo opuesto».[23] El tercer tratado de la Segunda Enéada, titulado *¿Son las estrellas las causas?,* fue especialmente relevante para el desarrollo de las ideas de Jung acerca de la astrología. En esta obra, Plotino desestimaba la idea de que los planetas «producen» efectos de carácter material, señalando que «significan» más que causar los acontecimientos; son «cartas que se inscriben perpetuamente en los cielos».[24] Son, de hecho, *sumbola:*

> Todo está repleto de símbolos... Todo tiene que estar encadenado; y la simpatía y la correspondencia que se da en cualquier organismo estrechamente entretejido debe existir, en primer lugar, y de la forma más intensa, en el Todo... Y en este orden las estrellas, no siendo precisamente miembros menores del sistema celeste, cooperan y aportan mediante su fulgor

20. Jung, *Psychology of the Unconscious, op. cit.,* p. 82, citando a Plotino, Enéada II.5.3. Por «ideas», Jung se refiere al concepto de Plotino de las Ideas Platónicas o formas arquetípicas.
21. Jung, *Psychology of the Unconscious, op. cit.,* p. 81.
22. Jung, CW5, pp. 296-297.
23. Plotino, Enéada IV.4.41.
24. Plotino, Enéada II.3.7.

a la función simbólica de éste. El poder simbólico de las estrellas se extiende a todo el ámbito de los sentidos.[25]

Ésta podría ser la versión de Plotino de lo que Jung denominaría posteriormente «sincronicidad», a través de la cual explicaba, con un lenguaje científico, neutro, la eficacia de la astrología. En el influyente texto de Plotino, la astrología es la interpretación de los *sumbola* divinos en los cielos, que encarnan y reflejan, en sus movimientos cíclicos, los patrones siempre cambiantes inherentes al Alma del Mundo o, según la terminología junguiana, la libido. La idea de Plotino de la naturaleza simbólica de las configuraciones celestes parece respaldar la observación que Jung hizo en su carta a Freud de que los signos zodiacales «representan las cualidades típicas de la libido en un momento dado». Para Jung, al igual que para Plotino, los planetas y los signos zodiacales no son causas materiales, sino símbolos.

El interés de Jung por las ideas órficas, patente en la importancia que le da al dios primigenio órfico Fanes en el *Liber Novus* y en la descripción de Fanes como el «principio cosmogénico» en *Psicología del inconsciente,*[26] pudo ser suscitado por los poemas órficos citados por neoplatónicos posteriores como Damascio y Olimpiodoro, que fueron traducidos al inglés como *The Mystical Hymns of Orpheus (Los himnos místicos de Orfeo)* por el erudito platónico Thomas Taylor en 1824.[27] Richard Reitzenstein habló también de los órficos en *Die hellenistischen Mysterienreligionen (Las religiones mistéricas helenísticas),*[28] al igual que lo hicieron Isaac Preston Cory en *Ancient Fragments (Fragmentos anti-*

25. Plotino, Enéada II.3.7-8.

26. Jung, *Psychology of the Unconscious, op. cit.,* p. 81. Para más información sobre Fanes en el *Liber Novus,* véase Greene, *The Astrological World of Jung's 'Liber Novus', op. cit.,* capítulo 6.

27. Thomas Taylor (trad.), *The Mystical Hymns of Orpheus* (Londres: Robert Triphoon, 1824). Parece que Jung obtuvo un ejemplar de esta obra con anterioridad a 1912. Citó uno de los himnos órficos en *Psychology of the Unconscious, op. cit.,* p. 544, n.º 34, pero sin hacer referencia alguna al traductor; pero en Jung, CW5, la versión revisada de *Psychology of the Unconscious,* la referencia es la misma, y esta vez sí que cita la traducción de Taylor (p. 528, n.º 62).

28. Véase Reitzenstein, *Hellenistic Mystery-Religions, op. cit.,* pp. 90 n.º 2, 241, 279.

guos), y Erwin Rohde en *Seelencult und Unsterlichkeitsglaube der Griechen (El culto al alma y la creencia en la inmortalidad de los griegos);*[29] Jung adquirió todos estos libros, los dos primeros (y posiblemente el tercero) en la época en la que comenzó a trabajar sobre el *Liber Novus.*[30] Mead hizo sus propios comentarios sobre lo que él denominó la «teología» órfica en 1896, citando frecuentemente la traducción de Taylor de los *Himnos;*[31] y, dada la importancia de la obra de Mead para la comprensión de Jung de las corrientes religiosas de la antigüedad tardía, los puntos de vista de Mead sobre la continuidad de las ideas órficas en el neoplatonismo pudieron muy bien captar la atención de Jung. Taylor, que creía que los *Himnos* órficos eran fieles a los antiguos originales presocráticos, declaraba, en la introducción de su traducción:

> Que esta teología se derivó, de hecho, de Orfeo está claramente atestiguado por aquellas dos grandes luminarias filosóficas que fueron Jámblico y Proclo.[32]

Jung encontró interesante a Proclo y, además de los muchos pasajes traducidos que ofreció Mead en su obra sobre los órficos, adquirió un tratado de este neoplatónico tardío titulado *Select Theorems in Proof of the Perpetuity of Time (Teoremas selectos como prueba de la perpetuidad del tiempo),* traducido por Taylor e integrado en una compilación en la cual había otros autores que habían escrito acerca de los ciclos astrológicos.[33]

---

29. Isaac Preston Cory, *Ancient Fragments of the Phoenician, Chaldean, Egyptian, Tyrian, Carthaginian, Indian, Persian, and Other Writers* (Londres: Reeves and Turner, 1876); Erwin Rohde, *Seelencult und Unsterlichkeitsglaube der Griechen* (Tubinga: Mohr, 1903).
30. Sobre la dependencia de Cory por parte de Jung durante la redacción del *Liber Novus,* véase la nota de Shamdasan en Jung, *Liber Novus, op. cit.*, p. 301, n.º 211.
31. G. R. S. Mead, *Orpheus* (Londres: Theosophical Publishing Society, 1896).
32. Taylor (trad.), *The Mystical Hymns of Orpheus, op. cit.*, p. 1. Taylor basó su afirmación en parte en Jámblico, que afirmaba que Pitágoras había obtenido de Orfeo todas sus doctrinas. Véase Jámblico, *On the Pythagorean Life,* trad. Gillian Clark (Liverpool: Liverpool University Press, 1989), 28.146, 28.147 y 28.151.
33. Thomas Taylor (trad.), *Ocellus Lucanus, On the Nature of the Universe* (Londres: John Bohn, 1831).

Los escritos de Proclo sobre el tiempo proporcionaron otra fuente útil para las exploraciones de Jung sobre la naturaleza cíclica, cualitativa y paradójica del tiempo tal como se refleja en los símbolos del zodíaco y en los movimientos e interrelaciones de los planetas. Esta matriz de materiales resalta la importancia central de la astrología como demostración de las leyes de la *sumpatheia,* la naturaleza simbólica de la «influencia» planetaria y la validez de la magia como medio para romper las cadenas del destino astral. Estas ideas parece que ocuparon las lecturas y las investigaciones de Jung durante la época en la que comenzó a escribir el *Liber Novus,* si no antes, y aparecen reflejadas en los distintos temas que podemos encontrar en el *Liber Novus,* así como en las referencias de *Psicología del inconsciente,* publicado en alemán un año antes de que comenzara su trabajo sobre el *Liber Novus.*

Figura 4.2. Jámblico de Calcis, según un grabador del siglo XVII[34]

34. Se desconoce la procedencia de este grabado, y no se conocen bustos de Jámblico de la antigüedad tardía.

Jámblico el «Divino»

Aunque Jung cita con más frecuencia a Plotino en sus *Obras Completas,* Jámblico el «Divino» parece ser una de las fuentes antiguas más importantes para Jung en lo relacionado con la imaginación activa y la utilización de la hermenéutica astrológica para comprender sus productos.[35] Jámblico, al igual que Plotino, era plenamente consciente de la importancia y la veracidad de la astrología, pero distinguía entre la astrología predictiva ordinaria, como una forma de adivinación construida por el ser humano y por tanto sujeta a errores, y la astrología teúrgica, que emplea imágenes y símbolos para contactar con las potencias astrales y recibir conocimiento directo de ellas.[36] Sorprendentemente, y a pesar de las grandes similitudes existentes entre la filosofía y la práctica de la teúrgia en Jámblico y la imaginación activa en Jung, los académicos no suelen tener en cuenta a este neoplatónico sirio cuando exploran las fuentes más antiguas de la más importante de las técnicas analíticas de Jung.[37] Sin embargo, el hecho de que Jung era plenamente consciente de la relación existente entre imaginación activa y magia se hace vidente en un comentario que hizo durante una conferencia que impartió en la Clínica Tavistock, en 1935. En este comentario hacía referencia a sus pacientes, si bien estaba describiendo también sus propias experiencias mientras escribía el *Liber Novus.*

> Tengo pacientes que, noche tras noche, trabajan con estas imágenes, que pintan y dan forma a sus observaciones y experiencias. El trabajo tiene

35. Un buen número de fuentes de la antigüedad tardía le dan a Jámblico el epíteto del «Divino» (θεοις). *Véase* Shaw, *Theurgy and the Soul, op. cit.,* p. 26, n.º 13.
36. Véase Jámblico, *De mysteriis, op. cit.,* IX:1-3. Véase también Crystal Addey, «Oracles, Dreams, and Astrology in Iamblichus' *De mysteriis»,* en Curry y Voss (eds.), *Seeing with Different Eyes, op. cit.,* pp. 35-58; John Dillon (ed. y trad.), *Fragments of Iamblichus' Commentary on the Timaeus* (Leiden: Brill, 1973).
37. Las teorías de Jámblico sobre el papel mediador de la imaginación están explicadas en una obra, muy respetada todavía, a pesar del tiempo transcurrido, la de Murray Wright Bundy que Jung adquirió en algún momento después de su publicación en 1927: *The Theory of Imagination on Classical and Medieval Thought* (Urbana: University of Illinois Press, 1927).

> cierta fascinación para ellos; es la fascinación que los arquetipos ejercen siempre sobre la conciencia... Es una especie de efecto «mágico», es decir, una influencia sugerente que va de las imágenes al individuo, extendiendo su inconsciente y cambiándolo de este modo.[38]

La «influencia sugerente» que emana de la imagen nos recuerda a la declaración de Jámblico de que las transformaciones que consigue el alma a través de la teúrgia se basan en los «símbolos secretos» que envían los dioses:

> Seres más allá de la forma puestos bajo el control de la forma, cosas superiores a toda imagen reproducidas a través de imágenes.[39]

La palabra «teúrgia» tiene una larga historia y, al igual que otros muchos términos conectados con la imaginación religiosa humana, sigue siendo objeto de debate académico en nuestros días, sobre todo cuando se trata de diferenciarla de la magia o de identificarla con ella. En definitiva, no existe un consenso académico sobre lo que este término describe exactamente.[40] El original griego *theurgos* (θεοργος) es un neologismo –*theos* + *ergon* (θεος + εργον), o «dios-trabajo»– que apareció en un texto ritual de la antigüedad tardía conocido como los *Oráculos Caldeos,* una obra con la cual Jung estuvo familiarizado y que ejerció una poderosa influencia en la interpretación de Jámblico del platonismo hierático.[41] Los *Oráculos,* conocidos principalmente a través de

38. Jung, CW18, p. 407. La conferencia, impartida originalmente en 1935, apareció publicada por vez primera en *Analytical Psychology* (Londres: Routledge & Kegan Paul, 1968),
39. Jámblico, *De mysteriis, op. cit.,* I.21. Clarke, Dillon y Hershbell *(De mysteriis,* p. 79, n.º 112), sugieren que el término *sunthemata* describe aquí «las diversas sustancias y combinaciones de sustancias mágicas que forman la base de la práctica teúrgica».
40. Para la historia del término «teúrgia», véase Lewy, *Chaldean Oracles, op. cit.,* pp. 461-466; E. R. Dodds, *The Greeks and the Irrational* (Berkeley: University of California Press, 1957), pp. 283-310.
41. Véase Shaw, *Theurgy and the Soul, op. cit.,* pp. 40-42; Garth Fowden, *The Egyptian Hermes* (Princeton, NJ: Princeton University Press, 1993), pp. 1-2, 86-87.

fragmentos citados por otros autores, se suelen encuadrar más en el campo de la magia que de la filosofía. No obstante, la filosofía subyacente al texto es inequívocamente neoplatónica. Los fragmentos existentes guardan relación con la invocación de diversos dioses y *daimones* celestes, algo que podemos ver con todo detalle en ese cuerpo amplio y diverso de literatura mágica que se va desde los Papiros Mágicos Griegos de la antigüedad tardía, pasando por los grimorios del período medieval y principios del período moderno, hasta llegar a los textos ocultos de magos modernos como Aleister Crowley, Dion Fortune e Israel Regardie, a principios del siglo XX.

Los practicantes de la teúrgia la suelen describir como una forma «superior» de magia, que guarda relación con la comunión, incluso con la unión, con los dioses, más que con la imposición de la voluntad del mago en la vida cotidiana. La teúrgia no implica coerción alguna de los poderes superiores, sino que se basa en la disposición de los dioses a responder ante sus propios símbolos o *sunthemata*.[42] De ahí que se vea como algo más cercano a la idea de oración, un tema sobre el cual el propio Jámblico explicaba:

> La oración establece vínculos de amistad entre nosotros y los dioses, y nos garantiza las tres prerrogativas que obtenemos de los dioses a través de la teúrgia: la primera, que nos lleva a la iluminación; la segunda, que nos dirige al logro común de proyectos; y la tercera, que nos eleva a la realización perfecta (del alma)… Ningún acto sagrado puede tener lugar sin las súplicas contenidas en la oración.[43]

Parte del debate existente en torno a la teúrgia se centra en esta interconexión entre magia y oración. Si entendemos que Jámblico nos está hablando de una práctica religiosa seria, no podremos ignorar los paralelismos existentes entre sus descripciones y rituales tales como el

G. R. S. Mead publicó una traducción con comentarios de los *Chaldean Oracles* (Londres: Theosophical Publishing Society, 1908). Naturalmente, Jung adquirió ese libro.

42. Véase Helleman, «Plotinus and Magic», *op. cit.*

43. Jámblico, *De mysteriis, op. cit.*, V.26.

de la misa, pues entonces nos va a resultar difícil definir la misa de otro modo que no sea el de una teúrgia: una combinación de actos rituales y recitaciones, objetos simbólicos, imaginación concentrada y súplicas piadosas. Y si leemos atentamente el *Liber Novus* de Jung, nos resultará también difícil no ver todas las operaciones que le llevaron a plasmar lo que ahí plasmó como algo distinto a una teúrgia. El *Liber Novus* combina también el acto ritual y la recitación, los objetos simbólicos bajo la forma de pinturas, imaginación concentrada y súplicas piadosas, incluyendo un prolongado conjuro para facilitar el nacimiento del dios-Sol a partir del huevo cósmico.[44]

Jung se mostró ambiguo en sus discusiones acerca de la oración, y parece que cambió sus puntos de vista con el transcurso de los años en lo referente a su significado y su efectividad. En *Tipos psicológicos,* Jung se mostraba más preocupado por la psicología de la oración que por su ontología. Citando la traducción al alemán y los comentarios de Paul Deussen de diversos textos sagrados hindúes,[45] Jung señalaba que la palabra «oración» *–«prayer»* en inglés– se deriva de la hindú *barh,* que significa «hinchar», «aumentar», «crecer». Así, la oración sería «la voluntad ascendente hacia lo santo, lo divino», decía Jung, para después afirmar que esta raíz etimológica

> indica un estado psicológico particular, una concentración específica de la libido, que, a través de inervaciones desbordantes, produce un estado general de tensión asociado con la sensación de hinchazón. De ahí que en el lenguaje cotidiano se utilicen frecuentemente imágenes como las de sentirse «desbordado por la emoción», «incapaz de contenerse» o estar a punto de «reventar» cuando se hace referencia a tal estado... Esto se puede aplicar a todos los símiles de sol, fuego, llama, viento o aliento que, desde tiempos inmemoriales, han simbolizado el poder procreativo y creativo que mueve el mundo.[46]

---

44. Véase Jung, *Liber Novus, op. cit.,* pp. 284-285, que se discute con mayor detalle en el Capítulo 7.
45. Paul Deussen, *Allgemeine Geschichte der Philosophie,* 2 volúmenes (Leipzig: F. A. Brockhaus, 1894-1917).
46. Jung, CW6, p. 336.

Sin embargo, el «poder creativo que mueve el mundo» se evidenciaba ya en las imágenes del *Liber Novus* como algo bastante más potente que una «sensación de hinchazón». Es probable que, en 1920, cuando Jung escribió el pasaje citado arriba, éste hubiera dejado de pensar ya que la oración no provocaba otra cosa que una especie de «desbordamiento» emocional proyectado sobre una deidad imaginada.

El material de las *Collected Works (Obras Completas)*, que Jung revisó y reescribió cuidadosamente, fue el legado que dejó para el público en general y para la profesión psiquiátrica en particular, cuyos escarnios temía. En un ensayo sobre los arquetipos, publicado por vez primera en alemán en 1936,[47] Jung se centraba en las diferencias existentes entre las visiones, frecuentemente «heréticas», que contienen las dominantes arquetípicas crudas que hay tras las ideas religiosas y las visiones, más convencionales, que «no contradicen el dogma» y son «visualizaciones de contenidos conscientes, evocados a través de la oración, la autosugestión y la heterosugestión».[48] La oración, en este último contexto, no es más que una forma de autosugestión que sigue fórmulas colectivamente aceptadas y produce «experiencias» religiosas colectivamente aceptables.[49] Sin embargo, casi veinte años después, en una carta a un sacerdote católico romano, el *père* William Lachat, Jung escribía:

> Ni por un momento niego que la emoción profunda de una oración verdadera pueda alcanzar la trascendencia, pero eso está por encima de nuestras cabezas.[50]

La oración, para Jung, podía así abrir la puerta a un misterio trascendente que desafía las explicaciones psicológicas.

---

47. Jung, «Über den Archetypus mit besonderer Berücksichtigung des Animabegriffes», traducido en Jung, CW9i, pp. 111-155.
48. Jung, CW9i, p. 130, n.º 19.
49. Jung estaba preocupado por el grado en el cual el contexto cultural conforma la experiencia religiosa. Este debate sigue abierto en la academia; *véanse* las referencias dadas abajo, n.º 70.
50. Jung, CW18, p. 1536.

Jámblico, al igual que Jung, intentaba distinguir entre las imágenes producidas a través deliberadamente por la agencia humana y las imágenes que surgían de la verdadera gnosis a través de la teúrgia. El libro III de *De mysteriis* está repleto de descripciones de adivinación, sueños y profecías «verdaderos», es decir, iniciados e inspirados por la divinidad, en contraste con las visiones «turbulentas y falsas» producidas de forma artificial a través de medios técnicos. La imaginación, a diferencia de la mera fantasía,

> es inspirada, porque no se despierta por sí misma, sino que la despiertan los dioses, a los modos de la imaginación cuando el comportamiento humano normal ha sido completamente desplazado.[51]

Parafraseando esta cita desde la terminología de Jung, la imaginación la despiertan los mismos arquetipos, cuando sus intrusiones «desplazan» el funcionamiento «normal» del ego consciente. Jámblico insistía en que el teúrgo alcanza su objeto –la absorción en lo divino– a través de la interpretación ritual correcta de determinados actos mágicos que pueden ser incomprensibles para el teúrgo, pero cuyo significado es conocido por los dioses.[52] El ritual se comprendía así como una especie de dialéctica entre el alma humana y el dios o *daimon*; la disposición divina a participar se activa mediante los símbolos del ritual, que son los *sunthemata* de lo divino insertados en el mundo manifiesto, y que garantizan la participación de la deidad en el proceso teúrgico. La transformación tiene lugar, no mediante el poder de la voluntad humana, sino a través del poder autónomo de los símbolos divinos.

Jámblico distinguía también entre teúrgia y magia ordinaria o hechicería (γοητεια = *goeteia):*

> No compares, además, las visiones de los dioses, que son más claras, con las imágenes producidas artificialmente a partir de la magia, pues éstas no tienen ni la energía, ni la esencia de las cosas vistas, ni la verdad, sino que presentan meras imágenes, llegando sólo hasta la apariencia.[53]

51. Jámblico, *De mysteriis, op. cit.*, III.14.
52. Jámblico, *De mysteriis, op. cit.*, II.11.
53. Jámblico, *De mysteriis, op. cit.*, III.25.

En tanto que la teúrgia tiene que ver con las cosas divinas, la *goeteia* es «fácilmente accesible y está ampliamente difundida entre el vulgo», emplea «la falsedad y el engaño», y «no disfruta de la presencia de dios alguno». Sus practicantes, además, «pasan por alto todo el procedimiento de la contemplación efectiva».[54] Jung, en cambio, no ofrece comentario alguno sobre la diferencia entre teúrgia y magia «inferior». La palabra «teúrgia» no aparece en las *Obras Completas,* aunque no debería resultar extraño que Jung tuviera mucho que decir acerca de la magia.[55] Jung describía la magia como algo que abarcaba tanto la dimensión de la luz como la de la oscuridad, dado que su potencia emerge de esos niveles primordiales de la psique que son anteriores a la «escisión»:

> El mago ha preservado en sí mismo un rastro de paganismo primordial, posee una naturaleza que no se ve afectada todavía por la escisión cristiana, lo cual significa que tiene acceso al inconsciente, que sigue siendo pagano, donde los opuestos siguen yaciendo en su inocente estado original, más allá de todo pecado, pero, si se asimila en la vida consciente, genera tanto el mal como el bien con la misma fuerza primordial y, consecuentemente, daimónica.[56]

Los ocultistas británicos de finales del siglo XIX y principios del XX utilizaban las palabras «magia» y «teúrgia» indistintamente para dignificar el tipo de magia que practicaban y para darle un pedigrí de antigüedad que se extendía hasta el platonismo hierático, de ahí que Jámblico fuera reconocido frecuentemente en sus obras.[57] Israel Regardie (1907-1985), miembro de un vástago de la Orden de la Aurora Dorada conocido como la Stella Matutina, escribió un libro de magia cabalista

---

54. Jámblico, *De mysteriis, op. cit.,* III.14. Véase también Shaw, «Theurgy», *op. cit.,* p. 1.
55. Las referencias a la magia en las *Obras Completas* de Jung son demasiado numerosas como para hacer una relación aquí; véase las entradas de Jung, CW20, «magic».
56. Jung, CW6, p. 316.
57. Gregory Shaw ha señalado que las obras de estos ocultistas modernos «no deberían ser ignoradas por los académicos», porque proporcionan evidencias útiles de apropiaciones modernas de la teúrgia jámblica; véase Shaw, «Theurgy», *op. cit.,* p. 4, n.º 12.

titulado *The Tree of Life (El árbol de la vida),* que Jung adquirió junto con otra de las obras de este autor. Regardie reconoció explícitamente su deuda con Jámblico de esta manera:

> Espero poder demostrar que la técnica de la Magia está en completo acuerdo con las tradiciones más antiguas, y que posee la sanción, expresa o implícita, de las mayores autoridades. Jámblico, el divino teúrgo, tiene mucho que decir en sus diversos escritos sobre la Magia.[58]

Las pinturas hieráticas de Jung

Si comparamos los puntos de vista de Jámblico con los de Jung, se nos hará evidente hasta qué punto fueron importantes para éste las ideas que sobre la teúrgia manifestó el neoplatónico sirio, sobre todo en su desarrollo de la técnica de la imaginación activa. Es difícil no llegar a la conclusión de que la imaginación activa no es sólo una técnica psicológica, pues, vista desde dentro de un marco lingüístico diferente, es también un ritual teúrgico cuidadosamente estructurado, si bien un «ritual interior» que no requiere de *sumbola* concretos tales como incienso, plantas o gemas.[59] Sin embargo, las ilustraciones que aparecen en el *Liber Novus* podríamos considerarlas *sumbola* hieráticos en sí mismos, al igual que la piedra que Jung esculpió en Bollingen, con sus glifos planetarios en torno a la figura de Telesforo.[60] Jung incorporó detalles precisos en las imágenes del *Liber Novus,* como cierto tipo de árbol o de animal, y quizás intentara alcanzar el mismo objetivo que Jámblico

---

58. Israel Regardie, *The Tree of Life* (Londres: Rider, 1932), p. 36. El segundo libro de Regardie que adquirió Jung fue *The Philosopher's Stone* (Londres: Rider, 1938). De estos libros sólo existe una versión en castellano del primero, titulado *El árbol de la vida,* y publicado por Luís Cárcamo en Madrid, 1988.
59. Sobre la idea de teúrgia como «ritual interior», véase Mazur, «*Unio Magica:* Part II», *op. cit.*
60. Sobre la piedra, véase Greene, *The Astrological World of Jung's 'Liber Novus', op. cit.,* capítulo 2.

con sus *sumbola* materiales.[61] La imagen del palmeral que aparece en la pintura de Jung sobre Filemón, por ejemplo, podría haber cumplido con el mismo propósito teúrgico que una palma de verdad. Esto nos plantea preguntas acerca de la compleja relación existente entre un objeto físico y su imagen en un sueño, una visión o una invocación mágica, y entre el objeto y la imagen tal como aparece en una obra de arte. Si las pinturas de Jung son *sumbola* intencionados en el sentido de Jámblico, ¿hasta qué punto eran espontáneas?

Las visiones originales de Jung quedaron registradas en una serie de diarios conocidos como los *Libros Negros,* que Jung comenzó a escribir en diciembre de 1913.[62] Siguió escribiendo entradas en los *Libros Negros* hasta 1932, pero estos diarios, de los que Jung decía que habían sido «mi experimento más difícil»,[63] fueron selectivamente revisados, editados, pulidos, cincelados y ornamentados para crear el singular libro que ahora conocemos como *Liber Novus.* Imágenes como la de Filemón, del cual Jung decía haber visto por primera vez en un sueño, fueron pintadas con un cuidado, un detalle y un mimo exquisitos, si bien existen versiones previas o «bocetos», como el que pintó en 1914, reproducido en la biografía de Jung de Gerhard Wehr, publicada en 1987.[64] En este «boceto» previo, Filemón aparece como Jung lo descri-

---

61. Véase el uso que hace Jung de las salamandras con la forma del glifo astrológico de Leo en la pintura del gigante solar Izdubar, del que se habla en Greene, *The Astrological World of Jung's 'Liber Novus', op. cit.,* pp. 37-39.
62. Sobre la génesis de los materiales, véase Shamdasani, «Introducción», en *Liber Novus,* pp. 198-203.
63. Jung, *Libro Negro 2,* citado en Jung, *Liber Novus, op. cit.,* p. 200, n.º 67.
64. Gerhard Wehr, *An Illustrated Biography of Jung,* trad. M. Kohn (Boston, MA: Shambhala, 1989), p. 72. La posterior reimpresión de este libro por parte de Shambhala, *Jung* (Boston, MA: Shambhala, 2001), no contiene la imagen. Véase también Jay Sherry, *A Pictorial Guide to The Red Book* (Archive for Research in Archetypal Symbolism, ARAS Connections, 2010). Sherry ha reproducido la versión de «borrador» de Filemón de 1914, y señala la similitud existente entre esta imagen y la de la pintura de William Blake, *The Elohim Creating Adam.* Shamdasani también ha señalado la influencia de Blake en las pinturas de Jung; véase Scott Horton, «Inside Jung's *Red Book:* Six Questions for Sonu Shamdasani», *Harpers Magazine,* 12 Julio 2014, en <https://harpers.org/2009/10/inside-jungs-_red-book_-six-questions-for-sonu-shamdasani/>.

bía en *Recuerdos, sueños, pensamientos:* se le ve coronado con un halo solar, con cuernos de toro y, al igual que las estatuas mitraicas del dios Aión, sosteniendo un aro con llaves en la mano derecha.[65] En la versión final de la pintura que hizo para el *Liber Novus,* los cuernos de toro habían desaparecido, en tanto que las llaves se habían desvanecido, reemplazadas por una piedra resplandeciente, si bien el halo solar permanecía. En estas representaciones de Filemón, tan diferentes, lo que John Thorburn calificó como «la meditación selectiva del artista» dio como resultado una síntesis de lo fluido y lo formal, o, como dijeron tanto Thorburn como Jung, una síntesis del inconsciente y el consciente.[66]

La inclusión deliberada de referencias simbólicas detalladas en las ilustraciones de Jung no descarta que sean, potencialmente, visiones espontáneas genuinas. Más bien, las visiones se transforman en obras de arte. Se podría plantear una pregunta similar en torno a la espontaneidad de los materiales generados a través de la escritura automática, que está sujeta inevitablemente al filtro de la selectividad consciente del individuo cuando la transcribe, edita y prepara para su publicación.[67] Del mismo modo, las descripciones, tanto verbales como visuales que vienen tras la estela de una experiencia «mística», ahora denominada experiencia «unitiva» o «estado religiosamente alterado de la consciencia», comparten la conciencia selectiva de la persona en el momento en que las comunica.[68] Tanto escritura automática como «estados religiosamente alterados de la consciencia» son términos que podrían aplicarse de forma justificada al *Liber Novus,* que describe como transperso-

65. Sobre estas imágenes romanas del Aión, *véase* Capítulo 5.

66. Véase Thorburn, *Art and the Unconscious, op. cit.,* pp. 3-38; Jung, CW15, p. 155-162.

67. Ejemplos de ello lo constituyen las obras de H. P. Blavatsky, Alice A. Bailey y Max Heindel, todos los cuales atribuyeron su trabajo a entidades desencarnadas altamente evolucionadas. Sobre los puntos de vista de Jung acerca de la «escritura automática» o «psicografía», véase Jung, CW1, pp. 28, 45, 49, 88, 96; Jung, CW18, pp. 725-726, 731, 795.

68. Para experiencias «unitivas», véase Dan Merkur, *Mystical Moments and Unitive Thinking* (Albany: SUNY Press, 1999). Sobre el término «estados religiosamente alterados de la consciencia», véase Alan F. Segal, *Life After Death* (Nueva York: Doubleday, 2012), p. 402. Véase también Jung, CW11, pp. 474-487.

nales los encuentros que Jung tuvo en el mundo de la imaginación, y que refleja las ideas y las imágenes que él vivenció como procedentes de una fuente autónoma y desconocida.

Los textos rituales de la antigüedad tardía, tales como los *Oráculos Caldeos,* han sido calificados como un producto de la escritura automática, similar a los pronunciamientos que los médiums espiritistas realizan en estado de trance. E. R. Dodds, uno de los académicos clásicos más influyentes de mediados del siglo XX, decía que los *Oráculos* habían tenido su origen «en las "revelaciones" de las visiones o trances de algunos médiums».[69] El ejemplo más claro de «escritura automática» de Jung es la tercera sección del *Liber Novus,* titulada «Escrutinios», que terminó de escribir en el invierno de 1917. Jung atribuyó sus revelaciones a la «voz» de Filemón. El debate académico sobre si tales experiencias están determinadas enteramente por la cultura o si contienen algún núcleo esencial e inefable sigue sin desvelar cuál es la naturaleza y el origen exacto de la experiencia.[70] Como ocurre con la propia astrología, el conflicto entre experiencia directa y falta de «pruebas» científicas parece irreconciliable. Aunque, en un principio, los materiales visionarios de Jung parecen ser espontáneos y genuinos, quizás no haya una completa espontaneidad en cuanto al proceso por el cual este tipo de experiencias se traduce en palabras, imágenes o cualquier otro medio a

69. E. R. Dodds, «Theurgy and Its Relationship to Neoplatonism», *Journal of Roman Studies,* vol. 37:1-2, pp. 55-69, en p. 58 (1947). Jung estaba familiarizado con los *Oráculos* a través de la traducción de Mead, así como a través de *Ancient Fragments,* de Cory, que señala en la p. 355 la equivalencia en los *Oráculos* entre el poder primigenio y el fuego.

70. La abundancia de literatura académica sobre este tema va desde la ciencia cognitiva a la especulación teológica. Jung estaba fuertemente influenciado por *The Varieties of Religious Experience (Las variedades de la experiencia religiosa)* de James. Sobre los propios comentarios de Jung, véase los ensayos en Jung, CW11. Para discusiones más recientes, véase Jensine Andresen (ed.), *Religion in Mind* (Cambridge: Cambridge University Press, 2001); Steven T. Katz (ed.), *Mysticism and Language* (Oxford: Oxford University Press, 1992); F. Samuel Brainard, «Defining "Mystical Experience"», *Journal of the American Academy of Religion,* vol. 64:2, pp. 359-393 (1996); Ralph W. Hood, Jr., «The Construction and Preliminary Validation of a Measure of Reported Mystical Experience», *Journal for the Scientific Study of Religion,* vol. 14, pp. 29-41 (1975).

través del cual trabaja un artista. El hecho de que las ilustraciones puedan haber sido también *sunthemata* talismánicas intencionadas no descarta el poder, la autenticidad y la autonomía genuinas que Jung les atribuyó.

Epitedeiotes: «idoneidad», «aptitud» o «receptividad»

Jung señaló el poder mágico del inconsciente al citar al gran mago medieval Alberto Magno (1206-1280):

> En el alma humana mora cierto poder para alterar las cosas y subordinarlas ante ella, particularmente cuando el alma se ve arrebatada por un exceso de amor, odio o algo similar. Por tanto, cuando el alma de un hombre cae en un exceso de pasión, sea cual sea ... éste [exceso] lo enlaza todo [mágicamente] y lo altera del modo que desea.[71]

Jung sugería que las imágenes que surgen del inconsciente durante tales estados emocionales intensos «se presentan de forma espontánea».[72] Estaba totalmente de acuerdo con Jámblico en su insistencia en que es el dios o *daimon* el que inicia el encuentro: «El dios actúa por sí mismo».[73] Para Jung, son los arquetipos del inconsciente colectivo los que actúan por sí solos y exigen una respuesta respetuosa y receptiva:

> Tienes que entrar en el proceso con tus reacciones personales... como si el drama que se representa ante tus ojos fuera real... Es tan real como tú, en tanto que entidad psíquica, eres real.[74]

71. Alberto Magno, *De mirabilibus mundo* (1485), citado en Jung, CW8, p. 859.
72. Jung, CW9i, p. 334.
73. Jámblico, *De mysteriis, op. cit.,* 115.3-7. Véase también Gregory Shaw, «The Talisman», en Angela Voss y Jean Hinson Lall (eds.), *The Imaginal Cosmos* (Canterbury: University of Kent, 2007), pp. 25-34.
74. Jung, CW14, p. 753. Para más de las muchas discusiones de Jung sobre la «imaginación activa», *véase* Jung, CW8, pp. 166-175; Jung, CW9i, p. 621; Jung, CW14, pp. 752-755. Véase también Chodorow (ed.), *Jung on Active Imagination, op. cit.;*

Así se abren las líneas de comunicación entre el mundo visible y el invisible, y entre la psique individual y el inconsciente colectivo, o, en términos neoplatónicos, el Alma del Mundo.[75] Jung decía que el proceso mágico de apertura del portal era un aspecto necesario de la relación con el inconsciente, con el fin de «recibir o invocar al mensajero».[76] Su énfasis en mantener una actitud respetuosa ante las imágenes es un reflejo de la idea de Jámblico de la επιτεδειοτες *(epitedeiotes):* «idoneidad», «aptitud» o «receptividad». Jámblico creía que el «vehículo anímico» o «cuerpo astral» –el cuasi-espiritual, cuasi-corpóreo intermediario que vincula al alma con el cuerpo– era el lugar donde residía la facultad creadora de imágenes o *phantasia,* y creía que, durante el ritual teúrgico, la *phantasia* se vaciaba de toda imagen personal y se hacía receptiva a las imágenes que enviaban los dioses.[77]

Jámblico recurrió a la idea de *epitedeiotes* para explicar el motivo por el cual no todo el mundo puede alcanzar los más elevados estados místicos durante la teúrgia.[78] Y, aunque los dioses están por todas partes, las personas carentes de receptividad no pueden «recibirlos», tengan o no esa intención.[79] En el siglo v e. c., el filósofo neoplatónico Hermias,

---

Marie-Louise von Franz, *Alchemical Active Imagination* (Irving, TX: Spring, 1979; reimpreso Nueva York: Shambhala, 1997).

75. Sobre las asociaciones de Jung entre el *unus mundus* de la alquimia, el Alma del Mundo platónica y el inconsciente colectivo, *véase* Jung, CW8, p. 393; Jung, CW11, p. 448.

76. Jung, *Liber Novus, op. cit.,* p. 314.

77. Véase Crystal Addey, «In the Light of the Sphere», en Geoffrey Samuel y Jay Johnston (eds.), *Religion and the Subtle Body in Asia and the West* (Londres: Routledge, 2013), pp. 149-167. Sobre el vehículo anímico y la imaginación como intermediaria, véase también John F. Finamore, *Iamblicus and the Theory of the Vehicle of the Soul* (Chico, CA: Scholars Press, 1994).

78. Véase Shaw, *Theurgy and the Soul, op. cit.,* pp. 86-87. Véase también E. R. Dodds (ed. y trad.), *Proclus: The Elements of Theology* (Oxford: Clarendon Press, 1963), pp. 222-223 y 344-345.

79. Véase Shaw, *Theurgy and the Soul, op. cit.,* p. 87. Para ejemplos, véase Jámblico, *De mysteriis, op. cit.,* 105.1; 125.5; 127.9. Sobre la «receptividad» como factor crítico en la teúrgia, véase Crystal Addey, «Divine Possession and Divination in the Graeco-Roman World' *On the Mysteries*», en Bettina E. Schmidt y Lucy Huskinson (eds.), *Spirit Possession and Trance* (Londres: Continuum, 2010), pp. 171-181.

contemporáneo de Proclo, aplicó la misma idea a la inspiración profética que el *daimon* personal confiere:

> No todo el mundo es consciente de su daimon; para que uno se haga consciente de sus cuidados, tiene que haber una gran idoneidad *[epitedeiotes]*... Pues, del mismo modo que todas las cosas están sujetas a la providencia de los dioses, aunque no todas tengan conciencia de ello, a menos que tengan la capacidad natural de ver y sean purificadas, lo mismo ocurre en lo referente a la supervisión del daimon.[80]

Jung creía que el ego no sólo tiene que estar dispuesto a enfrentarse a los niveles más profundos del inconsciente, sino que debe disponer también de la capacidad para soportar tal confrontación. Al igual que la *epitedeiotes* de Jámblico, esto implica disponer tanto de idoneidad como de receptividad. Si la conciencia es demasiado frágil, puede sobrevenir una psicosis debido al hecho de que el ego puede verse superado por las dominantes arquetípicas del inconsciente colectivo.[81] Pero si la conciencia se defiende de forma excesivamente rígida, el inconsciente puede somatizar sus irrupciones o expresarse a través de compulsiones experimentadas como «destino».[82]

Del mismo modo, el individuo no puede convocar simplemente a las dominantes arquetípicas mediante un acto de voluntad, sino que tiene que esperar el síntoma, sueño, visión o crisis vital significante expresado como *kairos,* el «momento justo». La capacidad para discernir este «momento justo» parecería que depende en parte de las apropiadas cualidades del tiempo (dicho de otro modo, de la configuración astrológica correcta), y en parte de la *epitedeiotes.* Tanto Jámblico como Jung señalaron la existencia de una relación dinámica entre lo indivi-

80. Hermias, *Commentary on Plato's Phaedrus,* 65.26-69.31, citado en D. A. Russell, «Some Texts Similar to *De genio*», en Plutarco, *On the Daimonion of Socrates, op. cit.,* p. 204.

81. Sobre cómo entendía Jung la psicosis como el resultado de una inundación del inconsciente, *véase,* por ejemplo, Jung, CW3, pp. 317-387; CW18, pp. 594 y 1159; CW5, p. 474; CW16, p. 196.

82. *Véase* Jung, CW5, p. 644.

dual y lo universal. En esta relación, la consciencia humana es un recipiente activo, no una víctima pasiva e involuntaria. Las imágenes de los dioses, según Jámblico, entran en posesión de la *phantasia* en ese momento, permitiendo así una experiencia de verdadera revelación.[83] Las implicaciones psicológicas y filosóficas de la idea de *epitedeiotes* son profundas. El ser humano, preparado y protegido del modo adecuado por los *sumbola* apropiados, es capaz de conocer la esfera arquetípica, no como un sujeto impotente ante el destino astral o psíquico, sino como un co-creador respetuoso.

El «Señor de la Casa»

Desde el punto de vista de Jámblico, la teúrgia va de la mano de la astrología, aunque no estamos hablando aquí de la astrología de las predicciones horoscópicas. Siguiendo una tradición que tuvo su origen en Platón y fue asumida por Plotino y Porfirio,[84] Jámblico hacía referencia a un «*daimon* personal» (οικειος δαιμων o bien ιδιος δαιμων), el «supervisor y líder de nuestra alma», que dirige la vida del individuo y actúa como «el encargado de los distintos niveles de vida del alma».[85]

> El daimon no guía sólo una u otra parte de nuestro ser, sino todas ellas a la vez, y nos entrega a nosotros la totalidad de la gestión, del mismo modo que nos ha sido asignada desde todas las regiones del universo.[86]

Plotino había dicho previamente que el *daimon* personal era «el poder que consuma la vida elegida», insistiendo en que «no está del todo fuera de nosotros mismos... nos pertenece en la medida en que perte-

83. Jámblico, *De mysteriis, op. cit.*, 3:14. Véase también Addey, «In the Light of the Sphere», p. 155.

84. Platón, *Republic, op. cit.*, 617d, describiendo la elección del alma de un *daimon* personal antes de encarnar en un cuerpo físico. El *daimon* personal aparece también en Platón, *Phaedrus, op. cit.*, 248c. Véase también Plotino, *Ennead, op. cit.*, III, 4.3.18-20; Porfirio, *Letter to Anebo, op. cit.*, 2, 14-17.

85. Jámblico, *De mysteriis, op. cit.*, IX.6.

86. Jámblico, *De mysteriis, op. cit.*, IX.7.

nece a nuestra Alma».[87] Siguiendo esta idea del *daimon* como de una potencia interior claramente individual, Jámblico, en una carta escrita a un destinatario desconocido, se refería a este ser divino como «el daimon asignado a cada uno en la vida».[88] En *De mysteriis,* Jámblico fue aún más específico. El alma sólo tiene un *daimon* regente en una existencia en particular y, para cumplir con sus requisitos, uno tiene que reconocerlo y establecer una relación con él.[89] Esto sólo se puede conseguir a través de la teúrgia, en la cual el *daimon* «revela su particular modo de culto, así como su nombre», y «enseña la manera específica de invocarlo».[90] El *daimon* o guardián personal viene a ser sinónimo del destino de la persona, es la «personalidad suprarracional que controla la totalidad de nuestras vidas».[91] La relación con el «*daimon* personal» parece ser, precisamente, lo que Jung buscaba al invocar a Filemón.

Jámblico especificó dos medios a través de los cuales se podía encontrar a este intermediario celestial que facilita el despliegue del destino vital de la persona. El método «técnico» guarda relación con el horóscopo natal, dado que la mayor parte de los astrólogos de la antigüedad tardía creía que el *daimon* personal era un reflejo del planeta dominante en el momento del nacimiento. Porfirio, en su *Carta a Anebo,* esbozaba el modo de encontrar al *daimon* personal a través del examen del horóscopo natal.[92] Al significador astrológico del *daimon* personal se le daba la designación de οικοδεσποτης *(oikodespotes)* o «Señor de la Casa».[93] En su *Introducción al Tetrabiblos,* Porfirio daba instruc-

87.Plotino, *Ennead* III.4.5.

88. Jámblico, *Iamblichus of Chalcis: The Letters,* trad. John M. Dillon y Wolfgang Polleichtner (Atlanta, GA: Scholars Press, 2009), p. 95.

89. Jámblico, *De mysteriis, op. cit.,* 282.1-5. Véase también Platón, *Timaeus, op. cit.,* 90a-c, y la discusión en Shaw, *Theurgy and the Soul, op. cit.,* p. 218.

90. Jámblico, *De mysteriis, op. cit.,* 283:19-284:10, citado por Shaw, *Theurgy and the Soul, op. cit.,* pp. 218-219.

91. Dodds, *The Greeks and the Irrational, op. cit.,* p. 42. Véase también Georg Luck, *Arcana Mundi* (Baltimore, MD: Johns Hopkins University Press, 1985), p. 171.

92. Porfirio, *Letter to Anebo, op. cit.,* 14a-d, 15a-b. Véase también Dorian Gieseler Greenbaum, *The Daimon in Hellenistic Astrology* (Leiden: Brill, 2015), pp. 266-275.

93. Sobre la naturaleza del *daimon* personal neoplatónico y un análisis de los métodos utilizados por los astrólogos helenistas para calcular el *oikodespotes,* véase Greenbaum, *The Daimon, op. cit.,* pp. 236-275.

ciones técnicas precisas para determinar el *oikodespotes* de un horóscopo, pero aceptaba que «existe mucho debate acerca de esto».[94] El debate continuó a lo largo de los siglos, reflejando las predilecciones religiosas y astrológicas de los individuos.[95]

Para Jámblico, si bien estos métodos técnicos para revelar el *oikodespotes* eran útiles, no por ello dejaban de ser inferiores a la verdadera gnosis, pues aquéllos operan sobre el «nivel meramente humano», y por tanto se basan en conjeturas y pueden provocar errores:

> Siguiendo el procedimiento [teúrgico] anterior, uno invoca al daimon desde los principios causales superiores, mientras que, según el último procedimiento [el técnico], uno recurre a los ciclos visibles de la esfera generada [el horóscopo natal]... El primero opera sobre una base más universal, trascendiendo la esfera de la naturaleza, mientras que el último conduce su culto sobre un nivel individual, siguiendo los dictados de la naturaleza.[96]

La invocación teúrgica del *daimon* refleja así su naturaleza arquetípica (universal), mientras que su representación en el horóscopo refleja su expresión en las condiciones particulares de la vida de un individuo. Los dos métodos se pueden combinar: la revelación del *daimon* a través de la teúrgia se puede lograr a veces a través de la meditación sobre las imágenes asociadas al planeta que representa al *oikodespotes.* Del mismo modo, las *sunthemata* planetarias, como puede ser una flor o una gema en concreto, pueden ser útil en los rituales, dado que estas *sunthemata,* desde el punto de vista de Jámblico, son, como otros símbolos

---

94. Porfirio, *Introduction to the Tetrabiblos,* en *Porphyry the Philosopher, Introduction to the Tetrabiblos,* trad. James Holden (Tempe, AZ: American Federation of Astrologers, 2009), pp. 22-25.
95. Por ejemplo, Macrobio, un escritor del siglo v con cuyo trabajo estaba familiarizado Jung, mantenía en su *Saturnalia* que el *daimon* personal está siempre representado por el Sol en el horóscopo. Véase Macrobio, *The Saturnalia,* trad. Percival Vaughan Davies (Nueva York: Columbia University Press, 1969), I.19.16-18, p. 136. Para referencias de Jung sobre la *Saturnalia, véase* Jung, CW5, p. 425; Jung, CW14, pp. 154-155, 173, 701.
96. Jámblico, *De mysteriis, op. cit.,* IX.1, 273.2-9.

«naturales», «señales» divinas que los dioses han engranado en el mundo de la forma.[97]

Es poco probable que Jung utilizara el complejo surtido de técnicas ofrecidas que los astrólogos de la antigüedad tardía proponían para determinar el *oikodespotes,*[98] pues no hay evidencias de que tuviera acceso a alguno de sus textos.[99] Tampoco se puede saber si hubiera puesto a prueba las técnicas, aunque estuviera en posesión de todas las obras astrológicas helenistas, dado que le disgustaban los aspectos matemáticos que deben realizarse para levantar un horóscopo, y terminó recurriendo a su hija Gret para que le hiciera los cálculos.[100] Gregory Shaw, hablando del enfoque de Jámblico sobre el *oikodespotes,* sugiere que, normalmente, se consideraba que el Señor de la Casa era el regente planetario del Ascendente natal –el signo zodiacal que se eleva por el este en el momento del nacimiento– siempre y cuando el planeta sea fuerte y esté bien relacionado con el resto de planetas. La idea del regente del Ascendente como «señor» de toda la natividad reapareció, si bien despojada de sus asociaciones *daimónicas* y teúrgicas, en la nueva astrología «moderna» que puso en marcha Alan Leo a comienzos del siglo XX. Sin duda, esto lo hizo todo mucho más sencillo para Jung.[101]

El regente del Ascendente en la carta natal de Jung es Saturno, dado que nació cuando ese segmento de 30° de la eclíptica que conocemos como Acuario estaba elevándose por el este en el lugar donde nació, y

97. Jámblico no ofrecía una lista de estas *sunthemata* en *De Mysteriis.* Pero véase Proclo, *Commentary on Plato's Timaeus,* I.3.10, en el cual la planta denominada *heliotropius* (cuya flor se orienta hacia el sol) y la gema conocida como «heliotropo» (una forma de jaspe verde moteado en rojo) son descritas como *sunthemata* del Sol.

98. En la astrología medieval árabe, el *oikodespotes* recibía el nombre de *alcocoden,* el «Ángel Guardián» o «Dador de los Años». Para el *alcocoden,* véase James R. Lewis, *The Astrology Book* (Canton, MI: Visible Ink Press, 2003), pp. 18-19, 346-347.

99. Aunque Jámblico, Plotino, Porfirio y Proclo estaban bien representados en la biblioteca de Jung, éste no parece que adquiriera la introducción de Porfirio al *Tetrabiblos,* ni tampoco manuscritos de otros astrólogos helenísticos vinculados con el *oikodespotes,* que se pueden encontrar principalmente en el *Catalogus Codicum Astrologorum Graecorum,* publicado entre 1898 y 1953.

100. Comunicación personal de Gret Baumman-Jung, julio de 1985, Stoos, Suiza. *Véase* la hoja de cálculos que Jung preparó para su hija Helene en el Capítulo 2.

101. Véase, por ejemplo, Leo, *The Key to Your Own Nativity, op. cit.,* pp. 10-14.

Saturno es tradicionalmente el señor de este signo zodiacal. El Saturno natal de Jung cumple, de hecho, con los requisitos más detallados de Porfirio para el *oikodespotes,*[102] dado que es fuerte en virtud de estar situado en su propio signo de Acuario, así como por el hecho de elevarse por el este y formar relaciones beneficiosas con otros planetas.[103] No resulta sorprendente por tanto que Saturno figurara de forma prominente en los escritos de Jung a lo largo de toda su vida. Saturno es mencionado de forma constante en las *Obras Completas* debido a su abrumadora importancia en la alquimia, donde se decía que «reinaba» durante la fase inicial de la obra, conocida como la *nigredo* o «ennegrecimiento»[104] –proceso que Jung asoció con el necesario desmoronamiento de las defensas del ego previo a cualquier trabajo auténtico con el inconsciente– y se entendía que era la sustancia primaria o matriz a partir de la cual emergía eventualmente la «Piedra Filosofal», el principal símbolo alquímico del Sí Mismo.[105]

En el *Liber Novus,* cierto número de figuras revelan inequívocamente el *sumbola* saturnino, que culmina con Filemón, que está claramente relacionado con este planeta tanto por su edad como por su cojera, su función como generador de «ley» y «orden», y su papel central como mago y «Anciano Sabio».[106] Jung invocaba deliberadamente a Filemón a través de la imaginación activa, tal como lo confesó explícitamente en *Recuerdos, sueños, pensamientos;*[107] y que esta figura *daimónica* es saturnina por naturaleza es evidente a partir de las diversas descripciones

102. Datos de nacimiento: Carl Gustav Jung, 26 de julio de 1875, 7:27 p.m., Kesswil, Suiza. Sobre los requisitos de Porfirio, véase Porfirio, *Introduction to Ptolemy's Tetrabiblos, op. cit.,* pp. 23-24. Sobre explicaciones modernas de los términos astrológicos helenísticos, véase Joseph Crane, *Astrological Roots* (Bournemouth: Wessex Astrologer, 2007).

103. *Véase* Capítulo 2 sobre los comentarios de John Thorburn acerca de la singular fortaleza y bondad del Saturno natal de Jung.

104. Michael Maier, *Symbola aureae mensae duodecim nationum* (Frankfurt: Julius Ägidius von Negelein, 1617), citado en Jung, CW14, p. 229, n.º 585.

105. Para Saturno como matriz de la Piedra Filosofal, *véase* Jung, CW13, p. 401; Jung, CW14, p. 703.

106. Para un detallado examen de los elementos saturninos de Filemón, véase Greene, *The Astrological World of Jung's 'Liber Novus', op. cit.,* capítulo 5.

107. Jung, *MDR, op. cit.,* p. 207.

que Jung da de él. También afirmó Jung con toda claridad que Filemón era su guía interior personal. Estas referencias, además de la mención de Jung del «viejo Saturno» como su regente, sugieren fuertemente que el estrecho parecido familiar de Filemón con el antiguo «Señor de la Casa» neoplatónico invocado a través de la teúrgia, así como definido por el horóscopo, no es una coincidencia.

Los textos antiguos nos ofrecen más de una interpretación sobre la naturaleza del *daimon*. Gábor Betegh, el traductor del *Papiro Derveni* órfico del siglo IV a. e. c., señala: «El campo semántico de la palabra δαιμων es angustiosamente amplio en su uso en el griego».[108] El término *daimon* se deriva del griego *daiomai,* que significa «asignar» o «dividir»,[109] de ahí que el *daimon* se relacione con la idea de *moira,* que significa «asignación» y es una de las representaciones griegas del destino, concebida tanto como la duración asignada de la vida como su teleología. *Moira* se relaciona a su vez con *Heimarmene,* un término que, como veremos en el siguiente capítulo, Jung utilizó repetidamente como sinónimo de destino astral. Este complejo de ideas *–daimon,* asignación y destino astrológico– conforma un tema nuclear en la teúrgia y la astrología de la antigüedad tardía, así como en las ideas de Jung acerca de la individuación como destino.

Los *daimones* se pueden entender como dioses «menores», como mensajeros o intermediarios semidivinos, parecidos a los ángeles mediadores del pensamiento religioso judío, islámico y cristiano, y como las almas de los fallecidos que median entre las esferas celestial y terrestre, pero que también pueden impedir vengativamente al alma su ascenso en busca de la liberación. En el *Derveni Papyrus,* su desconocido autor señalaba que los *daimones* «son denominados asistentes de los dioses».[110] En este papiro se plantea también la idea de un «*daimon* personal» asignado a cada alma. Dado que el poema órfico en el cual

108. Betegh, *The Derveni Papyrus, op. cit.,* p. 86.

109. Véase Dorian Gieseler Greenbaum, «Allotment and Fate», *The Astrological Journal,* vol. 56:2, pp. 27-31 (2014).

110. Betegh, *The Derveni Papyrus, op. cit.* Col. 3, p. 9. Este texto revela también el rostro más ambiguo del *daimon*: véase Betegh, *The Derveni Papyrus, op. cit.,* Col. 6, p. 15.

se basa el texto precede a Platón en al menos un siglo, es probable que éste tomara esta idea, al igual que otros muchos, de corrientes órficas presocráticas.[111] El *daimon* podía ser innato o podía tener una existencia independiente de la persona a la que acompañaba. No siempre se percibía como «externo» ontológicamente, sino que podía ser interior. Como sugería Heráclito en el siglo VI a. e. c., dos milenios y medio antes de que los románticos alemanes tomaran la idea: «El carácter del hombre es su daimon».[112]

James Hillman (1926-2011), cuya escuela de psicología arquetipal se apoya fuertemente en Jung, pero difiere en el sentido de que declara abiertamente su deuda con el politeísmo pagano de los neoplatónicos, dedicó una de sus obras a la antigua idea del *daimon*, un libro titulado *The Soul's Code (El código del alma).* Hillman definía el *daimon* como una «imagen anímica individualizada»:[113]

> Al alma de cada persona se le da un único daimon antes de nacer, en tanto que el alma selecciona una imagen o patrón para vivir en la tierra. Este compañero anímico, el daimon, nos guía aquí... El daimon recuerda lo que hay en tu imagen y lo que pertenece a tu patrón, y por tanto es el portador de tu destino.[114]

El cuerpo físico individual, los progenitores y el lugar y momento de nacimiento –dicho de otro modo, no sólo el entorno y la herencia ge-

---

111. Sobre el «*daimon* personal» en este texto órfico, véase Betegh, *The Derveni Papyrus, op. cit.,* Col. 3, p. 9. Sobre el «espíritu guardián» de cada alma en Platón, véase Platón, *Phaedrus, op. cit.,* 107d.5-7; Platón, *Republic, op. cit.,* 617d. Véase también los comentarios de Betegh en *The Derveni Papyrus, op. cit.,* p. 87; K. Tsantsanoglou, «The First Columns of the Derveni Papyrus and their Religious Significance», en André Laks y Glenn W. Most (eds.), *Studies on the Derveni Papyrus* (Oxford: Oxford University Press, 2001), pp. 93-128, en pp. 96 y 105.
112. Heráclito, DK B119, en Charles H. Kahn (trad.), *The Art and Thought of Heraclitus* (Cambridge: Cambridge University Press, 1981), CXIV, p. 81. La palabra griega utilizada en este fragmento, δαιμων, se traduce normalmente al inglés como *fate,* «destino». Jung cita a Heráclito frecuentemente en las *Obras Completas;* véase Jung, CW8, pp. 99, 278, 916; Jung, CW12, pp. 157, 182, 333, 435.
113. James Hillman, *The Soul's Code* (Nueva York: Warner Books, 1997), p. 10.
114. Hillman, *The Soul's Code, op. cit.,* p. 8.

nética, sino también el horóscopo natal– son «elegidos» porque pertenecen a la necesidad del *daimon*, que está tanto «fuera» de las configuraciones del horóscopo como «dentro», debido a que el momento seminal del nacimiento refleja la propia elección del alma. Hablando de la naturaleza de las visitas *daimónicas*, Hillman escribió:

> Él [Jung] invocó las voces de las profundidades, y éstas eran daimones, en el sentido griego de la palabra... Eran figuras del mundo intermedio. No eran sólo y necesariamente figuras del inframundo. Eran mediadores en cierto modo, pero eran figuras vivas.[115]

El «santo ángel guardián»

El «*daimon* personal», en las adaptaciones judía, cristiana e islámica, se fusionaría eventualmente con la figura del «ángel guardián».[116] La palabra «ángel» se deriva del griego *angelos,* que significa «mensajero», divino o humano, y el término se utilizaba a veces para los dioses que hacían el papel de mensajeros, como Hermes o Iris.[117] Jung utilizó el término «mensajero» en el *Liber Novus* para describir a tal ser:

> Necesitamos la magia para recibir o invocar al mensajero y la comunicación de lo incomprensible.[118]

---

115. James Hillman, «Jung's Daimonic Inheritance», *Sphinx,* vol. 1, pp. 9-19 (1988). Véase también James Hillman y Sonu Shamdasani, *Lament of the Dead* (Nueva York: W. W. Norton, 2013), p. 119.

116. Este ser es conocido en la angelología islámica como el *Hafaza;* en hebreo, cualquier ángel, incluido el ángel guardián de un individuo, es *mal'akh,* «mensajero». Véase Saul M. Olyan, *A Thousand Thousands Served Him* (Tubinga: Mohr Siebeck, 1993), p. 4 y las referencias dadas en esa página en n.º 10.

117. Sobre Hermes como *angelos,* véase Homero, *La Odisea* 5:29; sobre Iris, véase Homero, *La Ilíada* 2:786. Sobre los *angeloi* divinos greco-romanos, véase Rangar Kline, *Ancient Angels* (Leiden: Brill, 2011).

118. Jung, *Liber Novus, op. cit.,* p. 314.

Pero, en las corrientes teológicas tradicionales, no se considera a los ángeles guardianes abrahámicos como algo interior del individuo, ni tienen que ver con la teleología del horóscopo. Son, de forma bastante literal, mensajeros enviados desde el cielo por Dios para proteger a la persona. Esto se aplica especialmente a los ángeles cristianos, que, tras la «desanimación de los cielos» oficial que tuvo lugar en 1277 a petición del papa Juan I, perdieron sus antiguas asociaciones astrales y se convirtieron en servidores obedientes de Dios en un mundo celestial que era percibido ahora como un gigantesco mecanismo de relojería diseñado, creado y gestionado por la divinidad, aunque no estuviera habitado por ésta.[119]

Los ángeles guardianes se consideran por tanto como algo ontológicamente separado del alma humana. Sólo en las tierras fronterizas de las corrientes esotéricas judías e islámicas se habla de la naturaleza interior de este ángel personal como un aspecto de la chispa divina en el interior del ser humano. En los siglos XII y XIII, dentro de las comunidades judías de la diáspora, en mutua interacción con la especulación mística islámica, emergieron descripciones explícitas del ángel guardián o *maggid* como de una imagen del aspecto más elevado del alma. Estas exégesis se basaban en un sincretismo que había adaptado, dentro del marco religioso judío, cierto número de ideas y rituales mágicos neoplatónicos y greco-egipcios de la antigüedad tardía,[120] y los había combinado con una tradición mágica judía ya desarrollada que se creía que se remontaba a Salomón y Moisés.[121] Los textos que surgieron de

---

119. Véase D. Piché (ed. y trad.), *La condamnation parisienne de 1277* (París: Vrin, 1999); Henrik Wels, «Late Medieval Debates on the Location of Angels After the Condemnation of 1277», en Isabel Iribarren y Martin Lenz (eds.), *Angels in Medieval Philosophical Inquiry* (Aldershot: Ashgate, 2008), pp. 113-127.

120. Sobre elementos neoplatónicos en la magia judía de la antigüedad tardía y medieval, véase Idel, «The Magical and Neoplatonic Interpretations»; Goodman (ed.), *Neoplatonism and Jewish Thought, op. cit.* Para el sincretismo de los rituales mágicos judíos y greco-egipcios en los Papiros Mágicos Griegos, *véase* Hans Dieter Betz, *The Greek Magical Papyri in Translation* (Chicago: University of Chicago Press, 1986), pp. xliv-xlviii.

121. Sobre las tradiciones mágicas en torno a Salomón y Moisés, véase Pablo A. Torijano, *Solomon the Esoteric King* (Leiden: Brill, 2002); Andreas Kilcher, «The

estas corrientes esotéricas judías reconocían la naturaleza astral de los ángeles y su capacidad de respuesta ante la invocación ritual.[122] Dado que la magia tenía un carácter internacional en el mundo de la antigüedad tardía y solía cruzar fronteras religiosas, no debería resultar extraño que el ángel guardián de la magia judía muestre una estrecha familiaridad con el *daimon* personal de los neoplatónicos.[123]

Aunque ontológicamente autónomo, el ángel guardián se podía encontrar también dentro, constituyendo ese elemento del ser humano que es consustancial con la divinidad, y capaz de ser invocado teúrgicamente a través del órgano de la imaginación. Tales especulaciones y rituales fueron adoptados por cristianos heterodoxos cuyo trabajo conocía bien Jung, tales como Dionisio Areopagita a finales del siglo VI y Enrique Cornelio Agripa a finales del siglo XVI.[124] Estas prácticas teúrgicas proporcionaron la base de la mayor parte de los grimorios de la Edad Media y de principios de la época moderna: los textos fundacionales de la tradición mágica occidental, repleta de formas angélicas y demoníacas cuyos dones, por convicción o por coacción, podían a veces llevar a la angelificación del ser humano. La invocación de un «Yo superior» angélico apareció también en las corrientes del esoterismo judío del período medieval. Abraham ibn Ezra (1089-1164), un polímata, astrólogo y filósofo judío del siglo XII, cuya obra conocía Jung,[125]

Moses of Sinai and the Moses of Egypt: Moses as Magician in Jewish Literature and Western Esotericism», *Aries,* vol. 4:2, pp. 148-170 (2004).

122. Para invocación angélica en la literatura judía de la antigüedad tardía, *véase* Rebecca Macy Lesses, «Speaking with Angels», *Harvard Theological Review,* vol. 89:1, pp. 41-60 (1996); Peter Schäfer, «Jewish Magic Literature in Late Antiquity and the Early Middle Ages», *Journal of Jewish Studies,* vol. 41:1, pp. 75-91 (1990).

123. El ángel guardián se parece también al *parados* o «ayudante espiritual» de los Papiros Mágicos Griegos; véase Betz, *The Greek Magical Papyri, op. cit.,* p. 160. Jung tuvo acceso a las referencias y comentarios de Dieterich sobre los Papiros Mágicos en *Das Mithrasliturgie.*

124. Para la teúrgia angélica de Dionisio, véase Wear and Dillon, *Dionysius the Areopagite, op. cit.,* pp. 117-129; Gregory Shaw, «Neoplatonic Theurgy and Dionysius the Areopagite», *Journal of Early Christian Studies,* vol. 7, pp. 573-599 (1999).

125. *Véase* Jung, CW9ii, p. 169.

describió los mundos superiores angélicos de una manera muy parecida al *mundus imaginalis* tal como lo presentó Jámblico, en el cual, a través del ritual teúrgico, el ser humano puede experimentar la conexión «natural e indivisible» con lo divino.[126] La imaginación, a través de la cual se pueden percibir estos mundos celestes, es el «cuerpo espiritual» o «vehículo espiritual» del alma.[127]

Ibn Ezra afirmaba que el alma humana se deriva originariamente de esta esfera celestial.[128] Del mismo modo, cada una de las esferas estelares y planetarias tiene su propia alma y se esfuerza por regresar a su fuente, del mismo modo que lo hace el alma humana. Ibn Ezra se refería específicamente a estas almas planetarias y estelares como ángeles, estableciendo un vínculo directo con los *daimones* astrales descritos por Porfirio y Jámblico.[129] El ser humano que busca una experiencia de las esferas superiores tiene que aprender a ver a través de «las pupilas de tu corazón».[130] A través del conocimiento de su propia alma, la persona, en tanto que microcosmos, puede descubrir el conocimiento del universo en tanto que macrocosmos; a los ángeles se puede acceder desde dentro porque *están* dentro. La idea de Ibn Ezra del objetivo del viaje

---

126. Jámblico, *De mysteriis, op. cit.*, I.3. Véase también Henry Corbin, «Mundus Imaginalis, or the Imaginary and the Imaginal», trad. Ruth Horine, *Cahiers internationaux de symbolism,* vol. 6, pp. 3-26 (1964).
127. Véase Dinamore, *Iamblichus and the Theory of the Vehicle of the Soul, op. cit.* Sobre la transmisión de la idea en los siglos XV y XVI, véase D. P. Walker, «The Astral Body in Renaissance Medicine», *Journal of the Warburg and Courtauld Institutes,* vol. 21:1/2, pp. 119-133, en p. 123 (1958). Para referencias alquímicas al cuerpo «espiritual» o «astral», véase Agripa, *De occulta philosophia,* I:5, III:50; Martin Ruland, *A Lexicon of Alchemy or Alchemical Dictionary* (York Beach, ME: Samuel Weiser, 1984 [1893]), p. 182; Paracelso, *Sämtliche Werke,* ed. Karl Sudhoff, 14 volúmenes (Múnich y Berlín: Oldenbourg, 1922-1933), VIII:161-170.
128. Abraham ibn Ezra, *Commentary to Exodus* 3:15, citado en Aaron Hughes, «The Three Worlds of ibn Ezra's Hay ben Meqitz», *Journal of Jewish Thought and Philosophy,* vol. 11:1, pp. 1-24, en p. 5 (2002).
129. Abraham ibn Ezra, *Pirqei rabbi 'Eli'ezer* (Capítulos de Rabí Eliezer), MS HUC 75ff.4b y 6b, citado en Elliot R. Wolfson, «Merkavah Traditions in Philosophical Garb», *Proceedings of the American Academy for Jewish Research,* vol. 57, pp. 179-242 (1990-1991).
130. Hughes, «The Three Worlds», *op. cit.* p. 14.

interior es un reflejo de la idea de la teúrgia de la antigüedad tardía: el individuo se transforma a través de la experiencia directa de lo divino. Y en la terminología psicológica de Jung, la conciencia individual se transforma a través de la experiencia directa del Sí Mismo.

En círculos esotéricos medievales judíos se desarrollaron complejos rituales teúrgicos que no pretendían otra cosa que facilitar una visión de lo divino que pudiera culminar con la angelificación del ser humano.[131] La obra de Eleazar de Worms (1176-1238) continuaba resonando en los inicios del período moderno, y más allá de ellos, a través de compilaciones mágicas tales como el *Sefer ha-Raziel* (*Libro del Ángel Raziel*), otro libro con el cual estaba familiarizado Jung.[132] Eleazar, al igual que ibn Ezra, adoptó la idea del «vehículo espiritual» de los neoplatónicos, hecho de la misma sustancia que los ángeles y, en sí mismo, una forma angélica; a través de esta imagen de la divinidad dentro del ser humano, denominada el *tselem,* se podía acceder a los mundos superiores.[133] Eleazar sostenía que este ángel interior regía el signo zodiacal bajo el cual había nacido la persona:

> Cada ángel que es un arconte del signo zodiacal de la persona cuando es enviada abajo tiene la imagen de la persona que está bajo él... Y éste es el significado de «Y Dios creó al hombre a su imagen».[134]

Cada individuo, por tanto, tiene un ángel astral interior cuando nace en el mundo físico. El «arconte del signo zodiacal de la persona» de Eleazar es un reflejo de la idea neoplatónica del *oikodespotes* en el horóscopo natal, dado que hace referencia, no al signo en el cual el Sol estaba situado, sino al regente planetario del Ascendente. Esto supone

131. Véase Elliot Wolfson, «Theosis, Vision, and the Astral Body in Medieval German Pietism and the Spanish Kabbalah», en Nicholas Campion y Liz Greene (eds.) *Sky and Symbol* (Lampeter: Sophia Centre Press, 2013), pp. 119-142.

132. *Véase* Jung, CW14, p. 572, n.º 106.

133. Para una discusión detallada del *tselem,* véase Gershom Scholem, *On the Mystical Shape of the Godhead,* trad. Joachim Neugroschel, ed. Jonathan Chipman (Nueva York: Schocken Books, 1991), pp. 251-273.

134. Eleazar de Worms, *Hokhmah ha-Nefesh* (Benei Beraq, 1987), Cap. 48:80, citado en Wolfson, «Theosis and the Astral Body», *op. cit.,* p. 131.

una comprensión profundamente psicológica de la entidad angélica: la forma del ángel es la expresión imaginada de una dimensión psíquica del individuo, que a su vez encarna en forma humana un complejo celestial de cualidades y significados astrales encarnados en el alma y en su destino en la vida mortal.

Los grimorios de Jung

Uno de los textos mágicos más importantes del período medieval recibe el nombre latino de *Liber Razielis* o «Libro de Raziel».[135] Esta obra es especialmente relevante a la hora de hablar del uso ritual de la imaginación en Jung.[136] El *Liber Razielis* es una traducción latina del hebreo *Sefer ha-Raziel*.[137] Contiene grandes porciones de la obra de Eleazar de Worms, y fue también la fuente principal del grimorio de principios del modernismo conocido como *Los libros sexto y séptimo de Moisés,* un libro que se hallaba en la biblioteca de Jung y que, en el *Liber Novus,* el propio Jung decía que pertenecía al mago Filemón.[138] El *Moisés* es una

135. Sobre la importancia de esta obra, véase Sophie Page, «Uplifting Souls: The *Liber de essentia spirituum* and the *Liber Razielis*», en Claire Fanger (ed.), *Invoking Angels* (University Park: Penn State University Press, 2012), pp. 79-112. Véase también Don Karr, *Liber Salomonis,* en <www.digital-brilliance.com/kab/karr/Solomon/LibSal.pdf> La versión original en hebreo es conocida como *Sefer ha-Raziel;* véase Joseph Dan, «Book of Raziel», en *Encyclopaedia Judaica* 13:15691-15693. Para una traducción en inglés, véase Steve Savedow (ed. y trad.), *Sepher Rezial Hemelach* (York Beach, ME: Samuel Weiser, 2000).
136. *Véase* Jung, CW13, p. 173.
137. Para las diversas versiones MS del *Sefer ha-Raziel,* que son muy anteriores a su publicación en 1701, véase François Secret, «Sur quelques traductions du Sefer Raziel», *REJ,* vol. 128, pp. 223-245 (1969). Para una discusión posterior, véase también Ioan P. Couliano, *Eros and Magic in the Renaissance,* trad. Margaret Cook (Chicago: University of Chicago Press, 1987), p. 167.
138. Según Joseph Peterson, el traductor más reciente del *Moisés,* el núcleo de este grimorio lo proporcionaba el *Liber Razielis;* véase Joseph Peterson (ed. y trad.), *The Sixth and Seventh Books of Moses* (Lake Worth, FL: Ibis Press, 2008), p. ix. La edición de Jung del *Moisés* era la de Johann Scheible (ed.), *Das sechste und seibente Buch Mosis* (Nueva York: William Radde, 1865).

obra de magia astral, dado que, como otros tantos grimorios, ofrece diálogos con seres *daimónicos* relacionados con significantes planetarios y zodiacales, además de estar arraigado en una cosmología astral que se remonta a orígenes gnósticos, herméticos, judíos primitivos y neoplatónicos. Había otros textos de este tipo en la biblioteca de Jung, que podrían ser mejor comprendidos como teúrgicos, en tanto en cuanto tratan del ascenso del alma a una forma de gnosis o experiencia unitiva, y no se ocupan principalmente de la *goeteia* «inferior». Da la impresión de que, para cuando Jung comenzó a trabajar sobre el *Liber Novus,* ya estaba intrigado con la magia y con las transformaciones psicológicas que podían darse mediante técnicas que utilizaban la imaginación de forma ritual como vía.

Quizás la obra mágica más conocida para aquellos que se hallaban fuera del círculo de expertos en magia medieval y de principios de la era moderna sea la biblia para aspirantes a magos del siglo XVI de Enrique Cornelio Agripa von Nettesheim: *De occulta philosophia,* un completo tratado en tres volúmenes sobre astrología, alquimia y magia cabalista. Agripa, al igual que el autor del *Moisés,* se basó en el *Sefer ha-Raziel* como fuente material.[139] Jung tenía dos ediciones del texto de Agripa en alemán, uno publicado en 1855 y otro en 1916,[140] así como dos extrañas ediciones latinas, publicadas respectivamente en 1584 y 1653, de otra de las obras de Agripa, *On the Vanity of All Arts and Sciences (De la vanidad de todas las artes y las ciencias).*[141]

Igualmente significativo en relación con el *Liber Novus* resulta el hecho de que Jung adquiriera también un grimorio publicado en alemán a principios del siglo XVIII, supuestamente por un mago judío medieval llamado Abraham de Worms,[142] titulado *Buch der wahren*

139. Peterson (ed. y trad.), *Sixth and Seventh Books of Moses, op. cit.,* p. ix.

140. Enrique Cornelio Agripa von Nettesheim, *Die Cabbala des E. C. A. von Nettesheim* (Stuttgart: Johann Scheible, 1855); *H. C. Magische Werke den gehimnisvollen Schriften des Petrus von Abano* (Berlín: Hermann Bardsdorf, 1916).

141. Enrique Cornelio Agripa von Nettesheim, *De incertidome & vanitate ómnium scientiarum & artium liber* (Hagae-Comitum: A. Ulacq, 1653).

142. Sobre la identidad de Abraham de Worms, véase Raphael Patai, *The Jewish Alchemists* (Princeton, NJ: Princeton University Press, 1995), pp. 272-288; Bernd Roling, «The Complete Nature of Christ», en Jan N. Bremmer y Jan R. Veens-

Praktik in der uralten göttlichen Magie und in erstaunlichen Dingen.[143] Este libro, dividido en cuatro partes, es la primera versión impresa de una obra conocida en inglés como *The Book of Abramelin (El libro de Abramelín).* Según Lon Milo DuQuette, que escribió el prólogo para una nueva traducción al inglés de este libro, publicada en 2006, el manuscrito original fue escrito entre 1387 y 1427.[144] Una gran porción del libro tres de *Abramelín,* relacionada con la invocación de diversos ángeles y espíritus astrales, se halla duplicada en *Los libros sexto y séptimo de Moisés.*[145] La primera traducción al inglés del *Abramelín* la realizó Samuel Liddell MacGregor Mathers, uno de los fundadores de la Orden de la Aurora Dorada, a finales del siglo XIX.[146] Merced a la traducción de Mathers y a la publicidad que hizo Aleister Crowley de los rituales del libro, así como a la publicación de dos nuevas ediciones en el siglo XX, en inglés y alemán, *Abramelín* sigue siendo una obra popular en los círculos ocultos contemporáneos.[147]

El *Abramelín* ofrece un ritual astrológico y angelológico concreto que, según su autor, le fue transmitido por un mago judío-egipcio llamado Abramelín. El objeto del ritual de *Abramelín,* que requiere de dieciocho meses de arduos preparativos a base de ayuno, abstinencia y diversos ejercicios psico-espirituales, es una forma de gnosis que da lugar a la transformación del mago y a la potestad de dar órdenes a espí-

---

tra (eds.), *The Metamorphosis of Magic* (Leuven: Peeters, 2002), pp. 231-266, en pp. 245-246.

143. Abraham de Worms, *Die egyptischen großen Offenbarungen, in sich begreifend die aufgefundenen Geheimnisbücher Mosis* (Colonia: Peter Hammer, 1725).

144. Lon Milo DuQuette, «Foreword», en Abraham de Worms, *The Book of Abramelin,* ed. Georg Dehn, trad. Steven Guth (Lake Worth, FL: Nicolas-Hays, 2006), p. XIII.

145. Es probable que ambas obras se basaran en el *Sefer ha-Raziel.* El *Moisés* es probable que se basara en la versión latina, el *Liber Razielis,* en tanto que el *Abramelin* puede haberse basado directamente en la versión hebrea, más antigua.

146. S. L. MacGregor Mathers (ed. y trad.), *The Book of the Sacred Magic of Abramelin the Mage* (Londres: John M. Watkins, 1897). Mathers utilizó una versión francesa incompleta del texto.

147. La nueva edición en alemán es *Buch Abramelin das ist Die egyptischen großen Offenbarungen* (Leipzig: Editions Araki, 2001).

ritus «irredentos». Según Mathers, que fue el primer traductor del libro al inglés, el propósito del ritual es:

> Mediante la pureza y la negación de uno mismo poder conocer al Ángel Guardián de uno y poder conversar con él, para que, de este modo y a partir de ahí, alcancemos el derecho a utilizar a los Espíritus Malignos como servidores nuestros en todos los asuntos materiales.[148]

Según Abraham, tras un largo período de preparación ritual:

> Tuve esta visión en humildad y dicha durante tres días seguidos. Mi ángel guardián me instruyó amorosa y amistosamente. Me dio explicaciones sobre la sabiduría divina y la Cábala, y después me explicó con detalle la verdad completa de esta magia.[149]

Se podría decir algo muy parecido del Filemón de Jung, quien, según comenta él mismo en el *Liber Novus,* le enseñó los secretos de la magia. Según DuQuette, el Santo Ángel Guardián del *Abramelín* «es una entidad divina vinculada de manera singular a cada persona; en esencia, es el compañero anímico espiritual personal del mago».[150] Aunque DuQuette sugiere la existencia de antecedentes en las prácticas yóguicas de la India, es más probable que la fuente de esta idea en las corrientes mágicas occidentales del período medieval se halle en el concepto neoplatónico del *oikodespotes* y en la idea judía del *maggid,* si bien se invocaba a ambos para la transformación del alma, más que como un medio a través del cual dar órdenes a demonios «irredentos».[151]

Aunque es improbable que Jung se dedicara a invocar espíritus irredentos, salvo en el contexto psicológico de su concepto de «sombra» –es decir, los elementos problemáticos e inaceptables del inconsciente per-

---

148. Mathers (ed. y trad.), *The Book of the Sacred Magic of Abramelin, op. cit.,* XXVI.
149. *The Book of Abramelin, op. cit.,* I.7, p. 28.
150. DuQuette, «Foreword», en *The Book of Abramelin, op. cit.,* p. XV.
151. Además de la versión impresa del *Abramelín* que adquirió Jung, existen versiones manuscritas en alemán, hebreo e italiano, todas datadas a principios del siglo XVII. Véase Gershom Scholem, *Kabbalah* (Nueva York: Meridian, 1978), p. 186.

sonal[152]– no resulta difícil comprender por qué se interesó en el *Abramelín* desde una perspectiva psicológica. Filemón, en los contextos religiosos judeocristianos, podría entenderse como una especie de ángel guardián, así como una imagen arquetípica de la sabiduría del inconsciente colectivo. También es probable que Jung cayera en la cuenta de los paralelismos existentes entre el «Santo Ángel Guardián» del *Abramelín* y el *oikodespotes* neoplatónico, pues ambos poseen un estatus liminar interior y psicológico, así como objetivo y celestial, ambos son habitantes del *mundus imaginalis,* y ambos hacen de puente entre el microcosmos individual y el macrocosmos universal. Es posible que Jung intentara realizar el ritual del *Abramelín* de una forma adaptada a su comprensión psicológica de la teúrgia de Jámblico, de la magia astral de inspiración neoplatónica que desarrolló Marsilio Ficino a finales del siglo XV[153] y de los *exercitia* de Loyola, y que experimentara la presencia de un guía interior imaginal al cual se refería como «mi psicagogo», al cual denominó Filemón.[154]

Que Jung estaba profundamente interesado en la magia ritual no debería de sorprendernos, dado que la frontera entre las prácticas mágicas y las exploraciones psicológicas es frágil y está cambiando constantemente. Las investigaciones de Jung pasaron desde los grimorios de la antigüedad tardía, la época medieval y los inicios del modernismo hasta la literatura de órdenes mágicas contemporáneas como la Fraternitas Saturni, cuyas revistas estuvo adquiriendo durante un breve período de tiempo a finales de la década de 1920, una orden que promulgaba la idea de una inminente nueva «Era de Acuario» gobernada por

---

152. Para la teoría junguiana de la «sombra», *véase,* entre muchas referencias, Jung, CW10, pp. 444-457; Jung, CW9ii, pp. 13-19. Para las ideas de Jung acerca de los demonios como compulsiones psicológicas, *véase* Capítulo 2.

153. Jung estaba familiarizado con la obra de Ficino; *véase* las muchas referencias en Jung sobre él, CW20. Para discusiones del uso que hace Ficino de las imágenes planetarias como *sunthemata* para invocar las potencias celestiales, véase Couliano, *Eros and Magic, op. cit.,* pp. 32-34.

154. Para la descripción que hace Jung de su primer encuentro con Filemón, *véase* Jung, *MDR, op. cit.,* pp. 207-210. Según Shamdasani, Filemón aparece por primera vez en los *Libros Negros* el 27 de enero de 1914; véase Shamdasani, «Introduction», en Jung, *Liber Novus, op. cit.,* pp. 200-201.

el planeta Saturno.[155] Sonu Shamdasani apunta a un libro publicado en 1912 por Ludwig Staudenmaier, un profesor alemán de química, titulado *Magic as an Experimental Science (La magia como ciencia experimental).* Este libro detalla los experimentos de Staudenmaier con la «escritura automática» y con alucinaciones visuales inducidas deliberadamente. El objetivo de los esfuerzos de Staudenmaier era, según Shamdasani, «proporcionar una explicación científica a la magia».[156] Jung estaba en posesión de un ejemplar de este libro y marcó varios pasajes en él. Restringido por las convenciones y las expectativas culturales de su época y de su profesión, Jung halló no obstante el coraje suficiente para reconocer la importancia de esta zona liminar, donde podían encontrarse atisbos psicológicos en las aplicaciones de la magia ritual para el desarrollo de la conciencia humana a través de la imaginación, ese «órgano del alma» a través del cual se podía acceder a los mundos invisibles.

El hecho de que haya evidencias de que Jung practicó la magia y leyó libros de magia –o, quizás, siendo más precisos, teúrgia– no indica de forma automática que fuera un «creyente» en el sentido en que lo eran Agripa y MacGregor Mathers, o que invocara a entidades astrales todas las noches antes de irse a dormir. Para Jung, todo, en última instancia, debía de entenderse desde dentro del contexto de la psicología humana. La magia es un tema que, incuestionablemente, se halla plenamente presente en el *Liber Novus.* Y la magia astral –esos rituales que buscan el ascenso del alma a través de las esferas planetarias, con el fin

155. Jung adquirió cinco volúmenes de la revista de la Fraternitas Saturni, *Saturn Gnosis,* fechadas entre julio de 1928 y marzo de 1930. Para la única publicación en inglés sobre esta orden altamente secreta, véase Stephen E. Flowers, *The Fraternitas Saturnii or Brotherhood of Saturn* (Smithville, TX: Rûna-Raven Press, 2006 [1990]); véase también Hakl, *Eranos, op. cit.,* p. 38. Para publicaciones en alemán escritas por aquéllos vinculados a la orden, véase Aythos, *Die Fraternitas Saturni* (Múnich: ARW, 1979); Frater V. D., *Die Fraternitas Saturni heute* (Büllingen: Verlag Ralph Tegtmeier Nachf, 1994). La Orden todavía existe hoy en día y se puede encontrar en <www.fraternitas.de>.

156. Ludwig Staudenmaier, *Die Magie als Experimentelle Narurwissenschaft* (Leipzig: Akademische Verlagsgesellschaft, 1912). Véanse las notas de Shamdasani sobre Staudenmaier en Jung, *Liber Novus, op. cit.,* p. 200.

de quebrar las cadenas compulsivas del destino astral– también destacan de forma prominente en varios volúmenes de sus *Obras Completas*. En el *Liber Novus,* aparece un ritual mágico para invocar al dios-Sol, inspirado en parte por la invocación ritual de la *Liturgia de Mitra*. Un tipo similar de invocación, que nos recuerda a un buen número de temas de la traducción al inglés de Thomas Taylor del órfico *Himno a Protógono*, aparece en uno de los *Libros Negros,* dedicado al nuevo dios del Aión, la deidad primordial órfica Fanes.[157] En cuanto a la naturaleza «real» de sea lo que sea que responda a tales invocaciones, Jung veía a esas entidades como personificaciones imaginales de las potencias arquetípicas del inconsciente colectivo. Sin embargo, no es probable que esta explicación conforte a aquellos que esperan encontrar verificaciones científicas rigurosas en las zonas liminares.

157. Véase Greene, *The Astrological World of Jung's 'Liber Novus'*, *op. cit.*, capítulos 2 y 6.

Lámina 1. Un ejemplo de melotesia, de un calendario de Stegmüller von Wisensteig, 1443, Furstliche Furstenbergische Hofbibliotek, Donauschingen, Cod. 494

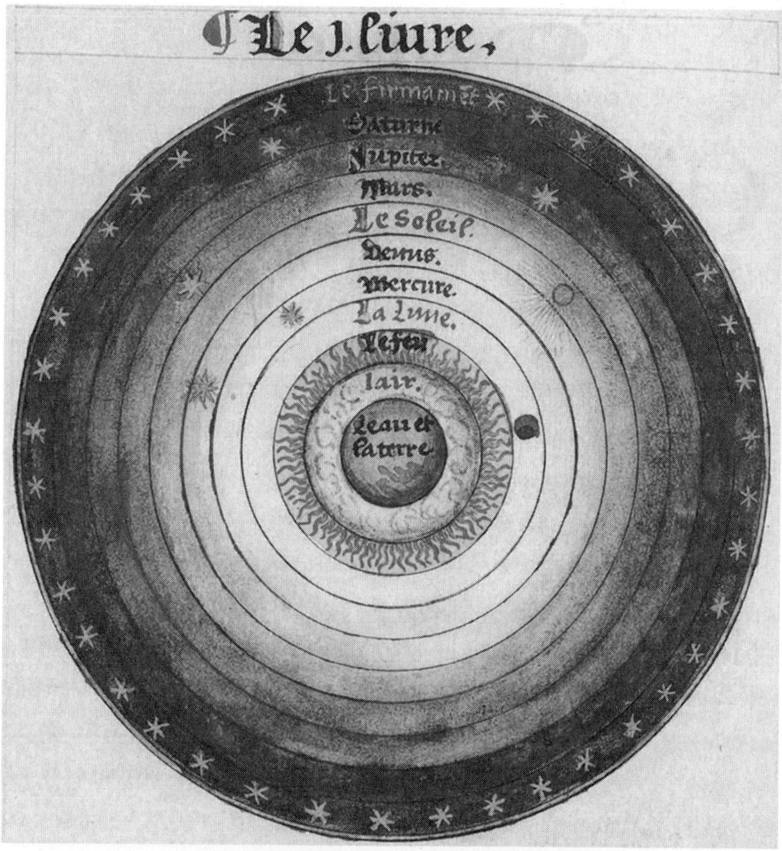

Lámina 2. El cosmos aristotélico, donde se ven las esferas planetarias con el corruptible reino sublunar de los cuatro elementos por debajo de la esfera de la Luna. Oronce Finé, *De mundi sphaera sive cosmographica* (París: Michael Vascosanus, 1549), Folio 8 verso, Houghton Library, Universidad de Harvard

Lámina 3. La deidad solar con cabeza de león Chnoubis o Chnoumis, que Jung utilizó en su cuadro cosmológico titulado *Systema Munditotius*. Intaglio, Kelsey 26118, Bonner 91, ©Genevra Kornbluth

Lámina 4. Estatua de *Aion:* el dios mitraico con cabeza de león Aión, romano, entre los siglos II y III e. c., Museo Gregorio Profano, Vaticano

Lámina 5. «El camino de lo venidero», en Jung, *Liber Novus, op. cit.*, p. 229, ©2007 Foundation of the Works of C. G. Jung, utilizada con permiso de W. W. Norton & Co., Inc.

Lámina 6. Portada de *Origines de tous les cultes,* de Dupuis (París: H. Agasse, 1795)

5

«El gran destino»

El carácter del hombre es su destino.[1]

—Heráclito

Destino y alma no son más que dos nombres del mismo principio.[2]

—Novalis

Los antiguos idearon la magia para obligar al destino. La necesitaban para determinar el destino exterior. Nosotros la necesitamos para determinar el destino interior y para encontrar el camino que somos incapaces de concebir.[3]

—C. G. Jung

1. Heráclito, DK B119, en Kahn (trad.), *The Art and Thought of Heraclitus, op. cit.*, p. 81.
2. «Schicksal und Gemut sind Namen eines Begriffes». Friedrich von Hardenberg [Novalis], *Heinrich von Oftendinge,* trad. John Owen (Cambridge: Cambridge Press, 1842), Segunda parte, p. 84, en <www.gutenberg.org/files/31873/31873-h/31873-h.htm>
3. Jung, *Liber Novus, op. cit.*, p. 311.

Una rosa con cualquier otro nombre

Al igual que los caminos que llevan a Roma, cualquier discusión sobre la astrología de Jung tiene que llevar, más pronto o más tarde, a la pregunta de cómo entendía Jung el destino. La astrología y las especulaciones filosóficas acerca del destino han estado estrechamente ligadas desde sus orígenes. Un buen número de textos astrológicos modernos han abordado, con un lenguaje más contemporáneo, la pregunta de si el destino del individuo está escrito en el horóscopo. A veces se utilizan otras palabras distintas a «destino», palabras con matices diferentes, como «sino».[4] En la segunda mitad del siglo XX, muchos astrólogos comenzaron a rechazar la idea de un destino fatídico y empezaron a hablar de «tendencias», en lugar de recurrir a la antigua idea de la *Heimarmene,* la «compulsión de las estrellas». Un ejemplo de esta modernización del destino astral fue la ofrecida por el astrólogo británico Jeff Mayo (1921-1998), cuando declaró categóricamente:

> Un aspecto astrológico con respecto al futuro puede tener su correspondencia con cualquiera de entre una variedad de posibilidades, en su mayor parte dependientes de la «libertad de elección» del individuo implicado, aun cuando ese aspecto sigue prediciendo la *tendencia* real de las circunstancias, o la *naturaleza* de la reacción del individuo ante tal situación.[5]

Otros astrólogos aceptaron en principio la idea del destino astral, pero sugerían que guardaba relación exclusivamente con las circunstancias físicas de la persona, y no con su alma. Este enfoque cuasi-platónico, cuasi-gnóstico, lo expresó bien la astróloga británica Margaret Hone (1892-1969) en 1951:

---

4. Véase, por ejemplo, Dane Rudhyar, *The Astrology of America's Destiny* (Nueva York: Random House, 1974). *The Astrology of America's Fate* no habría encajado con el espíritu de los tiempos. *(N. del T.:* La autora diferencia entre los términos ingleses *destiny* y *fate,* que son sinónimos, y que aquí hemos traducido como «destino» y «sino»)
5. Jeff Mayo, *Astrology* (Londres: Teach Yourself Books, 1964), p. 6.

> En la medida en que un hombre se identifica a sí mismo con su yo físico y con el mundo físico que le rodea, se convierte en parte indisoluble de él y se ve sujeto a los patrones cambiantes que forman los planetas en sus órbitas. Sólo mediante el reconocimiento de aquello que siente como más grande que él mismo podrá llegar a sintonizar con lo que está más allá del patrón terrestre. De este modo, aunque quizás no pueda eludir los acontecimientos terrestres, sí podrá «decidir» que su verdadero yo es libre de reaccionar o no ante ellos, merced a la doctrina de la «aceptación» libre y voluntaria.[6]

Este enfoque nos concede cierta forma de libertad al tiempo que se reconoce el destino; pero supone un dualismo de espíritu y materia que era ajeno a la visión de Jung de la unidad esencial.

En la antigüedad, el destino astral se entendía de formas diferentes, según los sistemas filosóficos y religiosos. Determinados fragmentos herméticos afirmaban que el destino astral actúa sobre el cuerpo, o sobre las dimensiones inferiores del alma, pero que el alma superior o *nous* sigue estando libre de su influjo:

> Disponemos del poder de elegir; está dentro de nuestras prerrogativas elegir lo mejor, así como [elegir] lo peor, según sea nuestra voluntad. Y si [nuestra] elección se aferra a las cosas malas, se junta con la naturaleza corpórea; [y] por este motivo el Destino gobierna sobre aquel que toma esta decisión. Ya que, entonces, la esencia intelectual en nosotros es absolutamente libre… a este respecto el Destino no la alcanza.[7]

---

6. Margaret Hone, *The Modern Textbook of Astrology* (Londres: L. N. Fowler, 1951), p. 17.
7. Estobeo, Fragmento XX, en Mead, *Thrice-Greatest Hermes, op. cit.,* III:XX:2, pp. 84-85.

Éste es el punto de vista que repetía la astróloga Margaret Hone a mediados del siglo XX. En ciertos tratados gnósticos, como el *Apócrifo de Juan,*[8] se halla presente la idea de que cada arconte planetario coloca una membrana psíquica sobre el alma humana cuando ésta desciende hacia la encarnación. Esto trae como consecuencia la existencia de un vehículo-alma de siete capas, cada una de las cuales se halla bajo la regencia de uno de los siete arcontes.[9] Estas capas, denominadas colectivamente como el «espíritu de falsificación», se entendían como algo de carácter maligno, reflejando así la idea de que los arcontes planetarios ligaban al alma a la materia a través de compulsiones libidinosas, e impedían que el alma recordara su divino origen.[10]

En los primitivos contextos cristianos, la idea de la *Heimarmene* constituía un tema importante en el discurso teológico, en tanto que el destino astral se veía como algo carente de autoridad ante cualquier persona que hubiera pasado por el bautismo cristiano. Durante el período medieval, el enfoque dualista presentado en los tratados herméticos y gnósticos reemergió como una idea aceptable dentro del cristianismo, debido en gran medida a las enseñanzas del sacerdote dominico y filósofo aristotélico Tomás de Aquino (1225-1274). Se entendía que el destino dictado por las estrellas incumbía a los deseos y necesidades físicas, dado que el cuerpo pertenecía al reino «sublunar» corruptible en el contexto de la cosmología aristotélica *(véase* Lámina 2). Pero el alma

---

8. Las fuentes de Jung del *Apócrifo de Juan,* el principal exponente gnóstico de este enfoque sobre el destino astral, fueron Ireneo, *Irenaei episcopi lugdunensis contra omnes haereses* (Oxford: Thomas Bennett, 1702), y Mead, *Fragments, op. cit.,* pp. 580-582. Dos versiones más del *Apócrifo* se encontraron en Nag Hammadi, en Egipto, en 1945; *véase Aprocryphon of John,* trad. Frederick Wisse, en James McConkey Robinson (ed.), *The Nag Hammadi Library in English* (Leiden: Brill, 1977), pp. 98-116.
9. Sobre el «vehículo-alma» de siete capas en el *Apócrifo,* véase Roelof Van den Broek, «The Creation of Adam's Psychic Body in the *Apocryphon of John*», en Roelof Van den Broek y M. J. Vermaseren (eds.), *Studies in Gnosticism and Hellenistic Religions* (Leiden: Brill, 1981), pp. 38-57.
10. Sobre las cualidades malignas del «espíritu de falsificación» en las doctrinas gnósticas, véase Van den Broek, «The Creation of Adam's Psychic Body», *op. cit.;* Couliano, *The Three of Gnosis, op. cit.,* pp. 102-105.

pertenecía a Dios y estaba más allá del alcance de las influencias astrales.[11]

Los filósofos modernos no han podido llegar a un acuerdo más inclusivo que sus antiguos predecesores.[12] El término «destino» ha sido reemplazado por el término «determinismo», una palabra menos proclive a vinculaciones religiosas y más adaptable a los poderes económicos, climáticos, sociales y políticos que a los poderes astrales. Pero Jung seguía profundamente preocupado por el problema del destino en lo relacionado con los cuerpos celestes. Echó un vistazo a Kant, a Schopenhauer y a Nietzsche en busca de iluminación filosófica, pero tuvo que regresar a los neoplatónicos, a los estoicos, los herméticos y los gnósticos en busca de ideas más prácticas acerca de este dilema; simplemente porque, en estas antiguas corrientes, el destino astral se hallaba en el centro del discurso. Las psicologías y las psiquiatrías modernas también se preocupan por la cuestión del destino. Pero, en las escuelas de psicología cognitiva y conductual, al igual que en la filosofía, el discurso astrológico se ha desvanecido en gran medida,[13] y al destino se le dan habitualmente otros nombres. En el campo de la psiquiatría orgánica, cada vez se lo vincula más con el estudio de la genética, y ahora se hace referencia a él como «mapa del destino genético».[14]

---

11. Véase Tomás de Aquino, *Summa Contra Gentiles,* trad. Anton C. Pegis, James F. Anderson, Vernon J. Bourke y Charles J. O'Neil (Nueva York: Hanover House, 1955-1957), III.84-87, 91-92. Véase también Campion, *A History of Western Astrology, op. cit.,* pp. 49-51.
12. Para discusiones sobre libre albedrío y determinismo, relevantes para Jung, véase Arthur Schopenhauer, *Prize Essay on the Freedom of the Will,* trad. Eric F. J. Payne, ed. Günter Zöller (Cambridge: Cambridge University Press, 1999 [1839]); Emmanuel Kant, *Critique of Practical Reason,* trad. Lewis White Beck (Upper Saddle River, NJ: Prentice-Hall, 1993 [1788]), edición en castellano bajo el título *Crítica de la razón práctica*, publicado por Tecnos, Madrid, 2017.
13. No se ha desvanecido por completo. Véase Hans Jurgen Eysenck y David K. B. Nias, *Astrology: Science or Superstition?* (Nueva York: St. Martin's Press, 1982).
14. Véase, por ejemplo, J. C. Kim y S. M. Dumecki, «Genetic Fate-Mapping Approaches», *Methods in Molecular Biology,* vol. 493, pp. 65-85 (2009); Stanley Fields y Mark Johnston, *Genetic Twists of Fate* (Cambridge, MA: MIT Press, 2010).

Naturaleza, cultura y reencarnación

El papel de la causalidad en el sufrimiento psíquico humano lleva invariablemente de vuelta a ese misterio que rodea al destino, sean cuales sean los sinónimos que se puedan adoptar para reemplazar esta palabra. Por ejemplo: ¿hay personas que sean inherentemente «malas» de nacimiento –que estén genéticamente programadas (y, por tanto, destinadas) a hacer cosas malas? ¿O bien se hacen «malas» (y, por tanto, están igualmente destinadas) a través de la presión de unas circunstancias externas que no pueden elegir? Y si es así, ¿tienen alguna opción posteriormente o disponen de la posibilidad de sanar merced a los adecuados recursos sociales y clínicos?

En términos generales, han surgido dos enfoques que forman la espina dorsal del llamado debate naturaleza-cultura (o crianza) en las psicologías modernas. La primera conclusión, arraigada en la teoría del «condicionamiento clásico» desarrollada por el fisiólogo ruso Ivan Petrovich Pavlov a principios del siglo XX, se adhiere a la idea de que el ser humano es una *tabula rasa* (una pizarra en blanco), y que, por tanto, se ve completamente influenciado por el condicionamiento ambiental. Los enfoques psicoterapéuticos que se basan en esta idea se sitúan bajo el paraguas de lo que denominamos terapias «conductuales».[15] La segunda conclusión, también causal, se basa en un enfoque exclusivamente biológico, en el cual la química del cerebro determina el futuro psico-físico de la persona.[16] Pero también se puede adoptar una posición a medio camino entre ambos extremos, en el cual la fisiología (naturaleza) y el entorno (cultura) están implicados, en diversos grados, en la construcción de la personalidad. En sus primeras aproximaciones

---

15. Sobre el trabajo de Pavlov (1849-1936), véase Ivan Petrovich Pavlov, *Conditioned Reflexes,* trad. G. V. Anrep (Oxford: Oxford University Press, 1927), traducido al castellano bajo el título de *Los reflejos condicionados,* por Morata, Madrid, 1997. Véase también Barbara R. Saunders, *Ivan Pavlov* (Berkeley Heights, NJ: Enslow, 2006).
16. Sobre esta perspectiva, véase Bernardo J. Carducci, *The Psychology of Personality* (Chichester: John Wiley & Sons, 2009; Susan Hart, *Brain, Attachment, Personality* (Londres: Karnac, 2008).

al trabajo psiquiátrico, parece que Jung probó con este enfoque, al declarar:

> El interminable dilema entre cultura y naturaleza es siempre una cuestión de demasiado o poco, nunca de esto o lo otro.[17]

Sin embargo, para cuando comenzó a trabajar con el *Liber Novus,* parece que Jung había adoptado un tercer enfoque, un enfoque aceptado en la antigüedad tardía, pero que es impopular hoy en día dentro de la medicina y la psiquiatría orgánica, porque es acausal y se resiste a toda demostración mediante metodologías científicas. Tal enfoque percibe el destino del ser humano a través de la encarnación de un carácter inherente *a priori,* un Yo, o una constelación anímica que se expresa misteriosamente a través de las circunstancias externas de la vida de la persona. La fuente y la naturaleza de esta «esencia» inherente permanecen ocultas, lo cual apunta a un modo más intuitivo de especulación o, al menos, a tener que admitir que «probar» su existencia es imposible dentro de los actuales paradigmas de investigación. La idea de un temperamento inherente independiente, aunque complementario, tanto de la herencia genética como del entorno sugiere una teleología significativa de desarrollo interior, en lugar de la esclavitud estática ante unas circunstancias preestablecidas. También puede ir acompañada por la idea de que la intención de esta esencia, personificada por el *daimon*, se refleja en las cualidades del tiempo descritas por los patrones del horóscopo natal.

Parece que, con el transcurso del tiempo, este enfoque llegó a ser dominante en la comprensión del destino de Jung. En la antigüedad, esta idea venía normalmente acompañada por la creencia en sucesivas encarnaciones del alma; cada vida humana, su *daimon* individual y su destino concreto venían determinados por las decisiones tomadas en una vida anterior.[18] Cuanto más consciente era la persona de ello, más capaz sería de tomar decisiones conscientes y de desarrollarse creativamente dentro de los límites de aquello que no se puede cambiar. Esto

17. Jung, CW7, p. 41.
18. Sobre este tema en Platón, véase Platón, *Republic, op. cit.,* 617e-6620b.

traía como consecuencia una mayor armonía entre la persona y la intención del *daimon.* La idea de una serie de encarnaciones, en las cuales el «karma» o sustancia psíquica acumulada en una vida dada genera los retos y las recompensas de la vida siguiente, ha estado presente desde hace tiempo en las corrientes esotéricas occidentales, resucitando en tiempos modernos a través de Blavatsky y sus seguidores, mediante la asimilación del pensamiento hindú y el budista, así como de los conceptos platónicos y neoplatónicos, para terminar enlazando con una moralidad inequívocamente cristiana. Alan Leo, que asumió sinceramente esta idea y la incorporó en sus escritos astrológicos, insistía en que la astrología «no puede tener un valor permanente» si no incorpora la realidad de las vidas anteriores.[19]

El hecho de que Jung fuera receptivo a la idea de la reencarnación, posteriormente en su vida y posiblemente antes, viene indicado por lo que dice en *Recuerdos, sueños, pensamientos:*

> En algún lugar «ahí afuera» tiene que haber un determinante, una necesidad que condiciona el mundo... Este determinante creativo... debe decidir qué almas se sumergen de nuevo en el nacimiento... Es posible que ningún hechizo de vida tridimensional tenga sentido una vez que el alma haya alcanzado cierto estadio de comprensión; que ya no tenga que regresar... Pero si aún queda karma por eliminar, el alma vuelve a recaer en los deseos y vuelve a la vida una vez más, tal vez lo haga al darse cuenta de que aún quedan cosas por terminar.[20]

Jung especuló también sobre las «cosas por terminar» en su propia vida:

> Tuvo que ser el apasionado impulso por comprender lo que me llevó a nacer... No me costaría nada imaginar que pude vivir en siglos anteriores y que me encontré con cuestiones que aún no era capaz de responder; que

19. Alan Leo, *Esoteric Astrology* (Londres: Modern Astrology Office, 1913), p. VII.
20. Jung, *MDR, op. cit.*, pp. 353-354.

tenía que nacer de nuevo porque no había llevado a término la tarea que se me había encomendado.[21]

Jung hizo referencia a la reencarnación dentro del contexto del concepto oriental del karma, y reconoció también su importancia en la literatura platónica y neoplatónica. Además, era plenamente consciente de que las especulaciones modernas de la Teosofía se basaban en ambos enfoques. Annie Besant (1847-1933), que llegó a ser presidenta de la Sociedad Teosófica en 1907, describió explícitamente el vínculo entre el horóscopo natal y el ciclo del renacimiento:[22]

> El karma de vidas pasadas, el karma mental, emocional y el relacionado con los demás, exige materiales capaces de las más variadas expresiones... Según sea el temperamento, así será el momento del nacimiento del cuerpo; *tiene* que nacer en el mundo en un momento en que las influencias planetarias físicas sean las adecuadas, para así nacer bajo su «estrella» astrológica. No es la estrella la que impone el temperamento, sino el temperamento el que fija el momento del nacimiento bajo esa estrella.[23]

Jung insistía en que la idea del renacimiento «es inseparable de la del karma».[24] Una y otra vez se encontró en los libros de Alan Leo con la convicción de que el renacimiento y el karma están estrechamente ligados al momento del nacimiento físico y del horóscopo que surge de él. Aunque Jung no relacionó el renacimiento y el karma con la astrología en ninguna de sus obras publicadas, parece que sustentó gran parte de su comprensión sobre este tema en su propio horóscopo, sobre todo en lo relativo a lo que él veía como «cosas por terminar».

---

21. Jung, *MDR, op. cit.*, pp. 350 y 354.
22. Para más información sobre Annie Besant y su obra, véase Anne Taylor, *Annie Besant* (Oxford: Oxford University Press, 1991). Sobre las referencias despectivas de Jung con respecto a Besant, *véase* Jung, CW10, p. 176; Jung, CW10, p. 90; Jung, CW11, p. 859.
23. Annie Besant, *A Study in Consciousness* (Londres: Theosophical Publishing Society, 1904), pp. 98-100-
24. Jung, *MDR,* p. 349.

Destino e individuación

Jung se adhirió al antiguo enfoque acausal del destino durante, o poco después, de su ruptura con Freud. En *Psicología del inconsciente,* se entregó a uno de sus pasatiempos favoritos: las asociaciones etimológicas, en este caso vinculando la palabra griega destino, *Moira,* con distintas palabras relacionadas con la raíz indoeuropea *mer* o *mor,* «morir». A continuación, vinculó estas palabras con las «madres» divinas romanas, las *Matres* o *Matronae,* que son tanto las *Nornas* teutónicas como las *Moirai* griegas.[25] Esta asociación imaginativa de palabras, de raíces de palabras y símbolos es un aspecto del pensamiento de Jung que bien pueden cuestionar aquellos que creen que el lenguaje no es más que un instrumento de comunicación puramente semántico, construido culturalmente. Pero sea como sea, tanto si las digresiones analógicas de Jung constituyen un método «científico» como si no,[26] para cuando Jung comenzó a trabajar con el *Liber Novus* ya había establecido la ecuación entre destino y alma.

Esto podría ser la consecuencia del influjo sobre Jung de los escritores románticos germanos, como sería el caso de Novalis. También puede venir como consecuencia de los estudios astrológicos de Jung, sobre todo del estudio del tipo de astrología que propugnaba Alan Leo, que le llevó a lo que él consideraba una clara demostración de la existencia *a priori* de una estructura de carácter que se reflejaba, o era sincrónica, con el horóscopo natal. Leo había hablado del estrecho vínculo existente entre destino y carácter en su libro *Saturn: The Reaper (Saturno, el segador),* que Jung parece que adquirió poco después de su publicación en 1916. En el prólogo de este libro, Leo afirmaba: «El carácter es des-

25. Jung, *Psychology of the Unconscious, op. cit.,* p. 155.
26. Sobre las primeras exploraciones de Jung en este tipo de pensamiento analógico, véase Jung, CW2, trad. Leopold Stein (Londres: Routledge & Kegan Paul, 1969), publicado originalmente en alemán como una serie de artículos en *Journal für Psychologie und Neurologie* 3-16 (1904), y en inglés como *Studies in Word-Association,* trad. M. D. Eder (Londres: William Heinemann, 1918). Véase también Jung, «Concerning the Two Kinds of Thinking», en Jung, *Psychology of the Unconscious, op. cit.,* pp. 4-21.

tino».[27] Para Jung, las cualidades del propio tiempo, reflejadas en los símbolos astrológicos, constituían el destino astral, dado que el tiempo, como él mismo afirmó, «suele ser el símbolo del destino».[28] El instante del nacimiento sería, por tanto, una especie de instantánea, grabada en la carne, de aquellas «cualidades típicas de la libido en un momento dado». La profunda e insistente preocupación de Jung por la naturaleza del destino hubiera sido de esperar en alguien cuyo trabajo estuviera consagrado a la comprensión y la sanación del sufrimiento psíquico. Existen muchas referencias al enigma del destino y el libre albedrío en sus *Obras Completas,* así como en *Recuerdos, sueños, pensamientos* y en *Análisis de sueños.* En 1912, un año antes de que comenzara a trabajar sobre el *Liber Novus,* Jung identificó el destino con los arquetipos:

> El efecto de las imágenes inconscientes tiene algo de destino. Quizás, quién sabe, estas imágenes eternas son lo que los hombres entienden por destino.[29]

En *Psicología del inconsciente,* Jung decía del destino que es «la fuerza impulsora de la libido»:

> El poder del destino se hace sentir de forma poco agradable sólo cuando todo discurre en contra de nuestra voluntad; es decir, cuando ya no nos hallamos en armonía con nosotros mismos... El poder del destino se revela, visto de cerca, como una compulsión de la libido.[30]

Esta observación supone una percepción del destino profundamente interior, expresada no en términos de acontecimientos externos, sino como compulsiones internas que frustran toda buena intención de la conciencia y traen como consecuencia elecciones inconscientes que sumen a la persona en dolorosas circunstancias externas de difícil solución. El destino astral se describe de este modo en diversos textos gnós-

27. Alan Leo, *Saturn, The Reaper* (Londres: Modern Astrology Office, 1916), p. 5.
28. Jung, *Psychology of the Unconscious, op. cit.,* p. 173.
29. Jung, CW7, p. 183.
30. Jung, *Psychology of the Unconscious, op. cit.,* p. 42 y n.º 30.

ticos y herméticos, que Jung consideraba que le habían proporcionado «el equivalente histórico de mi psicología del inconsciente».[31]

En un ensayo titulado «Psychology and Religion», ofrecido en su origen como una serie de conferencias en 1937, Jung expresó sucintamente su convicción de que la experiencia del libre albedrío por parte de la persona está intensamente limitada por «principados y potestades» de la psique inconsciente:

> Cada uno de nosotros está equipado con una disposición psíquica que limita nuestra libertad en alto grado y la convierte en algo prácticamente ilusorio... No disfrutamos de una libertad real. Estamos constantemente amenazados por factores psíquicos que, bajo el disfraz de «fenómenos naturales», pueden poseernos en cualquier momento... Los «principados y potestades» están siempre con nosotros; no tenemos necesidad de crearlos, ni siquiera aunque pudiéramos hacerlo.[32]

Mucho más tarde en su vida, en una entrevista concedida a *The Daily Mail,* Jung expresó su idea de la unidad de destino y psique, reiterando la declaración de Novalis de que «destino y alma no son más que dos nombres del mismo principio», afirmando:[33]

> Lo que le ocurre a una persona es característico de ella. Esa persona representa un patrón y todas las piezas encajan. Éstas caen en su lugar una a una a medida que avanza su existencia, siguiendo una especie de diseño predestinado.[34]

---

31. Jung, *MDR, op. cit.,* p. 205.
32. Jung, CW11, p. 143. Las conferencias, impartidas en la Universidad de Yale, fueron publicadas por Yale University Press y Oxford University Press en 1938, y fueron posteriormente traducidas al alemán y publicadas como *Psychologie und Religion* en 1940.
33. Sobre el importante influjo de Novalis en Jung, véase Hanegraaff, *New Age Religion, op. cit.,* p. 513; Hanegraaff, *Esotericism and the Academy, op. cit.,* p. 286. Sobre el interés de Novalis en la astrología, véase Brian W. Kassenbrock, *Novalis and the Two Cultures* (tesis doctoral no publicada). Departamento de Lenguas y Literaturas Germánicas, Universidad de Nueva York, 2009, p. 19.
34. C. G. Jung, «Men, Women, and God», *The Daily Mail* (Londres), 29 de abril de 1955.

Destino y alma, tal como se presentan en el *Liber Novus,* son ciertamente dos nombres diferentes para un mismo principio. Dirigiéndose a su alma, Jung decía:

> Me apartaste de donde yo pensaba afianzarme, y me diste todo allá donde yo no esperaba nada, y una y otra vez hiciste surgir el destino de lugares nuevos e inesperados.[35]

Jung equiparó también al destino con el Sí Mismo, la meta del proceso de individuación, «porque es la expresión más completa de esa combinación del destino que llamamos individualidad».[36] Lo que le ocurre a cualquier persona –exceptuando aquellas experiencias que forman parte del «destino de los pueblos» y que pueden subsumir el desarrollo individual[37]– es, por tanto, un reflejo de este misterioso proceso interior, que sólo se puede transformar (aunque no evitar ni erradicar) a través de la conciencia. «Si no vemos algo –comentaba Jung en una de sus conferencias en la ETH de Zúrich– el Destino nos lo hace ver».[38]

La *Heimarmene* estoica

Parece que Jung adoptó algunas ideas de los estoicos en lo relativo al destino, en particular el concepto de *Heimarmene,* que él describía como «la compulsión de las estrellas».[39] También definió la *Heimarmene* como «la dependencia de carácter y destino en ciertos momentos en el tiempo».[40] El término «sino» *(destiny* en inglés) es ligeramente dife-

---

35. Jung, *Liber Novus, op. cit.,* p. 233.
36. Jung, CW7, p. 405.
37. Sobre el «destino de los pueblos», véase Jung, *Liber Novus, op. cit.,* pp. 239-241. La doctrina de la «subsunción» (las formas en las cuales el horóscopo de una persona se puede ver reemplazado o «subsumido» dentro de «grandes causas») se puede encontrar en Ptolomeo, *Tetrabiblos,* II:1, 117-119 y en Abraham ibn Ezra, *The Book of the World* (Leiden: Brill, 2010), p. 283.
38. Jung, *Modern Psychology, op. cit.,* vol. 1 y 2, p. 223.
39. Jung, CW15, p. 31.
40. Jung, CW12, p. 40.

rente de la idea de destino *(fate* en inglés) en tanto que retribución kármica o compulsión patológica, y sugiere algo más afín a las ideas neoplatónicas de la naturaleza teleológica del *daimon* personal. El destino no es sólo compulsión astral, sino que es también teleología astral; es decir, el esquema general del sendero o del mito personal que una persona debe seguir en la vida con el fin de satisfacer los requerimientos del alma y, en última instancia, el diseño inteligente de la «Luz Primigenia» o «Fuego Primigenio», la deidad universal de la filosofía estoica.[41] Las diversas referencias de Jung a la *Heimarmene* en sus *Obras Completas* revelan la fascinación que sentía por esta antigua idea estoica del destino celestial, idea que él articuló en lenguaje psicológico en sus diversas analogías entre las configuraciones planetarias, los complejos del inconsciente y los patrones arquetípicos que constituyen el destino de la persona.

El estoicismo emergió en el siglo III a. e. c., y ejerció un enorme influjo en la filosofía y la práctica de la astrología durante muchos siglos.[42] La *Heimarmene* estoica puede entenderse tanto como «destino», en su sentido más amplio, como «compulsión por las estrellas» en un sentido específicamente astrológico. La palabra *Heimarmene* se deriva de la misma raíz que *Moira,* la palabra griega para «asignación» y también el nombre de la diosa del Destino. En el órfico *Papiro Derveni*, *Moira* representa la sabiduría de Zeus que impregna toda la creación manifiesta; esta sabiduría o «aliento» *(pneuma)* del dios se presenta como la «asignación», «tarea» o propósito esencial de cada elemento individual dentro de la totalidad.

> Orfeo denominó a este aliento [divino] Moira… Pues antes de que Zeus recibiera su nombre, Moira era la sabiduría del dios siempre y a través de todo.[43]

41. Jung, *Psychology of the Unconscious, op. cit.,* p. 42, n.º 30.
42. Para filosofía estoica, véase John M. Rist, *The Stoics* (Berkeley: University of California Press, 1978); Mauro Bonazzi y Christoph Helmig (eds.), *Platonic Stoicism, Stoic Platonism* (Leuven: Leuven University Press, 2007). Sobre la influencia estoica en la astrología, véase Robert Zoller, *Fate, Free Will and Astrology* (Nueva York: Ixion Press, 1992), pp. 94-115.
43. Betegh, *The Derveni Papyrus, op. cit.,* Col. XIX.

La *Heimarmene* engloba al hilo de la herencia genética que pasa de generación en generación, y proporciona la plantilla subyacente para cada especie de seres vivos. Sin embargo, la herencia genética determina el aspecto psicológico de la plantilla. Jung parece que estaba más preocupado por el aspecto psicológico –los arquetipos– y por la naturaleza acausal o sincronística de la *Heimarmene* astral como un reflejo de la *sumpatheia*. Los estoicos veían a Dios como la fuerza vital ígnea, animadora, existente tras la creación.[44] En este contexto, la *Heimarmene* no es la «compulsión maligna de la estrella», sino que es indiferenciable de la *Pronoia* o Providencia: la voluntad o intención divina. El filósofo estoico Posidonio, del que hablamos ya en el Capítulo 3, se refería a esta fuerza vital como el «aliento ígneo intelectual del cosmos».[45] Reflejando la antigua idea órfica de *Moira* como del aliento divino de Zeus, Posidonio decía: «Dios es el aliento intelectual que se difunde a través de toda materia».[46]

En *Tipos psicológicos*, Jung comparó este aliento ígneo divino estoico con el concepto hindú de *rta*, la fuente de toda energía cósmica. Después, equiparó *rta* con la *Heimarmene*. Destino, compulsión astral, voluntad divina y libido ígnea cósmica son diferentes formas de denominar a la misma matriz de vida:

> Eso *[rta]* es, por tanto, una especie de símbolo-libido filosófico que se puede comparar directamente con el concepto estoico de *heimarmene*. Pues la *heimarmene* de los estoicos tenía la trascendencia del calor primigenio creativo y, al mismo tiempo, era un proceso regular predeterminado (de ahí su otro significado: «compulsión de las estrellas»).[47]

---

44. Véase Zoller, *Fate, Free Will, and Astrology, op. cit.*, p. 101.
45. νευμα νοερον και πυρωδες. Posidonio, *The Fragments*, vol. 1, ed. L. Edelstein e I. G. Kidd (Cambridge: Cambridge University Press, 1972), Frag. 101, p. 104 (traducción mía).
46. Θεοʃ εστι πνευμα νοερον διηκον δι απασηʃ ουσιας. Posidonio, *The Fragments*, vol. 1, p. 104 (traducción mía).
47. Jung, CW6, p. 355.

Jung apuntaba que este «proceso regular predeterminado» lo experimenta la psique humana a través de la generación espontánea de imágenes arquetípicas, simbolizadas por los «dioses planetarios». Estas imágenes son autorretratos de la libido en su movimiento cíclico. El proceso mediante el cual se transforma la «libido cruda» *(concupiscentia,* que Jung equiparaba con la *Heimarmene)*[48] en imágenes simbólicas no se debe a esfuerzo deliberado alguno por parte de la conciencia, sino que es inherente a la propia libido, y «se deriva de una fuente espiritual: en otras palabras, el factor determinante es el de las imágenes primordiales numinosas».[49] Así, el propio inconsciente busca conciencia por medio del símbolo, que es lo único que puede proporcionar un puente entre lo individual y lo universal: una idea que Jámblico articuló milenio y medio antes de que Jung lo hiciera.

Según Jung, las «imágenes primordiales» también son destino:

> Estas fantasías son principalmente auto-representaciones de procesos enérgicos de transformación, que siguen leyes específicas y se aferran a un «sendero» definido... Este sendero es también destino, en la medida en que el destino de un hombre depende de su psicología. Es el sendero de nuestro destino y de la ley de nuestro ser.[50]

Además, la experiencia del destino como compulsión interna puede entenderse como magia:

> La magia ejerce una compulsión que se impone sobre la mente consciente y la voluntad de la víctima: una voluntad ajena se eleva sobre el hechizado y resulta más fuerte que su ego. El único efecto comparable que puede ser verificado psicológicamente es aquel que ejercen los contenidos del inconsciente, que mediante su poder demuestran su afinidad con, o su dependencia de, la totalidad del hombre, es decir, el yo y sus funciones «kármicas».[51]

48. Sobre el uso que hace Jung del término de Tertuliano «concupiscencia» como «libido indomable», y que equipara con la *Heimarmene,* véase Jung, CW6, p. 33.
49. Jung, CW5, p. 223.
50. Jung, CW6, p. 355.
51. Jung, CW9ii, p. 216.

La relación íntima entre magia, compulsión interior y el viaje predeterminado del alma queda clara en el *Liber Novus,* especialmente en los diálogos que mantiene Jung con su alma y con Filemón. En estas conexiones entre destino, compulsión astral, magia, libido e inconsciente colectivo, esa forma profunda y poco ortodoxa en la que Jung entendía la astrología comienza a emerger con más claridad, al igual que su traducción en conceptos psicológicos de ideas teosóficas tales como la del «karma». Las imágenes astrológicas son «proyecciones» generadas por la psique inconsciente humana en los cielos. Pero estos símbolos, según la definición de Ernst Gombrich, que aún resulta relevante, unen «significado místico con efecto mágico».[52] Estos símbolos reflejan las cualidades innatas del tiempo, que se despliega a través de un proceso cíclico, ordenado y «predeterminado», que ponen en marcha los propios arquetipos y es experimentado como destino por el ser humano. En tanto que psicólogo preocupado por el desarrollo individual, Jung hizo muchas referencias a todas aquellas formas en las cuales una persona permite que su «indomable» libido inconsciente «se quede atascada en un entorno infantil», dando como resultado la recreación compulsiva de las relaciones parentales originales.[53] En el enfoque de Jung sobre la *Heimarmene,* el valor del trabajo clínico cuidadoso nunca se subestimaba. Pero por detrás del paciente sufriente se halla la esfera, más grande, del inconsciente colectivo con sus «imágenes eternas», que, como los dioses en el *De mysteriis* de Jámblico, buscan su propia transformación a través de la psique individual.

El tejido del universo, en la filosofía estoica, es al mismo tiempo espiritual y material, una unión de opuestos que Jung encapsuló en su concepto del inconsciente «psicoide».[54] Jung quizás derivara el término «psicoide» de Eugen Bleuler, pero parece que los estoicos tuvieron la idea dos milenios antes. Este universo psicofísico estoico es, en sí, la esencia de la deidad; no hay un dios trascendente «fuera» del sistema estoico, que se suele describir en textos de la antigüedad tardía como una red,

---

52. Ernst H. Gombrich, «Icones Symbolicae», *Journal of the Warburg and Courtauld Institutes,* vol. 11, pp. 163-192, en p. 175 (1948).

53. Jung, CW6, p. 33, n.º 9; Jung, CW5, p. 644.

54. *Véase* Capítulo 1.

o un tejido de hilos entrelazados por las tres *Moirai*.[55] En las *Metamorfosis* de Apuleyo, una obra que Jung parecía tener en alta estima, Lucio, en su oración a Isis, hace referencia a la mano salvadora de la Reina del Cielo, mano

> con la que desenredas los hilos inextricables del destino y apaciguas las tempestades de la fortuna y refrenas las influencias malignas de los astros.[56]

Aunque Lucio veía las influencias astrales como «malignas», este punto de vista no siempre era compartido por otros autores, ni tampoco por el propio Jung; los sentimientos anticósmicos que exhibe este pasaje de las *Metamorfosis* no son más que una perspectiva dentro de un discurso, intextinguible en la antigüedad, acerca de la naturaleza del destino astral. En ocasiones, la *Heimarmene* se llegó a ver como una cadena bajo la custodia de la divina providencia. El filósofo estoico, político y dramaturgo romano Séneca (4 a. e. c.-65 e. c.), otro autor por el que Jung sentía gran estima, decía:[57]

> Estamos todos atados a la fortuna. En el caso de algunos, la cadena es de oro y se extiende, en tanto que en otros es corta y miserable. Pero ¿qué importa eso? La misma tutela nos envuelve a todos; y los que han tendido el cable están también atados... Toda vida es dependencia.[58]

---

55. Véase Zoller, *Fate, Free Will, and Astrology, op. cit.*, p. 103.
56. «Qua fatorum etiam inextricabiliter contorta retractas licia et Fortunae tempestates mitigas, et stelarum noxios meatus cohibes». La traducción es de Jung, *Psychology of the Unconscious, op. cit.*, p. 42, n.º 30. Véase Apuleyo, *The Golden Ass*, trad. Thomas Taylor (Frome: Prometheus Trust, 1997), 11.25.
57. Jung adquirió tres volúmenes de la obra de Séneca en el latín original: *L. Annaei Senecae opera, quae exstant* (1673); *L. Annaei Senecae operum tomus secundus* (1672); *L. Annaei Senecae rhetoris opera, quae existant Integris Nicolai Fabri, Andr. Schotti, accuratissimo aucta* (1672).
58. Séneca, *De tranquillitate animi* 10.3, citado en Thomas G. Rosenmeyer, *Senecan Drama and Stoic Cosmology* (Berkeley: University of California Press, 1989), p. 72.

La imagen de la *Heimarmene* como una red, una cadena, una maraña de hilos o un tejido fue asumida por pensadores posteriores como el jurista y antropólogo suizo del siglo XVIII Johann Jacob Bachofen (1815-1887), cuya obra más conocida, *Das Mutterrecht,* tuvo un considerable interés para Jung.[59] Según Bachofen:

> La red de la creación telúrica se convierte en la red del destino, el hilo se convierte en el portador del destino humano... El telar, portador de la ley suprema de la creación escrita en las estrellas, fue asignado a las deidades uranianas en su naturaleza sideral... la vida humana y el cosmos en su totalidad eran vistos como una gran red de destino.[60]

El motivo del hilado del tejido del destino aparece también en el *Liber Novus.* Jung, refiriéndose al poder fatídico del «Espíritu de las Profundidades», declaraba:

> Perdidos y tragados por las corrientes de la vida engendradora, nos acercamos a las superpotentes fuerzas inhumanas que se ocupan de la creación de lo que está por venir. ¡Cuánto futuro portan las profundidades! ¿No se entretejen allí los hilos durante milenios?[61]

Esta metáfora la han utilizado también junguianos como Erich Neumann (1905-1960), que describía «el misterio primordial del tejido y el hilado» en relación con el arquetipo de la Gran Madre, que «teje la red de la vida e hila los hilos del destino»:

> No es por casualidad que hablemos de los tejidos del cuerpo, pues el tejido, entrelazado por lo Femenino en el cosmos y en el útero de la mujer, es vida y destino. Y la astrología, el estudio de un destino gobernado por las

---

59. Johann Jacob Bachofen, *Das Mutterrecht* (Stuttgart: Krais und Hoffmann, 1861), publicado en inglés como *Myth, Religion and Mother Right,* trad. Ralph Manheim (Princeton, NJ: Princeton University Press, 1967), publicado en castellano bajo el título de *El matriarcado,* por Akal, Tres Cantos, 2007. Véase Jung, CW15, p. 84; Jung, CW5, Fig. 43.
60. Bachofen, *Myth, Religion and Mother Right, op. cit.,* p. 18.
61. Jung, *Liber Novus, op. cit.,* p. 308.

estrellas, enseña que ambos comenzaron a un mismo tiempo, en el momento temporal del nacimiento.[62]

Los hilos del destino son lo mismo que las compulsiones planetarias, dado que el universo, para los estoicos, era un ser vivo, que emana con el «Fuego del Artífice» a través del cual se infunde, generándolo todo y formando la esencia tanto de la *Pronoia* (la intención divina) como de la *Heimarmene* (el destino astral), que es la encarnación de la *Pronoia* expresada a través de los ciclos temporales.[63]

Aunque cada filósofo estoico abordó la paradoja del destino y el libre albedrío con argumentos diferentes que fueron evolucionando con el tiempo, la pregunta central se mantuvo indeleble: ¿qué tipo de universo habitan los seres humanos, y cómo pueden aprender a vivir en él de forma armoniosa? El emperador romano Marco Aurelio, que mostraba una inclinación claramente estoica, y al que Jung leyó también con avidez, expresó elocuentemente, en el siglo II e. c., las opciones que para él se ofrecían:[64]

> El universo debe estar gobernado bien por un destino preordenado –un orden que nadie puede sobrepasar– o por una providencia misericordiosa, o bien por un caos del azar sin gobernante alguno.[65]

Si el universo está completamente predestinado por un poder impersonal, entonces no puede haber elección, ni para el bien ni para el mal. Pero si Dios es bueno y, como sugería Marco Aurelio, la providencia divina «lo vigila todo», la persona puede ejercer el libre albedrío y puede elegir conscientemente alinearse con la *Pronoia,* enfrentándose a los impulsos irracionales malignos, aun en el caso de que fracase en su forcejeo.

---

62. Erich Neumann, *The Great Mother* (Princeton, NJ: Princeton University Press, 1955), p. 230.
63. Véase Jung, CW5, p. 423.
64. La traducción alemana de Jung de las *Meditations* era de Marco Aurelio, *Selbstbetrachtungen,* trad. Otto Kiefer (Leipzig: E. Diederichs, 1903).
65. Marco Aurelio, *Meditations, op. cit.,* 12:14.

Parece que Jung comprendió este enigma como el dilema del carácter individual, respondiendo ante los acontecimientos de acuerdo con su propia y singular naturaleza. Un acontecimiento podría estar «predeterminado» por las compulsiones de un complejo y ser «atraído» por la ley de la *sumpatheia,* comprendida como la expresión «psicoide» del arquetipo. Pero la respuesta de la persona depende de su carácter inherente. Al igual que el tejido de la *Heimarmene,* el carácter inherente es complejo, compuesto no sólo de valores conscientes y complejos inconscientes sustentados por patrones arquetípicos, sino también por aquellos valores y complejos que proceden de la familia, los antepasados y la cultura desde mucho antes del nacimiento de la persona. Aunque una pudiera verse impelida por una compulsión inconsciente a hacer algo contra sus propios deseos, también podría esforzarse por comprender y evitar ese acto destructivo con la ayuda de una conciencia acrecentada. Jung se refería a la configuración de Luna en cuadratura con Mercurio en el horóscopo de la Señorita X como una configuración «peligrosa», y no como un destino predeterminado. Desde su punto de vista, aún quedaba espacio para cierto grado de libre albedrío, que emergía de una dialéctica entre el consciente y el inconsciente. Evidentemente, a Jung le resultaba difícil rechazar la sensación del destino operando en su propia vida y en la vida de los demás. Pero su concepto de individuación –es decir, la evolución de la personalidad hasta aquello en lo que debía convertirse «por destino»– podría comprenderse como un esfuerzo por reconciliar la paradoja que acosó a los estoicos durante siglos. La solución de Jung fue tan sucinta como elegante:

> El libre albedrío es hacer con gusto y libremente lo que uno debe hacer.[66]

66. Jung citado por su paciente, Mary S. Howells, en Jensen (ed.), *C. G. Jung, Emma Jung, and Toni Wolff, op. cit.,* p. 119.

La *Heimarmene* gnóstica

En los últimos años, se ha discutido mucho en círculos académicos sobre las denominadas tendencias gnósticas de Jung.[67] Richard Noll, viendo todos y cada uno de los aspectos del pensamiento de Jung desde su suposición de que Jung estaba intentando fundar un culto solar, dice: «Hacia 1916, Jung comenzó a vincular su identidad y su destino personal con el gnosticismo».[68] Lance Owen sostiene algo similar, aunque sin la agenda hostil personal de Noll: «Desde el mismo comienzo de su viaje, Jung asoció su experiencia de la forma más estrecha con el gnosticismo».[69] Incluso el anillo que llevaba Jung –un supuesto anillo «gnóstico» que ostentaba «un antiguo motivo» y llevaba inscrita la palabra «Abraxas»[70]– se hace apuntar a su identificación personal con esta corriente religiosa de la antigüedad tardía.

La propia afirmación de Jung de que las ideas gnósticas, que habían sobrevivido en la alquimia del período medieval y de principios del modernismo, eran las predecesoras de sus propias teorías psicológicas, ha contribuido también a la suposición de algunos académicos de que Jung era un «gnóstico».[71] Y lo mismo se puede decir del pseudónimo «Basílides», basado en un maestro gnóstico alejandrino del siglo II e. c., que Jung utilizó en la versión publicada de los «Escrutinios» que él ti-

---

67. Para aún más discusiones sobre el «gnosticismo» de Jung, véase Alfred Ribi, *The Search for Roots* (Los Ángeles, CA: Gnosis Archive Books, 2013); E. M. Brenner, «Gnosticism and Psychology: Jung's *Septem Sermones ad Mortuos*», *Journal of Analytical Psychology*, vol. 35, pp. 397-419 (1990). Shamdasani ofrece más referencias en Jung, *Liber Novus, op. cit.*, p. 346, n.º 81.
68. Richard Noll, «Jung the Leontocephalus», en Bishop (ed.), *Jung in Contexts, op. cit.*, pp. 51-91, en p. 72.
69. Lance Owens, «Jung and Aion», *Psychological Perspectives* 54:3, pp. 253-289, en p. 260 (2011).
70. Acerca de este anillo, véase Hakl, *Eranos, op. cit.*, p. 45; Paul Bishop, «Introduction», en Bishop, *Jung in Contexts, op. cit.*, pp. 1-30, en p. 6. Para más sobre la visión de Jung de Abraxas, véase la discusión en Greene, *The Astrological World of Jung's 'Liber Novus', op. cit.*, capítulo 7.
71. Sobre la creencia de Jung de que la alquimia medieval perpetuaba antiguas ideas gnósticas, véase Jung, CW9ii, pp. 267 y 368; Jung, CW11, p. 160; Jung, CW12, pp. 234-235; Jung, CW14, pp. 104, 759 y 763-764.

tuló *Septem sermones ad mortuos.*[72] Determinados conceptos gnósticos encuentran también acogida en el texto de los «Escrutinios», y aparecen en el diagrama cosmológico que Jung denominó *Systema Munditotius* o «Sistema de Todos los Mundos».[73] Pero el «gnosticismo», si es que alguna vez fue un «ismo», ha resultado sumamente difícil de confinar en una categoría discreta y homogénea. Si intentar definir la magia es una «empresa enloquecedora»,[74] intentar definir el «gnosticismo» da lugar a una confusión muy similar. La interpretación altamente individual que Jung hace de los gnósticos, basada en las limitadas fuentes disponibles para él en las primeras décadas del siglo XX y filtradas a través de la lente de su comprensión psicológica, difiere radicalmente de las perspectivas de muchos expertos de hoy en día, perspectivas que son cada vez más específicas de la cultura.

La literatura sobre los gnósticos, la académica y la no académica, es inmensa, y una bibliografía podría llenar fácilmente cientos de volúmenes. La serie de monografías sobre textos gnósticos titulados *Nag Hammadi and Manichaean Studies (Nag Hammadi y estudios maniqueos),* publicados por Brill, ha alcanzado casi los noventa volúmenes y no deja de crecer.[75] Gran parte de esta literatura ha intentado aclarar si el movimiento gnóstico tuvo su origen entre los cristianos, entre los judíos o los paganos; qué «sistema» gnóstico era el «verdadero» ejemplo de esta

---

72. Sobre Basílides, véase Birger A. Pearson, «Basilides the Gnostic», en Antii Marjanen y Petri Loumanen (eds.), *A Companion to Second-Century Christian 'Heretics'* (Leiden: Brill, 2008), pp. 1-31. Charles William King, *The Gnostics and Their Remains* (Londres: Bell & Dalby, 1864), proporcionó a Jung una importante fuente sobre las doctrinas de Basílides.

73. Véase Greene, *The Astrological World of Jung's 'Liber Novus', op. cit.,* capítulo 7, para el contenido astrológico de los «Escrutinios» y el diagrama de Jung del *Systema Munditotius.*

74. Owen Davies, *Magic* (Oxford: Oxford University Press, 2012), p. 1.

75. Para algunos textos útiles (y a menudo contradictorios), véase Hans Jonas, *The Gnostic Religion* (Boston, MA: Beacon Press, 1958), publicado en castellano como *La religión gnóstica,* por Siruela, Madrid, 2000; Roelof van den Broek, *Gnostic Religion in Antiquity* (Cambridge: Cambridge University Press, 2013); Kurt Rudolph, *Gnosis,* trad. P. W. Coxon, K. H. Kuhn y R. McL. Wilson (San Francisco, CA: HarperCollins, 1987); Birger A. Pearson, *Gnosticism, Judaism, and Egyptian Christianity* (Minneapolis, MN: Fortress Press, 1990).

corriente religiosa; o si las cosmologías míticas gnósticas introducían sus raíces en terreno platónico, hermético, zoroastriano o abrahámico, o en una combinación de todos ellos. Conceptos a menudo atribuidos a grupos gnósticos, tales como el «dualismo» –la diferenciación clara entre una deidad «buena» trascendente y un mundo material «malvado»– suelen ser simplistas, y dependen de qué texto o maestro gnóstico se esté investigando. Del mismo modo, la idea de que todos los gnósticos eran cristianos «herejes», o siquiera cristianos, es problemática, pues había corrientes gnósticas dentro del judaísmo, y algunos gnósticos no estaban afiliados al cristianismo en modo alguno.[76] Además, «herejía» es una categoría religiosa, no una categoría histórica; y puede que incluso ya no sea posible, dada la creciente sofisticación de las investigaciones académicas, definir una «corriente principal» del cristianismo del siglo II e. c. frente a la cual se puedan contrastar las corrientes gnósticas.[77]

Robert Segal, en un intento por responder a la pregunta de si Jung era un gnóstico, describe el gnosticismo como «la creencia en un dualismo antitético entre inmaterialidad, que es buena, y materia, que es mala».[78] Pero las corrientes gnósticas nunca fueron «dualistas» de un modo homogéneo. Aunque está claro que uno u otro texto en concreto plantee tal polaridad entre espíritu y materia, la realidad material no se ve necesariamente como maligna. La polaridad la describió Platón, que no entendía la existencia material como maligna, sino que la percibía como la emanación del Alma del Mundo, cuya naturaleza divina, en contraste con sus reflejos fluctuantes en el mundo natural, precisa de un tipo diferente de conciencia para percibirla.[79] El influjo evidente en muchos textos gnósticos de la visión benigna de Platón sobre la reali-

---

76. Sobre corrientes gnósticas dentro del judaísmo, véase Gershom Scholem, *Jewish Gnosticism, Merkabah Mysticism, and Talmudic Tradition* (Nueva York: Jewish Theological Seminary, 1970).

77. Véase Nicola Denzey Lewis, *Cosmology and Fate in Gnosticism and Graeco-Roman Antiquity* (Leiden: Brill, 2013); Couliano, *The Tree of Gnosis, op. cit.*, p. 23.

78. Segal, *The Gnostic Jung, op. cit.*, p. 3.

79. Véase, por ejemplo, Platón, *Symposium, op. cit.*, 201d-212b.

dad material fue señalada incluso por los heresiólogos cristianos Ireneo e Hipólito, así como por Plotino, en la antigüedad tardía.[80]

En un extremo del espectro gnóstico se halla la feroz polémica anticósmica del movimiento maniqueo, que propugnaba la idea de dos poderes cósmicos eternos e irreconciliables: la esfera celestial de luz y la esfera terrestre de oscuridad.[81] En el otro extremo del espectro está el enfoque precósmico de los gnósticos platónicos. En el tratado conocido como *Marsanes,* por ejemplo, se decía:

> He deliberado y he llegado al límite del mundo sensorio-perceptible. (He llegado a conocer) parte por parte todo el ámbito del ser incorpóreo, y he llegado a conocer el mundo inteligible. (He podido saber), cuando estaba deliberando, que, en todos los aspectos, el mundo sensorio-perceptible es digno de ser salvado por completo.[82]

Los modelos psicológicos de Jung propugnan invariablemente un objetivo de integración y no de trascendencia, perfeccionamiento o repudio de la realidad material. Como consecuencia de las transformaciones que tienen lugar a través del encuentro directo entre la conciencia y los dominantes arquetípicos del inconsciente, el individuo «se acerca a la totalidad, pero no a la perfección»:[83]

> Existe una diferencia considerable entre *perfección* y *completitud*... Donde predomina el arquetipo, la completitud es forzada en nosotros en contra de todos nuestros esfuerzos conscientes... La persona puede esforzarse

80. Sobre la influencia de Platón en los textos gnósticos, véase Ireneo, *Haer. op. cit.,* 2:14; Hipólito, *Refutatio, op. cit.,* 1:11; Plotino, *Ennead, op. cit.,* 2.9.6. Véase también Pearson, *Gnosticism, Judaism, and Egyptian Christianity, op. cit.,* pp. 148-164, y los ensayos en Richard T. Wallis y Jay Bregman (eds.), *Neoplatonism and Gnosticism* (Albany: SUNY Press, 1992).

81. Sobre el dualismo radical maniqueo, véase Jonas, *Gnostic Religion, op. cit.,* pp. 206-238; Johannes van Oort, «Manichaeism», en van den Broek y Hanegraaff (eds.), *Gnosis and Hemeticism, op. cit.,* pp. 37-51.

82. *Marsanes,* NHC X.5.24-26, trad. Birger A. Pearson, en *The Nag Hammadi Library, op. cit.,* p. 418.

83. Jung, CW14, p. 616.

por alcanzar la perfección... pero debe sufrir lo opuesto de sus intenciones en beneficio de su completitud.[84]

Esta declaración sugiere que, aunque Jung percibía psique y materia como los dos polos de un espectro, no simpatizaba con las ideas gnósticas más radicales sobre una división irreconciliable entre el cuerpo corrupto y un espíritu incorruptible. Por otra parte, la astrología de Jung tampoco refleja la idea gnóstica de la naturaleza «maligna» de los arcontes planetarios. Jung entendía que los grandes dramas cosmológicos de los mitos gnósticos eran retratos imaginales de los procesos psicológicos del inconsciente humano. Declaraba que «la idea de inconsciente no era conocida para ellos [los gnósticos]»,[85] y que el *anthropos* celestial u «Hombre Original» gnóstico –una figura cósmica redentora y, al mismo tiempo, la chispa de la divinidad en cada ser humano– «expresa la presencia de un centro transconsciente que... debería ser visto como un símbolo de totalidad».[86]

No existe ninguna obra gnóstica «esencial» o «típica» con la cual se puedan comparar todas las demás.[87] Las visiones simplistas de la «herejía» gnóstica cambiaron radicalmente a partir de mediados del siglo XX, cuando se descubrió, en 1945, el extraordinario depósito de textos gnósticos y herméticos de Nag Hammadi, en Egipto, que transformó las percepciones previas basadas en heresiólogos cristianos tales como Ireneo, Hipólito y Epifanio.[88] Pero, aun en los trabajos académicos ac-

---

84. Jung, CW9ii, p. 123.
85. Jung, CW9ii, p. 298.
86. Jung, CW9ii, p. 308; Jung, *Liber Novus, op. cit.*, p. 363. Sobre la idea del «Hombre Original», Jung se basó en gran medida en los textos maniqueos citados en *Das iranische Erlösungsmysterium* y en *Die hellenistiche Mysterienreligionen,* de Reitzenstein; véase Jung, CW14, p. 450.
87. Véase Robert McLachlan Wilson, «Gnosis and the Mysteries», en van den Broek y Versmaseren (eds.), *Studies in Gnosticism and Hellenistic Religions, op. cit.*, pp. 451-466, en p. 451. Para las diversas hipótesis sobre los orígenes del gnosticismo, véase Ioan P. Couliano, «The Angels of the Nations and the Origins of Gnostic Dualism», en *Studies in Gnosticism and Hellenistic Religions, op. cit.*, pp. 79-80.
88. Sobre estos heresiólogos, véase Gérard Vallée, *A Study in Anti-Gnostic Polemics* (Waterloo, ON: Wilfrid Laurier University Press, 1981. Jung poseía ejemplares en latín y alemán de Ireneo: *Irenaei episcopi lugdunensis contra omnes haereses*

tuales, no se ha llegado a explorar en profundidad la naturaleza astrológica de la cosmología gnóstica. Jung tuvo que basarse en los heresiólogos y en un limitado número de tratados gnósticos traducidos por Mead,[89] así como en investigadores previos tales como Wilhelm Bousset y Richard Reitzenstein, cuyas obras reflejaban las modas académicas y religiosas de su época.[90] Y el punto de vista de Mead acerca de los gnósticos estaba filtrado a través de sus lentes teosóficas, del mismo modo que los puntos de vista de los heresiólogos estaban filtrados por las lentes de lo que ellos entendían que era el «verdadero» cristianismo. La propia omisión de Jung de las corrientes gnósticas, herméticas y mitraicas, evidentes tanto en *Psicología del inconsciente* como en el *Liber Novus,* parece basarse en parte en estas fuentes. Pero, quizás más importante, Jung sí que se expresó al respecto de cómo entendía él la palabra griega *gnosis,* definición que no necesariamente está de acuerdo con las definiciones antiguas ni con las actuales definiciones académicas. El enfoque de Jung se hallaba, como siempre, en la gnosis como una experiencia psicológica directa de esa «matriz y principio organizador de la conciencia»[91] que es el arquetipo del Sí Mismo.

(1702) and *Des heiligen Irenäus fünf Bücher gegen die Häresine* (1912). También adquirió una traducción al alemán de Epifanio, *Ausgewählte Schriften* (1912), y cita el *Elenchos* de Hipólito regularmente en Jung, CW9ii, pp. 287-346.

89. Mead publicó dos colecciones sobre los gnósticos: *Fragments of a Faith Forgotten* (Londres: Theosophical Publishing Society, 1900) y *Echoes from the Gnosis* (Londres: Theosophical Publishing Society, 1906-1908). Jung adquirió ambas colecciones poco después de su publicación.

90. Wilhelm Bousset, *Hauptprobleme der Gnosis* (Gotinga: Vandenhoeck & Ruprecht, 1907); Richard Reitzenstein, *Poimandres* (Leipzig: Teubner, 1904); Richard Retizenstein, *Mysterionreligionen nach ihren Grundgedanken und Wirkungen* (Leipzig: Teubner, 1910). Jung citó las tres obras con frecuencia en *Psicología del inconsciente.*

91. Jung, CW9ii, p. 310.

Saturno y Abraxas

En las muchos debates existentes sobre la propensión gnóstica de Jung, se ha pasado por alto el núcleo astrológico presente en casi todos los tratados gnósticos, núcleo al cual Jung prestó especial atención en sus diversas discusiones acerca del destino. Según Jung, el destino astral o *Heimarmene* era clave tanto en los textos gnósticos como en la alquimia, y ambas corrientes estaban preocupadas con cómo romper las cadenas del destino a través de un viaje mítico del alma a través de siete fases o esferas. En los tratados gnósticos, este ascenso es planetario y celestial; en los escritos alquímicos, es planetario y metalúrgico. Citando al alquimista del siglo III Zósimo, Jung hacía referencia al *Anthropos* o «Hijo de Dios» como de un «Cristo Gnóstico», y afirmaba:

> Al igual que en la posterior alquimia cristiana, el Hijo de Dios es una especie de paradigma de la sublimación, es decir, de la liberación del alma del yugo de la Heimarmene.[92]

Para Jung, la alquimia era gnosis proyectada en los siete metales planetarios de la tierra, en vez de en los siete arcontes planetarios del mundo celestial.[93]

En su discusión sobre un primitivo texto alquímico medieval, Jung hablaba de una «corona de victoria» que concedía Hermes como premio:

> Esto hace referencia a la síntesis de los planetas o metales con el sol, para formar una corona que estará «dentro» de Hermes. La corona significa la totalidad regia; simboliza la unidad y no está sujeta a la Heimarmene. Esto nos recuerda a la corona de luz de siete o doce rayos que la serpiente Agathodaimon porta en las gemas gnósticas.[94]

---

92. Jung, CW13, p. 457.
93. Para la discusión de Jung sobre este tema, véase Jung, CW12, p. 461.
94. Jung, CW14, p. 6. El «Agathodaimon» o «buen daimon» aparece frecuentemente en los amuletos mágicos de la antigüedad tardía; la corona de siete rayos sugiere el orden planetario, mientras que la corona de doce rayos puede ser el orden zodiacal.

Esta «corona de victoria», que no es susceptible al destino astral, pertenece al individuo que ha conseguido integrar en su conciencia los patrones arquetípicos inherentes en los complejos del inconsciente, y que se ha liberado así de la compulsión astral:

> Cualquiera que haya pasado por todas las esferas [planetarias] está libre de compulsiones; ha ganado la corona de la victoria y se ha convertido en algo similar a un dios.[95]

En el libro II del *Liber Novus,* la corona se la da la Serpiente a Jung, mientras éste cuelga de la cruz «entre el cielo y la tierra», soportando ese sufrimiento que acompaña inevitablemente todo esfuerzo de integración psíquica.[96] La corona es también la *prima materia* o «sustancia primordial» alquímica, la libido inconsciente cruda que contiene la chispa oculta de la divinidad, y que Jung decía que pertenecía a Saturno. Es «la cosa más despreciada y rechazada, arrojada por las calles»; cuanto más «ligado a tiempo y espacio» está el ego consciente, más se siente como destino este *daimon* oculto.[97] En estas asociaciones, Jung presentaba su conclusión de que el simbolismo del ascenso del alma gnóstico, que en última instancia rompe la compulsión interior de la *Heimarmene* astral a través de un encuentro directo con el centro transpersonal de la personalidad, debe comenzar con la oscuridad inconsciente dentro del ser humano: lo que es más despreciado e «inferior», que Jung definía astrológicamente como Saturno. El más elevado y obstructor de los arcontes planetarios gnósticos, denominado *Ialdabaoth*, es «idéntico a Saturno».[98] Pero, para Jung, este arconte no era malvado, pues contenía en secreto el Sí Mismo desconocido e inconsciente.

En la iconografía de los amuletos mágicos de la antigüedad tardía, la corona solar la llevaba la deidad con cuerpo de serpiente y cabeza de león Chnoumis *(véase* Lámina 3), y el propio anillo «gnóstico» de Jung,

95. Jung, CW14, p. 308.
96. Jung, *Liber Novus, op. cit.,* p. 325.
97. Jung, CW13, pp. 209-210.
98. Jung, CW9ii, p. 128. Para la equiparación junguiana de Saturno con el *Ialdabaoth* de cabeza de león, véase también Jung, CW9ii, p. 325; Jung, CW13, p. 275.

según su propia descripción, muestra una talla greco-egipcia de este cosmócrator solar típica de la antigüedad tardía.[99] Jung solía mezclar a Chnoumis con la supuesta deidad gnóstica Abraxas. Pero Abraxas no era exclusivamente gnóstica; más bien, su nombre es un «Nombre de Poder» mágico asociado con diversas deidades en el medio sincrético de la antigüedad tardía, entre las cuales estaba Chnoumis. El ser con cabeza de gallo y cuerpo de serpiente que aparece en muchos amuletos de la antigüedad tardía, que se supone en ocasiones que es Abraxas, se le designa normalmente por el nombre de *IAO,* la transliteración griega del hebreo *YHVH.*[100] Jung, siguiendo las investigaciones académicas de su época, supuso que estas figuras eran gnósticas.[101] Pero también veía a Abraxas como un símbolo de la libido en su ciclo solar anual, un símbolo que representaba «plenitud y vacío, generación y destrucción»:[102]

> El símbolo gnóstico Abraxas, un nombre compuesto que significa trescientos sesenta y cinco... los gnósticos lo utilizaban como el nombre de su deidad suprema. Era un dios del tiempo. La filosofía de Bergson, *la durée créatrice,* es una expresión de la misma idea.[103]

---

99. Jung describió el anillo con detalle en McGuire y Hull (eds.), *C. G. Jung Speaking, op. cit.,* p. 468. Hay fotos del anillo en <http://gnosticwarrior.com/the-gnostic-ring-of-carl-jung.html> y <http://gnosis.org/jung.ring.html>, pero no se da referencia alguna para estas imágenes

100. Sobre la naturaleza sincrética de Abraxas, véase Gilles Quispel, *Gnostica, Judaica, Catholica,* ed. Johannes van Oort (Leiden: Brill, 2008), pp. 40-65, 243-260. En numerosos amuletos de piedras preciosas de la antigüedad tardía aparece el nombre de Abraxas combinado con la figura de Chnoumis. Jung estaba familiarizado con muchos de estos amuletos a través de las ilustraciones de King, *The Gnostics and Their Remains. Véase* Greene, *The Astrological World of Jung's 'Liber Novus', op. cit.,* capítulo 7.

101. Véanse los comentarios de los editores en Jung, *Liber Novus, op. cit.,* p. 349, n.º 93. Jung basó gran parte de sus ideas sobre Abraxas en el *Abraxas* de Albrecht Dieterich (Leipzig: Teubner, 1891); estudió esta obra con detalle en 1913, y su ejemplar está lleno de anotaciones. La etimología del nombre Abraxas se puede encontrar también en King, *The Gnostics and Their Remains, op. cit.,* p. 37.

102. Jung, *Liber Novus, op. cit.,* p. 349.

103. Citado por Shamdasani en Jung, *Liber Novus, op. cit.,* p. 349, n.º 93. Para la equiparación que hace Jung de la *durée créatrice* con la libido, *véase* Capítulo 1.

Jung expandió aún más esta idea de Abraxas como de un símbolo-libido –simbolizado astrológicamente tanto por Saturno, en tanto que matriz, como por el Sol, en tanto que luz que nace de ella– en los *Seminarios de visiones:*

> Esa figura de Abraxas significa el comienzo y el final, es vida y muerte, por tanto, está representado por una figura monstruosa. Es un monstruo porque es la vida de la vegetación durante el transcurso del año, la primavera y el otoño, el verano y el invierno, el sí y el no de la naturaleza.[104]

Para Jung, Abraxas era un símbolo del inconsciente colectivo en su movimiento cíclico, retratado también por el círculo simbólico del zodíaco como sendero del Sol en su ronda anual. Abraxas une la oscuridad del dominio mortal y terrenal de Saturno con la luz espiritual e inmortal del Sol:

> La comparación con el sol nos enseña una y otra vez que los dioses son libido. Son esa parte de nosotros que es inmortal... Sus manantiales, que surgen desde las profundidades del inconsciente, provienen, como nuestra vida en general, de la raíz de toda la humanidad... Lo divino en nosotros es la libido.[105]

Abraxas es tanto *demiurgos* o «creador-mundo» como libido en tanto que Alma del Mundo.[106] Los discursos de Jung sobre la *Heimarmene* gnóstica no reflejan una creencia personal en un cosmos dualista animado por seres planetarios ontológicamente independientes y adversos. Estos describen un proceso psíquico que él observó en los seres humanos y denominó «individuación», y para el cual estaba convencido que uno de los modelos más antiguos y ricos lo constituía el ascenso astral de los tratados gnósticos.

---

104. Jung, *Visions Seminars, op. cit.*, vol. 2, pp. 806-807.
105. Jung, *Psychology of the Unconscious, op. cit.*, p. 125.
106. Sobre la equiparación que hace Jung de Abraxas con el *demiurgo* o «creador-mundo», véase Jung, *Liber Novus, op. cit.*, p. 349, n.º 93.

G. R. S. Mead y la *Pistis Sophia*

Entre 1890 y 1891, G. R. S. Mead publicó, en la revista teosófica *Lucifer,* la primera traducción al inglés de un texto gnóstico de entre los siglos II y III e. c., conocido como *Pistis Sophia.* La traducción, publicada en una serie de artículos, iba acompañada por comentarios de H. P. Blavatsky, quien, como sería de esperar, intentó vincular los conceptos gnósticos con los hindúes para declarar después que los primeros procedían de los últimos.[107] Toda la traducción fue publicada como libro en 1896, y en 1900 se incluyó un resumen del texto en la extensa exégesis de Mead sobre los gnósticos, *Fragments of a Faith Forgotten.*[108] La *Pistis Sophia* es, quizás, el más importante de los textos gnósticos a los que tuvo acceso Jung durante los años que trabajó sobre el *Liber Novus.* Al mismo tiempo, era el único manuscrito completo que se hallaba libre de interferencias por parte de los heresiólogos cristianos, y su elaborada cosmología es completamente astrológica.[109] Tan importante fue para Jung la traducción de la *Pistis Sophia* de Mead que, según Gilles Quispel, buen amigo de Jung y respetado académico de las corrientes gnósticas, Jung hizo un viaje a Londres exclusivamente para darle las gracias a Mead por su trabajo.[110]

---

107. G. R. S. Mead, «Pistis-Sophia», *Lucifer,* vol. 6, pp. 107-113, 230-239, 315-323, 392-401, 489-499 (Marzo, 1890-Agosto, 1890); *Lucifer,* vol. 7, pp. 35-43, 139-147, 186-196, 285-295, 368-376, 456-463 (Septiembre, 1890-Febrero, 1891); *Lucifer,* vol. 8, pp. 39-47, 123-129, 201-204 (Marzo, 1891-Agosto, 1891). Los comentarios de Blavatsky se pueden encontrar en Blavatsky, CW13, pp. 1-81.
108. G. R. S. Mead (trad.), *Pistis Sophia* (Londres: Theosophical Publishing Society, 1896); Mead, *Fragments, op. cit.,* pp. 459-506.
109. King tradujo secciones de la *Pistis Sophia* en *The Gnostic and Their Remains. Véase* Jung, CW6, p. 396, y su utilización de las ilustraciones de King de las gemas «gnósticas» en CW12 (Figs. 45, 52, 203, 204, 205 y 253).
110. Véase Clare Goodrick-Clarke y Nicholas Goodrick-Clarke, *G. R. S. Mead and the Gnostic Quest* (Berkeley, CA: North Atlantic Books, 2005), p. 31; Stephan A. Hoeller, «C. G. Jung and the Alchemical Revival», *Gnosis,* vol. 8, pp. 34-39 (1988); Stephan A. Hoeller, *Gnosticism* (Wheaton, IL: Theosophical Publishing Society, 1982), p. 169.

Aunque Mead nunca escribió libro alguno sobre astrología, estaba familiarizado con ella merced a su amistad con Alan Leo y a los numerosos artículos astrológicos que Leo escribió para *The Quest.* La *Pistis Sophia* emplea conceptos e imaginería astrológicos como base de su mensaje: el Dios-Salvador o Anthropos celestial, enviado desde los reinos espirituales superiores por su padre Jeu,[111] entra en la «esfera-Destino» de los siete arcontes planetarios y quiebra «un tercio del poder de éstos» mediante el giro del polo cósmico «para la salvación de todas las almas».[112] Esta idea se puede ver, traducida en términos psicológicos, en la insistencia de Jung de que la conciencia expandida como consecuencia de una experiencia individual directa del Sí Mismo, el «principio organizador de la conciencia», puede, al menos parcialmente, transformar la expresión compulsiva de los arquetipos que se hallan tras los complejos.

En el texto de la *Pistis Sophia,* las constelaciones zodiacales son denominadas *eones*:

> Y tras estas cosas, cuando la esfera gira... el Bueno, el del Medio, que es llamado Zeus [Júpiter] en el mundo, viene; y viene al octavo eón que es denominado Escorpión. Y Bubastis, que es llamada Afrodita [Venus], viene, y viene al segundo eón de la esfera que es llamado el Toro. Entonces se apartan los velos que están entre los de la izquierda y los de la derecha.[113]

La palabra «aeón» (también escrita «aión») rara vez se utiliza en las obras modernas de astrología como sinónimo de un signo o constelación zodiacal. Pero Jung aplicó el término de forma muy específica para describir una «era» astrológica, o segmento de 2 165 años del gran ciclo de la precesión de los equinoccios a través de las constelaciones zodiacales, como veremos en el siguiente capítulo. Su idea de la llegada

111. El nombre «Jeu» o «Ieu» parece ser una corrupción griega del hebreo *IHVH*, similar al *IAO,* y es un nombre mágico utilizado para connotar un dios; *véase* Betz, *The Greek Magical Papyri, op. cit.,* p. 335.

112. Mead, *Pistis Sophia, op. cit.,* 1:20.

113. Mead, *Pistis Sophia, op. cit.,* 4:140. No está claro a qué configuración entre Júpiter y Venus podría referirse este texto, si es que hacía referencia a alguna.

del nuevo eón de Acuario estuvo claramente influenciada por la *Pistis Sophia*.[114]

El destino aparece en el texto de la *Pistis Sophia* como la asignación de la duración de una vida humana:

> Y también el destino, cuyo nombre es Moira, conduce al hombre hasta que le da la muerte que se le ha asignado.[115]

La *Pistis Sophia* utiliza también el término *Heimarmene*. Sin embargo, «el gran Destino», que es como se la llama, no guarda relación con acontecimientos externos predeterminados, como la riqueza, la pobreza, la enfermedad, el matrimonio o la duración de la vida. Impuesta por los arcontes planetarios, se expresa como sufrimiento individual ante la abrumadora compulsión a pecar:

> Todos los hombres que reciban los misterios del Inefable y, además, los misterios del Primer Misterio, *pecan cada vez a través de la compulsión del Destino*.[116]

La idea del destino como compulsión interior aparece en los fragmentos órficos, mucho más antiguos, que describen el «círculo de la pesada y agotadora pena» –las constelaciones zodiacales– como una experiencia interior de sufrimiento compulsivo y repetitivo.[117] La idea

---

114. *Véase* Capítulo 6.
115. Mead, *Pistis Sophia, op. cit.*, p. 345.
116. Mead, *Pistis Sophia, op. cit.*, p. 256. Las itálicas son mías.
117. Sobre este pasaje, véase M. L. West, *The Orphic Poems* (Oxford: Oxford University Press, 1983), p. 23. Sobre las discusiones, véase Roy Kotansky, «Incantations and Prayers for Salvation on Inscribbed Greek Amulets», en Christopher A. Faraone y Dirk Obbink (eds.), *Magika Hiera* (Oxford: Oxford University Press, 1991), pp. 114-16; E. Bikerman, «The Orphic Blessing», *Journal of the Warburg Institute,* vol. 2:4, pp. 370-371 (1939). La primera compilación de los fragmentos órficos, *Orphicorum fragmenta,* de Otto Kern (Berlín: Weidmann, 1922), fue publicada mientras Jung todavía estaba trabajando sobre el *Liber Novus*; con el tiempo terminaría familiarizándose con esta obra (véase Jung, CW13, p. 412, n.º 11), pero no había aparecido aún cuando escribió *Psicología del inconsciente*. En aquella época, Jung se basó en *The Mystical*

de que cierto tipo de gnosis –el recuerdo o redescubrimiento del propio origen divino– puede liberar al alma del tormento interior compulsivo del destino astral se puede encontrar también en la *Hermética,* donde las constelaciones zodiacales «torturan a la persona interior con los sufrimientos de los sentidos».[118] Las corrientes gnósticas y herméticas, al igual que la filosofía platónica, debían mucho a los conceptos órficos, por lo que Jung no estaba equivocado al percibir paralelismos entre ellas.[119] Ni tampoco parece haber estado equivocado al entender estos retratos astrológicos interiorizados como «la suma de todo el conocimiento psicológico de la antigüedad».[120]

Mead y Jung

Los conocimientos de Mead sobre los textos gnósticos fueron de inmensa utilidad para Jung, por lo que podría suponerse que las interpretaciones de Jung sobre la cosmología gnóstica eran de carácter teosófico.[121] Pero lo más probable es que las traducciones y comentarios de Mead fueran importantes para Jung no por basarse en un sistema específico de creencias que pudieran haber sido impuestas sobre los materiales, sino por la vitalidad y la intuición que Mead aportó a su trabajo. Al igual que Thomas Taylor un siglo antes, Mead conectaba personalmente con los aspectos clave de la visión del mundo ofrecida en los escritos

---

Hymns of Orpheus, de Taylor, en *Orpheus,* de Mead, y en *Ausfürliches Lexikon der griechischen und römischen Mythologie Lexicon,* de Wilhelm Heinrich Roscher (Leiden: Teubner, 1884).

118. *Hermetica, CH* XIII.

119. Véase, por ejemplo, *The Gospel of Philip,* en *The Apocryphal New Testament,* trad. y ed. M. R. James (Oxford: Clarendon Press, 1924), 12; los pronunciamientos rituales que capacitan al alma para superar a los arcontes planetarios son casi idénticos a los de las tablillas funerarias órficas. Jung poseía ejemplares del trabajo de James tanto en inglés como en alemán, junto con otras traducciones previas al inglés y al alemán de los textos apócrifos. Entre éstos estaba *Apocryphal Gospels, Acts, and Revelations,* de Alexander Walker (Edinburgh: T&T Clark, 1911), que contiene el *Evangelio de Felipe.*

120. Jung, CW15, p. 81.

121. Véase Noll, *The Jung Cult,* para un ejemplo de esta suposición.

herméticos, neoplatónicos y gnósticos; y este amor genuino por tales materiales y su modo poético de expresión, así como la receptividad que le evocaban, no eran habituales en los trabajos que ofrecían los eruditos alemanes de la época de Jung, por precisas y concienzudas que pudieran ser sus traducciones. Mead hizo que sus materiales cobraran vida de un modo que quizás no se aprecie suficientemente en el contexto académico actual, y para Jung estos materiales estaban ya vivos, llenos de visiones e ideas que le resultaban reconocibles a primera vista como expresiones peculiares de la psique humana.

Jung no era un teósofo militante en sentido doctrinal alguno, no más de lo que era un gnóstico militante. Su interés en la literatura teosófica, evidente por la presencia de cierto número de obras seminales teosóficas en su biblioteca privada, estaba compensado por un profundo desagrado ante lo que él consideraba como una grave carencia de conciencia psicológica por parte de los teósofos.[122] Distintos conceptos teosóficos, como el del «Sol espiritual central», le resultaban atractivos si se les interpretaba desde un marco psicológico; pero la idea del Sol noético se puede encontrar en las diversas corrientes platónicas, neoplatónicas y herméticas de la antigüedad tardía, que, como Jung bien sabía, Blavatsky había adaptado para sus propios objetivos. Donde Blavatsky veía ideas eternas, como indicios de la transmisión secreta de una religión-sabiduría primigenia de la cual ella misma era la última receptora, Jung veía simplemente arquetipos.

Jung nunca subestimó el atractivo colectivo de las «intuiciones pseudo-gnósticas» de la teosofía,[123] pues las veía como la inevitable, aunque peligrosamente equivocada, erupción de una necesidad colectiva inconsciente: la de contrarrestar el materialismo extremo del «espíritu de este tiempo».[124] Pero él vio las doctrinas teosóficas como una «proyec-

122. Jung poseía varios libros de Blavatsky, incluida una edición en inglés de *The Secret Doctrine,* 2 volúmenes (Londres: Theosophical Publishing House, 1888) y *The Theosophical Glossary,* ed. G. R. S. Mead (Londres: Theosophical Publishing House, 1892).

123. Jung, CW8, p. 59.

124. Véase Jung, CW7, p. 118.

ción primitiva de factores psicológicos»,[125] repletas de una «jerga pomposa»,[126] comparables al dogmatismo determinado de Freud, que, Jung sentía, «se acerca mucho a la actitud de la convicción religiosa que caracteriza a estos movimientos [la Teosofía y la Ciencia Cristiana]».[127] Mead, aunque había sido secretario privado de Blavatsky entre 1884 y 1891, y siguió siendo miembro de la Sociedad Teosófica hasta 1909, era, en la época en la que Jung lo conoció, tan escéptico de la organización y de su ideología como lo era Jung. Mead se unió a la Sociedad Teosófica cuando tenía veintiún años de edad, recién terminado su grado en Clásicas en Cambridge. Pero, para cuando Blavatsky murió en 1891, Mead había superado ya su influjo, si es que alguna vez había estado completamente sometido a él:

> Yo nunca había predicado, ni siquiera mientras fui miembro, el evangelio del Mahatma de H. P. Blavatsky, ni hice propaganda de la neo-teosofía ni de sus revelaciones. Yo había creído que la verdadera «teosofía» era el elemento-sabiduría existente en las grandes religiones y filosofías del mundo.[128]

Mead se distanció de los teósofos en 1909, junto con otros setecientos miembros de la Sociedad, debido al escándalo sexual en el que se vio involucrado uno de sus miembros más destacados, C. W. Leadbeater, entre 1906 y 1908.[129] Pero Mead ya venía arrastrando problemas más profundos con la Sociedad, sobre todo con la obediencia ciega supuestamente debida a los «Maestros» espirituales de Blavatsky y a aquellos que afirmaban canalizar la sabiduría de éstos. Durante muchos años, Mead se había sentido atraído por las tradiciones de las corrientes gnósticas y herméticas, más que por las doctrinas orientales

125. Jung, CW18, p. 756.
126. Jung, CW7, p. 339. Para más comentarios, véase Jung, CW7, p. 494; Jung, CW10, p. 176; Jung, CW6, p. 279.
127. Jung, CW4, p. 749; Jung, CW6, p. 594.
128. G. R. S. Mead, *'The Quest' – Old and New* (Londres: John M. Watkins, 1926), pp. 296-97.
129. Para detalles sobre la vida de Mead, *véase* Goodrick-Clarke y Goodrick-Clarke, *G. R. S. Mead, op. cit.*, p. 32. Sobre el episodio de Leadbeater, véase Campbell, *Ancient Wisdom Revived, op. cit.*, pp. 114-118.

que Blavatsky y sus políticamente ambiciosos sucesores promulgaban asiduamente. Mead tenía el temperamento de un erudito más que el de un discípulo, y no podía tolerar en la Sociedad las «innumerables afirmaciones dogmáticas, sus retorcidos métodos y reprensibles procedimientos», que él sentía que dañaban los objetivos y la ética de la Sociedad.[130]

Mead fue probablemente el mejor estudioso de las religiones de la antigüedad que el *revival* ocultista británico pudo producir, y es fácil ver por qué su erudición, su espíritu independiente y sus inspiradas traducciones atrajeron tanto a Jung. Varios autores han señalado el influjo que tuvo Mead sobre Jung, en parte debido a los dieciocho volúmenes de la obra de Mead encontrados en la biblioteca privada de Jung, y en parte debido al número de referencias a los libros de Mead que podemos encontrar en *Psicología del inconsciente.* Mead fue ciertamente una inspiración para Jung a la hora de comprender las corrientes religiosas de la antigüedad tardía durante el período en que Jung estuvo trabajando sobre el *Liber Novus;* pero Jung fue perfectamente capaz de desarrollar sus propias interpretaciones psicológicas independientemente de cualquier «influencia» teosófica.

Richard Noll dice que la influencia de Mead sobre Jung «todavía no se ha reconocido», y que «todavía no han salido a la luz documentos relativos al tipo de relación que mantenían».[131] Pero la importancia de Mead la vienen reconociendo desde hace tiempo algunos expertos junguianos. Y también ha «salido a la luz» una carta de Mead a Jung fechada el 19 de noviembre de 1919.[132] Del contenido más bien chismoso de esta carta se desprende que ambos se habían reunido justo antes de su redacción, y que habían disfrutado de más de un encuentro similar en el pasado.[133] Su relación fue la de amigos e iguales, y no la de un

130. Mead, «The Quest», *op. cit.,* pp. 296-297.

131. Noll, *The Jung Cult, op. cit.,* p. 69.

132. De G. R. S. Mead a C. G. Jung, 19 de noviembre de 1919, ETH-Bibliotek Zürich, Archives Hs 1056:29826.

133. Stephan Hoeller afirma que Jung y Mead se visitaban mutuamente, y atribuye esta información a una conversación privada que mantuvo con el historiador de las religiones Gilles Quispel, que conocía bien a Jung merced a su asistencia a las

mentor y su discípulo, y en la carta parecen disfrutar hablando de libros y de sus autores. Mead mencionaba a un autor del que, al parecer, habían estado hablando en su última reunión: el novelista austriaco Gustav Meyrink (1868-1932). Meyrink, que resultó muy interesante para Jung,[134] era todo un personaje de la «escena» ocultista europea en las primeras décadas del siglo XX. Había sido iniciado en la Orden de la Aurora Dorada en 1889, un año después de su creación, y también había fundado la Logia Teosófica «Estrella Azul» en Praga en 1891.[135] Jung había supuesto que la novela «ocultista» de Meyrink, *Der Golem,* publicada en 1915, era un producto de escritura «automática» o inspiradora, una emergencia espontánea del inconsciente similar a su propio *Septem sermones ad mortuos.* Mead le indicó que su suposición no era correcta, ya que Meyrink había estado escribiendo *Der Golem* durante muchos años.

En su carta, Mead le recomendaba también a Jung los escritos de Robert Eisler (1882-1949), un historiador judío de las antiguas religiones mistéricas y de la astrología, que había escrito artículos para la revista de Mead, *The Quest,* antes de la Primera Guerra Mundial, y cuya prolífica obra recolectó posteriormente Jung para su propia biblioteca.[136] Es probable que Mead organizara una reunión para que ambos se conocieran. Para la portada de su libro *Aion,* Jung utilizó la imagen de

---

conferencias Eranos. La carta de Mead confirma esta afirmación. Véase Hoeller, «C. G. Jung and the Alchemical Revival», *op. cit.,* p. 35, n.º 1.

134. Jung adquirió todas las novelas «ocultistas» de Meyrink, incluida *Der Engel vom westlichen Fenster* (1927), *Fledermäuse: Sieben Geschichten* (1916), *Der Golem* (1915), *Das grüne Gesicht* (1916) y *Walpurgisnacht* (1917). Sobre las referencias de Jung a Meyrink, véase Jung, CW6, pp. 205, 426, y 630; Jung, CW7, p. 153; Jung, CW7, pp. 153 y 520; Jung, *Dream Analysis, op. cit.,* pp. 276-94; Jung, *Modern Psychology, op. cit.,* I:110.

135. Nicholas Goodrick-Clarke, *The Occult Roots of Nazism* (Londres: Tauris Parke, 2004), p. 28.

136. Entre ellos están *Orpheus the Fisher* (1921); *Weltenmantel und Himmelszeit,* 2 volúmenes (1910); *L'origine babylonienne de l'alchimie* (1926); «Pistis Sophia und Barbelo», *Angelos,* vol. 3:12, pp. 93-110 (1928); *Nachleben dionysischer Mysterienriten* (1928); y *Orphischdionysische Mysteriengedanken in der christlichen Antike* (Leipzig: Teubner, 1925). Entre las muchas referencias de Jung a Eisler están Jung, CW14, p. 610; Jung, CW9i, p. 553; CW12, p. 177 y Figs. 174 y 202.

un bajorrelieve del dios primigenio Fanes –identificado por Eisler como órfico, y contradiciendo así la suposición de Franz Cumont de que tenía origen mitraico– y Jung citó a Eisler como fuente en este libro.[137] Eisler, a su vez, escribió un libro sobre la historia y la psicología de la licantropía que incluía un apéndice apoyando la teoría de Jung de los arquetipos y el inconsciente colectivo.[138]

Clare y Nicholas Goodrikc-Clarke, en su biografía de Mead, afirman que el enfoque de Mead sobre las cadenas complejas de correspondencias simbólicas, que vinculan «estados de ser divinos y estados internos de la conciencia», fueron el «principal legado [de Mead] para Carl Gustav Jung y su teoría psicoanalítica».[139] Aunque Jung ya había encontrado este modelo psico-cosmológico en los escritos de neoplatónicos y herméticos, no hay duda de que la entusiasta articulación que hizo Mead de esas ideas en un lenguaje moderno le resultó muy atractiva a Jung. Entre las traducciones de Mead hubo otros dos libros que resultaron ser relevantes para el trabajo de Jung tanto en *Psicología del inconsciente* como en el *Liber Novus.* Estos libros fueron *A Mithraic Ritual (Un ritual mitraico),* basado en un texto de la antigüedad tardía titulado originalmente *Eine Mithrasliturgie* por su editor y traductor alemán, Albrecht Dieterich;[140] y *The Mysteries of Mythra (Los misterios de Mitra),* que incluía fragmentos traducidos por Mead de diversos escritos de la antigüedad tardía en los que se hablaba del culto mitraico.[141] La denominada *Liturgia de Mitra* ni es gnóstica ni mitraica.[142] Se refiere a sí misma como «Ritual de inmortalización»,[143] y es, de hecho, un ritual teúrgico orientado a la transformación individual mediante

137. Véase Jung, CW9ii, pp. 147, 162, 178 y 186.

138. Robert Eisler, *Man into Wolf* (Londres: Routledge & Kegan Paul, 1951).

139. Goodrick-Clarke and Goodrick-Clarke, *G. R. S. Mead, op. cit.,* pp. 15-16 y 27.

140. G. R. S. Mead, *A Mithraic Ritual* (Londres: Theosophical Publishing Society, 1907). Mead se basó en gran medida en *Ein Mithrasliturgie,* de Dieterich, para producir su propia obra. Jung citó a ambos en *Psicología del inconsciente.*

141. Mead, *The Mysteries of Mithra, op. cit.*

142. El texto, conocido como *PGM IV*, forma parte del Gran Papiro Mágico de París, un códice encontrado en Egipto a principios del siglo XIX y fechado a principios del siglo IV e. c.

143. Véase Betz, *The «Mithras Liturgy», op. cit.,* p. 37.

una experiencia directa del Sol espiritual central, denominado Helios-Mitra. La *Liturgia de Mitra* tiene más en común con los tratados herméticos que con los «misterios» mitraicos,[144] algo de lo cual Jung era perfectamente consciente, dado que había adquirido la traducción de Franz Cumont del texto, así como otra obra de Cumont en la cual el arqueólogo e historiador de las religiones belga daba por hecho que no había ninguna relación entre la *Liturgia* y el mitraismo.[145] No debería sorprender que este ritual teúrgico se base en un marco astrológico. Junto con los *Himnos órficos,* la *Liturgia de Mitra* parece que inspiró a Jung en sus propios himnos teúrgicos al Sol y a Fanes en el *Liber Novus* y en los *Libros Negros.*

Los conocimientos gnósticos de Mead, que le permitieron incluir textos tales como la *Liturgia de Mitra* bajo su paraguas, no se limitaron al dualismo anticósmico tan a menudo asociado a las corrientes gnósticas de la antigüedad tardía. Mead percibía la experiencia de la gnosis como una unión de todos los opuestos, sintetizando intelecto y emoción, masculino y femenino, y lo individual con el «Ser Todopoderoso»:[146]

> Si lo que creo es cierto, la misma esencia de la gnosis es la fe en que el hombre puede trascender los límites de la dualidad que le hacen hombre, para convertirse conscientemente en un ser divino.[147]

Mead equiparaba el destino astral con el «karma», que es como se le llamaba en la literatura teosófica: las configuraciones astrológicas de nacimiento reflejan no sólo el patrón individual de desarrollo, sino también los frutos de las elecciones hechas en encarnaciones previas.[148] Pero el poder de los planetas es sólo parcial; la «Naturaleza», o estruc-

144. Véase Betz, *The «Mithras Liturgy», op. cit.*, p. 35; Fowden, *The Egyptian Hermes, op. cit.*, pp. 82-87 y 168-72.

145. Franz Cumont, *Die orientalischen Religionen im römischen Heidentum* (Leipzig: Teubner, 1910), p. 217, n.º 5.

146. Mead, *Fragments, op. cit.*, pp. 10, 16.

147. Mead, *Fragments, op. cit.*, p. 23.

148. Véase Mead, *Fragments, op. cit.*, p. 398, citando un texto atribuido al maestro gnóstico Bardaisan de Edesa (154-222 e. c.) para ilustrar la idea gnóstica de la *Heimarmene.* Véase también Tim Hegedus, «Necessity and Free Will in the

tura genética inherente, también juega un papel en el desarrollo del individuo, junto con el libre albedrío. Tal como Mead lo expresó, cada uno de estos factores «re-acciona sobre cada uno de los demás, ninguno es absoluto».[149] Es improbable que Jung no hubiera estado de acuerdo.

El destino astral y el cuerpo «sutil»

La idea del *ochêma pneuma* o «vehículo-espíritu», conocido por los teósofos como «cuerpo astral» o «cuerpo sutil», parece que fue de gran interés para Jung.[150] Había encontrado la idea en diversas fuentes, entre ellas en Jámblico, Proclo, la física estoica,[151] textos gnósticos tales como el *Apócrifo de Juan* y la *Pistis Sophia,* la *Hermética,* el *Libro tibetano de los muertos,*[152] los tratados alquímicos y el *corpus glorificationis* cristiano: el incorruptible «cuerpo sutil» dado a los justos tras la resurrección.[153] Jung creía que había descubierto este concepto también en el relato nativo americano de Hiawatha, quien, en el poema de Henry Wadsworth Longfellow, recibe «un cuerpo-aliento o cuerpo sutil no sujeto a

---

Thought of Bardaisan of Edessa», *Laval théologique et philosophique,* vol. 69:2, pp. 333-344 (2003).

149. Mead, *Fragments, op. cit.,* p. 403.

150. Sobre el «cuerpo sutil» en diversos contextos históricos, *véase* arriba, nn. 9 y 77. Acerca de las obras teosóficas sobre el cuerpo «sutil», véase C. W. Leadbeater, *Man, Visible and Invisible* (London: Theosophical Publishing Society, 1902), publicado en castellano bajo el título de *El hombre visible e invisible,* por Abraxas, Barcelona, 1998; Annie Besant, *Man and His Bodies* (Los Ángeles, CA: Theosophical Publishing House, 1917), publicado en castellano bajo el título de *El hombre y sus cuerpos,* en Humanitas, Barcelona, 1989.

151. Para las gradaciones de la sustancia material según los estoicos, véase A. A. Long y D. N. Sedley, *The Hellenistic Philosophers,* Vol. 1 (Cambridge: Cambridge University Press, 1987), pp. 266-343; F. H. Sandbach, *The Stoics* (Londres: Duckworth, 1975), pp. 69-94.

152. Véase Jung, CW11, p. 848. La fuente de Jung sobre la idea tibetana del cuerpo *Bardo* fue W. Y. Evans-Wentz (ed. y trad.), *The Tibetan Book of the Dead* (Londres, 1927).

153. Véase Jung, CW9i, p. 202.

corrupción» como recompensa por su victoria sobre el Viento del Noroeste.[154]

El «cuerpo sutil» de Hiawatha no se asemeja al «espíritu de falsificación» planetario no purificado de los textos gnósticos, sino que parece ser el portador de la chispa divina en cada persona, chispa que Jung equiparó con el Sí Mismo. Pero estas dos percepciones –el «cuerpo sutil» como órgano intermediario que enlaza planetas, el alma y el cuerpo, y como vehículo-espíritu purificado y libre de corrupción mortal– se suelen solapar, dependiendo de si un autor en concreto veía a los cuerpos celestes como malignos o como emanaciones de la divinidad. Jung comprendió que el «cuerpo sutil» representaba la interconexión entre la psique y el mundo material, reflejando así su concepto de la naturaleza psicoide de los arquetipos y la unidad secreta de espíritu y materia:

> A la vista de la íntima conexión existente entre determinados procesos psíquicos y sus paralelos físicos, no podemos aceptar muy bien la total inmaterialidad de la psique... Espíritu y materia pueden bien ser formas de uno y el mismo ser trascendental.[155]

Mead escribió una obra sobre el «cuerpo sutil» en 1919 que Jung citaría posteriormente, cuando sugirió la existencia de un paralelismo entre este intermediario «psicoide» y la psique inconsciente.[156] El libro de Mead exploraba la antigua «escalera de ascenso desde la tierra al mundo-luz» en el neoplatonismo, el gnosticismo cristiano, la alquimia hermética y la *Liturgia de Mitra.* Según Mead, todos estos enfoques religiosos de la antigüedad tardía compartían la preocupación por «la doctrina liberadora del alma de la regeneración», que podría ser comprendida también como la purificación del cuerpo sutil.[157] El breve li-

---

154. Jung, CW5, p. 513. Véase Henry Wadsworth Longfellow, *The Song of Hiawatha* (Boston: Ticknor and Fields, 1855).

155. Jung, CW9i, p. 392.

156. Jung, CW13, p. 137, n.º 8.

157. G. R. S. Mead, *The Doctrine of the Subtle Body in Western Tradition* (Londres: J. M. Watkins, 1919); citas en pp. 12-13 y p. 20.

bro de Mead parece que le aportó a Jung valiosos atisbos a la hora de equiparar el ascenso planetario del alma con el proceso de individuación. Mead entendía la «regeneración», buscada a través de rituales teúrgicos, como el «dar a luz el cuerpo sutil perfeccionado del hombre»: una «transmutación interior y elevación de la conciencia» que mostraba un estrecho paralelismo con la idea de la individuación de Jung.[158] La purificación del cuerpo sutil, tal como la describió Jung posteriormente en relación con el proceso alquímico, es la purificación –o integración por mediación de la conciencia– del propio inconsciente.

> La *mundificatio* (purificación) significa… la eliminación de lo superfluo que se aferra siempre a los productos meramente naturales, y especialmente a los contenidos simbólicos inconscientes que el alquimista encuentra proyectados en la materia… El alquimista se entrega a la producción de una entidad nueva, volátil (y de ahí aérea o «espiritual») dotada de *corpus, anima et spiritus,* donde el *corpus* se entiende naturalmente como un cuerpo «sutil» o «cuerpo aliento»; el analista intenta generar determinada actitud o marco mental, determinado «espíritu» por tanto.[159]

El objetivo último de la alquimia, según Jung, era «producir un *corpus subtile,* un cuerpo transfigurado y resucitado».[160] Estos comentarios sobre el cuerpo sutil no hacen referencia directamente a factores astrológicos, y Jung escribió sobre temas alquímicos y sobre la proyección de los contenidos del inconsciente sobre los metales alquímicos mucho después de haber terminado su trabajo sobre el *Liber Novus.* Sin embargo, hay que comprender sus comentarios dentro del contexto de su afirmación de que «los dioses de los metales deberían ser vistos siempre como astrológicos también… Los símbolos alquímicos están saturados de astrología».[161] El purificado cuerpo sutil, que proporciona el objetivo del *opus* alquímico no es, después de todo, muy diferente del purificado vehículo-alma de los gnósticos y los hermetistas, que se des-

158. Mead, *The Doctrine of the Subtle Body, op. cit.,* p. 41.
159. Jung, CW16, p. 486.
160. Jung, CW12, p. 511.
161. Jung, CW14, pp. 311 y 353.

prende de las compulsiones de sus «apéndices» planetarios sólo cuando la persona se transforma a través de la gnosis.

Jung continuó dándole vueltas a la idea del cuerpo sutil a lo largo de los años, especialmente tal como lo describieron Galeno y otros alquimistas tales como Paracelso (1493-1541) y Martin Ruland (1569-1611). Según éstos, el cuerpo sutil no es meramente un «espíritu de falsificación» que genera deseos malvados, tal como se dice en la *Pistis Sophia*. Galeno dijo que el cuerpo sutil era un cuerpo «brillante y etéreo» a través del cual el alma recibe la comunión con los cuerpos celestes.[162] A principios del siglo XVI, Paracelso, siguiendo a Galeno, propuso que el cuerpo «brillante», con sus esencias planetarias, era el intermediario entre el alma humana y el Alma del Mundo o *lumen naturae* («luz de la Naturaleza»);[163] la *lumen naturae* es, a su vez, la «"estrella" en el hombre», y por tanto la astrología es «una madre para todas las otras artes».[164] Martin Ruland, siguiendo a Paracelso, equiparó el cuerpo «brillante» con la imaginación, que él denominó «el cuerpo celestial o supracelestial».[165] El influjo, directo o indirecto, de Jámblico sobre Paracelso y Ruland es evidente en esta identificación de la *phantasia* neoplatónica con el cuerpo sutil como intermediario entre el cuerpo y el espíritu, sustentando la convicción de Jung de que la imaginación activa era el medio óptimo a través del cual se podían alcanzar las transformaciones psicológicas. En alquimia, el Mercurio espiritual es el misterioso agente «volátil» que precipita tanto la transformación material de los metales como la transformación espiritual del alquimista.[166] El

162. Galeno, *De Placitis Hippocratis et Platonis, VII, Opera Omnia*, ed. Kühn, V.643, citado en Walker, «The Astral Body in Renaissance Medicine», *op. cit.*, p. 123.

163. Paracelso, *Sämtliche Werke,* VIII:161-70. Jung habló de la dependencia de Galeno por parte de Paracelso en Jung, CW13, p. 150; Jung, CW15, pp. 19, 54.

164. Paracelso, *Sämtliche Werke*, XII:3 y 23. Jung citó estas preferencias en CW8, p. 390.

165. Ruland, *A Lexicon of Alchemy*, p. 182. Véase Jung, CW13, pp. 188, 194.

166. Jung, CW11, p. 160. Sobre alquimia «espiritual», véase Mircea Eliade, *The Forge and the Crucible* (Chicago: University of Chicago Press, 1956), p. 8; Lindsay, *Origins of Alchemy, op. cit.,* pp. 101-103. Para una base platónica/neoplatónica de la alquimia, *véase* Stanton J. Linden, *The Alchemy Reader* (Cambridge: Cambridge University Press, 2003), p. 3. Sobre los propios pasajes de Platón, véase

Mercurio, según Jung, es en sí el cuerpo sutil: el Alma del Mundo que busca su propia transformación.[167]

Destino y compulsión

La *Heimarmene* –la «compulsión de las estrellas»– opera a través del cuerpo sutil o, tal como lo expresaría Jung, de los «contenidos inconscientes»: los complejos y sus fundamentos arquetípicos. Aunque Freud no estaba dispuesto a discutir los factores astrológicos en relación con la compulsión –no, al menos, de forma impresa–, utilizó no obstante el término «fuerza daimónica» para describir la cualidad repetitiva de las compulsiones inconscientes y la perturbadora «otredad» de éstas:

> La tendencia de la compulsión a la repetición... exhibe en alto grado un carácter instintivo y, cuando actúa en oposición al principio del placer, tiene todo el aspecto de una fuerza «daimónica» en funcionamiento.[168]

Jung también tenía mucho que decir acerca de la compulsión, pero, a diferencia de Freud –y a diferencia de los gnósticos–, no veía la compulsión como algo esencialmente patológico. Jung entendía la compulsión como una cualidad inherente en todos los impulsos instintivos, la mayor parte de los cuales mejoran la vida, incluido el instinto de individuación, aunque a veces se experimenten como contradictorios con los objetivos conscientes: «La compulsión es el deseo inconsciente».[169] Así pues, las compulsiones que ejerce el cuerpo sutil –esos inoportunos «contenidos inconscientes»– son, en última instancia, señales de signi-

---

Platón, *Timaeus, op. cit.,* 27c-31b, 32c-34c, 36d-e, 47e-51b, 59b-c. Para un trabajo del siglo XIX sobre alquimia «espiritual» que tuvo un importante influjo en Jung, *véase* Mary Anne Atwood, *A Suggestive Inquiry into 'The Hermetic Mystery'* (Londres: Trelawney Saunders, 1850).

167. Jung, CW13, pp. 262-63.

168. Freud, SE18, p. 29.

169. Jung, *Psychology of the Unconscious, op. cit.,* p. 454. Véase también Jung, CW5, p. 185.

ficado más que de enfermedad, y son generados por «la totalidad del hombre, es decir, el sí mismo».[170]

Jung entendía también la compulsión como la erupción súbita de la «conciencia», una «reacción moral» interior desconocida para los valores conscientemente adoptados por la persona:

> La reacción moral es el resultado de un dinamismo autónomo, convenientemente denominado daimon, genio, ángel guardián, yo superior, corazón, voz interior, el hombre interior y superior, etc. Muy cerca de éstos, cerca de la conciencia positiva y «correcta», está la conciencia negativa y «falsa» que denominamos demonio, seductor, tentador, espíritu maligno, etc.[171]

Es esta conciencia «falsa» la que la *Pistis Sophia* parece resaltar en la idea del «espíritu de falsificación» planetario, que «concibe y siente todos los pecados y el mal que los gobernantes del gran Destino han ordenado para el alma».[172] El maestro gnóstico Basílides se refería al «espíritu de falsificación» como los siete «apéndices» planetarios que atraen al alma hacia el mal.[173] Esta idea, despojada de su patente cosmología astrológica, ha seguido presente en la teología cristiana hasta el día de hoy bajo la forma de los Siete Pecados Capitales, que parece que nacieron como aspectos del descenso del alma a la encarnación *a través* de las hostiles esferas de los arcontes planetarios.[174] En un contexto religioso en el cual los deseos instintivos eran vistos como inherentemente perversos, las compulsiones reprimidas de los instintos, simbolizadas por los planetas y las constelaciones zodiacales, se debían experimentar

---

170. Jung, CW9ii, p. 216.
171. Jung, CW10, p. 843.
172. Mead, *Pistis Sophia*, 111.384.
173. Citado en Clemente de Alejandría, *Stromata*, en *St. Clement of Alexandria*, ed. y trad. Alexander Roberts, James Donaldson y Arthur Cleveland Cox (Buffalo, NY: Christian Literature Publishing, 1885), II.20.372.
174. Véase Morton W. Bloomfield, *The Seven Deadly Sins* (East Lansing: Michigan State College Press, 1952).

inevitablemente, según Jung, como demoníacas;[175] y el «gran Destino» astrológico se debía experimentar como algo completamente malévolo. Aunque Jung aprendió mucho de la *Heimarmene* a través de la *Pistis Sophia,* parece que encontró un modelo de compulsión planetaria más adecuado en el mundo de los *Hermética.*

La *Heimarmene* hermética

Los ejemplos conocidos más antiguos del cuerpo de literatura de la antigüedad tardía conocido como los *Hermética* datan del primer siglo a. e. c.[176] Y, aunque la mayoría de los textos herméticos existentes se produjeron más tarde, éstos son anteriores a las corrientes gnósticas, si bien también los hay que se solapan con ellas. Estos textos resultaron tan fascinantes para Jung como los textos gnósticos. Los *Hermética,* al igual que los tratados gnósticos, emergieron dentro de la matriz cultural sincrética del Egipto grecorromano,[177] y se preocupan igualmente por el destino astral, la gnosis, la transformación individual y la eventual «dicha del alma».[178] Algunos expertos consideran que los tratados herméticos son neoplatónicos,[179] en tanto que otros los ven como gnósticos en el sentido que algunos de los textos –como el *CH* XIII, citado arriba– expresan una visión del mundo claramente anticósmica. En este tratado, la naturaleza interior y compulsiva del destino astral se expresa con claridad. La mezcla de materiales gnósticos y herméticos

---

175. Sobre la idea de Jung de que tanto las culturas como los individuos pueden sufrir de un desarrollo desigual y de compulsiones inconscientes compensatorias, véase Jung, CW7, pp. 283, 285, 287; Jung, CW10, pp. 250, 295.
176. Para la datación de los *Hermética,* véase Fowden, *The Egyptian Hermes, op. cit.,* p. 3.
177. Sobre el carácter sincrético de los *Hermética,* véase Brian P. Copemhaver, «Introduction», en *Hermetica,* pp. XXVI-XXIX; Peter Kingsley, *Ancient Philosophy, Mystery, and Magic* (Oxford: Clarendon Press, 1995), pp. 233-249; Fowden, *Egyptian Hermes, op. cit.,* pp. 14-22, 36-37, 91, 144, 178, 188-195.
178. Van den Broek, *Studies in Gnosticism and Alexandrian Christianity, op. cit.,* p. 1.
179. Véase, por ejemplo, Christopher Lehrich, *The Occult Mind* (Ithaca, NY: Cornell University Press, 2007), p. 4.

encontrada en Nag Hammadi sugiere que debió haber un vigoroso intercambio entre estas dos corrientes religiosas.[180] La característica definitoria de los *Hermética* es que, a diferencia de muchos tratados gnósticos, no se observa afiliación cristiana alguna en ellos, si bien algunos elementos judíos son evidentes en cierto número de textos.[181] En el mundo hermético, la figura redentora no es Cristo, sino el maestro mítico semidivino de las «ciencias ocultas» de la alquimia, la astrología y la magia: Hermes Trismegisto o «Hermes el Tres Veces Grande», conocido también por el nombre de su homólogo egipcio divino, el dios Thot.

Muchos académicos han discutido en profundidad sobre los *Hermética,* y la literatura sobre esta extraordinaria colección de textos ha ido creciendo desde que Marsilio Ficino tradujo por vez primera catorce de los tratados del griego al latín en 1471.[182] Hacia 1913, cuando comenzó a trabajar sobre el *Liber Novus,* Jung había reunido la casi totalidad de los trabajos académicos que sobre la *Hermética* estaban disponibles en su época.[183] Con frecuencia, y no sin buenos motivos, Jung eludió formular ideas herméticas y gnósticas al referirse al alquimista del siglo III e. c. Zósimo como hermético y gnóstico.[184] Jung estaba convencido de que

180. Por ejemplo, uno de los tratados herméticos «técnicos» sobre astrología –el *Book of the Configurations of Heimarmene which are Beneath the Twelve (Libro de las configuraciones de la Heimarmene que están por debajo de los doce)*– es citado por su nombre en las reseñas de Nag Hammadi del gnóstico *Apócrifo de Juan; véase* Lewis, *Cosmology and Fate, op. cit.*, p. 107. Véase también Pearson, *Gnosticism, Judaism, and Egyptian Christianity, op. cit.*, pp. 29-34.

181. Sobre las aportaciones judías al *Poimandres* y otros *Hermética,* véase Pearson, *Gnosticism, Judaism, and Egyptian Christianity, op. cit.*, pp. 136-147; Birger A. Pearson, «Jewish Elements in *Corpus Hermeticum* I (*Poimandres*)», en Roelof van den Broek y Cis van Heertum (eds.), *From Poimandres to Jacob Böhme* (Leiden: Brill, 2000), pp. 336-348.

182. Marsilio Ficino (trans.), *Mercurii Trismegisti: Pimander sive de potestate et sapientia Dei* (Treviso: Gerardus de Lisa, 1471). Jung adquirió una edición rara de 1574 basada en la traducción latina de Ficino: *Mercurii Trismegisti: Pimandras utraque lingua restitutus* (Bordeaux: Simon Millanges, 1574).

183. Además de la colección de Berthelot y de la traducción al inglés en tres volúmenes de Mead de los tratados herméticos existentes entonces, *Thrice-Greatest Hermes,* Jung también adquirió el *Poimandres* de Reitzenstein.

184. Jung, CW12, p. 408-410.

ambas corrientes eran profundamente psicológicas, que ambas profundizaban en la revelación individual más que en la obediencia a una doctrina y que ambas implicaban rituales teúrgicos y una cosmología basada en la astrología. Ambas corrientes ejercieron su influjo también en los escritos de Jámblico y de Proclo. Y tanto los herméticos como los gnósticos buscaban la liberación del alma de la esclavitud de las compulsiones interiores de la *Heimarmene* astral.

Jung estaba familiarizado con los textos herméticos a través de la compilación de Marcellin Berthelot, *Collection des anciens alchemistes greques,* publicado en 1887, y de las traducciones del corpus al inglés que hizo Mead y que se publicaron en 1906. Jung citó a ambos autores en *Psicología del inconsciente.* Y, aunque no reconoció plenamente la importancia psicológica de la alquimia hasta varios años más tarde de haber terminado el *Liber Novus,*[185] los materiales herméticos grecorromanos fueron extraordinariamente relevantes para él en sus primeras exploraciones astrológicas y mágicas. Su importancia viene indicada por su presencia en el *Liber Novus,* donde «la sabiduría de ΕΡΜΗΣ ΤΡΙΣΜΕΓΙΣΤΥΣ [Hermes Trismegisto]» se conserva en secreto en la alacena del mago Filemón.[186] Uno de los tratados más importantes en lo relativo a cómo entendía Jung la astrología es el *CH* I, conocido como *Poimandres.*[187] En esta obra, la liberación del alma de la *Heimarmene* se presenta como un viaje a través de las esferas planetarias hasta los reinos divinos que hay más allá. El alma es purificada progresivamente de sus siete «vestiduras» y «somete» los vicios de los siete planetas. Por último, entra en la sublime octava esfera de las estrellas fijas.[188] El objetivo del ascenso hermético, al igual que el de la *Liturgia de Mitra,* es la divinización del iniciado. De hecho, el *Poimandres* refle-

---

185. Véase Jung, *MDR, op. cit.*, p. 230, y Jung, *Liber Novus, op. cit.*, pp. 218 y 360.
186. Jung, *Liber Novus, op. cit.*, p. 312.
187. Sobre la historia y la historiografía del *Poimandres,* véase Peter Kingsley, «Poimandres», *Journal of the Warburg and Courtauld Institutes,* vol. 56, pp. 1-24 (1993); Hans Dieter Betz, «Hermetism and Gnosticism: The Question of the "Poimandres"», en Søren Giversen, Tage Petersen y Podemann Sørensen, *The Nag Hammadi Texts in the History of Religions* (Copenhague: Royal Danish Academy of Sciences and Letters, 2002), pp. 84-94.
188. *CH* I.25-26, en los *Hermetica, op. cit.*, p. 6.

ja las palabras de una de las tablillas funerarias de oro órficas, escrita alrededor de siete siglos antes: «De un ser humano te convertirás en dios».[189] La iniciación hermética se ofrecía a la gnosis como una forma de liberación de las compulsiones del destino astral.[190] Aunque los vicios planetarios del *Poimandres* no son intrínsecamente malignos, como sí lo son los que se retratan en la *Pistis Sophia,* cada planeta impone no obstante una compulsión cuya garra sólo se puede soltar a través del ritual teúrgico.[191]

Mead señaló los ecos del ascenso del *Poimandres* en una obra muy influyente del siglo v e. c. del autor romano Macrobio, titulada *Commentary on the Dream of Scipio (Comentario al sueño de Escipión)* (otra obra más con la que Jung estuvo familiarizado y que citó en *Psicología del inconsciente).* Pero los «vicios» planetarios, en manos de Macrobio, se transformaban en virtudes; Macrobio describía siete «envolturas» luminosas que transmitían atributos positivos al alma, como el «espíritu de la audacia» conferido por Marte.[192] El espectro de vicios y virtudes adheridos a cada planeta por todos los autores de los que hablaba Mead le proporcionó a Jung un retrato psicológico rico de la dinámica astrológica bastante más complejo que las estáticas descripciones de planetas «benéficos» y «maléficos» heredadas de Ptolomeo.[193] En el *Poimandres* y en la literatura que esta obra inspiró, tanto el bien como el mal están presentados como atributos de cada planeta, y la responsabilidad del trato con esta polaridad depende no sólo de la intervención de un dios

189. Sobre esta tablilla funeraria o *lamella* de Thurii, véase Alberto Bernabé y Ana Isabel Jiménez San Cristóbal, *Instructions for the Netherworld* (Leiden: Brill, 2008), p. 81.

190. Véase Fowden, *The Egyptian Hermes, op. cit.*, p. 108; Merkur, «Stages of Ascension», *op. cit.,* pp. 79-96.

191. Sobre la traducción de Mead de las compulsiones planetarias en el *Poimandres,* véase Mead, *Thrice-Greatest Hermes, op. cit.*, I:413.

192. Macrobio, *Commentary on the Dream of Scipio,* trad. William Harris Stahl (Nueva York: Columbia University Press, 1990 [1952]), XII:13. Véase Jung, *Psychology of the Unconscious, op. cit.*, p. 125.

193. El mito del viaje del alma lo describe Platón en *La república,* véase *Republic, op. cit.,* X.614a-621d. Para ejemplos de un ascenso platónico-gnóstico, véase *Trimorphic Protennoia* (NHC XIII, 1), trad. John D. Turner; *Zostrianos* (NHC VIII, 1), trad. John H. Sieber; ambos en *The Nag Hammadi Library.*

redentor enviado desde los reinos celestes, sino de la conciencia del individuo.

La astrología técnica que se puede encontrar en los *Hermética* parece haber inquietado a algunos expertos modernos, y la edición crítica y la traducción de los quince tratados realizada por *sir* Walter Scott, publicada entre 1924 y 1936, omitió la mayor parte de este material astrológico porque Scott lo tomó por «basura».[194] Al igual que la literatura gnóstica en manos de los heresiólogos cristianos, los *Hermética,* en manos de investigadores tales como Scott, se han visto gravemente distorsionados por las agendas personales. Scott dividió los textos de forma artificial, y el traductor francés, el fraile y filólogo dominico André-Jean Festugière, los dividió en *Hermética* «superiores» o «filosóficos» y *Hermética* «inferiores», «populares» o «mágico-religiosos»[195] Esta arbitraria división, que es muy poco probable que hubiera tenido sentido para los autores de los textos, refleja la incomodidad generada en tiempos modernos por la confrontación con un mundo antiguo tardío en el cual la magia, la astrología y la alquimia fueron parte integral de una visión del mundo filosófica y religiosa ciertamente sofisticada. Muchos de los *Hermética* técnicos mencionados en otros textos de la antigüedad tardía se han perdido,[196] en tanto que otros textos siguen a la espera de traducciones y ediciones críticas modernas.[197] Sin embargo, el conteni-

194. Walter Scott (ed. y trad.), *Hermetica,* 4 volúmenes (Oxford: Clarendon Press, 1924-36), I:1-2. Véase Lewis, *Cosmology and Fate, op. cit.*, p. 106, n.º 10.

195. André-Jean Festugière, *La révélation d'Hermès Trismégiste,* 4 volúmenes (París: Bibliothèque des textes philosophiques, 1946-54), I:30. Sobre la cuestionable validez de esta división, *véase* Copenhaver, *Hermetica, op. cit.*, p. XXVII; Fowden, *The Egyptian Hermes, op. cit.*, pp. 1-4, 140-141, 161-213. Parece que Jung no adquirió ni la traducción de Scott ni la de Festugière.

196. Para estas últimas obras, véase Copenhaver, *Hermetica, op. cit.,* pp. XXXIV-XXXV; Lewis, *Cosmology and Fate, op. cit.*, p. 107.

197. Para dos excepciones, véase Robert Zoller (trad.), *Liber Hermetis,* 2 volúmenes (Golden Hind Press, 2000); *Kyranides* (Londres, 1685; reimpr. Nueva York: Renaissance Astrology, 2010). Sobre la familiaridad de Jung con *Kyranides*, véase Jung, CW9ii, p. 138. Véase también Fowden, *The Egyptian Hermes, op. cit.*, pp. 87-89; David Bain, «Μελαντις γη in the *Cyranides* and Related Texts», en Todd Klutz (ed.), *Magic in the Biblical World* (Edimburgo: T&T Clark, 2003), pp. 191-213.

do astrológico obvio de los *Hermética* filosóficos como el *Poimandres* estuvo a disposición de Jung merced a las traducciones de Mead.

Según uno de estos tratados, la «tienda» del cuerpo terrestre se forma a medida que el alma desciende a través del círculo del zodíaco, en vez de a través de las esferas planetarias. El cuerpo está por tanto sujeto a la *Heimarmene* a través de los signos zodiacales.[198] Los hermetistas, al igual que los gnósticos, tomaron la idea de un cuerpo sutil a través del cual operaban las influencias planetarias y zodiacales. Sin embargo, la *Heimarmene* no se veía como algo irrevocable; podía ser superada cuando *kairos,* el momento astrológico justo, llegaba y la chispa de la divinidad podía ser teúrgicamente «liberada de su prisión corporal y, así, apartada del control del destino».[199] La idea de un momento astrológico justo para enfrentarse a la *Heimarmene,* de la que se hablaba tanto en los *Hermética* como en el *De mysteriis* de Jámblico y en los escritos de Zósimo y en diversos textos gnósticos, sugiere que la preocupación de Jung con los movimientos que tenían lugar en su horóscopo en diversos momentos de su vida –particularmente a finales de la década de 1920 y a principios de la de 1930– no reflejaba sólo una preocupación por acontecimientos externos, sino también la búsqueda del «momento justo» para algún tipo de desarrollo interior o iluminación.[200]

---

198. *CH* XIII.12.

199. Fowden, *The Egyptian Hermes, op. cit.*, p. 109. Sobre *kairos*, el «momento justo», véase Jung, CW10, p. 585.

200. Durante este período, Jung salió de su reclusión voluntaria. En 1928, colaboró con Wilhelm en *El secreto de la flor de oro,* y al año siguiente publicó su primer ensayo sobre alquimia occidental, «Paracelso» (Jung, CW15, pp. 1-17). En 1930, se convirtió en vicepresidente de la Sociedad Médica General de Psicoterapia, y le fue concedido el Premio Literario de la Ciudad de Zúrich en 1932. El mismo año, completó sus entradas en los *Libros Negros.* En 1933, las conferencias Eranos comenzaron en Ascona, donde Jung pronunció la primera de las muchas ponencias que daría en estos eventos en años posteriores: «A Study in the Process of Individuation» (Jung, CW9i, pp. 525-626). También en 1933, Jung comenzó a impartir conferencias en la ETH, y en 1934 fundó la Sociedad Médica General Internacional de Psicoterapia y se convirtió en su primer presidente y editor de su revista, *Zentralblatt für Psychotherapie und ihre Grenzgebiete.* En 1935, se convirtió en profesor titular en la ETH, y fundó la Sociedad Suiza de Psicología Práctica.

Desde la publicación del *Liber Novus,* cierto número de astrólogos han evaluado los tránsitos y las progresiones del horóscopo de Jung para determinar qué le estaba «ocurriendo» durante el tiempo que estuvo trabajando con el libro.[201] Estos análisis suelen ser muy perspicaces, pero no abordan la cuestión de si algunas de las figuras que aparecen en el *Liber Novus* podrían haber sido deliberadamente invocadas como lo hubiera hecho un hermetista que estuviera estimando el momento astrológicamente apropiado. Por desgracia, en los textos herméticos existentes, no se da ninguna instrucción específica para establecer ese momento justo. Sin embargo, algo parecido a este tipo de consejo astrológico se ofrece en la *Liturgia de Mitra,* con la cual Jung estaba profundamente familiarizado. Teniendo en cuenta su comprensión de las configuraciones astrológicas como reflejos simbólicos de procesos psicológicos dinámicos, y su percepción de la ruptura de las cadenas de la *Heimarmene* como una experiencia individual de la integración de las potencias arquetípicas inconscientes, hubiera sido sorprendente que Jung no hubiera sacado provecho de las instrucciones ofrecidas en la *Liturgia.*

Jung parece que veía el destino como una dimensión integral del proceso de individuación, y el simbolismo astrológico como un reflejo del desarrollo de ese proceso. Las distintas corrientes del pensamiento religioso en la antigüedad tardía que Jung estuvo estudiando durante el tiempo en que trabajó con el *Liber Novus* presentan el destino como algo íntimamente ligado a los movimientos cíclicos de los cuerpos celestes, que Jung comprendía como símbolos de los dominantes arquetípicos del inconsciente colectivo, expresándose a través de las cualidades del tiempo. Destino, tiempo y los movimientos de los cielos están inextricablemente ligados al concepto de individuación junguiano. La liberación del destino, en los enfoques de la antigüedad tardía, implicaba una forma de gnosis o percatación interior que podía quebrar las com-

201. Véase Lynn Hayes, «The astrology of Carl Jung and His Red Book» (2009), <www.beliefnet.com/columnists/astrologicalmusings/2009/09/carl-jung-and-the-astrology-of.html>; «Carl Jung's "Red Book"», <https://heavenlytruth.typepad.com/heavenly-truth/2009/09/carl-jungs-red-book-the-astrology-behind-the-publication-of-jungs-most-personal-work.html>.

pulsiones de los *daimones* planetarios. No existe mención alguna de la posibilidad de alterar las circunstancias externas por medio de prácticas teúrgicas, dado que el destino se entendía como una estructura interior impuesta sobre el alma durante su tiempo en la encarnación. La liberación de la *Heimarmene* precisaba de una alteración de la conciencia, que permitiría al individuo liberarse de las acciones compulsivas que traían el sufrimiento, y lo animaría a abrazarse a esas dimensiones del destino que reflejaba la teleología divina. La matriz del pensamiento órfico, neoplatónico, hermético y gnóstico, centrada en la cosmología astrológica, parece haber proporcionado a Jung una potente forma de hermenéutica, con la cual pudo interpretar las visiones espontáneas descritas en el *Liber Novus,* así como presentar un modelo simbólico de su concepto psicológico más importante: ese proceso interior por el cual el individuo se convierte en lo que él o ella siempre estuvo destinado a ser.

6

«El camino de lo venidero»

Cuando hablamos del nuevo tipo acuariano de persona, nos estamos refiriendo en realidad a los seres humanos a través de los cuales se liberarán... las energías, la fe, el contagioso entusiasmo y las revelaciones de la nueva Era... Estos verdaderos «acuarianos»... son los portavoces del nuevo espíritu, y casi se podría decir que muchos de ellos son «médiums» innatos para la liberación de ese espíritu al comienzo del nuevo ciclo.[1]

—Dane Rudhyar

Cuando el mes de Géminis hubo terminado, los hombres dijeron a sus sombras: «Tú eres yo»... Así los dos se convirtieron en uno y, por esta colisión, lo formidable irrumpió, precisamente esa primavera de la consciencia que se llama cultura y que se prolongó hasta la época de Cristo. Pero el pez marcó el instante en que lo unido se separó, según la eterna ley de los contrastes, en un inframundo y un supramundo.[2]

—C. G. Jung

1. Dane Rudhyar, *Astrological Timing* (Nueva York: Harper & Row, 1969), pp. 166-167.
2. Jung, *Liber Novus, op. cit.*, pp. 314-315.

La idea de la «Nueva Era»

En las dos últimas décadas, una cantidad considerable de literatura académica se ha dedicado al influjo de Jung sobre las creencias y las prácticas de la denominada Nueva Era *(New Age)*.[3] Olav Hammer, siguiendo a Richard Noll, utiliza el término «junguianismo» para describir una forma de «psico-religión moderna» basada en el papel de culto asignado a Jung como gurú de la Nueva Era.[4] Paul Heelas dice que Jung es una de las tres figuras clave en el desarrollo del pensamiento de la Nueva Era, siendo los otros dos H. P. Blavatsky y Georges Ivanovich Gurdjieff (1866-1949), cuyo sistema espiritual, conocido como el «Cuarto Camino», se centra en el desarrollo de estados superiores de la conciencia.[5] Wouter Hanegraaff, siguiendo también a Noll, ve a Jung como un «esoterista moderno, que representa un enlace crucial entre visiones del mundo esotéricas tradicionales y el movimiento Nueva Era».[6]

Existen ciertos paralelismos en sentido amplio entre los modelos psicológicos de Jung y esas corrientes de pensamiento «Nueva Era» que enfatizan la expansión de la conciencia. Esto se puede explicar, en parte, por el hecho de que tanto Jung como el *revival* ocultista de finales del siglo XIX, que proporcionó la base para muchas de las más potentes ideas *New Age*, bebieron de las mismas fuentes: las especulaciones y prácticas herméticas, platónicas, neoplatónicas, gnósticas y judías, junto con generosas pizcas de pensamiento hinduista y budista. Muchos

3. Para una útil visión general que incluye referencias, véase David John Tacey, *Jung and the New Age* (Hove: Brunner-Routledge, 2001).

4. Hammer, *Claiming Knowledge, op. cit.*, pp. 67-70; véase también pp. 437-440 para la discusión de Hammer sobre el concepto de Jung de los arquetipos, que «parece un concepto hermético de correspondencias más que una teoría psicológica en el sentido habitual del término». Noll utiliza la palabra «junguismo»; véase Noll, *The Jung Cult, op. cit.*, pp. 7-9 y 291-294.

5. Paul Heelas, *The New Age Movement* (Oxford: Blackwell, 1996), p. 46. Sobre la propia obra de Gurdjieff, véase G. I. Gurdjieff, *Meetings with Remarkable Men* (Londres: E. P. Dutton, 1964), traducido al castellano bajo el título de *Encuentros con hombres notables,* por Editorial Sirio, Málaga, 2003. Véase también P. D. Ouspensky, *In Search of the Miraculous* (Nueva York: Harcourt, Brace, 1949).

6. Hanegraaff, *New Age Religion, op. cit.*, p. 497.

enfoques religiosos Nueva Era estaban, por tanto, plenamente desarrollados hacia finales del siglo XIX. Roderick Main, en un artículo sobre la relación entre las ideas de Jung y el pensamiento Nueva Era, comenta:

> Es posible conjeturar que la psicología junguiana, incluso en la formulación original de Jung, pudo verse influenciada por el pensamiento Nueva Era... En tanto que Jung influyó en el movimiento Nueva Era, él mismo pudo verse influenciado por la religión de la Nueva Era o puede que fuera incluso uno de sus representantes.[7]

La idea de la Nueva Era como de una época definida astrológicamente –asumida en tiempos modernos como la incipiente «Era de Acuario»– comenzó a tomar forma a finales del siglo XVIII, cristalizó en el XIX y sigue siendo popular hoy en día. Dane Rudhyar creía que la Era de Acuario comenzaría en 2060, aunque pensaba que su «período simiente» había comenzado entre 1844 y 1846.[8] Wouter Hanegraaff, en su importante obra, *New Age Religion and Western Culture (Religión Nueva Era y la cultura occidental),* define la Nueva Era *in sensu strictu* como aquellas corrientes de ideas que se centran en la expectativa de una inminente Era de Acuario y en el consiguiente cambio radical de conciencia, que será un reflejo del significado de la constelación astrológica. Hanegraaff dice después que la Nueva Era «in sensu lato» es un movimiento innovador «en un sentido general» que no necesariamente porta connotaciones específicamente astrológicas.[9]

Es éste un enfoque heurístico útil a través del cual explorar muchas espiritualidades actuales. Pero es difícil encontrar un acuerdo entre los autores acerca de qué constituye la Nueva Era en un sentido amplio. Muchas de las ideas que forman la base del pensamiento Nueva Era son muy antiguas, y no se han visto alteradas de forma significativa por otro término sumamente ambiguo: «modernidad». Podrían verse igual-

---

7. Véase Roderick Main, «New Age Thinking in the Light of C. G. Jung's Theory of Synchronicity», *Journal of Alternative Spiritualities and New Age Studies,* vol. 2, pp. 8-25, p. 9 (2006); Hanegraaff, *New Age Religion, op. cit.*, pp. 521-522.
8. Rudhyar, *Astrological Timing, op. cit.*, p. 167.
9. Hanegraaff, *New Age Religion, op. cit.*, p. 94.

mente como «Vieja Era», dado que reflejan ciertos temas cosmológica y astrológicamente coherentes que poseen gran agencia y son inmensamente adaptables culturalmente hablando, al tiempo que conservan una gran integridad estructural desde hace más de dos milenios. Estas ideas no necesariamente han sido «secularizadas» en el sentido en que sus adherentes actuales no se han hecho «irreligiosos», ni siquiera en el sentido de haber roto con una forma específica de religión organizada. Jung veía tales ideas como arquetípicas: pertenecen al «Espíritu de las Profundidades», y no, como podría suponerse, al «Espíritu de Este Tiempo».

Las ideas *New Age* –particularmente la convicción de que la conciencia de sí y la conciencia divina son indistinguibles, y que Dios se puede encontrar dentro– las asumen algunos académicos como exclusivas de las espiritualidades «modernas», pero esta suposición no está sustentada por las evidencias textuales. La ecuación de «conocimiento de Dios» es igual a «conocimiento del yo» está claramente expresada en la literatura esotérica hermética, neoplatónica, gnóstica y esotérica judía temprana.[10] En este sentido, la suposición de Hanegraaff de la modernidad del pensamiento Nueva Era puede llevar a equívoco, creando agudas divisiones artificiales entre períodos históricos, culturas y esferas de la expresión humana en las cuales una perspectiva más matizada podría ser más útil. Pero por problemáticas que puedan ser las definiciones de la Nueva Era *in sensu lato,* el pensamiento de Jung acerca de la inminente Nueva Era pertenece claramente a la categoría que Hanegraaff denomina «in sensu strictu», pues parece que Jung creía de todo corazón que una nueva época que reflejaba el simbolismo de la constelación de Acuario estaba a punto de iniciarse, y que su psicología podría hacer una aportación significativa a los conflictos que inevitablemente surgirían ante tan profundo cambio en la conciencia colectiva.

---

10. Véase Hanegraaff, *New Age Religion, op. cit.*, pp. 421-513; Alex Owen, «Occultism and the 'Modern Self' en Fin-de-Siècle Britain», en Martin Daunton and Bernhard Rieger (eds.), *Meanings of Modernity* (Oxford: Berg, 2001), pp. 71-96. La idea de que Dios se puede encontrar dentro y que el «conocimiento de Dios» es el «conocimiento de sí mismo» la establece explícitamente Plotino, *Ennead* I:6.7 y *Ennead* VI:9.11.

El dios en el huevo

En 1951, tras dos ataques cardíacos, Jung escribió una obra llamada *Aion.*[11] Para la portada del libro, Jung eligió una escultura romana de un dios mitraico conocido por los expertos por diversos nombres: Aion, Aeon, Kronos, Chronos o Zervan *(véase* Lámina 4).[12]

Mientras trabajaba en el *Liber Novus,* Jung se basó en buena medida en las traducciones al alemán, de Dieterich, y al inglés, de Mead, de la *Liturgia de Mitra.* También adquirió los dos libros de Franz Cumont sobre mitraísmo: *Die Mysterien des Mithra* y el anterior, y mucho más extenso, *Textes et monuments figurés relatifs aux mystères de Mythra.*[13] Jung decía de Cumont que era «la mayor autoridad en el culto de Mitra».[14] Pero Cumont rechazaba la importancia central de la astrología en el culto mitraico romano, viendo su iconografía astrológica como un remanente de un culto «caldeo» más antiguo, y culpando a esta corriente religiosa «oriental» de infectar las creencias occidentales con el «largo tren de errores y terrores» de la astrología.[15] Al parecer, Jung no estaba de acuerdo con esto.

---

11. Jung, CW9ii, publicado originalmente como *Aion: Untersuchungen zur Symbolgeschichte* (*Psychologische Abhandlungen* VIII, Zúrich: Rascher Verlag, 1951).
12. *Aeon* es la formulación latina de la palabra griega *Aion* (Αιων). Kronos (Κρονος), tal como se explica en la *Teogonía* de Hesíodo, es el antiguo titán griego que se convirtió en soberano de los dioses tras castrar a su padre Ouranos. Kronos se asoció con el dios romano Saturno, y es el nombre que se le da al planeta Saturno en el *Tetrabiblos* de Ptolomeo, que fue escrito en griego. *Chronos* (χρονος) es la palabra griega que significa «tiempo». Zervan (o Zurvan) es una deidad persa pre-zoroastriana cuyo nombre, al igual que el griego *chronos,* significa «tiempo»; es señor del tiempo finito de la historia, así como del «tiempo sin límites», la luz primordial de la cual todo emanó. Esta deidad tiene muchas similitudes con el *Fanes* órfico; véase Greene, *The Astrological World of Jung's 'Liber Novus', op. cit.*, capítulo 6.
13. Franz Cumont, *Textes et monuments figurés relatifs aux mystères de Mythra* (Bruselas: Lamertin, 1896).
14. Jung, *Psychology of the Unconscious, op. cit.*, p. 83.
15. Franz Cumont, *The Mysteries of Mithra,* trad. Thomas J. McCormack (Chicago: Open Court, 1903), pp. 125-126.

En los últimos años, Roger Beck y David Ulansey han cuestionado las suposiciones de Cumont, centrándose específicamente en los fundamentos astrológicos del mitraísmo romano.[16] Los hallazgos arqueológicos mitraicos han sido la principal fuente de estas revisiones, pues se ha visto en ellos que las iniciaciones del culto eran un secreto muy bien guardado, y no existe literatura alguna producida por sus miembros. Sólo han sobrevivido referencias, normalmente basadas en rumores, en los escritos de autores de la antigüedad tardía como Orígenes y Porfirio.[17] Pero numerosas imágenes de Aión han sobrevivido a lo largo de los siglos y se han descubierto por toda la Europa mitraica romana. En ellas se le representa, normalmente, como una figura masculina con alas y cabeza de león, sosteniendo un báculo y una llave, todo su cuerpo abrazado por una serpiente y, normalmente, aunque no invariablemente, rodeado por, o portando en su cuerpo, los signos del zodíaco.[18]

La palabra griega *aionos* tiene diversos significados y usos, todos los cuales son relevantes para la idea que tenía Jung del inminente cambio psíquico colectivo que visualizó en el *Liber Novus*.[19] Homero y Heródoto utilizaron esta palabra para identificar el tiempo de vida de una persona.[20] Eurípides, al igual que en los tratados herméticos, personificó a Aión como un ser divino, llamándole el «hijo del tiempo» que «hace que pasen muchas cosas».[21] Esquilo y Demóstenes aplicaron esta

---

16. David Ulansey, *The Origins of the Mithraic Mysteries* (Oxford: Oxford University Press, 1991); Roger Beck, *Planetary Gods and Planetary Orders in the Mysteries of Mithras* (Leiden: Brill, 1988); Roger Beck, *The Religion of the Mithras Cult in the Roman Empire* (Oxford: Oxford University Press, 2006).
17. Véase Orígenes, *Contra Celsum*, trad. Henry Chadwick (Cambridge: Cambridge University Press, 1953), 6:21-22; Porfirio, *De antro nympharum*, en Thomas Taylor (ed. and trad.), *Select Works of Porphyry* (Londres: Thomas Rodd, 1823), pp. 5-6.
18. Véase Cumont, *The Mysteries of Mithra, op. cit.*, p. 105.
19. Véase Owens, «Jung and Aion», *op. cit.*, p. 268.
20. Homero, *Iliad* 5.685, 16.453, 19.27, 22.58; Homero, *Odyssey* 5.160; Heródoto, *Histories*, 1.32. Éstas y las siguientes traducciones se pueden encontrar en <www.perseus.tufts.edu>.
21. Eurípides, *Heracleidae*, trad. Ralph Gladstone (Chicago: University of Chicago Press, 1955), p. 900; *Corpus Hermeticum, op. cit.*, p. 11.

palabra tanto a una época como a una generación.[22] Sófocles la comprendió como el destino o el lote asignado a la persona, similar a la idea de *moira*.[23] Hesíodo la utilizó para definir una era o edad, como la Edad Dorada o la Edad de Hierro.[24] Pablo de Tarso la utilizó para referirse al mundo presente, así como a una era o época.[25] En el *Timeo* de Platón, *aionos,* a diferencia de *chronos,* constituye la eternidad, en tanto que *chronos* expresa a *aionos* temporalmente a través de los movimientos de los cuerpos celestes:

> Ahora bien, la naturaleza del ser ideal era eterna, pero conceder este atributo en su totalidad a una criatura era imposible. Por lo tanto, él decidió tener una imagen móvil de la eternidad *[aionos],* y, cuando puso en orden el cielo, hizo que esta imagen fuera eterna, pero que se moviera según el número, mientras que la eternidad misma descansa en la unidad; y a esta imagen la llamamos tiempo *[chronos]*.[26]

Parece que Jung entendió el aión tanto en su sentido de época astrológica –con una duración de más o menos 2 165 años, o una duodécima parte de lo que él creía que era el gran «Año Platónico» de 26 000 años– como en su sentido divino, como una divinidad que había emergido de la imaginación religiosa humana y encarnaba las cualidades específicas de esa época. Las eras astrológicas son el resultado de un fenómeno astronómico conocido como precesión de los equinoccios, que no es otra cosa que el gradual movimiento de retroceso del equinoccio de

22. Esquilo, *The Seven Against Thebes*, ed. y trad. David Grene, Richmond Lattimore, Mark Griffith, y Glenn W. Most (Chicago: University of Chicago Press, 2013), p. 219; Demóstenes, *On the Crown*, trad. A. W. Pickard-Cambridge, en A. W. Pickard-Cambridge (ed. y trad.), *Public Orations of Demosthenes*, 2 volúmenes (Oxford: Clarendon Press, 1912), 18.199.
23. Sófocles, *Trachiniae*, 34.
24. Hesíodo, *Theogony*, 609.
25. Pablo, *Romanos,* 12.2.
26. Platón, *Timaeus, op. cit.*, 37d.

primavera (el instante anual en el que el Sol entra en el signo zodiacal de Aries) a través de las estrellas de las doce constelaciones zodiacales.[27]

La *Pistis Sophia* aplica el término de aión tanto a los poderes celestiales que gobiernan regiones específicas del cosmos, como a las regiones en sí mismas: las constelaciones zodiacales con pórticos o vías a través de las cuales pasa el dios redentor a medida que lleva a cabo su tarea de salvación.[28] En cambio, la *Liturgia de Mitra* presenta al Aión, no como una constelación zodiacal, un arconte planetario o una época en el tiempo, sino como una divinidad primigenia ígnea, denominada también Helios-Mitra; es decir, tal como la comprendió Jung, una imagen de la libido o fuerza vital.[29] El objetivo del ritual es tener una visión de este ser eterno, visión que lleva a la «inmortalización» temporal del iniciado.[30]

> Porque he de contemplar hoy con Ojos Inmortales –yo, mortal, nacido de vientre mortal, pero [ahora] mejorado merced al Poder de la Poderosa Fuerza, sí, por la Incorruptible Mano Derecha– [hoy voy a ver] en virtud del Espíritu Inmortal del Aión Inmortal [αθανατον Αιωνα], el maestro de las Diademas de Fuego.[31]

Más tarde, en el ritual, se ofrecían oraciones a los «siete Destinos del cielo», a las divinidades planetarias que gobiernan la *Heimarmene.* A continuación de invocaba a Aión enumerando sus principales atributos y funciones:

---

27. Las constelaciones zodiacales (compuestas por estrellas fijas) y los signos zodiacales (divisiones de la eclíptica) no se corresponden con exactitud; esto lo saben los astrólogos desde el siglo II a. e. c. Para una explicación del fenómeno de la precesión, véase Patricia Viale Wuest, *Precession of the Equinoxes* (Atlanta: Georgia Southern University, 1998).
28. Mead, *Pistis Sophia, op. cit.*, 14.
29. Véase Jung, *Psychology of the Unconscious*, pp. 104-105; 110-111; 500, n.º 21; 520, n.º 14.
30. Véase Betz, *The «Mithras Liturgy», op. cit.*, p. 1.
31. Mead (trad.), *A Mithraic Ritual*, II.3. Véase también Betz, *The «Mithras Liturgy», op. cit.*, pp. 518-521, p. 51.

Dador de Luz [y] Sembrador de Fuego. Dispensador de Fuego, cuya Vida está en la Luz. Torbellino de Fuego que pones la Luz en Movimiento. Tú, Provocador del Trueno. ¡Oh Tú, Gloria de la Luz! ¡Incrementador de la Luz! Controlador del Empíreo de la Luz. ¡Oh Tú, Domador de las Estrellas![32]

Aión, el «domador de estrellas», emana y controla las esferas celestiales. De ahí que la visión otorgada al iniciado en la *Liturgia de Mitra* le permitiera identificarse con la divinidad, con lo que, al menos por un momento, quebraba el poder de la *Heimarmene.*[33] Como hemos visto, Jung asoció esta liberación de las ligaduras de la compulsión astral con la potencia integradora de una experiencia directa del Sí Mismo; y, al igual que en la *Liturgia,* no dio ninguna garantía de la permanencia del estado. Si comparamos el Aión de la *Liturgia* con las palabras del gigante Izdubar en el *Liber Novus,* que emerge del huevo ígneo revelado como el dios Sol, nos daremos cuenta de hasta qué punto la *Liturgia de Mitra* influyó en la imagen que se forjó Jung del símbolo astrológico del Sol.

Ríos de fuego irrumpían de mi cuerpo radiante,
me abrí paso a través de las flameantes llamas,
nadé en un mar que me envolvía en fuegos vivos,
lleno de luz, pleno de anhelo, lleno de eternidad,
yo era antiguo y me renovaba perpetuamente a mí mismo...
Yo soy el sol.[34]

En la descripción de Aión, Jung incluyó el nombre de Kronos (Saturno), pero la difuminó con el término *chronos* (tiempo) y resaltó los atributos leoninos de la figura:

---

32. Mead (trad.), *A Mithraic Ritual,* V:3. Véase también Betz, *The «Mithras Liturgy», op. cit.*, pp. 591-603, p. 53.
33. «Esta inmortalización tiene lugar tres veces al año»: Betz, *The «Mithras Liturgy», op. cit.*, p. 748, p. 57.
34. Jung, *Liber Novus, op. cit.*, p. 286.

En la religión mitraica nos encontramos con un extraño Dios del Tiempo, Aión, denominado Kronos o Deus Leontocephalus, porque se le representa como un hombre con cabeza de león que, de pie y con actitud rígida, tiene enroscada una serpiente alrededor de su cuerpo... Además de eso, la figura lleva a veces el Zodíaco en su cuerpo... Este dios es un símbolo del tiempo, curiosamente compuesto por símbolos de la libido. El león, el signo del zodíaco de la canícula estival, es el símbolo del deseo más poderoso.[35]

Paradójicamente, Jung asoció este *Deus Leontocephalus* no sólo con el Sol, sino también con el arconte gnóstico Ialdabaoth y el planeta del arconte, Saturno.[36] Aión era muchas cosas para Jung: un símbolo ígneo de la libido que abrazaba los opuestos, un símbolo del tiempo expresado a través del sendero solar de la ronda zodiacal y una personificación de la deidad planetaria Saturno-Kronos, el regente de su propia carta natal. Quizás también entendiera a Aión como el aspecto universal o colectivo de su «*daimon* personal», Filemón, el «Señor de la Casa».[37] Y Aión encarnaba también para Jung la era astrológica –la de Acuario– que combina, en su imaginería y significado, la forma humana del Aguador con la constelación opuesta de Leo, el León. En una de las primeras pinturas del *Liber Primus,* se pueden ver los símbolos de la polaridad del nuevo Aión, Acuario y Leo. El León se encuentra arriba a la izquierda de la imagen con un disco solar rojo sobre la cabeza,

35. Jung, *Psychology of the Unconscious, op. cit.*, pp. 313-314. Compárese con Mead, *The Mysteries of Mithra, op. cit.*, pp. 70-71.

36. Véase Jung, CW9ii, pp. 128 y 325; Jung, CW13, p. 275. Los comentarios de Jung sobre el Ialdabaoth leontocéfalo y Saturno se publicaron por vez primera en 1949, pero la identidad del planeta y del arconte gnóstico aparecen en Wolfgang Schultz, *Dokumente der Gnosis* (Jena: Diederichs, 1910), p. 103, donde Jung lo habría encontrado no después de su pintura de Izdubar en 1915. Jung daría posteriormente como referencia el *Contra Celsum* de Orígenes, el *Hauptprobleme der Gnosis* de Bousset y la traducción de Mead de la *Pistis Sophia.* Dado que el primero lo citó en *Tipos psicológicos* (1921) y los otros dos en *Psicología del inconsciente* (1911-1912), Jung tenía que estar familiarizado ya con la idea de Saturno como *Deus Leontocephalus* cuando estaba trabajando sobre el *Liber Novus. Véase* arriba, n.º 17.

37. Sobre el Fanes órfico como Aión en el *Liber Novus,* véase Greene, *The Astrological World of Jung's 'Liber Novus'*, capítulo 6.

mientras que el Aguador, ataviado con una túnica azul, en vez de con el diseño arlequinado del posterior «Escanciador de Agua Bendita», se encuentra en la esquina superior derecha de la imagen derramando su agua desde una urna roja, con el glifo de Saturno junto a su hombro izquierdo.[38] William Butler Yeats reflejó la misma polaridad zodiacal al plasmar la visión que tuvo de la Nueva Era en su poema, «*The Second Coming*» («*La segunda venida*»), escrito justo después del Armagedón de la Primera Guerra Mundial, con un pesimismo profético no muy diferente del propio Jung: un ser terrorífico con cuerpo de león y cabeza de ser humano, que «se arrastra hacia Belén para nacer» en medio del caos y la desintegración del orden social.[39]

En el *Liber Novus,* Jung hablaba de su propia transformación en una deidad leontocéfala con una serpiente enroscada a su alrededor, con «los brazos extendidos como alguien crucificado».[40] Posteriormente, relacionó explícitamente esta visión con la iconografía mitraica de Aión:[41]

> El rostro de animal en el que sentí que mi rostro se transformaba era el del famoso [Deus] Leontocephalus de los misterios mitraicos. Es la figura de un hombre con una serpiente enroscada a su alrededor, mientras la cabeza de la serpiente descansa sobre la cabeza del hombre, y el rostro del hombre es el de un león.[42]

Esta alusión sugiere que la elección de Jung de la portada de su libro *Aión* debió tener un significado profundamente personal. La visión del

---

38. La imagen está en el *Liber Primus,* folio v°. Sobre el texto incluido en la imagen, véase Jung, *Liber Novus, op. cit.,* p. 243. Para una buena discusión sobre esta imagen en relación con el propio horóscopo de Jung, véase Safron Rossi, «Saturn in C. G. Jung's Liber Primus: An Astrological Meditation», *Jung Journal,* vol. 9:4, pp. 38-57 (2015).
39. William Butler Yeats, «*The Second Coming*» (1919), in *Collected Poems of William Butler Yeats* (Londres: Macmillan, 1933), p. 211.
40. Jung, *Liber Novus, op. cit.*, p. 252.
41. Sobre el ser leontocéfalo como Ialdabaoth en la iconografía gnóstica, véase M. J. Edwards, «Gnostic Eros and Orphic Themes», *Zeitschrift für Papyrologie und Epigraphik,* vol. 88, pp. 25-40 (1991).
42. Jung, *Analytical Psychology, op. cit.*, p. 98.

Liber Novus, al igual que la de la *Liturgia de Mitra,* nos habla de una experiencia interior transitoria, aunque profundamente transformadora, que debió traer consigo una expansión de la conciencia y, según los propios términos de Jung, una integración más plena de la personalidad. En el horóscopo natal de Jung, como él mismo sabía muy bien, la oposición Acuario-Leo es dominante. Acuario estaba elevándose en el momento del nacimiento de Jung, y el Sol estaba situado en Leo. No debería sorprendernos que el simbolismo de Aión fuera relevante no sólo para la psique colectiva, sino también para él mismo.

La Era de Acuario

La primera imagen de la primera página del *Liber Novus* tiene la letra D, ilustrada al estilo de un manuscrito medieval alemán, y da entrada a la frase inicial de la obra: «*Der Weg des kommenden*» («El Camino de lo Venidero»).

Una «franja» astrológica se puede ver en la parte superior de la imagen *(véase* Lámina 5); está pintada con un azul más claro que el del cielo con sus cuerpos celestes.[43] Las constelaciones zodiacales, representadas con sus glifos tradicionales, aparecen en dirección contraria a las agujas del reloj, comenzando por Cáncer, en el extremo izquierdo, seguida por Géminis, Tauro, Aries y Piscis, para terminar con Acuario en el extremo derecho. La estrella grande con cuatro rayos que hay en la «franja» está situada en el punto de encuentro exacto entre la constelación representada por el glifo de Piscis y la constelación representada por el glifo de Acuario. La estrella representa evidentemente al Sol en el momento del equinoccio de primavera anual.[44] Este punto equinoccial, que se ha ido desplazando hacia atrás a través de las constelaciones a lo largo de los siglos, ha alcanzado ahora, según Jung, el final de la constelación de Piscis, y está a punto de entrar en su viaje de 2 165 años

43. Sobre la observación de que la imagen refleja la precesión del punto equinoccial desde Piscis a Acuario, véase Shamdasani, *C. G. Jung: A Biography in Books, op. cit.*, p. 117; Owens, «Jung and Aion», *op. cit.*, p. 271.

44. *Véase* arriba, n.º 28.

a través de la constelación de Acuario. Jung se refería a este acontecimiento astronómico como el nuevo Aión, el «Camino de lo Venidero». Posteriormente lo llamaría «καιρος –el momento justo– para una "metamorfosis de los dioses"».[45]

El tema principal de su libro *Aión* es la transformación de la conciencia humana, y el simultáneo cambio en la imagen de Dios, que supone el final del Aión de Piscis. Piscis está asociado con los símbolos cristianos de Jesús y de Satán como los dos peces, y el advenimiento del Aión de Acuario está asociado con un nuevo símbolo: la humanidad como el Aguador. Lance Owens sugiere que es necesario establecer referencias cruzadas entre *Aión* y el *Liber Novus* para poder comprender el mensaje subyacente a ambos libros, en tanto en cuanto *Aión* es un esfuerzo tardío en la vida de Jung por proporcionar una exégesis racional a las revelaciones del *Liber Novus,* y ambas obras están «unidas en lo fundamental».[46] En *Aión* vemos a un Jung que se sumerge en la astrología, pero de una forma más impersonal de lo que lo hubiera hecho con su propio horóscopo. Sin embargo, en esta aproximación a los ciclos colectivos incorporaba los mismos modelos psicológicos que en su percepción de las dinámicas psíquicas del individuo: los arquetipos, las tipologías, los complejos y los significadores astrológicos como símbolos de las cualidades del tiempo. Jung creía que cada uno de los grandes cambios representados por el nuevo Aión astrológico se refleja en la imaginería de la constelación zodiacal que lo preside y de su regente planetario:

> Aparentemente, hay cambios en las constelaciones de los dominantes psíquicos, de los arquetipos, o «dioses» como se les solía llamar, que traen consigo, o vienen acompañados de, transformaciones duraderas de la psique colectiva. Esta transformación se inició en la era histórica y dejó su rastro primero con el paso por el eón de Tauro y el de Aries, y después de Aries el de Piscis, cuyo comienzo coincide con la aparición del cristianismo. Nos estamos acercando ahora a ese gran cambio que cabe esperar cuando el punto primaveral entre en Acuario.[47]

45. Jung, CW10, p. 585.
46. Owens, «Jung and Aion», *op. cit.*, p. 253.
47. Jung, CW10, p. 589.

En tanto que, en *Aión,* Jung habla de la naturaleza histórica de estas transformaciones tal como se expresan en las representaciones religiosas, en el *Liber Novus* revela el papel que él mismo creía tener en ese cambio inminente, de acuerdo con su convicción de que cada individuo forma parte del colectivo, y que el futuro del colectivo depende de la conciencia del individuo.[48]

Se ha especulado mucho sobre dónde obtuvo Jung la idea de una Nueva Era en relación con el movimiento del punto equinoccial vernal, algo que parece ser particularmente importante, habida cuenta de que a Jung se le atribuye haber sido la primera persona en tiempos modernos en difundir la idea de que la largamente anticipada Nueva Era sería acuariana. Sin embargo, la idea de la Era de Acuario está arraigada en la Ilustración de finales del siglo XVIII, cuando se publicó un buen número de obras de erudición que se centraban en la figura de Jesús como una deidad perteneciente a un largo linaje de deidades solares.[49] Según Nicholas Campion, las ideas que se presentaban en estas obras se pueden dividir en tres categorías distintas. La primera suponía un intento por establecer un origen común para todas las religiones. La segunda se basaba en la teoría de que este mismo origen se halla en el culto de los cuerpos celestes, sobre todo del Sol. La tercera apuntaba al uso de la precesión de los equinoccios para establecer la datación de los textos sagrados hindúes, como los Vedas.[50] Aunque ninguno de los autores de estas obras del siglo XVIII proporcionó el tipo de interpretación ofrecido por los astrólogos contemporáneos de Jung, todos ellos resaltaban la importancia del ciclo precesional en el desarrollo histórico de las imágenes e ideas religiosas.

En 1775, el astrónomo y matemático francés Jean Sylvain Bailly (1736-1793) proponía que toda forma religiosa tenía un origen astral,

48. Véase Jung, CW10, p. 536.

49. Para trabajos más recientes explorando este tema, véase Fideler, *Jesus Christ, Sun of God, op. cit.*; Herbert Cutner, *Jesus* (Nueva York: Truth Seeker, 1950), pp. 129-164.

50. Véase Nicholas Campion, *Astrology and Popular Religion in the Modern West* (Farnham: Ashgate, 2012), p. 22.

sideral.[51] Bailly fue seguido por un abogado y profesor de retórica francés, Charles François Dupuis (1742-1809), quien, en su *Origine de tous les cultes (El origen de todos los cultos),* sostenía que todas las religiones surgen del culto al Sol, y que el cristianismo no era más que otra forma de mito solar.[52] Dupuis, al igual que Max Heindel y el mismo Jung más de un siglo después, señaló los paralelismos existentes entre la constelación astrológica de Virgo y la madre del mesías solar. Al describir el grabado que encargó para la portada de su libro, Dupuis indicaba: «Una mujer sosteniendo a un niño, coronada de estrellas, de pie sobre una serpiente, llamada la Virgen celestial… Ella ha sido, sucesivamente, Isis, Temis, Ceres, Erígone y la madre de Cristo».[53]

La portada de Dupuis *(véase* Lámina 6) combina la idea de una religión solar universal con temas religiosos vinculados a la precesión de los equinoccios. En la esquina superior izquierda, en los cielos, están las constelaciones de Aries y Tauro, con el Sol en el punto medio entre ellos. El punto equinoccial vernal está, por tanto, cruzando de Tauro a Aries, cosa que se refleja en la transición desde diversas formas religiosas taurianas representadas en el grabado (Mitra matando al toro cósmico, el toro Apis egipcio, el Becerro de Oro) hasta las formas religiosas arianas (Zeus entronizado como dios del cielo, el Sumo Sacerdote israelita ante el Arca de la Alianza). En el centro de la portada, arriba del todo, están los símbolos de la dispensación cristiana: los cuatro apóstoles con sus animales simbólicos, la «virgen celestial» coronada de estrellas y el niño Cristo como el nuevo Sol recién nacido. Aunque Dupuis se centró en la transición de Tauro a Aries, más que en la de Piscis a Acuario, se da un sorprendente paralelismo entre la ilustración de Dupuis del Sol en el punto medio entre las constelaciones de Tauro y Aries, y la estrella solar de cuatro puntas de Jung en el punto medio entre las constelaciones de Piscis y Acuario en la primera página del

51. Jean Sylvain Bailly, *Histoire de l'astronomie ancienne, depuis son origine jusqu'à l'établissement de l'école d'Alexandrie* (París: Debure, 1775); Jean Sylvain Bailly, *Traité de l'astronomie indienne et orientale* (París: Debure, 1787).

52. Charles Dupuis, *Origine de tous les cultes, ou religion universelle* (París: H. Agasse, 1795).

53. Charles Dupuis, *Planches de l'origine de tous les cultes* (París: H. Agasse, 1795), p. 6.

Liber Novus. Jung nunca mencionó a Dupuis en su obra publicada, ni tampoco hay un ejemplar del *Origine* de Dupuis en el catálogo de su biblioteca, pero es probable que Jung conociera el libro de Dupuis.

Las especulaciones sobre el vínculo existente entre la precesión del punto equinoccial vernal y el cambio de las formas religiosas continuaron a lo largo de los siglos XVIII y XIX. François-Henri-Stanislas de l'Aulnaye (1739-1830), que escribió dos libros sobre la francmasonería, publicó un texto en 1791 denominado *L'histoire générale et particulière des religions et du cultes (Historia general y particular de las religiones y los cultos).*[54] Campion afirma que esta obra fue la primera en considerar las implicaciones de la precesión del punto equinoccial vernal en Acuario, que de l'Aulnaye creía que había tenido lugar en 1726.[55] Godfrey Higgins (1772-1833), un historiador de las religiones cuya obra ejerció una importante influencia en Blavatsky,[56] declaró en su *Anacalypsis,* publicado en 1836, que el cambio equinoccial de Tauro a Aries fue el momento en que el «cordero sacrificado» reemplazó al «toro sacrificado».[57] A finales del siglo XIX, Gerald Massey (1828-1907), un poeta y egiptólogo autodidacta inglés, ofreció un detallado esquema de la evolución de las formas religiosas de acuerdo con la precesión de los equinoccios a través de las constelaciones zodiacales.[58] Es en uno de los artículos de Massey, «The Historical Jesus and the Mythical Christ», autopublicado en 1887, donde aparece la primera referencia a la Era de Acuario en inglés:[59]

---

54. François-Henri-Stanislas de L'Aulnaye, *L'histoire générale et particulière des religions et du cultes* (París: J. B. Fournier, 1791).
55. Campion, *Astrology and Popular Religion, op. cit.*, pp. 22-23. Véase también Godwin, *The Theosophical Enlightenment, op. cit.*, pp. 69 y 82.
56. Véase William Emmette Coleman, «The Sources of Madame Blavatsky's Writings», en Vsevolod Sergyeevich Solovyoff, *A Modern Priestess of Isis* (Londres: Longmans, Green, 1895), Apéndice C, pp. 353-366.
57. Godfrey Higgins, *Anacalypsis*, 2 volúmenes (Londres: Longman, Rees, Orme, Brown, Green, and Longman, 1836), II:110-11.
58. Gerald Massey, «The Hebrew and Other Creations, Fundamentally Explained», in *Gerald Massey's Lectures* (Londres: Private Publication, 1887), pp. 105-140, en p. 114.
59. Véase Campion, *Astrology and Popular Religion, op. cit.*, p. 24; Hammer, *Claiming Knowledge, op. cit.*, pp. 248-49.

> Los cimientos de un nuevo cielo se establecieron en el signo del Carnero, 2 410 a. C.; y se establecieron de nuevo cuando el equinoccio entró en el signo de los Peces, 255 a. C. Profecía que se cumplirá *de nuevo* cuando el equinoccio entre en el signo del Aguador, más o menos a finales de este siglo [el XIX].[60]

Todos estos autores –Dupuis, de l'Aulnaye, Higgins y Massey– utilizaron los mitos para ilustrar inmensos cambios colectivos en las formas religiosas y las percepciones, y vincularon los mitos con constelaciones zodiacales específicas en el ciclo de la precesión. Aunque Jung no citó ninguna de las obras de estos autores en su propia obra publicada, nos encontramos con las mismas ideas como tema central de *Aión*. El hecho de que nadie se haya puesto de acuerdo con la fecha de inicio del nuevo Aión acuariano no debería de sorprendernos, pues, como el propio Jung afirmó: «La delimitación de las constelaciones se sabe que es de algún modo arbitraria».[61]

Fuentes antiguas de la Nueva Era

Los textos que explícitamente vinculan el inicio de una Nueva Era con la precesión de los equinoccios quizás sean textos de la era moderna, pero Jung creía que había fuentes más antiguas que sustentaban su creencia de que un nuevo Aión astrológico estaba a punto de comenzar. Su búsqueda de evidencias históricas sobre la idea de la inminente llegada de la Era de Acuario le llevó en ocasiones a suponer conexiones que un académico del siglo XXI, nervioso con las especulaciones de carácter «universalista», posiblemente habría evitado. Sin embargo, negarse a reconocer la longevidad y la universalidad de determinadas ideas puede ser indicio en sí de tener el juicio sesgado por una agenda oculta, y parece que Jung acertó con más frecuencia en sus saltos intuitivos de lo que erró. Un ejemplo de las indagaciones de Jung para vali-

60. Gerald Massey, «The Historical Jesus and Mythical Christ», en *Gerald Massey's Lectures* (Londres: Publicación privada, 1887), pp. 1-26, en p. 8.
61. Jung, CW9ii, p. 149, n.º 84.

dar la Era de Acuario en textos alquímicos la proporciona el alquimista y médico del siglo XVI Heinrich Khunrath (1560-1605),[62] que declaró que una «era de Saturno» comenzaría en algún punto no muy distante en el futuro, y que daría paso a una época en la que los secretos alquímicos estarían a disposición de todos:

> La era de Saturno no ha llegado todavía, una era en la que todo lo que es privado se convertirá en propiedad pública: pues aún no se toma y se usa lo que es bien intencionado y bien hecho con el mismo espíritu.[63]

Khunrath no menciona ni la precesión de los equinoccios ni la constelación zodiacal de Acuario en ningún lugar del texto. Tampoco aparece la idea en ninguna obra alquímica de principios de la modernidad, por muy metida en astrología que pueda estar. Pero Jung creía que Khunrath se estaba refiriendo a la Era de Acuario porque esta constelación está regida tradicionalmente por Saturno. En una conferencia pronunciada en la ETH en 1940, Jung citó esta afirmación de Khunrath para luego comentar:

> Khunrath estaba diciendo que la era de Saturno aún no ha comenzado... Obviamente, la pregunta es: ¿a qué se refiere Khunrath con la era de Saturno? Los antiguos alquimistas eran, claro está, astrólogos y pensaban en términos astrológicos. Saturno es el regente del signo de Acuario, y es bastante posible que Khunrath estuviera refiriéndose a la próxima era, la era de Acuario, el aguador, que está a punto de comenzar. Es concebible que Khunrath pensara que la humanidad cambiaría para entonces, y sería capaz de comprender el misterio de los alquimistas.[64]

---

62. Para más sobre Khunrath, véase Peter Forshaw, «Curious Knowledge and Wonder-Working Wisdom in the Occult Works of Heinrich Khunrath», en R. J. W. Evans y Alexander Marr (eds.), *Curiosity and Wonder from the Renaissance to the Enlightenment* (Farnham: Ashgate, 2006), pp. 107-130.
63. Heinrich Khunrath, *Von hylealischen, das ist, pri-materialischen catholischen, oder algemeinem natürlichen Chaos, der naturgemessen Alchymiae und Alchemisten* (Magdeburg, 1597), p. 36, citado en Jung, *Modern Psychology, op. cit.*, vol. 5-6, p. 156. Jung adquirió la obra de Khunrath en su edición original de 1597.
64. Jung, *Modern Psychology, op. cit.*, vol. 5-6, p. 156.

Jung encontró en la obra de este influyente alquimista lo que se le antojaron evidencias de que la Era de Acuario vería revelaciones de carácter esotérico y psicológico, «secretos» que o bien se habían perdido o nunca se habían llegado a conocer, y cuya aparición en la conciencia colectiva daría como resultado una importante transformación de la conciencia humana. A pesar de su pesimismo sobre la capacidad para la autodestrucción global inherente a la interiorización del arquetipo divino, Jung era, al menos en principio, optimista acerca del potencial psicológico de la Nueva Era.

En la literatura gnóstica, Jung pudo haber encontrado también «evidencias» similares sobre la creencia en la precesión como el anuncio de grandes cambios religiosos, si bien aquí, al igual que en los escritos de Khunrath, no existen referencias explícitas a los aiones astrológicos en relación con la precesión del punto equinoccial. Un texto gnóstico conocido como *Trimorphic Protennoia* habla de una gran tribulación en los dominios de los arcontes y sus potencias. Horace Jeffery Hodges, en un artículo en el que hablaba de la preocupación gnóstica por la *Heimarmene,* sugiere que esta profecía del gran cambio en las esferas celestes refleja el hecho de que los gnósticos conocían el movimiento de punto equinoccial vernal desde la constelación de Aries a la constelación de Piscis.[65] Dado que la precesión se reconocía ya hacia el 130 a. e. c., los gnósticos con inclinaciones astrológicas de los primeros siglos de la era común bien podrían ser conscientes de ello, aunque no haya sobrevivido ninguna evidencia textual de que hubieran conectado bien con el «Año Platónico» o bien con los aiones astrológicos. Sin embargo, aun en el caso de que el *Trimorphic Protennoia* hiciera referencia realmente a la precesión, ni Jung ni Mead lo habrían sabido en las primeras décadas del siglo xx, puesto que la única copia existente del tratado se encontró en Nag Hammadi en 1945. Pero existen otros dos textos gnósticos, a los cuales Jung sí tuvo acceso, que tratan de la gran «tribulación» en las esferas celestes. El *Apócrifo de Juan,* tal como lo explica Ireneo,[66]

65. Horace Jeffery Hodges, «Gnostic Liberation from Astrological Determinism», *Vigiliae Christianae,* vol. 51:4, pp. 359-373 (1997).

66. Ireneo, *Haer.* I:29-30.

habla de la ruptura de las cadenas del destino astral merced al advenimiento del Redentor:

> Él [Cristo] descendió a través de los siete cielos… y gradualmente los vació de su poder.[67]

La *Pistis Sophia* ofrece también descripciones de la gran «tribulación» en los cielos, pero, al igual que en el *Apócrifo de Juan,* no hay ninguna referencia explícita a la precesión en el texto.

David Ulansey sostiene que la precesión de los equinoccios se hallaba en la base de la imagen central de los misterios mitraicos: la Tauroctonía, o sacrificio del toro cósmico.[68] Pero la obra de Ulansey no se publicó hasta 1989, veintiocho años después de la muerte de Jung. Sin embargo, aun antes de su ruptura con Freud, Jung ya había vinculado el simbolismo del toro en los misterios mitraicos con la polaridad de Tauro y la constelación opuesta, Escorpio, al describirlas como «sexualidad destruyéndose» en la forma de «libido activa» y «libido resistente (incestuosa)».[69] Para cuando escribió *Psicología del inconsciente,* Jung ya conocía el movimiento del punto equinoccial a través de las constelaciones:

> Tauro y Escorpio son signos equinocciales, lo cual indica claramente que la escena sacrificial [la Tauroctonía] se refiere principalmente al ciclo del Sol… Tauro y Escorpio son los signos equinocciales para el período que va de 4300 a 2150 a. C. Estos signos, superados largo tiempo ha, se mantuvieron en la era cristiana.[70]

---

67. Ireneo, *Haer.* I:30.12.
68. Ulansey, *The Origins of the Mithraic Mysteries, op. cit.,* pp. 49-51, 76-81, 82-84.
69. Jung, Carta a Sigmund Freud, 26 Junio 1910, en *The Freud-Jung Letters, op. cit.*, p. 336. Véase también Jung, CW5, p. 665, n.º 66; Noll, «Jung, the Leontocephalus», p. 67. Compárese la descripción que hace Jung de Tauro con la de Mead en *The Mysteries of Mithra, op. cit.*, p. 63: «The "God who steals the Bull" [Mithra] occultly signifies generation». *Véase* también Jung, Carta a Sigmund Freud, 22 Junio 1910, en *The Freud-Jung Letters, op. cit.*, p. 334.
70. Jung, *Psychology of the Unconscious, op. cit.*, pp. 226-227 y p. 523, n.º 60. La Tauroctonía es la imagen de culto característica de Mitra matando al toro.

Así pues, Jung ya había comenzado a llegar a determinadas conclusiones en lo referente a la precesión de los equinoccios y su relación con la iconografía mitraica. Pero la literatura académica sobre el mitraísmo disponible en la época –principalmente las obras de Cumont y Reitzenstein, y la traducción de Dieterich de la *Liturgia de Mitra*– no hablaban de la precesión. Ni tampoco lo hacía Mead en su propia exégesis del mitraísmo. No obstante, parece que Jung estaba convencido de que Tauro y Escorpio –los eones astrológicos que él creía que habían gobernado el período que va desde 4300 hasta 2150 a. e. c.– seguían siendo relevantes, a pesar de haber sido «superados largo tiempo ha», como símbolos potentes de generación y regeneración incluso en la era de Piscis, cuando el culto romano de Mitra apareció.

Platón nunca habló del llamado Año Platónico de 26 000 años, dado que la precesión no se había descubierto aún en su época. Sin embargo, definió el «año perfecto» como el retorno de los cuerpos celestes y de la rotación diaria de las estrellas fijas a sus posiciones originales en el momento de la creación.[71] El astrólogo romano Julio Fírmico Materno, reflejando lo dicho por Platón, habló de una gran ciclo de 300 000 años, tras el cual los cuerpos celestes regresarían a las posiciones que tuvieron cuando el mundo fue creado.[72] Parece que Fírmico combinó el «año perfecto» de Platón con la creencia estoica de que el mundo pasa por sucesivas conflagraciones de fuego y agua, tras las cuales se regenera. Pero los estoicos no hablaban de transformaciones de la conciencia, como sí hizo Jung, sino que planteaban sólo una réplica exacta de lo que había habido previamente.[73] Otros autores de la antigüedad ofrecieron diversas duraciones para el Gran Año, que iban desde los 15 000 años hasta los 2 484 años. Pero ninguna de estas especulaciones se basaba en el movimiento del punto equinoccial vernal a

71. Platón, *Timaeus, op. cit.*, 39d.

72. Julius Firmicus Maternus, *Of the Thema Mundi*, en Taylor (trans.), *Ocellus Lucanus*.

73. Sobre la cosmología estoica, véase A. A. Long, *From Epicurus to Epictetus* (Oxford: Oxford University Press, 2006), pp. 256-284; John Sellars, *Stoicism* (Berkeley: University of California Press, 2006), pp. 99-100.

través de las constelaciones.[74] Fue en la astrología moderna, en la teosófica, y en la literatura ocultista donde Jung encontró la inspiración para su propia interpretación, sumamente personal, del Aión acuariano.

Nuevas fuentes para la Nueva Era

Las singulares ideas de Jung sobre el significado de Acuario como constelación del inminente Aión no se pueden rastrear hasta fuente antigua o medieval alguna. Su visión acerca del Aión acuariano descansaba en las ideas de la unión de los opuestos, la interiorización de la imagen de Dios y la lucha por reconocer y reconciliar el bien y el mal como dimensiones de la psique humana.

> Tenemos ahora un nuevo símbolo en el lugar del pez [de Piscis]: un concepto psicológico de la totalidad humana.[75]

En una carta a Walter Robert Corti, escrita en 1929, Jung profetizó una época de confusión previa a la nueva conciencia:

> Vivimos en la era del declive del cristianismo, en la que las premisas metafísicas de la moralidad se están derrumbando... Esto causa reacciones en el inconsciente, inquietud y anhelo por el cumplimiento de los tiempos... Cuando la confusión llega a su punto álgido, una nueva revelación llega, es decir, en el comienzo del cuarto mes de la historia del mundo.[76]

El «cuarto mes de la historia del mundo» es el Aión de Acuario; la «historia del mundo», en el contexto de Jung comenzó con la historia de la que se tiene registro en el Aión de Tauro, que Jung creía que había tenido lugar entre el 4300 y el 2150 a. e. c. La inminente transforma-

---

74. Macrobio propuso 15 000 años; Aristarco propuso 2 484 años. Véase la discusión en J. D. North, *Stars, Mind, and Fate* (Londres: Continuum, 1989), pp. 96-115.
75. Jung, CW9ii, p. 286.
76. Jung, Carta a Walter Robert Corti, 12 de septiembre de 1929, en *C. G. Jung Letters*, vol. 1, pp. 69-70.

ción colectiva precisaría, desde el punto de vista de Jung, de un proceso de integración largo y potencialmente peligroso, al igual que sucede con una persona. El *Liber Novus,* con su imagen de entrada del movimiento del punto equinoccial en Acuario, y sus frecuentes referencias a Fanes-Abraxas, el dios andrógino de la luz oscura del nuevo aión, se podría ver como una narrativa sumamente personal de ese mismo proceso integrador dentro del propio Jung. El interés de Jung en el trabajo de Nietzsche es probable que contribuyera también a la idea de que el Aguador celeste –una de las tres únicas imágenes zodiacales que representan una forma humana[77]– podría ser un símbolo del Übermensch, el «Hombre-Más allá», el superhombre que trasciende los opuestos. La convicción de Nietzsche de que la humanidad estaba progresando hacia una meta que se halla «más allá del bien y del mal» apunta a la idea del ser humano plenamente individuado, que Jung tenía la esperanza que emergería con el nuevo Aión.[78] Pero Nietzsche nunca asoció su Übermensch con Acuario.

Una fuente moderna obvia de las expectativas de Jung de una transformación de la conciencia basada en la precesión de los equinoccios podría ser la de los teósofos, que ciertamente promulgaban la idea de una inminente Nueva Era. Blavatsky estaba familiarizada con autores tales como Higgins y Massey, pero no equiparaba su Nueva Era con la entrada del punto equinoccial vernal en la constelación de Acuario, prefiriendo en cambio utilizar lo que ella denominaba «la idea hindú de cosmogonía» (el concepto de los *yugas*) combinada con determinadas estrellas fijas en relación con el punto equinoccial.[79] Según Blavatsky, habrá doce transformaciones del mundo, tras una destrucción parcial por agua o fuego (recurriendo a los estoicos) y la generación de un nuevo mundo con un nuevo ciclo duodécuplo. Blavatsky identificaba esta

77. Las otras dos son Géminis y Virgo. Todas las demás constelaciones están representadas por animales, excepto Libra, con la inanimada Balanza.

78. Véase Friedrich Nietzsche, *Also sprach Zarathustra* (Chemnitz: Ernst Schmeitzner, 1883-1884), traducción en castellano bajo el título de *Así habló Zaratustra,* publicado por Cátedra, Madrid, 2008. Existen diversas traducciones al inglés y al castellano de esta obra.

79. Para las discusiones de Blavatsky de las «Eras», véase Blavatsky, *Isis Unveiled, op. cit.*, II:443, 455-456, 467-469; Blavatsky, *The Secret Doctrine, op. cit.*, II:198-201.

idea como «la verdadera doctrina astrológica sabea», que dice que estas doce transformaciones son reflejos de las doce constelaciones zodiacales.[80] Pero este enfoque no involucra a la precesión, y las doce transformaciones no comprenden un ciclo precesional de 26 000 años; comprenden la historia íntegra del planeta a lo largo de muchos millones de años.

En un artículo sobre la historia de la idea de la Nueva Era, Shepherd Simpson señala que Jung, a quien se le atribuye la primera promulgación de la idea de una «Era de Acuario» en tiempos modernos, pudo no haber obtenido la idea de Blavatsky.[81] El esoterista alemán Rudolf Steiner, cuya Sociedad Antroposófica rechazaba la inclinaciones orientalistas de los teósofos pero conservaba muchas de sus propuestas, se suscribió también a la idea de la Nueva Era, y se refería a ella como la «Era de la Segunda Venida de Cristo». Pero esta Nueva Era, que, según Steiner, habría comenzado en 1899, no era la Era de Acuario.

> Se habla mucho de períodos de transición. De hecho, estamos viviendo justo en la época en la que la Edad Oscura ha completado su recorrido y una nueva época está a punto de comenzar, una época en la que los seres humanos desarrollarán, lenta y gradualmente, nuevas facultades... Lo que está teniendo su inicio en esta época preparará lentamente a la humanidad para nuevas facultades del alma.[82]

Estas «nuevas facultades del alma» pertenecen ciertamente a la Era de Acuario, pero estarían sólo en fase de preparación; pues, según el idiosincrático cálculo de Steiner, la Era de Acuario no comenzaría hasta 3573, y el mundo seguiría viviendo actualmente en la Era de Piscis, que comenzó en 1413.[83] Steiner escribió mucho acerca del problema del mal. Al igual que Jung, él creía que el mal es una realidad y no sólo una

---

80. Blavatsky, *Isis Unveiled, op.cit.*, II:456.
81. <www.oocities.org/astrologyages/ageofaquarius.htm>, octubre 2009. Esta URL está caducada pero está archivada.
82. Rudolph Steiner, *The Reappearance of Christ in the Etheric* (Spring Valley, NY: Anthroposophic Press, 1983), pp. 15-19.
83. Véase Campion, *Astrology and Cosmology in the World's Religions*, pp. 194-195.

«carencia de bien», y, al igual que Jung, sentía tanta fascinación como rechazo por las ideas de Nietzsche.[84] Steiner también comprendió que era necesario que los seres humanos asumieran su responsabilidad por el mal:

> Hasta ahora, los dioses han cuidado de los seres humanos. Pero, a partir de ahora, en esta quinta época postatlante, nuestro destino, nuestro poder para el bien y para el mal, se nos va a traspasar poco a poco. Es, por tanto, necesario saber lo que significan el bien y el mal, y reconocerlos en el mundo.[85]

Pero Steiner estaba mucho más cerca de las ideas gnósticas que Jung, y pensaba que el mal pertenecía al mundo encarnado y a las potencias espirituales (Lucifer y Ahrimán), quienes, al igual que los arcontes gnósticos, obran para inflamar el egoísmo y la destructividad innatos del ser humano. Y Steiner tampoco asoció la integración del bien y del mal con la inminente Era de Acuario. Steiner no pudo ser más fuente de la idea de Jung sobre el nuevo Aión de lo que fue Blavatsky.

En 1906, Mead ofreció su propia versión de la Nueva Era:

> Yo también espero el amanecer de esa Nueva Era, pero dudo de que la gnosis de la Nueva Era sea nueva. Ciertamente, se planteará con formas novedosas, pues las formas pueden ser infinitas … De hecho, si no me equivoco, la propia esencia de la gnosis es la creencia de que el hombre puede trascender los límites de la dualidad que le hacen hombre, y convertirse en un ser conscientemente divino.[86]

La idea de la resolución del problema de la dualidad está mucho más cerca de las formulaciones de Jung, y Mead pudo aportar ideas impor-

84. Rudolph Steiner, *Friedrich Nietzsche, Ein Kaempfer Gegen Seine Zeit* (Weimar: E. Felber, 1895).
85. Rudolph Steiner, *Evil*, ed. Michael Kalisch (Forest Row: Rudolf Steiner Press, 1997; publicación original, *Das Mysterium des Bösen*, Stuttgart: Verlag Freies Geitesleben, 1993), p. 56.
86. Mead, *Echoes, op. cit.*, I:47.

tantes a la visión de Jung de «El Camino de lo Venidero». En *Aión,* Jung desarrolló las ideas de Mead dentro de un contexto psicológico:

> El enfoque del siguiente mes platónico, es decir, Acuario, constelará el problema de la unión de los opuestos. Entonces ya no será posible descartar el mal como una mera privación del bien; se tendrá que reconocer su existencia real. Este problema no lo puede resolver la filosofía, ni la economía, ni la política, sino sólo el ser humano individual, a través de la experiencia del espíritu vivo.[87]

El punto de vista de Jung sobre el inminente Aión estaba lleno de presagios, y se parece poco a las presentaciones sentimentaloides de la «Era de Acuario» que emergieron durante la década de 1960, ejemplificadas por el primer musical «conceptual» de Broadway, *Hair,* en el cual el amanecer de la Nueva Era será un amanecer de «abundante armonía y comprensión, empatía y confianza».[88] El idealismo romántico de estas letras, y su contexto cultural, pertenecen a una era más optimista y menos cínica. No resulta sorprendente que Jung –que, en 1913, un año antes del estallido de la Primera Guerra Mundial, tuvo una terrorífica visión de «ríos de sangre» cubriendo todo el norte de Europa–[89] anticipara inicialmente el comienzo del nuevo Aión como una lucha a muerte que exigiera el reconocimiento de la «verdadera existencia» del mal. Pero, aunque Mead hacía referencia a los «ciclos del Aeon»,[90] no los vinculó con la precesión de los equinoccios en su obra publicada. La Nueva Era, fuera lo que fuera, no era para Mead, aparentemente, una Era acuariana. Y, aunque Jung se fijó en la obra de Mead en busca de ideas en muchos de los textos de la antigüedad tardía, parece que buscó en otra parte las ideas acerca del significado del Aguador.

Sin embargo, existen dos fuentes que es más probable que influyeran en las ideas de Jung acerca de la Era de Acuario, dos astrólogos de

87. Jung, CW9ii, p. 142.
88. *Hair* (1967), libreto y letras de James Rado y Gerome Ragni, música de Galt MacDermot. La cita pertenece a la letra de la canción «Acuarius».
89. Jung, *MDR, op. cit.*, pp. 199-200.
90. Mead, *Echoes, op. cit.*, I:46.

inclinaciones teosóficas que le proporcionaron al genio suizo gran parte de sus conocimientos en astrología: Alan Leo y Max Heindel. Leo adoptó la idea de Blavatsky de que la humanidad estaba en el punto medio de su milenario ciclo evolutivo. Pero Leo no podía ignorar la importancia de la precesión de los equinoccios, y él asoció directamente la Nueva Era con la constelación de Acuario. En *Astrología esotérica,* publicado en 1913 –el año en que Jung comenzó a trabajar sobre el *Liber Novus*– Leo declaró:

> Me mueve el motivo principal de expresar lo que creo que es la verdadera Astrología, para la Nueva Era que ahora amanece en el mundo.[91]

No hay mención alguna a Acuario en esta afirmación, pero dos años antes, Leo había declarado explícitamente que creía que la Era de Acuario comenzaría el 21 de marzo de 1928.[92] Leo intentó reconciliar como pudo la idea de la precesión con la idea de los *yugas* hindúes de Blavatsky, pero sus conclusiones fueron, a la postre, más cercanas a las de Jung:

> La constelación de Tauro estaba en el primer signo del zodíaco [es decir, Aries] al comienzo del Kali Yuga y, en consecuencia, el punto equinoccial caía allí. En esta época, también, Leo estaba en el solsticio de verano, Escorpio en el equinoccio de otoño y Acuario en el solsticio de invierno; y estos hechos conforman la clave astronómica para la mitad de los misterios religiosos del mundo, incluido el plan cristiano.[93]

Desde el punto de vista de Leo, el gran ciclo de precesión guarda relación con la evolución espiritual, y la entrada de la Era de Acuario marcará el punto de inflexión del ciclo: el comienzo del lento ascenso de la

91. Leo, *Esoteric Astrology, op. cit.*, p. v.
92. Alan Leo, «The Age of Aquarius», *Modern Astrology,* vol. 8:7, p. 272 (1911).
93. Alan Leo, *Dictionary of Astrology*, ed. Vivian Robson (Londres: Modern Astrology Offices / L. N. Fowler, 1929), p. 204. Este libro se publicó de forma póstuma.

humanidad en su regreso a la esfera del espíritu puro.[94] Aunque Jung utilizó modelos psicológicos y escribió acerca de la totalidad y la integración de los opuestos, en vez de hablar del regreso al mundo perfecto del espíritu puro, parece que, en principio, estaba de acuerdo con Leo.

Leo describía la Era de Acuario en términos generales, pero Max Heindel era más específico. Su declaración acerca del propósito de la Fraternidad Rosacruz, hecha en 1911, resalta el carácter acuariano de la Nueva Era:

> [La Fraternidad Rosacruz] es el heraldo de la Era de Acuario, cuando el Sol, mediante su tránsito de precesión a través de la constelación de Acuario, hará emerger en el hombre todas las potencias intelectuales y espirituales simbolizadas por este signo.[95]

Estas «potencias intelectuales y espirituales» en desarrollo no implicaban, en el caso de Heindel, el problema psicológico de la integración del bien y del mal. En *El concepto rosacruz del cosmos,* publicado en 1909, Heindel ofrecía una detallada explicación de la precesión de los equinoccios, denominando al ciclo íntegro como «Año mundial».[96] Siguiendo la tendencia general al desacuerdo en lo relativo al comienzo de la Nueva Era, Heindel declaró que la Era de Acuario no comenzaría hasta dentro de «unos cuantos cientos de años».[97]

Pero quizás *El mensaje de las estrellas* le pudo resultar más útil a Jung, dado que describe las eras astrológicas en relación con la polaridad de cada constelación zodiacal con su opuesta. El punto de vista de Heindel de que la Era de Acuario contiene los atributos de Leo, la constelación opuesta, debió tener un interés considerable para Jung, que tenía la tendencia a ver las operaciones de la astrología, así como las de la psicología

94. Para más información sobre la idea de Leo acerca de la Era de Acuario, véase Nicholas Campion, *What Do Astrologers Believe?* (Londres: Granta, 2006), p. 36.
95. Max Heindel, *The Rosicrucian Mysteries* (Oceanside, CA: Rosicrucian Fellowship, 1911), p. 15.
96. Heindel, *The Rosicrucian Cosmo-Conception, op. cit.*, pp. 159-160.
97. Heindel, *The Rosicrucian Cosmo-Conception, op. cit.*, p. 305.

humana, como una tensión dinámica entre opuestos. Heindel había presentado este tema en 1906, en *El mensaje de las estrellas:*

> Existen dos series de tres pares de signos, siendo la primera Cáncer y Capricornio, Géminis y Sagitario, Tauro y Escorpio. En estos pares de signos podemos leer la historia de la evolución y la religión humanas... Esto es también divisible en tres períodos distintos, a saber: LA ERA ARIANA, desde Moisés hasta Cristo, que llega bajo Aries-Libra;[98] la ERA PISCIANA, que se desarrolla en los últimos dos mil años bajo el catolicismo Piscis-Virgo; y los dos mil años que tenemos por delante, denominados como la ERA ACUARIANA, en la que los signos de Acuario y Leo se iluminarán y vivificarán merced a la precesión solar.[99]

Heindel habló también del simbolismo religioso de las eras astrológicas:

> En el Nuevo Testamento encontramos otro animal, el Pez, que alcanza una gran prominencia, y los apóstoles fueron llamados para ser «Pescadores de Hombres», pues entonces el sol, por precesión, se acercaba a la cúspide de Piscis, los Peces, y Cristo habló del tiempo en que el Hijo del Hombre (Acuario) vendrá... Un nuevo ideal se encontrará en el León de Judá, Leo. Coraje y convicción, fortaleza de carácter y virtudes afines convertirán al hombre verdaderamente en el Rey de la Creación.[100]

El «Hijo del Hombre» de Heindel, con su leonino «coraje» y «fortaleza» nos trae reminiscencias del Übermensch de Nietzsche. Jung, al igual que Heindel, desarrolló la idea de que una era astrológica refleja el simbolismo de las dos constelaciones opuestas. Esto se puede ver no sólo en los comentarios de Jung sobre la polaridad Piscis-Virgo en *Aión,*

98. En el original inglés, Heindel escribió *ARYAN AGE* en lugar de *ARIAN AGE,* a lo cual comenta la autora: «El cambio de "Arian" por "Aryan" de Heindel puede que refleje su propia agenda socio-religiosa, pero la última forma de escribirlo no tiene nada que ver con la constelación zodiacal del Carnero».

99. Heindel, *Message of the Stars, op. cit.*, p. 12.

100. Heindel, *Message of the Stars, op. cit.*, pp. 25-27.

sino también de otras muchas maneras a través de la imaginería del *Liber Novus.* Por ejemplo, en una de las primeras pinturas del *Liber Primus,* aparecen los símbolos de la polaridad del nuevo Aión, Acuario y Leo: el León se halla en la esquina superior izquierda de la imagen con un disco solar rojo sobre la cabeza, mientras que el Aguador, vestido con una túnica azul, se halla en la esquina superior derecha de la imagen derramando su agua desde una urna roja, con el glifo de Saturno junto a su hombro izquierdo.[101] Éste es el único caso en el que Jung incluyó la polaridad Acuario-Leo en el *Liber Novus.* Pero Jung no era tan optimista como Heindel acerca del nuevo Aión. Jung no creía que la unión de los opuestos supondría un tránsito suave hacia una etapa de conciencia espiritual más elevada y amorosa, como creían los teósofos y los proponentes de la *New Age* de finales del siglo XX. Jung anticipaba «un nuevo avance en el desarrollo humano»,[102] pero veía la transición hacia el Aión acuariano como una época peligrosa cargada con el potencial humano para la autodestrucción. En una carta al padre Victor White, escrita en abril de 1954, Jung afirmaba que el cambio al Aión de Acuario

> significa que el hombre será esencialmente Dios y Dios hombre. Las señales que apuntan en esta dirección se basan en el hecho de que el poder cósmico de la autodestrucción se pone en manos del hombre.[103]

Con un pesimismo aún más visible, Jung escribía un año más tarde en una carta a Adolf Keller:

> Y ahora estamos entrando en Acuario, del cual los libros sibilinos dicen: «*Luciferi vires accendit Aquarius acres*» («Acuario inflama las

101. La imagen está en el *Liber Primus* v(r). El texto que se incluye en el marco del cuadro concluye: «La constelación de tu nacimiento es una estrella enferma y cambiante. Éstas, oh niño de lo que tiene que venir, son las maravillas que darán testimonio de que eres un verdadero dios». Véase Jung, *Liber Novus, op. cit.,* p. 243.
102. Jung, CW9ii, p. 141.
103. Carta al padre Victor White, 10 de abril de 1954, en *C. G. Jung Letters, op. cit.,* II:167.

fuerzas salvajes de Lucifer»). ¡Y estamos sólo al comienzo de estos desarrollos apocalípticos![104]

A la luz de la historia del siglo XX, parece que la tenebrosa profecía de Jung no iba desencaminada.

El tiempo del nuevo Aión

Los autores nunca se han puesto de acuerdo con la fecha de inicio de la Nueva Era. A finales del siglo XVIII, de l'Aulnaye creía que el Aión acuariano había comenzado en 1726. A finales del siglo XIX, Gerald Massey insistía en que la Era de Piscis comenzó en 255 a. e. c. con el «verdadero» nacimiento de Jesús, y que el punto equinoccial entraría en la constelación de Acuario en 1901.[105] Alan Leo ofreció una fecha muy concreta, el 21 de marzo de 1928 –el día del equinoccio vernal de aquel año– mientras que Dane Rudhyar, escribiendo en 1969, sugirió que la Era de Acuario había comenzado en 1905.[106] Finalmente, Rudolf Steiner, en las primeras décadas del siglo XX, estaba convencido de que la Era de Acuario no comenzaría hasta el 3573.

Jung fue, en un principio, igualmente preciso, e igualmente independiente, acerca de la fecha en la cual comenzaría el nuevo Aión. En agosto de 1940, decía en una carta a H. G. Baynes:

> Éste es el trascendental año por el cual he estado esperando durante más de 25 años... 1940 es el año en el que nos acercamos al meridiano de la primera estrella en Acuario. Es el terremoto premonitorio de la Nueva Era.[107]

---

104. Carta a Adolf Keller, 25 de febrero de 1955, en *C. G. Jung Letters, op. cit.*, II:229.
105. Gerald Massey, *The Natural Genesis*, 2 volúmenes (Londres: Williams & Norgate, 1883), vol. 2, pp. 378-503.
106. Rudhyar, *Astrological Timing, op. cit.*, p. 115.
107. Carta a H. G. Baynes, 12 de agosto de 1940, en *C. G. Jung Letters, op. cit.*, I.285.

Esta fecha no procedía de la literatura esotérica, sino de una joven astrónoma judía neerlandesa llamada Rebekka Aleida Biegel (1886-1943), que se había trasladado a Zúrich en 1911 para hacer su doctorado en astronomía en la Universidad de Zúrich.[108]

Biegel se convirtió en paciente de Jung y después se formó con él, presentando artículos en la Asociación de Psicología Analítica de Zúrich entre 1916 y 1918. Uno de esos artículos, presentado en 1916, llevaba por título «Die Mathematische Parallele zür Psychoanalyse». El término de «función trascendente», que utilizaría posteriormente Jung, se lo atribuiría éste a Biegel basándose en las observaciones realizadas en aquel artículo.[109] De este término, Jung diría, en un ensayo escrito aquel mismo año, que era «comparable en su forma con la función matemática del mismo nombre», definiéndolo como «la unión de contenidos conscientes e inconscientes».[110] En 1917, Jung señalaría además que recientemente había descubierto «que la idea de la función trascendente también ocurre en las matemáticas superiores».[111]

108. La tesis doctoral de Biegel sobre astronomía egipcia, *Zur Astrognosie der alten Ägypter*, se publicó tres años después de su correspondencia con Jung (Göttingen: Dieterichsche Universitäts-Buckdruckerei, 1921). Para más información sobre Biegel, véase A. C. Rümke y Sarah de Rijcke, *Rebekka Aleida Beigel (1886-1943): Een Vrouw in de Psychologie* (Eelde: Barkhuism, 2006). Foto de Biegel, Stichting Archief Leids Studentenleven, Leiden.

109. Comunicación personal de Sonu Shamdasani, 28 de julio de 2014.

110. Jung, CW8, p. 131.

111. Jung, CW7, p. 121, n.º 1.

Figura 6.1. Rebekka Aleida Biegel

En 1918, mientras trabajaba en el Observatorio de Zúrich, entonces situado en Gloriastrasse, en el centro de la ciudad, Biegel envió a Jung un sobre con una serie de datos, en el que él escribió la palabra «*Astrologie*» y que después guardó en su escritorio.[112] Biegel se tomó muchas molestias para preparar una larga lista de cálculos que indicaban cuándo el punto equinoccial vernal –el momento en que el Sol entra en el primer grado del signo zodiacal de Aries cada año– se alineaba con cada una de las estrellas, tanto de la constelación de Piscis como de la

112. Este documento no se catalogó jamás en ningún archivo oficial. Andreas Jung me permitió amablemente examinarlo y me comentó que Jung debió darle una gran importancia, porque no lo archivó con otros papeles, sino que lo guardó en un lugar especial en su escritorio.

de Acuario. Junto con estos cálculos, en la carta explicativa, Biegel ofrecía tres posibles fechas para el comienzo del Aión acuariano: 1940 (cuando el punto equinoccial se alineara con el punto medio entre la última estrella de Piscis y la primera estrella de Acuario), 2129 y 2245 (cuando el punto equinoccial se alinearía con dos estrellas diferentes de la constelación de Acuario, cualquiera de las cuales se podría considerar como el «comienzo» de la constelación).[113] Lo que Jung llamó el «terremoto premonitorio» del Aión de Acuario, según la primera fecha sugerida por Biegel, 1940, coincidió con algunos de los peores capítulos de la Segunda Guerra Mundial. Alemania invadió Noruega, Dinamarca, Bélgica, los Países Bajos y Francia; Hitler firmó el pacto con Mussolini por el cual establecían el Eje; comenzaron los bombardeos aéreos sobre Londres; y se creó en Polonia el campo de concentración más grande de la guerra, el de Auschwitz-Birkenau, donde más de un millón de personas serían asesinadas durante el transcurso de los siguientes cinco años.

Posteriormente, Jung no se mostraría tan seguro acerca de la fecha de inicio del Aión acuariano. En un ensayo titulado «The Sign of the Fishes» (El signo de los Peces), escrito en 1958,[114] afirmó que el punto equinoccial «entrará en Acuario durante el transcurso del tercer milenio».[115] En una nota a pie de párrafo, Jung explicaba que, en función del punto de inicio que se establezca como más adecuado, la llegada del nuevo Aión «cae entre el 2000 d. C. y el 2200», pero que «esta fecha es muy imprecisa» porque «existe cierta arbitrariedad a la hora de delimitar las constelaciones».[116] Pero el carácter «impreciso» y «arbitrario» de

113. Para cuando escribió *Aión,* Jung había corregido los cálculos de Biegel. En CW9ii, p. 149, n.º 84, dio la fecha de 2154, «si el punto de inicio es Ómicron de Piscis», y 1997, «si el punto de inicio es *Alfa* 113, que se corresponde con la lista de estrellas del *Almagest* de Ptolomeo». Biegel afirmaba también que el punto equinoccial había llegado a la primera estrella de la constelación de Piscis en el año 4 a. e. c., una fecha que Jung aceptó inicialmente como la «verdadera» fecha de nacimiento de Cristo, pero que después corrigió para situarla en el 7 a. e. c.

114. Jung, CW9ii, pp. 127-149.

115. Jung, CW9ii, p. 149, n.º 88.

116. Jung, CW9ii, p. 149, n.º 84.

la fecha no disuadió a Jung de su convicción de toda la vida de que el Aión de Acuario estaba a punto de comenzar, y que su impacto de entrada no sería agradable.

La carta natal de Jesús

Jung se tomó tantas molestias para determinar la fecha de nacimiento de Jesús, de quien creía que era el avatar y símbolo principal del Aión de Piscis, como para determinar la fecha de inicio de este aión. Pero no estuvo solo en esta búsqueda, por singular que fuera su empeño, dada la importancia que él le daba en su relación con los patrones arquetípicos del inconsciente colectivo. Jung tenía a su disposición un buen número de referencias, desde finales del siglo XVIII en adelante, donde se establecía un vínculo explícito entre Cristo, la imagen zodiacal de Piscis, y el pez como símbolo principal del cristianismo. Entre tales referencias se hallaba un libro titulado *The Zodia,* de E. M. Smith, publicado en 1906, en el cual su autor decía: «Las especulaciones astrológicas modernas... asocian a Piscis con Cristo».[117]

La búsqueda de la «verdadera» fecha de nacimiento de Jesús, aunque no fuera de particular interés para los astrólogos paganos de la antigüedad tardía, comenzó en el mundo árabe en el siglo VIII y ha continuado hasta nuestros días.[118] Pero no siempre se ha buscado con ello equiparar el horóscopo de Jesús con la llegada de la Era de Piscis. Los astrólogos árabes estaban más interesados en el nacimiento de Jesús por su relación con el «gran ciclo de mutación» de Júpiter y Saturno. Estos planetas entran en conjunción a lo largo de la eclíptica más o menos cada veinte años, pero les lleva 960 años volver a la conjunción en un signo del mismo elemento. Este «gran ciclo de mutación» de casi un milenio se basaba en las primitivas teorías astrológicas de la Persia sasánida, según las cuales las conjunciones de Júpiter y Saturno se hallaban a la

117. E. M. Smith, *The Zodia, or The Cherubim in the Bible and the Cherubim in the Sky* (Londres: Elliot Stock, 1906), p. 280, citado en Jung, CW9ii, p. 149, n.º 85.
118. Véase James H. Holden, «Early Horoscopes of Jesus», *American Federation of Astrologers Journal of Research,* vol. 12:1 (2001).

base de los grandes ciclos de la historia del mundo y del auge y caída de reyes. Y como Jung estaba familiarizado con las obras de exégetas árabes tales como Abu Ma'shar, así como con los escritos de Kepler, que estudió este ciclo a principios del siglo XVII, el ciclo Júpiter-Saturno no escapó a su interés.[119]

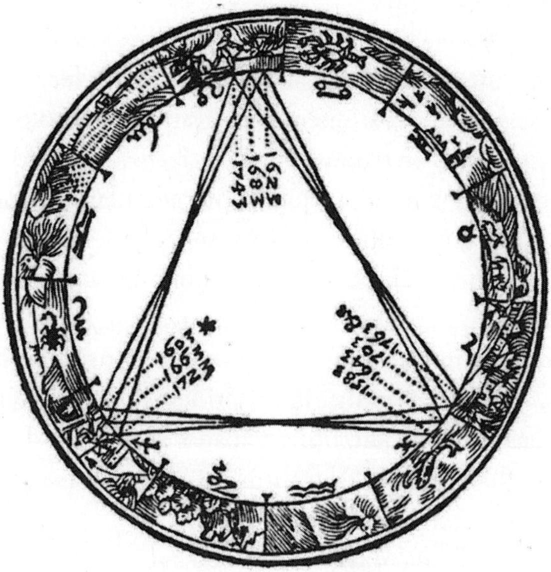

Figura 6.2. Diagrama de Kepler del Ciclo de la Gran Mutación de Júpiter y Saturno[120]

Tampoco pasó por alto los escritos del astrólogo y mago del siglo XIII, Alberto Magno, que insistía en que Virgo estaba elevándose cuando Jesús nació,[121] ni las especulaciones del cardenal Pierre d'Ailly, en el

119. Sobre la discusión de Jung del ciclo Júpiter-Saturno y el *De magnis coniunctionibus* de Abu Ma'shar, *véase* Jung, CW9ii, pp. 130-138.

120. Johannes Kepler, *De stella nova in pede Serpentarii* (Praga: Pavel Sessius, 1606), p. 25, mostrando las conjunciones de Júpiter y Saturno desde 1583 hasta 1763. Foto de Wikimedia Commons.

121. Para una traducción al inglés del *Speculum astronomiae* de Alberto Magno, que discute el horósocopo de nacimiento de Jesús, *véase* Paola Zambelli, *The Speculum astronomiae and its Enigma* (Dordrecht: Kluwer Academic, 1992). Para referencias de Jung a Alberto Magno, *véase* Jung, CW9ii, pp. 130, 133, 143, 404.

siglo XIV, que se mostraba de acuerdo con Alberto Magno.[122] Gerolamo Cardano, otro astrólogo de principios de la edad moderna de gran interés para Jung, también hizo un horóscopo de Jesús, utilizando la fecha tradicional del 25 de diciembre, justo después del solsticio de invierno. Cardano propuso como año de nacimiento el 1 a. e. c., con Libra en ascenso en vez de Virgo.[123] Jung comparó todos estos «horóscopos ideales de Cristo» en *Aión,*[124] y llegó a la conclusión de que la fecha de nacimiento «correcta» para Jesús debía haber sido el 7 a. e. c., dado que la conjunción de Júpiter y Saturno en Piscis en aquel año, con Marte en oposición desde Virgo, había sido «excepcionalmente intensa y de un brillo impresionante».[125] Pero, en vez de aceptar el 25 de diciembre como fecha de nacimiento, Jung siguió los cálculos del astrónomo alemán Oswald Gerhardt, y propuso el 29 de mayo, fecha en la cual la configuración de Júpiter, Saturno y Marte había sido exacta.[126] Esto dio como resultado que Jesús habría tenido Géminis por signo solar: el «motivo de los hermanos hostiles» que Jung creía era uno de los temas arquetípicos dominantes del Aión de Piscis.

En sus comentarios acerca del simbolismo de Piscis, Jung ofreció una perspectiva sobre las imágenes astrológicas que está firmemente centrada en el significado arquetípico del símbolo zodiacal, en vez de en sus cualidades caracteriológicas, y en su relación con la «imagen de Dios» –sinónimo de la imagen del Sí Mismo– tal como aparece en la psique humana.

> En tanto que valor más elevado y dominante supremo en la jerarquía psíquica, la imagen de Dios se relaciona de inmediato con el *self,* o es

---

122. Pierre d'Ailly, *Tractatus de imagine mundi Petri de Aliaco* (Lovaina: Johannes Paderborn de Westfalia, 1483). Para el horóscopo de Jesús de d'Ailly, véase Ornella Pompeo Faracovi, *Gli oroscopi di Cristo* (Venecia: Marsilio Editori, 1999), p. 104. Para referencias de Jung a d'Ailly, véase Jung, CW9ii, pp. 128, 130 n.º 35, 136, 138, 153-154, 156.
123. Faracovi, *Gli oroscopi di Cristo, op. cit.*, p. 130.
124. Véase Jung, CW9ii, p. 130 n.º 39.
125. Jung, CW9ii, p. 130.
126. Oswald Gerhardt, *Der Stern des Messias* (Leipzig: Deichert, 1922).

> identica a él, y todo cuanto le sucede a la imagen de Dios tiene un efecto sobre el último.[127]

Por tanto, los símbolos religiosos de cada Aión zodiacal reflejan fielmente, en forma imaginal, el «valor más elevado y dominante supremo» de la psique colectiva para una época particular de la historia. Al comienzo del *Liber Novus,* Jung resaltaba la importancia de esta imagen de Dios cambiante:

> No es el Dios venidero en sí mismo, sino su imagen la que aparece en el suprasentido. Dios es una imagen, y aquéllos que le dan culto deben adorarlo en las imágenes del suprasentido.[128]

Rebekka Biegel había señalado el 4 a. e. c. como comienzo del Aión de Piscis, basándose en el movimiento del punto equinoccial. Pero el interés de Jung en la conjunción Júpiter-Saturno del 7 a. e. c., justo tres años antes, le llevó a la conclusión de que esta configuración era la «estrella de Belén» que había aparecido como augurio del nacimiento de Jesús:

> Cristo nació al comienzo del eón de los Peces. En modo alguno se puede descartar que hubiera cristianos educados que supieran de la *coniunctio máxima* de Júpiter y Saturno en Piscis en el año 7 a. e. c., del mismo modo que, según dicen los evangelios, hubo caldeos que encontraron el lugar de nacimiento de Cristo.[129]

Jung amalgamó la imagen de Cristo como el «significado supremo» del Aión de Piscis que se iniciaba con la *coniunctio máxima* de Júpiter y Saturno en el signo zodiacal de Piscis.[130] Él consideraba que el Aión de

127. Jung, CW9ii, p. 170.

128. Jung, *Liber Novus, op. cit.*, p. 229. Sobre la distinción de Jung entre la imagen de Dios y la existencia ontológica de Dios, véase Jung, *Liber Novus, op. cit.*, p. 229, n.º 7.

129. Jung, CW9ii, p. 172. «Caldeos» es un antiguo sinónimo de «astrólogos»; véase Cicerón, *De divinatione*, II:44.93.

130. Jung, CW9ii, pp. 147 y 162.

Acuario sería la época en la que los individuos interiorizarían la imagen de Dios, de ahí que no anticipara la llegada de un nuevo avatar para el nuevo Aión que manifestara la imagen de Dios «afuera». Jung se negó a adoptar la idea de Steiner de una «Segunda Venida» de Jesús, o las expectativas de Annie Besant de un «Nuevo Maestro Mundial».

> Ahora reconocemos que el ungido de este tiempo es un dios que no se aparece en la carne; no es un hombre y, sin embargo, es un hijo del hombre, pero en espíritu y no en la carne; de ahí que sólo pueda nacer a través del espíritu de los hombres como matriz de concepción del dios.[131]

Ni tampoco Fanes, el nuevo dios aiónico del *Liber Novus,* es en modo alguno humano; él/ella es andrógino y esférico, como el Alma del Mundo de Platón.[132] Jung creía que nadie llegaría a personificar el espíritu de la nueva dispensación; el Aguador «parece representar al *self*».[133] Comprendió que su propio papel era importante, pero como individuo, no como avatar, que podía ayudar a iluminar el difícil proceso psicológico de interiorización a través de su obra publicada. En última instancia, la visión de Jung del Aión acuariano es un reflejo de la visión de Alan Leo, que insistía en que «la naturaleza y el destino interior de este signo se expresan en una única palabra: Humanidad».[134]

131. Jung, *Liber Novus, op. cit.*, p. 299 y n.º 200.
132. Sobre la naturaleza esférica del Alma del Mundo, *véase* Platón, *Timaeus, op. cit.*, 37d.
133. Jung, *MDR, op. cit.*, p. 372.
134. Leo, *Astrology for All, op. cit.*, p. 44.

Conclusión

Él [Sócrates] había declarado frecuentemente en público que recibía consejos de una voz divina, que él llamaba su Daimon... Debería haber tenido cuidado de no pasar ante sus amigos por mentiroso o visionario; y, sin embargo, ¿cómo hubiera podido evitar esa censura, si los acontecimientos no hubieran justificado la verdad de las cosas que él afirmaba se le habían revelado?[1]

—Jenofonte

El sinsentido inhibe la plenitud de la vida y es, por tanto, equivalente a la enfermedad. El sentido hace que muchísimas cosas, quizás todas, sean soportables. Ninguna ciencia reemplazará jamás al mito, ni mito alguno se podrá obtener de ninguna ciencia. Pues no es que «Dios» sea un mito, sino que el mito es la revelación de una vida divina en el hombre.[2]

—C. G. Jung

1. Jenofonte, *The Memorable Thoughts of Socrates*, trad. Edward Bysshe (Londres: Cassell, 1888), p. 10. Jung estaba en posesión de dos traducciones al alemán de esta obra.
2. Jung, *MDR, op. cit.*, p. 373.

«Esta condenada cosa funciona incluso después de la muerte»[3]

Tomando como base sus publicaciones, sus cartas y los materiales de sus archivos privados, las evidencias del compromiso profundo y duradero de Jung con la astrología son indiscutibles. Se podría incluso afirmar que la astrología fue tan importante para él como la alquimia, en tanto en cuanto ambas le proporcionaron un método hermenéutico y una cartografía simbólica de los procesos psíquicos, además de ofrecerle herramientas que él utilizó activamente en su práctica psicoterapéutica a lo largo de toda su vida adulta. Sin embargo, en círculos académicos y clínicos, el compromiso de Jung con la astrología, y todo lo que esto pudiera implicar en lo relativo al desarrollo de sus modelos psicológicos, ha sido un territorio inexplorado durante mucho tiempo.

La ausencia de cualquier referencia a la astrología era de esperar en las biografías acerca de Jung escritas en la última parte del siglo XX, y no resultaría sorprendente que Aniele Jaffé, en su edición selectiva de *Recuerdos, sueños, pensamientos,* hubiera eliminado cualquier mención que Jung pudiera haber hecho acerca de lo importante que había sido la astrología para él. Pero tal ausencia *sorprende* más desde los enfoques del academicismo del siglo XXI, más inclusivos y pluralistas. Un ejemplo de esta tendencia a recurrir a la antigua práctica romana de la *damnatio memoriae* se puede encontrar en el libro, por otra parte extenso, de *Jung and the New Age (Jung y la Nueva Era),* de David Tacey. En esta monografía no existe ni una sola referencia a la astrología de Jung, a pesar de que normalmente se considera a la astrología como un componente importante de la corriente de la Nueva Era, tema del libro, y un elemento central del *revival* ocultista del *fin de siècle* que aportó muchas ideas tanto al pensamiento *New Age* contemporáneo como al desarrollo de las propias teorías de Jung.[4] Del mismo modo, el influjo de Jung

3. Palabras de Jung, en una conversación sobre la astrología que mantuvo con su hija Gret poco antes de su muerte, citado en Baumann-Jung, «The Horoscope of C. G. Jung», *op. cit.,* p. 55.

4. Sobre la astrología como un fenómeno de la Nueva Era, véase William Sims Bainbridge, *The Sociology of Religious Movements* (Londres: Routledge, 1997), pp. 363-385.

sobre las astrologías modernas, no menos importante a través de su propia astrología, ha sido considerable, pero tampoco se discute en el libro de Tacey.

Sin embargo, cuando un autor reconoce la implicación de Jung en la astrología, también puede resultar problemático el modo en que se trata la astrología. Hay autores que ven el trabajo astrológico de Jung bien como un interés pasajero que se desvaneció con el tiempo o bien como una afición excéntrica que no tuvo ningún influjo en sus teorías o en su práctica, algo así como una obsesión inofensiva, como el cultivo de calabazas gigantes. El análisis que hace Roderick Main acerca de la sincronicidad en Jung, *The Rupture of Time (La ruptura del tiempo)* reconoce abiertamente el interés de éste por la astrología y su interpretación psicológica. Sin embargo, Main sugiere que, hacia la década de 1950, Jung había «reemplazado» la astrología por otras ideas en lo relativo al funcionamiento de la sincronicidad.[5] No obstante, se podría indicar más bien que Jung encontró simplemente formas novedosas y más aceptables socialmente para definir la *sumpatheia* astrológica. Lo cierto es que Jung nunca dejó de buscar explicaciones científicas para validar la astrología. Pero la idea de que Jung había superado la astrología en la última fase de su vida queda desmentida no sólo por sus extensos comentarios a André Barbault y por su recomendación a Ira Progoff de que todos los psicoterapeutas deberían aprender astrología, sino también por lo que le dijo a su hija, cuando estaba muriendo, que «Esta condenada cosa funciona incluso después de la muerte». Main parece asociar el interés inicial de Jung por la astrología con una «moda» esotérica, habitual en las primeras décadas del siglo XX, y no se detiene a ver hasta qué punto la inmersión de Jung en el tema pudo ayudarle a conformar sus modelos psicológicos de individuación, complejos y tipología.

Otras obras, aunque reconocen la seriedad del compromiso de Jung con la astrología, lo utilizan como justificación para afirmar que su psicología no es realmente psicología en modo alguno, sino una forma de esoterismo disfrazado de psicología y, por tanto, una psicología sospechosa dentro del edificio científico de la investigación y la práctica

---

5. Main, *The Rupture of Time, op. cit.*, pp. 75-77.

psicológicas y psiquiátricas. Esta respuesta está tipificada tanto en Richard Noll como en Wouter Hanegraaff. Noll sugiere que el interés de Jung por la astrología procedía de sus inclinaciones teosóficas, que él desarrolló a través del influjo de G. R. S. Mead,[6] y que estas inclinaciones teosóficas formaron una parte importante de las «propensiones religiosas» de Jung y sirvieron a su supuesto fin de crear su propio «movimiento» ocultista.[7] Pero parece que Noll no se percató de las profundas sospechas que Jung sentía por movimientos tales como la Teosofía y la Antroposofía, principalmente por su falta de apercepción psicológica. En cuanto a Hanegraaff, que parece haber basado su análisis de Jung principalmente en los puntos de vista de Noll más que en los propios escritos de Jung, insiste en que éste «recurrió» a «modelos derivados de la cosmología» para describir la psique humana, como si tales modelos cosmológicos hubieran sido generados de algún modo por una fuente externa a la de la propia psique y fueran, por tanto, irrelevantes para la psicología. Además, según Hanegraaff, la obra de Jung «presta legitimidad científica a las creencias religiosas», pero que, en última instancia, Jung tenía más en común con Blavatsky que con Freud, porque era «un esoterista moderno» que promulgaba un «culto al Sol Interior».[8]

Si se reconocen las suposiciones innatas y los «sesgos del investigador» en estas percepciones, si se exploran las evidencias más a fondo y se hace algún esfuerzo por ver las cosas desde una mayor neutralidad, sería posible plantearse preguntas más relevantes. ¿Qué tipo de astrología practicaba Jung? ¿Dónde la aprendió? ¿Qué le pareció tan útil de ella y en qué aspectos? ¿Qué pensaba del hecho de que hubiera perdurado a través de los siglos, y cómo incorporó las ideas de la astrología a su trabajo psicológico? Este libro es el resultado de un esfuerzo por demostrar no sólo la implicación profunda y duradera de Jung con la astrología a lo largo de toda su vida adulta, sino también cómo definió él la astrología, cómo percibía los símbolos astrológicos dentro del contexto de la psique humana y cómo la astrología le aportó ideas y elementos estructurales para el desarrollo de sus modelos psicológicos.

---

6. Noll, *The Jung Cult, op. cit.*, pp. 67-69.
7. Noll, *The Jung Cult, op. cit.*, p. 270.
8. Hanegraaff, *New Age Religion, op. cit.*, pp. 496-505.

Los aspectos más superficiales de la astrología –como la de la habitual pregunta de «¿Cuál es tu signo del zodíaco?»– no le pasaron desapercibidos a Jung.

> En ocasiones, la gente, sin conocer tu fecha de nacimiento, puede hacer notables conjeturas en cuanto a cuál es tu signo. En dos ocasiones me ha ocurrido… que me han dicho que tenía el Sol en Leo, la Luna en Tauro y Acuario elevándose. Esto me impresionó mucho. ¿Cómo demonios podían saberlo?[9]

Éste podría parecer un comentario trivial si lo comparamos con temas más complejos, como el del *oikodespotes,* pero una persona que aprecia la riqueza de Wagner, Mozart y Schubert puede, al mismo tiempo, disfrutar del *jazz* y de la música pop. Del mismo modo que las corrientes religiosas exhiben tanto expresiones «eruditas» como «vernáculas», lo mismo ocurre con las esferas del conocimiento pertenecientes a los reinos liminares, pues, siendo liminares, las distinciones entre lo «culto» y lo «inculto» pueden ser fluidas, o incluso inexistentes.[10] El hecho de que Jung apreciara tanto los aspectos eruditos como los vernáculos de la astrología indica que su creencia en las «influencias» planetarias o zodiacales no era de tipo material, sino que se basaba en la importancia psicológica de la astrología como retrato imaginal de las cualidades cíclicas del tiempo. Si los periódicos de sus primeros años de estudios astrológicos hubieran ofrecido a sus lectores las típicas predicciones astrológicas, Jung no habría dudado en comprobar su horóscopo a diario en el *Neu Zürcher Zeitung,* entre lectura y lectura de pasajes de Plotino o de la *Liturgia de Mitra.*

Jung vinculaba la eficacia de la astrología con la propensión innata del ser humano a percibir y encapsular las cualidades cíclicas del tiempo en imágenes simbólicas, y basó esta idea en una relación sincronicista o simpatética entre microcosmos (el ser humano individual) y ma-

---

9. Jung, *Dream Analysis,* vol. 1, *op. cit.,* p. 405.
10. Sobre expresiones religiosas «vernáculas» frente a «oficiales», véase Leonard Norman Primiano, «Vernacular Religion and the Search for Method in Religious Folklife», *Western Folklore,* vol. 54:1, pp. 37-56 (1995).

crocosmos (el inconsciente colectivo). El enfoque de Jung atribuye una cualidad «psicoide» tanto al microcosmos como al macrocosmos; lo físico y lo psíquico son expresiones de una unidad fundamental, y no un dualismo ontológico de espíritu y materia, tal como se plantea en muchos tratados gnósticos. Esto vincula su astrología con otros marcos simbólicos y con las denominadas prácticas mánticas que integran los dominios espirituales con los materiales, como la alquimia, el Tarot y el *I Ching*, en todos los cuales se interesó por diversos motivos. Estos marcos simbólicos reflejaban para Jung patrones psicológicos fundamentes del ser humano, el más importante de los cuales era el gran viaje a través del cual el inconsciente intenta hacerse consciente mediante la utilización de la facultad elaboradora de símbolos de la imaginación, generando así una integración creciente y más plena de la personalidad individual y, en última instancia, de la psique colectiva en sí.

Scientia y *Ars*

La astrología, al igual que la psicología, está sujeta a múltiples definiciones y no se puede ver como un cuerpo de conocimientos o prácticas único y monolítico. Debido a que pertenece a los reinos liminares, la astrología se ha revestido convenientemente a lo largo de su historia con los ropajes de diferentes paradigmas y contextos culturales, viéndose a sí misma, en función de tiempo y lugar, como ciencia, arte, religión, adivinación, psicología, filosofía y metáfora poética. Alexander Ruperti (1913-1998), un astrólogo nacido en Alemania y fuertemente influenciado tanto por la psicología analítica de Jung como por los escritos teosóficos de Alice Bailey, señalaba:

> No existe una Astrología con A mayúscula. En cada época, la astrología del tiempo era un reflejo del tipo de orden que cada cultura veía en los movimientos celestes, o del tipo de relación entre el cielo y la tierra que la cultura formulaba.[11]

11. Alexander Ruperti, «Dane Rudhyar», *The Astrological Journal,* vol. 32:2, p. 57 (1986).

El tema de la «creencia» en la astrología (y de si Jung «creía» en ella o no) es tan problemático como pueda ser definirla, dado que muchas personas que o bien practican la astrología o bien acuden a un astrólogo en busca de orientación no consideran su actitud como una cuestión de «creencia» o de «fe», sino más bien como una experiencia y un conocimiento adquirido.[12] Da la impresión de que Jung no era «creyente», sino que pertenecía a ese colectivo de personas que se meten en la astrología porque, para ellas, «funciona», aunque Jung, como otros muchos astrólogos, nunca fuera capaz de llegar a una explicación científica convincente de cómo o por qué funciona. Su teoría de la sincronicidad, aunque aceptable para los modos de pensamiento racionales contemporáneos, es en última instancia una reinterpretación de la antigua idea de la *sumpatheia,* formulada en un lenguaje religiosamente «aséptico» que no requiere creer *a priori* en deidad trascendente alguna. Pero la *sumpatheia,* como modelo cosmológico, no es menos psicológica que cualquier modelo creado por la psiquiatría moderna, porque en definitiva la genera la psique humana. El límite marcadamente definido entre «religión» y «ciencia», un límite impuesto en tiempos modernos, tiende a vacilar y disolverse en los reinos liminares de la imaginación humana. E intentar «demostrar» la sincronicidad científicamente, como el propio Jung aclaró en su experimento astrológico, suele terminar en fracaso porque el observador, y el momento de la observación, forman parte del experimento tanto como lo observado, y las cualidades cíclicas del tiempo en perpetuo movimiento no se van a quedar quietas para complacer a aquéllos que buscan una validación científica.

El acercamiento de Jung a la astrología fue único en su tiempo, y supuso una profunda investigación en las dimensiones psicológicas interiores del simbolismo astrológico. Pero, en el entorno en el cual trabajó, la astrología seguía siendo una «creencia» para la mayoría de la gente, «creencia» que habría hecho recaer las sospechas sobre sus teorías psicológicas, si la extensión de su compromiso con ella hubiera sido

12. Véase Campion, *What Do Astrologers Believe, op. cit.*, pp. 59-72. Para un ejemplo de la suposición de que la astrología supone «fe» o «creencia», véase Bart J. Bok y Margaret W. Mayall, «Scientists Look at Astrology», *Scientific Monthly,* vol. 52:3, pp. 233-244 (1941).

conocido públicamente. La correspondencia de Jung con Michael Fordham, y la carta de Progoff a Cary Baynes, atestiguan lo incómodo que se sentía Jung ante cualquier difusión pública de su trabajo astrológico. Hoy en día, los horóscopos de los periódicos y las revistas son lo único que muchas personas saben de la astrología, y la aparente frivolidad de estas populares columnas ha disuadido a muchos investigadores en círculos académicos y psicoterapéuticos de ahondar seriamente en el tema. Pero los horóscopos de los periódicos, en su actual forma, no existían a principios del siglo XX,[13] si bien los prejuicios contra la astrología estaban ya firmemente arraigados dentro del floreciente cientifismo de aquellas décadas.[14] El intento por explorar la astrología de Jung desde una perspectiva académica e histórica precisa por tanto de una apertura intelectual que muchos analistas y muchos historiadores no suelen estar dispuestos a alimentar –siendo tan vulnerables a los prejuicios y opiniones del colectivo como lo fue el propio Jung–.

El doloroso conflicto de Jung entre *scientia* y *ars,* conmovedoramente descrito en el *Liber Novus* en su encuentro con el gigante Izdubar, no fue exclusivo de él,[15] pues viene existiendo desde la antigüedad, evidenciado en los debates filosóficos entre platónicos, peripatéticos, estoicos y escépticos, incluso cuando la astrología era «aceptada» socialmente y era parte integral de las corrientes religiosas y filosóficas de las culturas de la época.[16] Aunque el *Liber Novus* es un remarcable testamento personal de lo profundo e intenso que fue el conflicto de Jung, no deja de reflejar una tensión endémica que podría verse como fundamentalmente humana, entre las evidencias mensurables de los sentidos y las evidencias no racionales de la experiencia interior. Da la impresión de que esta tensión ha estado bullendo ahí desde que los seres humanos

13. Sobre la historia de los horóscopos en los periódicos, véase Kim Farnell, *Flirting with the Zodiac* (Bournemouth: Wessex Astrologer, 2007), pp. 123-142; Campion, *Astrology and Popular Religion, op. cit.*, pp. 69-84.
14. Sobre la historia del «cientifismo», véase Casper Hakfoort, «Science Deified», *Annals of Science,* vol. 49:6, pp. 525-544 (1992); Gregory R. Peterson, «Demarcation and the Scientistic Fallacy», *Zygon,* vol. 38:4, pp. 751-761 (2003).
15. Véase Greene, *The Astrological World of Jung's 'Liber Novus', op. cit.*, capítulo 2.
16. Para ejemplos de estos debates, véase James Allen, *Inference from Signs* (Oxford: Oxford University Press, 2001).

especulan sobre su lugar en el universo. Los modelos psicológicos de Jung podrían verse como un empeño individual por crear una especie de terreno neutral donde el pensamiento racional, la metodología científica –relativa, naturalmente, a cómo se define la «ciencia» en cualquier contexto cultural dado– y las evidencias experienciales de los reinos liminares pudieran encontrar un espacio donde entablar un diálogo civilizado. Este mismo empeño se hizo también en el mundo ocultista británico con la entrada del siglo XX:

> Lo maravilloso de lo subliminal es que proporcionó un espacio para que tuviera lugar todo tipo de fenómenos no naturales y sobrenaturales... ahora disponíamos de un lugar teórico en el cual estos fenómenos podían habitar. Esta neutralidad en lo relativo a la veracidad de las ideas en la mente hizo de la psicología una útil tierra de nadie en la fase final de la Inglaterra victoriana en la que científicos, clérigos y espiritistas podían encontrarse libremente.[17]

Sólo si una está completamente casada con el «Espíritu de Este Tiempo» –la creencia de que la ciencia empírica constituye la única visión del mundo autorizada–, se puede desestimar el valor potencial de un enfoque así. Pero hasta el terreno neutral de lo «subliminal» se ha convertido en campo de batalla. La investigación académica en este terreno parece haberse dividido en dos bandos, los «religionistas» (que suelen ser también practicantes de alguna religión) y los del «bando empírico-histórico» (que normalmente no lo son); y se han lanzado advertencias de que el futuro del esoterismo como disciplina académica puede verse comprometido «si una parte considerable de sus representantes se niega a respetar la diferenciación entre la investigación y la expresión de las creencias personales».[18] Esta declaración, aunque aparentemente favorece al empirismo, no es más que la expresión de una creencia personal en el ideal de la objetividad pura, ante el cual se podría plantear

---

17. David S. Katz, *The Occult Tradition* (Londres: Jonathan Cape, 2005), p. 140.
18. Wouter J. Hanegraaff, «Introduction: The Birth of a Discipline», en Antoine Faivre y Wouter J. Hanegraaff (eds.), *Western Esotericism and the Science of Religion* (Lovaina: Peeters, 1998), pp. XII-XIII.

razonablemente la pregunta de si es posible de hecho que algún ser humano alcance tal objetividad, carente de cualquier agenda personal. En su experimento astrológico, Jung intentó valientemente conseguir resultados tan libres como fuera posible de la «expresión de creencias personales»; pero, como él mismo reconoció, los resultados de cualquier experimento, por riguroso que sea científicamente, son en definitiva vulnerables a la psique del investigador. Es posible que el conflicto que agobió a Jung, y que sigue existiendo en muchos círculos en lo relativo a su implicación con la astrología y «artes mánticas» similares, no pueda ser resuelto, sino sólo explorado con un razonable grado de reflexividad –una actitud por parte del investigador que reconozca el inevitable lastre que supone imponer opiniones personales en la discusión, aunque intentando «poner entre paréntesis» esas opiniones en la medida de lo posible–. Fue desde este espíritu que Jung declaró:

> Toda psicología, incluida la mía, tiene el carácter de una confesión subjetiva... Toda psicología que sea la obra de un hombre estará subjetivamente coloreada.[19]

El «espíritu de este tiempo»

Cierto número de ideas de Jung parecen haber sido inspiradas por Platón, cuya desconfianza ante la opinión colectiva, en contraste con la capacidad individual para el conocimiento adquirido a través de la razón, es evidente en muchos de sus *Diálogos.*[20]

---

19. Jung, CW4, pp. 774-775.

20. Para las numerosas citas de Platón en las *Collected Works* de Jung, véase Jung, CW20, «Plato». Aquí se incluyen las ideas platónicas como arquetipos (Jung, CW8, p. 275; Jung, CW9i, p. 5) y las discusiones de Platón sobre el Alma del Mundo (Jung, CW5, pp. 404-406, 649; Jung, CW9ii, pp. 380, 389; Jung, CW18, p. 1361). Sobre la desconfianza de Platón de lo colectivo, véase Platón, *Republic*, 6.476d-6.506c; Platón, *Meno*, 97d; Platón, *Crito*, 44-47; Platón, *Phaedrus*, 260a.

> Las opiniones correctas son algo bueno y hacen todo tipo de bien mientras se mantengan en su lugar, pero no se quedan mucho tiempo. Se escapan de la mente del hombre, de tal manera que no sirven de mucho a menos que las ates ejercitando la razón... Una vez atadas se convierten en conocimiento y son estables. Éste es el motivo por el cual el conocimiento es algo más valioso que la opinión correcta.[21]

Al igual que Platón, Jung sospechaba de lo que él llamaba «psicología de masas», enfoque que a veces se ha calificado como de «elitista», pero que lo cierto es que tiene poco que ver con cuestiones de clases, educación o economía.[22] La «psicología de masas» implica, desde el punto de vista de Jung, la disposición del ser humano –con independencia de su nacimiento, posición social, formación o circunstancias materiales– a abandonar la razón, los valores, la experiencia y la conciencia individual con el fin de disfrutar de la seguridad que proporciona fundirse con el colectivo, que puede pedir licencia para dar rienda suelta al miedo, la agresividad, el odio o la codicia inconscientes sin necesidad de reflexión y sin asumir responsabilidades.

> Como sería de esperar, todos los movimientos de masas se deslizan cuesta abajo de la manera más fácil en el plano inclinado de los grandes números. Donde se encuentran muchos, existe seguridad; lo que muchos creen debe ser cierto, por supuesto; lo que muchos quieren debe valer la pena, ser necesario y, por tanto, bueno. En el clamor de los muchos se encuentra el poder para arrebatar por la fuerza el cumplimiento de los deseos... Toda vez que se desarrollan condiciones de este tipo a gran escala el camino a la tiranía queda abierto, y la libertad del individuo se convierte en esclavitud espiritual y física.[23]

---

21. Platón, *Meno,* 98a.
22. Sobre el uso que hace Jung de este término, véase Jung, CW3, p. 513; Jung, CW9i, pp. 225, 228; Jung, CW10, pp. 453-477. Sobre Jung como «elitista», véase Nicholas Lewin, *Jung on War, Politics and Nazi Germany* (Londres: Karnac Books, 2009), pp. 145-146.
23. Jung, CW10, pp. 538-539.

Jung pasó por la devastación de dos guerras mundiales que vinieron impulsadas por la psicología de masas, del mismo modo que Platón pasó por los treinta años de la Guerra del Peloponeso, con sus sucesivos y cada vez más cínicos cambios de gobierno, desde la aristocracia a la oligarquía, para pasar después a la democracia y terminar en la tiranía. Se podría aducir que, dadas sus experiencias, tanto Jung como Platón tenían justificaciones de sobra para desconfiar.[24]

También al igual que Platón, Jung dio enorme valor a la responsabilidad individual como clave para el bienestar del colectivo:[25]

> Si las cosas van mal en el mundo, es porque algo anda mal en el individuo, porque algo anda mal en mí. Por tanto, si soy sensato, me enderezaré a mí mismo en primer lugar. Para ello tendré que conocer –dado que la autoridad exterior ya no significa nada para mí– los fundamentos más íntimos de mi ser, a fin de basarme firmemente en los hechos eternos de la psique humana.[26]

Aunque estudioso de la astrología, Jung no «culpaba» a las configuraciones planetarias de las vicisitudes de la vida, ni asumía que el destino fuera una fuerza externa e irrevocable impuesta por un orden celeste impersonal. Como dice el Casio de Shakespeare: «La culpa, querido Bruto, no es de nuestras estrellas, sino de nosotros mismos»; pero, desde el punto de vista de Jung, esto no es porque los humanos seamos «inferiores».[27] Más bien, la «culpa» está en la reluctancia de la persona a mirar dentro, lo cual da como resultado una cadena de decisiones inconscientes y de consecuencias, generadas por compulsiones desconocidas, que parecen marcar un destino no sólo de las vidas individuales, sino también para la vida y la historia del colectivo.[28]

---

24. Sobre los comentarios de Platón acerca de los regímenes políticos y su sucesión cíclica, véase Platón, *Republic, op. cit.*, 8.546-579.
25. Sobre el énfasis de Platón en la responsabilidad del individuo dentro del colectivo, véase Platón, *Laws*, III:389b-d; Plato, *Republic*, IV:434d-e.
26. Jung, CW10, p. 329.
27. William Shakespeare, *Julio César*, I.ii.140-141.
28. Sobre la apasionada apelación de Jung a una mayor conciencia y responsabilidad individual, véase Jung, CW10, pp. 488-588.

El «espíritu de este tiempo», a medida que se revela poco a poco en las primeras décadas del siglo XXI, parece querer evitar las «grandes» preguntas que preocuparon a Jung a lo largo de toda su vida. La naturaleza del mal, el sentido y el propósito de la vida individual, las motivaciones más profundas que dirigen a los individuos y los colectivos, y el enigma del sufrimiento humano, no son temas populares en el discurso de muchos círculos psicológicos de nuestros días, y no sólo porque tales temas sean campos minados potenciales de observaciones políticamente incorrectas. Más bien, los esfuerzos se centran en la búsqueda de métodos –medicinales, psicoterapéuticos o sociales– que hagan desaparecer los síntomas sin invertir tiempo y sin gastar energía en explorar las causas inconscientes. Tampoco la historia, individual o colectiva, se percibe ya como una herramienta esencial para comprender los dilemas del presente. Según la página del Servicio Nacional de Salud británico, la terapia cognitiva conductual (TCC)

> es un tipo de terapia conversacional que te puede ayudar a gestionar tus problemas cambiando la forma en que piensas y te comportas... la TCC aborda tus problemas actuales, en vez de centrarse en temas de tu pasado. Busca formas prácticas de mejorar tu estado mental en el día a día.[29]

La eficacia de tal enfoque es, como todos los métodos psicoterapéuticos, objeto de debate.[30] En un esfuerzo por combinar lo mejor de ambos mundos, algunos psicoterapeutas y grupos de formación terapéuticos han mezclado técnicas cognitivas y analíticas para obtener un modelo «integral».[31] Pero la TCC es el enfoque que más favorecen las autoridades colectivas en Gran Bretaña, y los grupos de entrenamiento

---

29. «Overview: Cognitive Behavioural Therapy (CBT)», disponible en <https://www.nhs.uk/mental-health/talking-therapies-medicine-treatments/talking-therapies-and-counselling/cognitive-behavioural-therapy-cbt/overview/>.
30. Véase Andrew C. Butler, Jason E. Chapman, Evan M. Forman y Aaron T. Beck, «The Empirical Status of Cognitive-Behavioural Therapy», *Clinical Psychology Review,* vol. 26:1, pp. 17-31 (2006); Tullio Scrimali, *Neuroscience-Based Cognitive Therapy* (Londres: John Wiley & Sons, 2012).
31. A esta mezcla se la llama en ocasiones «terapia analítica cognitiva». Véase la Association for Cognitive Analytic Therapy en <www.acat.me.uk/page/home>, don-

psicoterapéutico de otros tipos –incluidos los junguianos– se hallan actualmente bajo presión para que adopten métodos cognitivos, si sus facultativos desean que les remitan pacientes y si desean recibir financiación del Servicio Nacional de Salud.[32]

El problema podría hallarse, en última instancia, no en la ineficacia de las técnicas cognitivas, sino en la amputación de un sentido de continuidad con el pasado, que puede en ocasiones venir como resultado del enfoque exclusivo de la terapia cognitiva conductual en las condiciones y circunstancias presentes. Comprender las dimensiones interiores de la historia humana –tanto si se explora a través de la historia de las ideas, la historia de las religiones o la historia emocional de una familia y su relato a través de las generaciones– puede convertirse en el pivote sobre el cual gire cualquier esperanza de un futuro mejor. Ésta era la perspectiva de Jung, que él describió vivamente en el relato de la casa de varios niveles, a la cual denominó «mi casa», y que vio en un sueño que tuvo mientras aún trabajaba con Freud. El piso superior de la casa onírica de Jung estaba amueblado al «estilo rococó». La planta baja era mucho más antigua, de alrededor del siglo XV o XVI. Una escalera de piedra llevaba a una bodega, que databa de tiempos romanos. Pero, en su sueño, Jung vio que en el suelo de la bodega había un aro grande que le permitía levantar una de las losas de piedra. Entonces aparecía otra escalera que descendía a las profundidades, donde encontró «huesos y trozos de cerámica esparcidos, como los restos de una cultura primitiva».[33] Jung interpretó el sueño como «una especie de imagen de la psique». El salón rococó, lejos del suelo, representaba la conciencia personal; la planta baja simbolizaba el primer nivel del inconsciente. Cuanto más descendía Jung, más oscura se volvía la escena, y más antiguos y universales eran los restos:

---

de se incluye un artículo de Susie Black titulado "CAT, Jung and Neuroscience" en <www.acat.me.uk/page/acat+newsletter+4+december+2011>.

32. Véase Hilary Platt, «Fighting for Professional Survival», *Psychotherapist,* vol. 48, pp. 29-32 (2011), y otros artículos relevantes sobre este tema de la revista del Consejo de Psicoterapia del Reino Unido.

33. Jung, *MDR, op. cit.*, pp. 182-183.

> Éste fue mi primer indicio de un *a priori* colectivo por debajo de la psique personal. En un primer momento, consideré que se trataba de rastros de modos de funcionamiento previos. Pero, con la creciente experiencia y sobre la base de conocimientos más fiables, los consideré como formas de instinto, es decir, como arquetipos.[34]

La historia, para Jung, no era un listado lineal de acontecimientos aislados ni, como diría un personaje de una de las obras de Alan Bennett, «sólo una p - - a cosa tras otra».[35] La historia más profunda e interior de la creatividad y la destructividad humanas era fundamental para la comprensión psicológica de Jung. La astrología, tal como señaló, encapsulaba la psicología del pasado y proporcionaba los fundamentos para la propia historia de la psicología. Jung, a diferencia del «espíritu de este tiempo», compartía el punto de vista de Goethe sobre la importancia crucial de la historia:

> Que el que no aprenda y marque
> tres mil años, permanezca aún
> vacío de experiencia, en la oscuridad,
> y viva de día en día.[36]

El «espíritu de este tiempo» parece aferrarse también a la cómoda certidumbre de que los problemas del individuo provienen de una fuente social, económica o incluso climática, en vez de una fuente psicológica, y que los problemas se pueden «curar» con el gobierno correcto, la legislación correcta y las garantías correctas de un *establishment* científico que con demasiada frecuencia se cree, como un Papa infalible, inalcanzable por el error de juicio o la ignorancia, incluso en las esferas liminares donde sus instrumentos de medida pueden ser inadecuados o inapropiados. En última instancia, Jung juró de forma irrevo-

34. Jung, *MDR, op. cit.*, pp. 184-185.
35. Alan Bennett, *The History Boys* (Londres: Faber & Faber, 2004), p. 85.
36. Johann Wolfgang von Goethe, *West-Eastern Divan*, trad. Edward Dowden (Londres: J. M. Dent, 1914; publicado originalmente como *West-östlicher Divan*, Stuttgart: Cotta, 1819), V:74.

cable su lealtad, a pesar de sí mismo y al coste de un considerable sufrimiento, a lo que conocemos como el «espíritu de las profundidades», y a las antiguas corrientes religiosas y filosóficas que estudió tan asiduamente y que consideró como formas diversas del esfuerzo humano, renovándose una y otra vez para expresar ese espíritu ante la oposición de la visión del mundo colectiva imperante.

Invocando el «espíritu de las profundidades»

El hecho de que Jung realizara invocaciones rituales de los arquetipos planetarios que identificó en su propio horóscopo, y que los resultados de tales invocaciones dieran vida a muchos de los personajes del *Liber Novus,* podría parecer una afirmación perturbadora, o incluso impactante, para aquellas personas que no están familiarizadas con las raíces históricas de la técnica que Jung denominó imaginación activa. Pero el propio Jung describió la relación entre la magia y la imaginación activa, y resulta poco convincente la sugerencia de que fue incapaz de establecer sus propias conexiones entre los rituales teúrgicos de la antigüedad tardía y la «búsqueda de las imágenes interiores» que dio lugar al *Liber Novus*. Jung también dejó claro que él entendía a los «dioses» planetarios como arquetipos, y que el propósito de la imaginación activa es establecer un diálogo entre las potencias arquetípicas y la conciencia humana individual. Su interés por los grimorios de la Edad Media y principios de la Edad Moderna, por textos astrológicos de tendencias mágicas como la *Liturgia de Mitra* y por teúrgos neoplatónicos como Plotino, Jámblico y Proclo, todos los cuales integraron la astrología en sus percepciones cosmológicas, apuntan a la probabilidad de que Jung hiciera un esfuerzo deliberado y consciente por trabajar imaginalmente –o, por decirlo de otro modo, mágicamente– con los conflictos internos que él creía que se reflejaban simbólicamente en su carta natal.

El propósito de tal trabajo interior, para Jung y para sus predecesores de la antigüedad tardía, era el de la transformación de la personalidad a través de la integración de la conciencia con ese centro psíquico más grande al que Jung denominó *Self,* «Sí Mismo». Aunque Jámblico y sus compañeros teúrgos interpretaron de maneras diversas ese centro, considerándolo un dios o un *daimon,* o como el Uno platónico del cual todo lo demás emana, su empeño en este proceso de integración a través del uso de símbolos e imágenes, firmemente basado en la idea subyacente de la *sumpatheia,* reaparece en el concepto de individuación de Jung y en su trabajo. Un trabajo que Jung sugería que cualquier persona podría hacer para facilitar un viaje que, por natural que fuera, no dejaba de ser inconsciente, a menudo innecesariamente doloroso e incluso infructuoso. A Jung le gustaba citar el axioma alquímico de «Lo que la naturaleza deja imperfecto, lo perfecciona el arte»,[37] y –admitiendo su preferencia por el ideal de plenitud en lugar del ideal de perfección– ésta es la meta de la psicoterapia que él desarrolló y practicó.

Jung veía el destino en general, y el destino astral en particular, como una paradoja. Desde la perspectiva del astrólogo, una no puede devolver el horóscopo personal y pedir que le pongan otro, a menos que una se adhiera a la convicción religiosa que promete un nuevo horóscopo sobre el instante de un nuevo «nacimiento» espiritual, como hacía el teólogo cristiano Taciano en el siglo II e. c.[38] Aunque hay astrólogos que aceptan la idea de que el destino es concreto y fijo, los astrólogos de tendencias más psicológicas ven el destino como algo que tiene múltiples niveles y es negociable. Desde el punto de vista de Jung, el destino horoscópico nos plantea un profundo misterio. En última instancia, uno tiene «que hacer gustosa y libremente lo que tiene que hacer»; pero los adverbios operativos «gustosamente» y «libremente», suponen la cooperación consciente voluntaria con los «hechos eternos» –los arquetipos en sí– que el esfuerzo humano no puede someter a coerción ni erradicar. El libre albedrío, para Jung, suponía el respeto por la voluntad del *daimon* y la aceptación de esta voluntad, en tanto que simultáneamente incluía un diálogo y una transformación potencial que podía permitir a ambos, tanto a la personalidad como al *daimon,* florecer de la forma más creativa posible.

En el contexto de Jung, este matrimonio de la personalidad con el Sí Mismo no depende de la perfección ni es consecuencia de ella, y la

37. Jung parafraseó de diversas maneras esta cita de un alquimista desconocido; *véase* Jung, CW8, p. 560; Jung, CW14, p. 422; Jung, *MDR, op. cit.*, p. 284.
38. Acerca de Taciano, véase Lewis, *Cosmology and Fate, op. cit.*, p. 159.

sugerencia de que uno puede «trascender», «superar» o «curar» las dimensiones dificultosas de un horóscopo natal se le habrían antojado tan absurdas como inclinar la cabeza y aceptar el sufrimiento de un destino impuesto sin intentar comprender por qué. La integridad, la plenitud, era el ideal al que Jung aspiraba, y eso requiere vivir con los conflictos simbolizados por el horóscopo de maneras que, en ocasiones, pueden suponer luchas y fracasos, pero que finalmente dejan ver un sentido y una teleología en esos conflictos, junto con la lealtad a la propia verdad. El *I Ching*, que Jung veía como el equivalente oriental de la astrología occidental, ofrece una percepción paradójica similar:

> Ellos [los sabios sagrados] se pusieron de acuerdo con el tao y su poder, y, en conformidad con esto, establecieron el orden de lo que es correcto. Reflexionando sobre el orden del mundo exterior hasta el final, y explorando la ley de su propia naturaleza [de ellos] hasta lo más profundo, llegaron a la comprensión del destino.[39]

Tanto en la esfera psicológica como en la astrológica, Jung pensaba que la experiencia tenía mayor peso a la postre que la especulación intelectual y las metodologías científicas, incluso frente al argumento racional más persuasivo y aunque tal argumento le fuera presentado por su propio intelecto entrenado científicamente. En octubre de 1959, hacia el final de sus días, el presentador de televisión John Freeman, del programa de la BBC *Face to Face (Cara a cara)*, entrevistó a Jung. Freeman le preguntó si todavía creía en Dios, y Jung respondió:

> ¿Ahora? Es difícil responder. Lo conozco. No lo necesito, no necesito creer. Lo conozco.

Freeman no le preguntó a Jung si «creía» en la astrología, pero es probable que la respuesta hubiera sido la misma.

---

39. Richard Wilhelm y Cary F. Baynes (trad.), *The I Ching or Book of Changes* (Nueva York: Pantheon, 1950), p. 281.

Biografía de la autora

Liz Greene es analista junguiana y astróloga profesional, habiendo recibido su diploma en Psicología Analítica de la Association of Jungian Analysts en Londres, en 1980. Tiene un doctorado en Psicología y otro en Historia, y ha trabajado durante muchos años como tutora del Máster en Astronomía y Astrología Cultural en la Universidad de Gales, en Lampeter. Ha escrito numerosos libros, algunos de ellos de carácter académico y otros de corte interpretativo, sobre las relaciones existentes entre psicología y astrología, el Tarot, la Cábala y los mitos, y sobre *Los estudios de Jung en astrología* (Routledge).

Bibliografía

Obras citadas de C. G. Jung

Obra completa[1]

JUNG, C. G.: *Estudios psiquiátricos.* Obra completa, vol. 1. Editorial Trotta, Madrid, 1999.

—: *Investigaciones experimentales.* Obra completa, vol. 2. Editorial Trotta, Madrid, 2016.

—: *Psicogénesis de las enfermedades mentales.* Obra completa, vol. 3. Editorial Trotta, Madrid, 2015.

—: *Freud y el psicoanálisis.* Obra completa, vol. 4. Editorial Trotta, Madrid, 1999.

—: *Símbolos de transformación.* Obra completa, vol. 5. Editorial Trotta, Madrid, 2012.

—: *Tipos psicológicos.* Obra completa, vol. 6. Editorial Trotta, Madrid, 2013.

—: *Dos escritos sobre psicología analítica.* Obra completa, vol. 7. Editorial Trotta, Madrid, 2007.

—: *La dinámica de lo inconsciete.* Obra completa, vol. 8. Editorial Trotta, Madrid, 2003.

1. Equivalente en castellano a las *Collected Works,* abreviadas como CW a lo largo de todo el libro. *(N. del T.)*

—: *Los arquetipos y el inconsciente colectivo.* Obra completa, vol. 9-1. Editorial Trotta, Madrid, 2002.

—: *Aión: Contribuciones al simbolismo del Sí Mismo.* Obra completa, vol. 9-2. Editorial Trotta, Madrid, 2011.

—: *Civilización en transición.* Obra completa, vol. 10. Editorial Trotta, Madrid, 2000.

—: *Acerca de la psicología de la religion occidental y de la religión oriental.* Obra completa, vol. 11. Editorial Trotta, Madrid, 2008.

—: *Psicología y alquimia.* Obra completa, vol. 12. Editorial Trotta, Madrid, 2005.

—: *Estudios sobre representaciones alquímicas.* Obra completa, vol. 13. Editorial Trotta, Madrid, 2015.

—: *Mysterium Coniunctionis.* Obra completa, vol. 14. Editorial Trotta, Madrid, 2002.

—: *Sobre el fenómeno del espíritu en el arte y en la ciencia.* Obra completa, vol. 15. Editorial Trotta, Madrid, 1999.

—: *La práctica de la psicoterapia.* Obra completa, vol. 16. Editorial Trotta, Madrid, 2006.

—: *Sobre el desarrollo de la personalidad.* Obra completa, vol. 17. Editorial Trotta, Madrid, 2010.

—: *La vida simbólica (1).* Obra completa, vol. 18-1. Editorial Trotta, Madrid, 2009.

—: *La vida simbólica (2).* Obra completa, vol. 18-2. Editorial Trotta, Madrid, 2009.

Otras obras citadas de Jung en inglés y alemán[2]

Jung, C. G.: *Wandlungen und Symbole der Libido*, publicado en dos partes en *Jahrbuch für psychoanalytische und psychopathologische Forschungen*, III-IV, Leipzig, 1911-1912; reimpr. Dueticke Verlag, Leipzig, 1912.

2. Con sus correspondientes traducciones al castellano donde las hubiera. *(N. del T.)*

—: «Versuch einer Darstellung der psychoanalytischen Theorie», en *Jahrbuch für psychoanalytische und psychopathologische Forschungen* 5. Viena y Leipzig, 1913.
—: «The Theory of Psychoanalysis», *Psychoanalytic Review*, vol. 1 (1913-1914), pp. 1-4 y 2 (1915).
—: *Collected Papers on Analytical Psychology*, ed. y trad. C. E. Long. Baillière, Tindall and Cox, Londres, 1916.
—: *Psychology of the Unconscious*, trad. B. M. Hinkle. Moffat, Yard, Nueva York, 1916.
—: *Studies in Word-Association: Experiments in the Diagnosis of Psychopathological Conditions Carried Out at the Psychiatric Clinic of the University of Zürich*, trad. M. D. Eder. William Heinemann, Londres, 1918.
—: «The Psychological Foundations of Belief in Spirits», *Proceedings of the Society for Psychical Research*, vol. 31, (1920).
—: *Psychologische Typen*. Rascher Verlag, Zúrich, 1921.
—: «Die Bedeutung der schweizerischen Linie im Spektrum Europas», *Neue Schweitzer Rundschau*, vol. 24:6, pp. 1-11 (1928).
—: «Über den Archetypus mit besonderer Berücksichtigung des Animabegriffes», *Zentralblatt für Psychotherapie und ihre Grenzgebiete*, vol. 9:5, pp. 259-75 (1936).
—: *The Integration of the Personality*, trad. S. Dell. Farrar & Rinehart, Nueva York, 1939.
—: *Aion: Untersuchungen zur Symbolgeschichte, Psychologische Abhandlungen* VIII. Rascher Verlag, Zúrich, 1951.
—: Letters to Michael Fordham, 15 de diciembre de 1954; 9 de noviembre de 1954; 20 de octubre de 1954; Michael J. Fordham, Letter to C. G. Jung, 10 de enero de 1955; Wellcome Library, Londres, PP/FOR/C.1/1/2: Box 7.
—: «Exercitia spiritualia of St. Ignatius of Loyola», en *Modern Psychology: Notes on Lectures Given at the Eidgenössische Technische Hochschule, Zürich by Prof. Dr. C. G. Jung, October 1933-July 1941*, 3 volúmenes, vol. 3-4, pp. 153-57, trad. y ed. E. Welsh y B. Hannah. K. Schippert, Zúrich, 1959-1960.
—: *Modern Psychology: Notes on Lectures Given at the Eidgenössische Technische Hochschule, Zürich by Prof. Dr. C. G. Jung, October 1933-*

July 1941, 3 volúmenes, trad. y ed. E. Welsh y B. Hannah. K. Schippert, Zúrich, 1959-1960.
—: *Recuerdos, sueños, pensamientos.* Seix Barral, Barcelona, 2021.
—: «Acerca del aspecto psicológico de la figura de la Core», en C. G. Jung y C. Kerényi, *Introducción a la esencia de la mitología: El mito del niño divino y los misterios eleusinos.* Ediciones Siruela, Madrid, 2004.
—: *Analytical Psychology: Its Theory and Practice.* Routledge & Kegan Paul, Londres, 1968.
—: *C. G. Jung Letters*, 2 volúmenes, ed. G. Adler, trad. R.F.C. Hull. Routledge & Kegan Paul, Londres, 1973-1976.
—: «Letters to Oskar Schmitz, 1921-1931», *trand.* J. Kirsch, *Psychological Perspectives,* vol. 6:1, pp. 79-95 (1975).
—: *The Visions Seminars*, 2 volúmenes. Spring, Zúrich, 1976.
—: *Septem Sermones ad Mortuos*, en S. A. Hoeller, *Jung gnóstico y los siete sermons a los muertos.* Editorial Sirio, Málaga, 2005.
—: *Dream Analysis: Notes of the Seminar Given in 1928-1930 by C. G. Jung*, ed. W. C. McGuire. Routledge & Kegan Paul, Londres, 1984.
—: *Introduction to Jungian Psychology: Notes of the Seminar on Analytical Psychology Given in 1925 by C. G. Jung*, ed. W. McGuire y S. Shamdasani. Princeton University Press, Princeton, NJ., 1989.
—: *Jung's Seminar on Nietzsche's Zarathustra*, ed. J. Jarrett. Princeton University Press, Princeton, NJ., 1997.
—: *Visions: Notes of the Seminar Given in 1930-1934 by C. G. Jung*, ed. C. Douglas, 2 volúmenes. Princeton University Press, Princeton, NJ., 1997.
—: *Children's Dreams: Notes from the Seminar Given in 1936-1940*, ed. L. Jung y M. Meyer-Grass, trad. E. Falzeder y T. Woolfson. Princeton University Press, Princeton, NJ., 2008.
—: *El libro rojo. Liber Novus.* El Hilo de Ariadna Malba-Fundación Constantini, Buenos Aires, 2010.
—: *Jung on Astrology*, seleccionado y presentado por Keiron le Grice y Safron Rossi. Routledge, Abingdon, 2017.

Fuentes primarias

ABRAHAM VON WORMS: *Die egyptischen großen Offenbarungen, in sich begreifend die aufgefundenen Geheimnisbücher Mosis; oder des Juden Abraham von Worms Buch der wahren Praktik in der uralten göttlichen Magie und erstaunlichen Dingen, wie sie durch die heilige Kabbala und durch Elohym mitgetheilt worden. Sammt der Geister – und Wunder-Herrschaft, welche Moses in der Wüste aus dem feurigen Busch erlernet, alle Verborgenheiten der Kabbala umfassend.* Peter Hammer, Colonia, 1725.

—: *Buch Abramelin das ist Die egyptischen großen Offenbarungen. Oder des Abraham von Worms Buch der wahren Praktik in der uralten göttlichen Magie.* Editions Araki, Leipzig, 2001.

AGRIPPA, H. C. von N: *De occulta philosophia libri tres.* J. Soter, Colonia, 1533.

—: *De incertitudine & vanitate omnium scientiarum declamatio omiectium.* T. Baumann, Colonia, 1584.

—: *De incertidome & vanitate omnium scientiarum & artium liber.* A. Ulacq, Hagae-Comitum, 1653. Versión en castellano: *Declaración sobre la incertidumbre y vanidad de las ciencias y las artes.* Universidad de Extremadura, Servicio de Publicaciones, Cáceres, 2013.

—: *Die Cabbala des H. C. Agrippa von Nettesheim*, trad. J. Scheible y F. Barth. Johann Scheible, Stuttgart, 1855.

—: *Magische Werke sammt den geheimnisvollen Schriften des Petrus von Abano, Pictorius von Villingen, Gerhard von Cremona, Abt Tritheim von Spanheim, dem Buche Arbatel, der sogenannten Heil*, 3 volúmenes. Hermann Bardsdorf, Berlín, 1916.

—: *Magische Werke samt den geheimnisvollen Schriften des Petrus von Abano, Pictorius von Villingen, Gerhard von Cremona, Abt Tritheim von Sponheim, dem Buche Arbatel, der sogenannten Heil. Geist-Kunst und verschiedenen anderen*, 2 volúmenes. Amonesta-Verlag, Viena, 1921.

ANÓNIMO: «Ancient Landmarks: From the Neoplatonists to H.P.B.», *Theosophy,* vol. 28:2, pp. 53-57 (1939).

ASTROLOGERS' WEEKEND: *Picture Post: Hulton's National Weekly,* 29 de abril de 1939, pp. 3-4

Atwood, M. A.: *Hermetic Philosophy and Alchemy: A Suggestive Inquiry into 'The Hermetic Mystery' with a Dissertation on the More Celebrated of the Alchemical Philosophers.* Trelawney Saunders, Londres, 1850.

Aurel, M.: *Selbstbetrachtungen*, trad. O. Kiefer. E. Diederichs, Leipzig, 1903.

Bachofen, J. J.: *Das Mutterrecht: Eine Untersuchung über die Gynaikokratie der alten Welt nach ihrer religiösen und rechtlichen Natur.*: Krais und Hoffmann, Stuttgart, 1861. Versión en castellano: *El matriarcado: una investigación sobre la ginecocracia en el mundo antiguo según su naturaleza religiosa y jurídica.* Akal, Tres Cantos, 2007.

Bailey, A. A.: *Esoteric Astrology: A Treatise on the Seven Rays, Volume III.* Lucis, Nueva York, 1951.

Bailey, G. H.: «The Descent to Birth and the Soli-Lunar Interchanges», *Modern Astrology* (1915); reimpr. como «The Prenatal Epoch and the Soli-Lunar Interchanges», *Astrologer's Quarterly,* vol. 3:2 (1929).

Bailly, J. S.: *Histoire de l'astronomie ancienne, depuis son origine jusqu'à l'établissement de l'école d'Alexandrie.* Debure, París, 1775.

—: *Traite de l'astronomie indienne et orientale.* Debure, París, 1787.

Basilio de Cesarea: *Hexaemeron*, trad. B. Jackson. Amazon CreateSpace, 2014.

Berthelot, M.: *Los orígenes de la alquimia.* MRA, Barcelona, 2001.

—: *Collection des anciens alchemistes grecs*, 3 volúmenes. Georges Steinheil, París, 1887-1888.

Besant, A.: *Estudio sobre la conciencia: Una contribución a la ciencia de la psicología.* Editorial Teosófica, Valldoreix, Barcelona, 2008.

Biegel, R. A.: *Zur Astrognosie der alten Ägypter.* Dieterichsche Universitäts-Buckdruckerei, Gotinga, 1921.

Blavatsky, H. P.: *Isis sin velo: Clave de los misterios de la ciencia y teología antiguas y modernas.* Editorial Sirio, Málaga, 1988.

—: *La doctrina secreta: Síntesis de la ciencia, la religión y la filosofía.* Editorial Sirio, Málaga, 2000.

—: *Glosario teosófico.* Editorial Sirio, Málaga, 2023.

—: *Collected Writings, 1874-1891*, 15 volúmenes, ed. Boris de Zirkoff. Theosophical Publishing House, Wheaton, IL. 1966.

Bouché-Leclercq, A.: *L'astrologie grecque.* Ernest Leroux, París, 1899.

Bousset, W.: *Hauptprobleme der Gnosis.* Vandenhoeck & Ruprecht, Gotinga, 1907.

Brunner, C.: *Die Anima als Schicksalsproblem des Mannes.* Rascher Verlag, Zúrich, 1963.

Bundy, M. W.: *The Theory of Imagination in Classical and Medieval Thought.* University of Illinois Press, Urbana, 1927.

Cardano, G.: *Commentarium in Ptolemaeum de astrorum iudiciis*, en Gerolamo Cardano, *Opera omnia.* Charles Sponius, Lyons, 1663.

Carter, C. E. O.: *An Encyclopaedia of Psychological Astrology.* Theosophical Publishing House, Londres, 1924.

—: *The Astrological Aspects.* Theosophical Publishing House, Londres, 1930.

Coleman, W. E.: «The Sources of Madame Blavatsky's Writings», en V. S. Solovyoff, *A Modern Priestess of Isis,* apéndice C, pp. 353-366. Longmans, Green, Londres, 1895.

Cory, I. P.: *Ancient Fragments of the Phoenician, Chaldean, Egyptian, Tyrian, Carthaginian, Indian, Persian, and Other Writers; With an Introductory Dissertation; And an Inquiry into the Philosophy and Trinity of the Ancients.* William Pickering, Londres, 1832; reimpr. Reeves and Turner, Londres, 1876.

Creuzer, G. F.: *Symbolik und Mythologie der alten Völker, besonders der Griechen.* K. W. Leske, Leipzig, 1810-1812.

—: (ed.): *Plotini Enneades cum Marsilii Ficini Interpretatione Castigata; primum accedunt Porphyryii et Procli Institutiones et Prisciani Philosophi Solutiones.* Dübner, París, 1855.

Crowley, A.: *777 and Other Qabalistic Writings of Aleister Crowley*, ed. Israel Regardie. Ordo Templi Orientis, Londres, 1912; reimpr. Samuel Weiser, York Beach, ME. 1973. Versión en castellano: *777: vel prologonema symbolica ad systemam sceptico-mysticae viae explicandae.* Humanitas, Barcelona, 1989.

Cumont, F.: *Textes et monuments figurés relatifs aux mystères de Mythra.* H. Lamertin, Bruselas, 1896.

—: *Los misterios de Mithras y doce estudios más sobre la religión del Dios Invicto en el Imperio romano.* Signifer Libros, Madrid, Salamanca, 2017.

—: *Las religiones orientales y el paganismo romano: Conferencias pronunciadas en el Collège de France en 1905.* Akal, Torrejón de Ardoz, 1987.

D'Ailly, P.: *Tractatus de imagine mundi Petri Aliaco, et varia ejusdem auctoris, et Joannis Gersonis opuscula.* Johannes de Westphalia, Lovaina, 1483.

Damascio: *Dubitationes et solutiones de primis principiis in Platonis Parmenidem,* 2 volúmenes. Ruelle, París, 1889.

Delatte, L.: *Textes latins et vieux français relatifs aux Cyranides.* Droz, París, 1942.

De l'Aulnaye, F. H. S.: *L'histoire générale et particulière des religions et du cultes de tous les peuples du monde, tant anciens que modernes.* J. B. Fournier, París, 1791.

—: *Récapitulation de toute la maçonnerie, ou Description et explication de l'hiéroglyphe universal du maître des maîtres.* Publicación privada, París, 1812.

—: *Thuileur des trente-trois degrés de l'écossisme du rit ancien, dit accepté, auquel on a joint la rectification, l'interprétation et l'étymologie des mots sacrés, de passe, d'attouchement, de reconnaissance.* Publicación privada, París, 1813.

Deussen, P.: *Allgemeine Geschichte der Philosophie,* 2 volúmenes. F. A. Brockhaus, Leipzig, 1894.

Dieterich, A.: *Abraxas: Studien zur Religionsgechichte des spätern Alterums.* Teubner, Leipzig, 1891.

—: *Ein Mithrasliturgie.* Teubner, Leipzig, 1903.

Dionisio Areopagita: *Was mir das Jenseits mitteilteas Der mystische Weg und innere Doktor Johannes Fausts Magia naturalis et innaturalis, oder dreifacher Höllenzwang, letztes Testament und Siegelkunst.* Scheible, Stuttgart, 1849.

Drews, A. C.: *Plotin und der Untergang der antiken Weltanschaunng.* Diederichs, Jena, 1907.

—: *Die Christusmythe.* E. Diederichs, Jena, 1910.

Dupuis, C.: *Origine de tous les cultes, ou religion universelle.* H. Agasse, París, 1795.
—: *Planches de l'origine de tous les cultes.* H. Agasse, París, 1795.
Eisler, R.: *Weltenmantel und Himmelszelt: Religionsgeschichtliche Untersuchungen zur Urgeschichte des antiken Weltbildes,* 3 volúmenes. C. H. Beck, Múnich, 1910.
—: *Orpheus the Fisher: Comparative Studies in Orphic and Early Christian Cult Symbolism.* J. M. Watkins, Londres, 1921; publicado originalmente como una serie de artículos en *The Quest,* vol. 1:1, pp. 124-139 (1909); vol. 1:2, pp. 306-321 (1910); vol. 1:4, pp. 625-648 (1910).
—: *Orphisch-dionysische Mysteriengedanken in der christlichen Antike.* Teubner, Leipzig, 1925.
—: *L'origine babylonienne de l'alchimie: À propos de la découverte récente de recettes chimiques sur tablettes cunéiformes,* trad. R. Bouvier. La Renaissance du Livre, París, 1926.
—: «Pistis Sophia und Barbelo», *Angelos: Archiv für Neutestamentliche und Kulturkunde,* vol. 3:1-2, pp. 93-110 (1928).
—: «Nachleben dionysischer Mysterienriten?», *Archiv für Religionswissenschaft,* vol. 27, pp. 171-183 (1928).
—: *Man into Wolf: An Anthropological Interpretation of Sadism, Masochism, and Lycanthropy.* Routledge & Kegan Paul, Londres, 1951.
Epifanio: *Ausgewählte Schriften.* Josef Kösel, Múnich, 1919.
Festugière, A. J.: *La révélation d'Hermès Trismégiste,* 4 volúmenes. Bibliothèque des textes philosophiques, París, 1946-1954.
Ficino, M.: *Mercurii Trismegisti: Pimander sive de potestate et sapientia Dei.* Gerardus de Lisa, Treviso, 1471.
Flambart, P. [Paul Choisnard]: *Preuves et bases de l'astrologie scientifique.* Bibliothèque Chacornac, París, 1921.
Flamel, N.: *El libro de las figuras jeroglíficas.* Ediciones Obelisco, Barcelona, 1996.
Fliess, W.: *Der Ablauf des Lebens: Grundlegung zur Exakten Biologie.* F. Deuticke, Leipzig, 1906.
Fortune, D.: *El dios Pan.* Equipo Difusor del Libro, Villaviciosa de Odón, 2010.

—: «Types of Mind Working», en Dion Fortune y Gareth Knight, *An Introduction to Ritual Magic*, pp. 32-39. Thoth, Loughborough, 1997.

FRAZER, J.: *La rama dorada: Magia y religión*. Fondo de Cultura Económica, Madrid, 2014.

FREY-ROHN, L.: Interview with Gene Nameche, C. G. Jung Biographical Archive 1968-1973, Countway Library of Medicine, Harvard University, Interview 2, p. 25.

GERHARDT, O.: *Der Stern des Messias: das Geburts- und das Todesjahr Jesu Christi nach astronomischer Berechnung*. Deichert, Leipzig, 1922.

GINZBURG, C. D.: *The Kabbalah: Its Doctrines, Development, and Literature*. Longmans, Green, Londres, 1863.

HEINDEL, M.: *Concepto rosacruz del cosmos o ciencia oculta cristiana*. Luis Cárcamo Editor, Madrid, 1979.

—: *Los misterios rosacruces y el velo del destino*, 5.ª edición. Editorial Kier, Buenos Aires, 1977.

—: *El mensaje de las estrellas: Una exposición esotérica de astrología natal y médica explicando el arte de leer los horóscopos y diagnosticar las enfermedades*. Luis Cárcamo Editor, Madrid, 1979.

—: *Astrología científica simplificada*. Editorial Kier, Buenos Aires, 1975.

HENRY, P. y SCHWYZER, H. R. (eds.): *Plotini opera. Porphyrii vita Plotini; Enneades I-III*. Desclée de Brouwer, París, 1951.

—: *Plotini opera. Enneades IV-VI*. Desclée de Brouwer, París, 1959.

HIGGINS, G.: *Anacalypsis: An Attempt to Draw Aside the Veil of the Saitic Isis or an Inquiry into the Origin of Languages, Nations and Religions*, 2 volúmenes. Longman, Rees, Orme, Brown, Green, and Longman, Londres, 1836.

HINKLE, B.: «Jung's Libido Theory and the Bergsonian Philosophy», *New York Medical Journal*, vol. 30, pp. 1080-1086 (1914).

INGE, W. R.: *Christian Mysticism, Considered in Eight Lectures Delivered Before the University of Oxford*. Methuen, Londres, 1899.

IRENEO: *Irenaei episcopi lugdunensis contra omnes haereses*. Thomas Bennett, Oxford, 1702.

—: *Des heiligen Irenäus fünf Bücher gegen die Häresine*, trad. E. Klebba. Josef Kösel, Múnich, 1912.

JAMES, W.: «Frederic Myers's Service to Psychology», *Popular Science Monthly* (Agosto 1901), pp. 380-389.

—: *Variedades de la experiencia religiosa: Un estudio de la naturaleza humana*. Editorial Trotta, Madrid, 2017.

JANET, P.: *The Major Symptoms of Hysteria: Fifteen Lectures Given in the Medical School of Harvard University*. Macmillan, Nueva York, 1924.

KERN, O. (ed.): *Orphicorum fragmenta*. Weidmann, Berlín, 1922.

KHUNRATH, H.: *Von hylealischen, das ist, pri-materialischen catholischen, oder algemeinem natürlichen Chaos, der naturgemessen Alchymiae und Alchemisten*. Andreas Genen, Magdeburgo, 1597.

KING, C. W.: *The Gnostics and Their Remains: Ancient and Medieval*. Bell & Dalby, Londres, 1864.

KNORR VON ROSENROTH, C.: *Kabbala denudata, seu, Doctrina Hebraeorum transcendentalis et metaphysica atque theologica: opus antiquissimae philosophiae barbaricae . . . in quo, ante ipsam translationem libri . . . cui nomen Sohar tam veteris quam recentis, ejusque tikkunim . . . praemittitur apparatus [pars 1-4]*, 3 volúmenes. Abraham Lichtenthal, Sulzbach/Frankfurt, 1677-1684.

KRAFFT, K. E.: *Le premier traité d'astro-biologie*. Wyckmans, París, 1939.

KYRANIDES: *The Magick of Kirani, King of Persia and of Harpocration; Containing the Magical and Medicinal Vertues of Stones, Herbs, Fishes, Beasts and Birds*. Londres: n. p., 1685; reimpr. como *Kyranides: On the Occult Virtues of Plants, Animals, and Stones: Hermetic and Talismanic Magic*. Renaissance Astrology, Nueva York, 2010.

LEADBEATER, C. W.: *El hombre visible e invisible: Diferentes tipos de hombres vistos por un clarividente*. Humanitas, Barberá del Vallés, 1990.

LEO, A.: *Astrology for All, Part I: Individual and Personal Characteristics as Represented by the Sun and Moon*; *Part II, Casting the Horoscope*. Modern Astrology Office, Londres, 1899.

—: *Cómo se juzga una Natividad*. Edicomunicación, Barcelona, 1986.

—: *The Progressed Horoscope.* Modern Astrology Office, Londres, 1905.
—: *Horóscopo para todos.* Edicomunicación, Barcelona, 1987.
—: *The Key to Your Own Nativity.* Modern Astrology Office, Londres. 1910.
—: «The Age of Aquarius», *Modern Astrology,* vol. 8:7, p. 272 (1911).
—: *The Art of Synthesis.* Modern Astrology Office, Londres. 1912.
—: *Astrología esoterica.* Librería Argentina, Madrid, 2010.
—: *Mars: The War Lord.* Modern Astrology Office/L. N. Fowler, Londres, 1915.
—: *Saturn: The Reaper.* Modern Astrology Office, Londres, 1916.
—: *Diccionario de astrología.* RBA, Barcelona, 2003.
Leo, B.: *The Life and Work of Alan Leo, Theosophist – Astrologer – Mason.* Modern Astrology Office/N. L. Fowler, Londres, 1919.
Longfellow, H. W.: *El canto de Hiawatha.* José J. de Olañeta Editor, Palma de Mallorca, 1992.
Machen, A.: «The Novel of the White Powder», en Arthur Machen, *The Three Impostors,* pp. 95-111. John Lane, Londres, 1895.
Maier, M.: *Symbola aureae mensae duodecim nationum.* Julius Ägidius von Negelein, Frankfurt, 1617.
Mann, T.: *Doktor Faustus: Das Leben des deutschen Tonsetzers Adrian Leverkühn, erzählt von einem Freunde.* S. Fischer, Frankfurt, 1947.
Massey, G.: *The Natural Genesis, or Second Part of a Book of the Beginnings: Concerning an Attempt to Recover and Reconstitute the Lost Origins of the Myths and Mysteries, Types and Symbols, Religion and Language, with Egypt for the Mouthpiece and Africa as the Birthplace,* 2 volúmenes. Williams and Norgate, Londres, 1883.
—: *Gerald Massey's Lectures.* Publicación privada, Londres, 1887.
—: «The Hebrew and Other Creations, Fundamentally Explained», en *Gerald Massey's Lectures,* pp. 105-140. Publicación privada, Londres, 1887.
—: «The Historical Jesus and Mythical Christ», en *Gerald Massey's Lectures,* pp. 1-26. Publicación privada, Londres, 1887.
Mead, G.R.S.: «*Pistis-Sophia*», *Lucifer,* vol. 6, pp. 107-113, 230-39, 315-323, 392-401, 489-499 (Marzo, 1890–August, 1890); *Lucifer,* vol. 7, pp. 35-43, 139-147, 186-196, 285-295, 368-376, 456-463

(Septiembre 1890–Febrero 1891); *Lucifer,* vol. 8, pp. 39-47, 123-129, 201-204 (March, 1891–August, 1891).
—: *Orpheus.* Theosophical Publishing Society, Londres, 1896.
—: *Pistis Sophia: A Gnostic Miscellany: Being for the Most Part Extracts from the Book of the Saviour, to Which Are Added Excerpts from a Cognate Literature.* Theosophical Publishing Society, Londres, 1896.
—: «The Lives of the Later Platonists», *Lucifer,* vol. 18, pp. 185-200, 288-302, 368-380, 456-469 (Marzo–Agosto, 1896); *Lucifer,* vol. 19, pp. 16-32, 103-113, 186-195 (Septiembre, 1896–Febrero, 1897).
—: «Hermes the Thrice-Greatest According to Iamblichus an Initiate of the Egyptian Wisdom», *Theosophical Review,* vol. 25, pp. 9-19 (Septiembre, 1899–Febrero, 1900).
—: *Fragments of a Faith Forgotten: Some Short Sketches Among the Gnostics Mainly of the First Two Centuries.* Theosophical Publishing Society, Londres, 1906.
—: *Thrice-Greatest Hermes: Studies in Hellenistic Theosophy and Gnosis,* 3 volúmenes. Theosophical Publishing Society, Londres, 1906.
—: *Echoes from the Gnosis.* Theosophical Publishing Society, Londres, 1906-1908.
—: *A Mithraic Ritual,* Volume 6 of *Echoes from the Gnosis.* Theosophical Publishing Society, Londres, 1907.
—: *The Mysteries of Mithra*, Volume 5 of *Echoes from the Gnosis.* Theosophical Publishing Society, Londres, 1907.
—: *Los oráculos caldeos.* Ediciones Obelisco, Barcelona, 1998.
—: *The Doctrine of the Subtle Body in Western Tradition: An Outline of What the Philosophers Thought and Christians Taught on the Subject.* J. M. Watkins, Londres, 1919.
—: *«The Quest» – Old and New: A Retrospect and Prospect.* John M. Watkins, Londres, 1926.
Mercurii Trismegisti: *Pimandras utraque lingua restitutus, D. Francisci Flussatis Candellae industria.* Simon Millanges, Burdeos, 1574.
Meyrink, G.: *El golem.* Ediciones Abraxas, Barcelona, 2019.
—: *Das grüne Gesicht.* Kurt Wolff, Leipzig, 1916.
—: *Murciélagos.* Eneida, Madrid, 2015.
—: *La noche de Walpurga.* El Nadir, Valencia, 2012.

—: *El ángel de la ventana de occidente.* Editorial Sirio, Málaga, 1987.

Müller, F. M.: *Lectures on the Origin and Growth of Religions as Illustrated by the Religions of India.* Longmans, Green, Londres, 1878.

—: *Vorlesungen über den Ursprung und die Entwickelung der Religion.* Trübner, Estrasburgo, 1880.

—: *Theosophy: Or, Psychological Religion: The Gifford Lectures Delivered Before the University of Glasgow in 1892.* Longmans, Green, Londres, 1917.

Myers, F. H. W.: *Human Personality and Its Survival of Death.* Longmans, Londres, 1903.

Mylius, J. D.: *Philosophia reformata.* Luca Jennis, Frankfurt, 1622.

Nietzsche, F.: *Así habló Zaratustra:* EDIMAT, Arganda del Rey, 2006.

Paracelso: *Sâmtliche Werke: 1. Abt. Medizinische, naturwissenschaftliche und philosophische Schriften*, VIII, pp. 161-170, ed. Karl Sudhoff, 14 volúmenes. Munich y Berlín, 1922-1933,

—: *Liber de nymphis, sylphis, pygmaeis et salamandris et de caeteris spiritibus*, en *Sämtliche Werke*, 1:14.7, ed. K. Sudhoff y W. Matthiessen. Oldenbourg, Múnich, 1933. (Trad. española, *El libro de las Ninfas*, Ed. Obelisco, Barcelona, 2004.

Pearce, A. J.: *The Weather Guide-Book: A Concise Exposition of Astronomic-Meteorology.* Simpkin, Marshall, Londres, 1864.

—: *The Science of the Stars.* Simpkin, Marshall, Londres, 1881.

—: (ed.): *The Future: A Monthly Magazine of Predictive Sciences and Events of the Day* (1892-1894).

—: *Filón de Alejandría: Philonis Iudaei, scriptoris eloquentissimi, ac philosophi summi, lucubrationes omnes quotquot haberi potuerunt: cuius opera uterque est integritati restitutus.* Sigmund Gelen, Basilea, 1561.

—: *Opera quae supersunt*, 6 volúmenes, ed. L. Cohn y P. Wendland. Walter de Gruyter, Berlín, 1898-1915.

Quillard, P. (trad.): *Le livre de Jamblique sur les mystères.* Libraire de l'art indépendant, París, 1875.

Raphael: *The Key to Astrology, Containing a Complete System of Genethliacal Astrology.* W. Foulsham, Londres, 1896.

Regardie, I.: *El Árbol de la Vida: Un estudio sobre magia.* Luis Cárcamo, Madrid, 1988.

—: *La Aurora Dorada: Una relación de enseñanzas, ritos y ceremonias de la Orden de la Aurora Dorada (Golden Dawn).* Luis Cárcamo, Madrid, 1986.

—: *The Philosopher's Stone: A Modern Comparative Approach to Alchemy from the Psychological and Magical Points of View.* Rider, Londres, 1938.

Reitzenstein, R.: *Poimandres: ein paganisiertes Evangelium: Studien zur griechisch-äegtischen und frühchristlichen Literatur.* Teubner, Leipzig, 1904.

—: *Die hellenistiche Mysterienreligionen.* Teubner, Leipzig, 1910.

—: *Mysterionreligionen nach ihren Grundgedanken und Wirkungen.* Teubner, Leipzig, 1910.

—: *Das iranische Erlösungsmysterium; religionsgeschichtliche Untersuchungen.* A. Marcus and E. Weber, Bonn, 1921.

Rhine, J. B.: *Extra-Sensory Perception.* Boston Society for Psychic Research, Boston, MA. 1934.

—: *El nuevo mundo de la mente.* Paidós, Barcelona, 1982.

Rohde, E.: *Psique: El culto de las almas y la creencia en la inmortalidad entre los griegos*, 2 volúmenes. Summa, Madrid, 1942.

Roscher, W. H.: *Ausfürliches Lexikon der griechischen und römischen Mythologie Lexicon.* Teubner, Leipzig, 1884.

Rudhyar, D.: *The Rebirth of Hindu Music.* Theosophical Publishing House, Adyar, 1928.

—: *The Astrology of Personality: A Reinterpretation of Astrological Concepts and Ideals in Terms of Contemporary Psychology and Philosophy.* Lucis Trust, Nueva York, 1936.

—: *Astrological Timing: The Transition to the New Age.* Harper & Row, Nueva York, 1969.

—: *The Transition to the New Age.* Harper & Row, Londres, 1969.

—: *Planetarización de la conciencia.* Editorial Sirio, Málaga, 1987.

—: *The Astrology of America's Destiny: A Birth Chart for the United States of America.* Random House, Nueva York, 1974.

Ruland, M.: *Diccionario de alquimia.* MRA, Barcelona, 2001.

Saturn Gnosis: *Offizielles Publikations-Organ der deutschen Gross-Loge Fraternitas Saturni Orient Berlin*

SCHEIBLE, J. (ed.): *Das sechste und seibente Buch Mosis, das ist: Mosis magische Geisterkunst, das Geheimnis aller Geheimnisse. Sammt den verdeutschten Offenbarungen und Vorschriften wunderbarster Art der alten weisen Hebrer, aus den Mosaischen Buchern, der Kabbala und den Talmud zum leiblichen Wohl der Menschen.* Scheible, Stuttgart, 1849.

SCHMITZ, O. A. H.: *Geist der Astrologie.* Müller, Múnich, 1922.

SCHULTZ, W.: *Dokumente der Gnosis.* Diederichs, Jena, 1910.

SENECA, L. A.: *L. Annaei Senecae rhetoric opera, quae extant Integris Nicolai Fabri, Andr. Schotti, accuratissimo aucta.* Elsevier, Amsterdam, 1672.

—: *L. Annaei Senecae operum tomus secundus: in quo epistolae et quaestiones naturales.* Elsevier, Amsterdam, 1673.

SEPHARIAL: *Manual de astrología.* Humanitas, Barcelona, 1986.

—: *Directional Astrology: To Which Is Added a Discussion of Problematic Points and a Complete Set of Tables Necessary for the Calculation of Arcs of Direction.* Rider, Londres, 1921.

—: *How to Read the Crystal; or Crystal and Seer.* Foulsham, Londres, 1922.

—: *The Solar Epoch: A New Astrological Thesis.* Foulsham, Londres, 1925.

SILBERER, H.: *Probleme der Mystik und ihre Symbolik.* Hugo Deller, Viena, 1914. Versión en inglés: *Problems of Mysticism and Its Symbolism*, trad. E. Jelliffe Smith. Moffat, Yard, Nueva York, 1917; reimpr. bajo el título de *Hidden Symbolism of Alchemy and the Occult Arts.* Dover, Nueva York, 1971.

SMITH, E. M.: *The Zodia, or the Cherubim in the Bible and the Cherubim in the Sky.* Elliot Stock, Londres, 1906.

SMITH, G.: «The Chaldean Account of the Deluge», *Transactions of the Society of Biblical Archaeology,* vol. 1-2, pp. 213-34 (1872).

STAUDENMAIER, L.: *Die Magie als Experimentelle Narurwissenschaft (Magic as an Experimental Science).* Akademische Verlagsgesellschaft, Leipzig, 1912.

STEINER, R.: *Friedrich Nietzsche, un luchador contra su época.* Ed. Rudolf Steiner, Madrid, 2000.

—: *Das Mysterium des Bösen: Zehn Vorträge* (publicado póstumamente). Verlag Freies Geitesleben, Stuttgart, 1993.

STRAUSS, H. A.: *Psychologie und astrologische Symbolik: eine Einführung.* Rascher Verlag, Zúrich, 1953.

—: *Astrologie: Grundsätzliche Betrachtungen.* Kurt Wolff, Leipzig, 1977.

STRAUSS, H. A. y STRAUSS-KLÖBE, S.: *Die Astrologie des Johannes Kepler: Eine Auswahl aus seinen Schriften.* Oldenbourg, Munich, 1926.

STRAUSS-KLÖBE, S.: «Über die psychologische Bedeutung des astrologischen Symbols», en *Eranos Jahrbuch 1934, Band 2: Ostwestliche Symbolik und Seelenführung.* Rhein-Verlag, Zúrich, 1935.

—: *Kosmische Bedingtheit der Psyche: Kosmische Konstellation und seelische Disposition.* O. W. Barth, Oberbayern, 1968.

—: *Das kosmopsychische Phänomen: Geburtskonstellation und Psychodynamik.* Walter-Verlag, Friburgo, 1977.

—: *Theatrum chemicum, Praecipuous selectorum auctorum tractatus de Chemiae et Lapidis Philosophici Antiquitate*, 4 volúmenes. Estrasburgo, 1602-1613.

THIERENS, A. E.: *The General Book of the Tarot.* Rider, Londres, 1930.

—: *Elements of Esoteric Astrology: Being a Philosophical Deduction of Astrological Principles.* David McKay, Filadelfia, PA, 1931.

THORBURN, J. M.: «Mysticism and Art», *The Monist,* vol. 30:4, pp. 599-617 (1920).

—: «Analytical Psychology and the Concept of Individuality», *International Journal of Ethics,* vol. 35:2, pp. 125-139 (1925).

—: *Art and the Unconscious.* Kegan Paul, Trench, Trubner, Londres, 1925.

—: «Do the Gods Exist?», *Harvest,* vol. 6, pp. 72-87 (1959).

THORBURN, J. M, Hannay, A. H. y Leon P.: «Artistic Form and the Unconscious», *Proceedings of the Aristotelian Society,* vol. 13, pp. 119-158 (1934).

VON GOETHE, J. W.: *Fausto.* Edicións Laiovento, Santiago de Compostela, 2021.

—: *West-östlicher Divan.* Cotta, Stuttgart, 1819.

—: *Faust: Der Tragödie zweiter Teil.* J. G. Cotta, Stuttgart, 1828-1829.

Waite, A. E.: *The Real History of the Rosicrucians: Founded on Their Own Manifestoes, and on Facts and Documents Collected from the Writings of Initiated Brethren.* George Redway, Londres, 1887.

—: *Las claves del tarot: El tarot Rider-Waite.* Ediciones Obelisco, Barcelona, 2020.

—: *The Secret Doctrine of Israel: A Study of the Zohar and Its Connections.* William Rider & Son, Londres, 1912.

—: *La hermandad de la Rosa Cruz: De los archivos del hogar del Espíritu Santo en su historia externa e interna.* Humanitas, Barcelona, 1988.

—: *The Holy Kabbalah: A Study of the Secret Tradition in Israel.* Williams & Norgate, Londres, 1929.

White, W.: *Emanuel Swedenborg: His Life and Writings*, 2 volúmenes. Simpkin, Londres, 1867.

Wilhelm, R.: *Das Geheimnis der goldenen Blüte: Ein chinesisches Lebensbuch.* Dorn, Munich, 1929.

—: *El secreto de la flor de oro.* Paidós, Barcelona, 2009.

Yeats, W. B.: *The Second Coming* (1919), en W. B. Yeats, *The Collected Poems of William Butler Yeats*, p. 211. Macmillan, Londres, 1933.

—: *Una vision.* Ed. Siruela, Madrid, 1991.

—: *The Autobiography of William Butler Yeats.* Macmillan, New York, 1953

Fuentes primarias traducidas

Abraham von Worms: *The Book of the Sacred Magic of Abramelin the Mage*, trad. S. L. MacGregor Mathers. John M. Watkins, Londres, 1900.

—: *The Book of Abramelin*, ed. G. Dehn, trad. S. Guth. Nicolas-Hays, Lake Worth, FL, 2006.

—: *Esquilo*: *Los siete contra Tebas.* Ed. Gredos, Madrid, 2010.

Agrippa, H. C.: *Filosofía oculta, magia natural.* Alianza Editoria, Madrid, 1992.

—: *The Ante-Nicene Fathers*, ed. y trad. A. Roberts, J. Donaldson y A. C. Coxe, 10 volúmenes. Christian Literature Publishing, Buffalo, NY, 1885.

—: *Apocryphon of John*, trad. F. Wisse, en J. M. Robinson (ed.), *The Nag Hammadi Library in English*, pp. 98-116. Brill, Leiden, 1977.

Apuleyo: *El asno de oro*. Ariel, Barcelona, 2022.

Bachofen, J. J.: *Mitología arcaica y derecho materno*. Anthropos, Barcelona, 1988.

Betegh, G. (ed. y trad.): *The Derveni Papyrus: Cosmology, Theology, and Interpretation*. Cambridge University Press, Cambridge, 2004.

Betz, H. D. (ed. y trad.): *The Greek Magical Papyri in Translation*. University of Chicago Press, Chicago, 1986.

—: (ed. y trad.): *The «Mithras Liturgy»: Text, Translation and Commentary*. Mohr Siebeck, Tubinga, 2003.

Bonatti, G.: *Liber Astronomiae*, 4 volúmenes, ed. Robert Hand, trad. R. Zoller. Golden Hind Press, Berkeley Springs, WV, 1994-1996.

Charcot, J. M.: *Lecciones sobre las enfermedades del sistema nervioso: Dadas en la Salpêtrière*. Imp. de A. Pérez Dubrull, Madrid, 1882.

Cicerón, M. T.: «De divination», en *On Old Age, On Friendship, On Divination*, trad. W. A. Falconer. Harvard University Press, Cambridge, MA, 1970.

Clemente de Alejandría: «Stromata», en *St. Clement of Alexandria: Selected Works*, in *The Ante-Nicene Fathers: The Writings of the Fathers Down to A.D. 325*, ed. y trad. A. Roberts, J. Donaldson y A. C. Cox, vol. 2, pp. 299-568. Christian Literature Publishing, Buffalo, NY, 1885.

Copenhaver, B. P. (ed. y trad.): *Corpus hermeticum y Asclepio*. Ed. Siruela, Madrid, 2000.

Cumont, F.: *Los misterios de Mithras y doce estudios más sobre la religión del Dios Invicto en el Imperio romano*. Signifer Libros, Salamanca, 2017.

Demóstenes: *Sobre la corona*. Gredos, Madrid, 2011.

Dillon, J. (ed. y trad.): *Fragments of Iamblichus' Commentary on the Timaeus*. Brill, Leiden, 1973.

Eurípides: *Los Heráclidas*. Ediciones Clásicas, Madrid, 2001.

Fírmico Materno, J: *Ancient Astrology, Theory and Practice: The Mathesis of Firmicus Maternus*, trad. J. R. Bram. Noyes Press, Park Ridge, NJ, 1975.

Freud, S.: *La interpretación de los sueños*. Albor Libros, Madrid, 2019.

—: *Three Essays on the Theory of Sexuality and Other Works*, trad. J. Strachey, SE7. Hogarth Press/Institute of Psychoanalysis, Londres, 1953.

Freud, S. y Breuer, J.: *Studies on Hysteria*, SE2, trad. J. Strachey. Hogarth Press/Institute of Psychoanalysis, Londres, 1955.

Freud, S. y Jung, C. G.: *The Freud-Jung Letters*, ed. William McGuire, trad. R. Manheim y R. F. C. Hull. Hogarth Press/Routledge & Kegan Paul, Londres, 1977.

Frey-Rohn, L.: *From Freud to Jung: A Comparative Study of the Psychology of the Unconscious*, trad. F. E. Engreen y E. K. Engreen. Putnam, Nueva York, 1976; reimpr. Shambhala/Daimon Verlag, 1990.

Giménez Saurina, M. (trad.): *Bardo Thodol: El Libro Tibetano de los Muertos*. Ediciones Obelisco, Barcelona 2021.

Godwin, J.: *The Theosophical Enlightenment*. SUNY Press, Albany, 1994.

—: (trad.): *Hypnerotomachia Poliphili: The Strife of Love in a Dream*. Thames and Hudson, Londres, 1999.

—: *Gospel of Philip*, en M. R. James (ed. y trad.), *The Apocryphal New Testament: Being the Apocryphal Gospels, Acts, Epistles, and Apocalypses*, p. 12. Clarendon Press, Oxford, 1924.

—: *Gospel of Thomas*, NHC II.2.50, trad. H. Koester y T. O. Lambdin, en J McConkey Robinson y R. Smith (eds.), *The Nag Hammadi Library in English*, pp. 117-130. Brill, Leiden, 1977.

Giol, C. (trad.): *El Zohar*. Ediciones Obelisco, Barcelona, 2008.

Gregorio de Nisa: *Diálogo sobre el alma y la resurrección*. Apostolado Mariano, Sevilla, 1990.

Henoch, *El libro de,* Ediciones Obelisco, Rubí, 2018.

Herodoto: *Historias*. Rinoceronte, Cangas do Morrazo, 2020.

Hesíodo: *Teogonía y Trabajos y días*. RBA, Barcelona, 2008.

Homero: *La Ilíada*. La Magrana, Barcelona, 1996.

—: *La Odisea*. Espasa Calpe, Pozuelo de Alarcón, 2007.

Jámblico: *La vida pitagórica*. Institut Cambó, Alpha, Barcelona, 2015.

—: *Sobre los misterios egipcios*. Gredos, Madrid, 1997.

—: *Iamblichus of Chalcis: The Letters*, trad. J. M. Dillon y W. Polleichtner. Scholars Press, Atlanta, GA, 2009.

Ibn Ezra, A.: *The Book of the World*, trad. S. Sela. Brill, Leiden, 2010.

IGNACIO DE LOYOLA: *Ejercicios espirituales.* San Pablo, Madrid, 2011.

J. K. [Julius Kohn] (ed. y trad.): *Splendor Solis: Alchemical Treatises of Solomon Trismosin, Adept and Teacher of Paracelsus.* Kegan Paul, Trench, Trubner, Londres, 1920.

JENOFONTE: *Recuerdos de Sócrates.* RBA, Barcelona, 2015.

KAHN, C. H. (trad.): *The Art and Thought of Heraclitus: An Edition of the Fragments with Translation and Commentary.* Cambridge University Press, Cambridge, 1981.

KANT, E.: *Crítica de la razón práctica.* Tecnos, Madrid, 2017.

KARR, D. (ed. y trad.): *Liber Salomonis: Cephar Raziel, British Library Sloane MS 3826:2r-57r* (2007-2010), disponible en <www.digital-brilliance.com/kab/karr/Solomon/LibSal.pdf>

KERÉNYI, K.: 'Kore', en C. G. Jung y Carl Kerényi, *Essays on a Science of Mythology: The Myth of the Divine Child and the Mysteries of Eleusis,* trad. R. F. C. Hull, pp. 101-155. Princeton University Press, Princeton, NJ, 1969.

LEWY, H. (ed. and trans.), *Chaldaean Oracles and Theurgy: Mysticism, Magic, and Platonism in the Later Roman Empire.* Institut d'Études Augustiniennes, París, 2011 [1956].

MACROBIO: *Saturnales.* Akal, Tres Cantos, 2009.

—: *Comentarios al Sueño de Escipión.* Ed. Siruela, Madrid, 2005.

MARCO AURELIO: *Meditaciones.* Alma, Barcelona, 2021

MARSANES, NHC X.5.24-26, trad. B. A. Pearson, en J. McConkey Robinson (ed.), *The Nag Hammadi Library in English,* pp. 417-426. Brill, Leiden, 1977.

MASSON, J. M. (ed y trad.): *The Complete Letters of Sigmund Freud to Wilhelm Fliess, 1887-1904.* Harvard University Press, Cambridge, MA, 1985.

PETERSON, J. (ed. y trad.): *The Sixth and Seventh Books of Moses: Or, Moses' Magical Spirit Art Known as the Wonderful Arts of the Old Wise Hebrews, Taken from the Mosaic Books of the Kabbalah and the Talmud, for the Good of Mankind.* Ibis Press, Lake Worth, FL, 2008.

PICHÉ, D. (ed. y trad.): *La condamnation parisienne de 1277.* Vrin, París, 1999.

PLATÓN: *Plato in Twelve Volumes,* trad. W. R. M. Lamb. William Heinemann, Londres, 1925.

—: *Diálogos de Platón*. Xuntanza, Laracha, 2021.

Plotino: *The Enneads*, trad. Stephen MacKenna, 6 volúmenes. Medici Society, Londres, 1917-1930; reimpr.: Faber & Faber, Londres, 1956.

—: *Enéadas,* 3 volúmenes. Gredos, Madrid, 2002.

Plutarco *On the Daimonion of Socrates: Human Liberation, Divine Guidance and Philosophy*, ed. Heinz-Günther Nesselrath, trad. D. Russell, G. Cawkwell, W. Deuse, J. Dillon, H. G. Nesselrath, R. Parker, C. Pelling y S. Schröder. Mohr Siebeck, Tubinga, 2010.

Porfirio: *De antro nympharum*, trad. Thomas Taylor, en Thomas Taylor (ed. y trad.), *Select Works of Porphyry; Containing His Four Books on Abstinence from Animal Food; His Treatise on the Homeric Cave of the Nymphs; and His Auxiliaries to the Perception of Intelligible Natures.* Thomas Rodd, Londres, 1823.

—: *Introduction to the Tetrabiblos*, in *Porphyry the Philosopher, Introduction to the Tetrabiblos, and Serapio of Alexandria, Astrological Definitions*, trad. James Holden. American Federation of Astrologers, Tempe, AZ, 2009.

Posidonio: *The Fragments*, 2 volúmenes, ed. y trad. L. Edelstein e I. G. Kidd. Cambridge University Press, Cambridge, 1972.

Proclo: *On the Sacred Art and On the Signs of Divine Possession*, ed. Stephen Ronan, trad. T. Taylor y A. Wilder. Chthonios Books, Londres, 1989.

—: *Commentary on Plato's Timaeus*, ed. y trad. H. Tarrant. Cambridge University Press, Cambridge, 2007.

—: *Commentary on Plato's Timaeus*, trad. D. Baltzly. Cambridge University Press, Cambridge, 2010.

Ptolomeo: *Tetrabiblos*. D. Santos, Zamora, 2008.

Reitzenstein, R.: *Hellenistic Mystery-Religions: Their Basic Ideas and Significance*, trad. J. E. Steely. Pickwick Press, Pittsburgh, PA, 1978.

Ronan, S. (ed.): Taylor, T. and Wilder, A (trad.): *Porphyry's Letter to Anebo and Iamblichus' On the Mysteries.* Chthonios Books, Hastings, 1989.

Ruíz Bueno, Daniel: Orígenes: *Contra Celso*. Biblioteca de Autores Cristianos, Madrid, 1969.

Ruland, M.: *Diccionario de alquimia*. MRA, Barcelona, 2001.

Savedow, S. (ed. y trad.): *Sepher Rezial Hemelach: The Book of the Angel Rezial.* Samuel Weiser, York Beach, ME, 2000.

Schopenhauer, A.: *Sobre la libertad de la voluntad.* Alianza Editorial, Madrid, 2012.

Scott, W. (ed. y trad.): *Hermetica: The Ancient Greek and Latin Writings Which Contain Religious or Philosophic Teachings Ascribed to Hermes Trismegistus*, 4 volúmenes. Clarendon Press, Oxford, 1924-1936.

Sperling, H. y Simon, M. (trad.): *The Zohar*, 5 volúmenes (Soncino Press, Londres, 1931-1934.

Steiner, R.: *Cómo se adquiere el conocimiento de los mundos superiores.* Biblok, Barcelona, 2014.

—: *La ciencia oculta: Un bosquejo.* Ed. Rudolf Steiner, Madrid, 2000.

—: *Friedrich Nietzsche, un luchador contra su época.* Ed. Rudolf Steiner, Madrid, 2000.

—: *The Reappearance of Christ in the Etheric.* Anthroposophic Press, Spring Valley, NY, 1983.

—: *Evil: Selected Lectures*, ed. y trad. Michael Kalisch. Rudolf Steiner Press, Forest Row, 1997.

—: *The Secret Stream: Christian Rosenkreutz and Rosicrucianism: Selected Lectures and Writings.* Anthroposophic Press, Great Barrington, MA, 2000.

Taylor, T. (trad.): *Ocellus Lucanus, on the Nature of the Universe; Taurus, the Platonic Philosopher, on the Eternity of the World; Julius Firmicus Maternus, of the Thema Mundi; Select Theorems on the Perpetuity of Time, by Proclus.* John Bohn, Londres, 1831.

—: *The Hymns of Orpheus: Translated from the Original Greek, With a Preliminary Dissertation on the Life and Theology of Orpheus.* T. Payne, Londres, 1792; reimpr. *The Mystical Hymns of Orpheus.* B. Dobell, Londres, 1896; reimpr. *The Mystical Hymns of Orpheus.* Robert Triphoon, Londres, 1824; reimpr. *Hymns and Initiations.* Prometheus Trust, Frome, 1994.

Tomás de Aquino: *Suma contra los gentiles.* RBA, Barcelona, 2003.

Trimorphic Protennoia (NHC XIII.1), trad. J. D. Turner, en J. McConkey Robinson (ed.), *The Nag Hammadi Library in English*, pp. 461-470. Brill, Leiden, 1977.

VECIO VALENTE: *The Anthology*, trad. R. Schmidt. Golden Hind Press, Berkeley Springs, WV, 1993-1996.

VON GOETHE, J. W.: *West-Eastern Divan*, trad. E. Dowden. J. M. Dent, Londres, 1914.

VON HARDENBERG, F. [Novalis]: *Enrique de Ofterdingen*. Ed. Bruguera, Barcelona, 1983.

WALKER, A. (trad.): *Apocryphal Gospels, Acts, and Revelations*. T&T Clark, Edimburgo, 1911.

WEST, M. L. (ed. y trad.): *The Orphic Poems*. Oxford University Press, Oxford, 1983.

WILHELM, R. (trad.): *I Ching: El libro de las mutaciones*. Edhasa, Barcelona, 2008.

ZOLLER, R. (trad.): *Liber Hermetis: Book of Hermes*, 2 volúmenes. Golden Hind Press, 2000.

Fuentes secundarias

ADDEY, C.: «Oracles, Dreams, and Astrology in Iamblichus' *De mysteriis*», en P. Curry y A. Voss (eds.), *Seeing with Different Eyes: Essays in Astrology and Divination*, pp. 35-58. Cambridge Scholars Press, Newcastle, 2007.

—: «Oracles, Religious Practices, and Philosophy in Late Neoplatonism», *Practical Philosophy*, vol. 8:2, pp. 31-35 (2007), disponible en <www.practical-philosophy.org.uk>

—: «Divine Possession and Divination in the Graeco-Roman World: The Evidence from Iamblichus' *On the Mysteries*», en B. E. Schmidt y L. Huskinson (eds.), *Spirit Possession and Trance: New Interdisciplinary Perspectives*, pp. 171-181. Continuum, Londres, 2010.

—: «In the Light of the Sphere: The "Vehicle of the Soul" and Subtle-Body Practices in Neoplatonism», en G. Samuel y J. Johnston (eds.), *Religion and the Subtle Body in Asia and the West*, pp. 149-167. Routledge, Londres, 2013.

ADDISON, A.: «Jung, Vitalism, and "the Psychoid": An Historical Reconstruction», *Journal of Analytical Psychology*, vol. 54, pp. 123-142 (2009).

ALLEN, J.: *Inference from Signs: Ancient Debates About the Nature of Evidence.* Oxford University Press, Oxford, 2001.

ALLEN, M. J. B, REES, V. y DAVIES, M. (eds.): *Marsilio Ficino: His Theology, His Philosophy, His Legacy.* Brill, Leiden, 2002.

ALTMANN, A.: «Myth and Symbol», *Philosophy,* vol. 20:76, pp. 162-171 (1945).

ANDRESEN, J. (ed.): *Religion in Mind: Cognitive Perspectives on Religious Belief, Ritual, and Experience.* Cambridge University Press, Cambridge, 2001.

ARMSTRONG, A. H.: «Was Plotinus a Magician?» *Phronesis,* vol. 1:1, pp. 73-79 (1955).

—: (ed.): *Later Greek and Early Medieval Philosophy.* Cambridge University Press, Cambridge, 1967.

ARROYO, S.: *Astrología, psicología y los 4 elementos.* Editorial Kier España, 2022.

AYTHOS: *Die Fraternitas Saturni: Eine saturn-magische Loge.* ARW, Munich, 1979.

BAIN, D.: «Μελαντις γη in the *Cyranides* and Related Texts: New Evidence for the Origins and Etymology of Alchemy», en T. Klutz (ed.), *Magic in the Biblical World: From the Rod of Aaron to the Ring of Solomon*, pp. 191-213. T&T Clark, Edimburgo, 2003.

BAINBRIDGE, W. S.: *The Sociology of Religious Movements.* Routledge, Londres, 1997.

BARBAULT, A.: *De la psychanalyse à l'Astrologie.* Seuil, París, 1961.

—: *From Psychoanalysis to Astrology: The Bridge Between the Soul and the Cosmos.* Hugendubel, Munich, 1991.

—: «L'astrologia, psicologia del profondo dell'antichità», *Ricerca '90,* vol. 48, pp. 105-113 (2001).

BARKER, E. y WARBURG M. (eds.): *New Religions and New Religiosity.* Aarhus University Press, Aarhus, 1998.

BARNARD, G. W.: «Diving into the Depths: Reflections on Psychology as a Religion», en D. Jonte-Pace y W. B. Parsons (eds.), *Religion and Psychology: Mapping the Terrain*, pp. 297-318. Routledge, Londres, 2001.

BARTON, T.: *Ancient Astrology.* Routledge, Londres, 1994.

BAUMLIN, J. S.: «Reading/Misreading Jung: Post-Jungian Theory», *College Literature,* vol. 32:1, pp. 177-186 (2005).

BECK, R.: *Planetary Gods and Planetary Orders in the Mysteries of Mithras.* Brill, Leiden, 1988.

—: *The Religion of the Mithras Cult in the Roman Empire: Mysteries of the Unconquered Sun.* Oxford University Press, Oxford, 2006.

BECKER, K. L.: *Unlikely Companions: C. G. Jung and the «Spiritual Exercises» of Ignatius of Loyola: An Exposition and Critique Based on Jung's Lectures and Writings.* Gracewing/Inigo, Leominster, 2001.

BEEBE, J.: «Can There Be a Science of the Symbolic?», en K. Bulkeley y C. Weldon (eds.), *Teaching Jung,* pp. 255-268. Oxford University Press, Oxford, 2011.

BELL, L.: *Cycles of Light: Exploring the Mysteries of Solar Returns.* CPA Press, Londres, 2005.

BENNETT, A.: *The History Boys.* Faber & Faber, Londres, 2004.

BENZ, E.: *Mística y romanticismo: Las fuentes místicas del romanticismo alemán.* Ed. Siruela, Madrid, 2016.

BERCHMAN, R. M. y FINAMORE J. F. (eds.): *History of Platonism: Plato Redivivus.* University Press of the South, Nueva Orleans, LA, 2005.

BERNABÉ, A. y JIMÉNEZ SAN CRISTÓBAL, A. I.: *Instrucciones para el más allá: Las laminillas órficas de oro.* Clásicas, Madrid, 2001.

BERNARDINI, R.: *Jung a Eranos.* FrancoAngeli, Milán, 2011.

BESTERMAN, T.: *Crystal-Gazing.* Rider, Londres, 1924.

BETZ, H. D.: «Hermetism and Gnosticism: The Question of the "Poimandres"», en S. Giversen, T. Petersen y P. Sørensen, *The Nag Hammadi Texts in the History of Religions,* pp. 84-94. Royal Danish Academy of Sciences and Letters, Copenhague, 2002.

BIKERMAN, E.: «The Orphic Blessing», *Journal of the Warburg Institute,* vol. 2:4, pp. 370-171 (1939).

BISHOP, P.: «Thomas Mann and C. G. Jung», en P. Bishop (ed.), *Jung in Contexts: A Reader,* pp. 154-188. Routledge, Londres, 1999.

—: *Analytical Psychology and German Classical Aesthetics: Goethe, Schiller, and Jung.* Routledge, Londres, 2009.

—: (ed.): *Jung in Contexts: A Reader.* Routledge, Londres, 1999.

Black, S.: «The Stephen Black Interviews», en W. McGuire y R.F.C. Hull (eds.), *Jung Speaking.* Princeton University Press, Princeton, NJ, 1977.

Black, S.: «CAT, Jung and Neuroscience» (2011) disponible en <www.acat.me.uk/page/acat+newsletter+4+december+2011>

Bloomfield, M. W.: *The Seven Deadly Sins.* Michigan State College Press, East Lansing, 1952.

Blumenthal, H. J. y Markus, R. A. (eds.): *Neoplatonism and Early Christian Thought.* Ashgate, Farnham, 1981.

Bok, B. J. y Mayall, M. W.: «Scientists Look at Astrology», *Scientific Monthly,* vol. 52:3, pp. 233-244 (1941).

Bonazzi, M. y Helmig, C. (eds.): *Platonic Stoicism, Stoic Platonism: The Dialogue Between Platonism and Stoicism in Antiquity.* Leuven University Press, Leuven, 2007.

Brain, P.: *Galen on Bloodletting: A Study of the Origins, Development, and Validity of His Opinions, with a Translation of the Three Works.* Cambridge University Press, Cambridge, 1986.

Brainard, F. S.: «Defining "Mystical Experience"», *Journal of the American Academy of Religion,* vol. 64:2, pp. 359-393 (1996).

Bremmer, J. N. y Veenstra, J. R. (eds.): *The Metamorphosis of Magic: From Late Antiquity to the Early Modern Period.* Peeters, Leuven, 2002.

Brenner, E. M.: «Gnosticism and Psychology: Jung's *Septem Sermones ad Mortuos*», *Journal of Analytical Psychology,* vol. 35, pp. 397-419 (1990).

Brodie-Innes, J. W, *et al.*: *Astrology of the Golden Dawn*, ed. D. Küntz. Holmes Pubishing Group, Sequim, WA, 1996.

Brooke, R.: «Jung in the Academy: A Response to David Tacey», *Journal of Analytical Psychology,* vol. 42:2, pp. 285-296 (1997).

Budiansky, S.: *La naturaleza de los gatos.* Paidós, Barcelona, 2003.

Bulkeley, K. y Weldon, C. (eds.): *Teaching Jung.* Oxford University Press, Oxford, 2011.

Burckhardt, J.: *La cultura del Renacimiento en Italia.* Akal, Tres Cantos, 2004.

Burnet, J.: *Early Greek Philosophy.* A&C Black, Londres, 1920.

Burrow, J.: *A History of Histories: Epics, Chronicles, Romances and Inquiries from Herodotus and Thucydides to the Twentieth Century.* Penguin, Londres, 2009.

Butler, A. C., Chapman, J. E., Forman, E. M. and Beck, A. T.: «The Empirical Status of Cognitive-Behavioural Therapy: A Review of Meta-Analyses», *Clinical Psychology Review,* vol. 26:1, pp. 17-31 (2006).

Callahan, J. F.: «Greek Philosophy and the Cappadocian Cosmology», *Dumbarton Oaks Papers,* vol. 12 (1958).

Campbell, B. F.: *Ancient Wisdom Revived: A History of the Theosophical Movement.* University of California Press, Berkeley, 1980.

Campion, N.: «Sigmund Freud's Investigation of Astrology», *Culture and Cosmos,* vol. 2:1, pp. 49-53 (1998).

—: *What Do Astrologers Believe?* Granta, Londres, 2006.

—: *A History of Western Astrology, vol. 2: The Medieval and Modern Worlds.* Continuum, Londres, 2009.

—: *Astrology and Cosmology in the World's Religions.* NYU Press, Nueva York, 2012.

—: *Astrology and Popular Religion in the Modern West: Prophecy, Cosmology and the New Age Movement.* Ashgate, Farnham, 2012.

—: «Is Astrology a Symbolic Language?», en N. Campion y L. Greene (eds.), *Sky and Symbol,* pp. 9-46. Sophia Centre Press, Lampeter, 2013.

Campion, N. y Curry P. (eds.): *Sky and Psyche: The Relationship Between Cosmos and Consciousness.* Floris Books, Edimburgo, 2005.

Campion, N. y Greene L. (eds.), *Astrologies: Plurality and Diversity.* Sophia Centre Press, Lampeter, 2011.

—: *Sky and Symbol.* Sophia Centre Press, Lampeter, 2013.

Campion, N. y Kollerstrom, N. (eds.): *Galileo's Astrology: Culture and Cosmos* 7:1 2003.

Carducci, B. J.: *The Psychology of Personality: Viewpoints, Research, and Applications.* John Wiley & Sons, Chichester, 2009.

«Carl Jung's "Red Book": The Astrology Behind the Publication of Jung's Most Personal Work» (2009), disponible en <https://heavenlytruth.typepad.com/heavenly-truth/2009/09/carl-jungs-red-book-

the-astrology-behind-the-publication-of-jungs-most-personal-work.html>.

Casement, A.: *Carl Gustav Jung.* Sage, Londres, 2001.

Chapman, G., Cleese, J., Idle, E., Jones, T., Palin, M. y Gilliam, T.: «The All-England Summarize Proust Competition», *BBC,* 16 de noviembre de 1972. Episodio 5 de la 3.ª Temporada de *Monty Python's Flying Circus.*

Charet, F. X.: *Spiritualism and the Foundations of C. G. Jung's Psychology.* SUNY Press, Albany, 1993.

Childs, G.: *Rudolf Steiner: His Life and Work.* Anthroposophic Press, Hudson, NY, 1996.

Chodorow, J. (ed.), *Jung on Active Imagination.* Princeton University Press, Princeton, NJ, 1997.

Clymer, R. S.: *The Rosy Cross, Its Teachings.* Beverly Hall, Quakertown, PA, 1965.

Collins, B.: «Wisdom in Jung's Answer to Job», *Biblical Theology Bulletin,* vol. 21, pp. 97-101 (1991).

Cooperman, B. D. (ed.), *Jewish Thought in the Sixteenth Century.* Harvard University Press, Cambridge, MA, 1983.

Corbin, H.: *Avicena y el relato visionario.* Paidós Ibérica, Barcelona, 1995.

—: «Mundus Imaginalis, or, the Imaginary and the Imaginal», trad. R. Horine, *Cahiers internationaux de symbolisme,* vol. 6, pp. 3-26 (1964).

Couliano, I. P.: «The Angels of the Nations and the Origins of Gnostic Dualism», en R. van den Broek y M. J. Vermaseren (eds.), *Studies in Gnosticism and Hellenistic Religions*, pp. 78-91. Brill, Leiden, 1981.

—: *Psychanodia I: A Survey of the Evidence Concerning the Ascension of the Soul and Its Relevance.* Brill, Leiden, 1983.

—: *Eros and Magic in the Renaissance*, trad. Margaret Cook. University of Chicago Press, Chicago, 1987.

Crane, J.: *Astrological Roots: The Hellenistic Legacy.* Wessex Astrologer, Bournemouth, 2007.

Curry, P.: *A Confusion of Prophets: Victorian and Edwardian Astrology.* Collins & Brown, Londres, 1992.

—: «Astrology», en Kelly Boyd (ed.), *The Encyclopedia of Historians and Historican Writing*, pp. 55-57. Fitzroy Dearborn, Londres, 1999.

—: «The Historiography of Astrology: A Diagnosis and a Prescription», en G. Oestmann, H. D. Rutkin (eds.) y K. von Stuckrad, *Horoscopes and Public Spheres: Essays on the History of Astrology*, pp. 261-274. Walter de Gruyter, Berlín, 2005.

Curry, P. y Voss, A. (eds.): *Seeing with Different Eyes: Essays in Astrology and Divination.* Cambridge Scholars Press, Newcastle, 2007.

Cutner, H.: *Jesus: God, Man, or Myth? An Examination of the Evidence.* Truth Seeker, Nueva York, 1950.

Dan, J. (ed.): *The Christian Kabbalah: Jewish Mystical Books and Their Christian Interpreters.* Harvard University Press, Cambridge, MA, 1997.

—: «Book of Raziel», *Encyclopaedia Judaica,* vol. 13, pp. 1591-1593 (2007).

Daunton, M. y Rieger, B (eds.): *Meanings of Modernity: Britain from the Late-Victorian Era to World War II.* Berg, Oxford, 2001.

Davies, C. A.: *Reflexive Ethnography: A Guide to Researching Selves and Others.* Routledge, Londres, 1999.

Davies, O.: *Magic: A Very Short Introduction.* Oxford University Press, Oxford, 2012.

Dawson, T.: «Jung, Literature, and Literary Criticism», en P. Young-Eisendrath y T. Dawson (eds.), *The Cambridge Companion to Jung*, pp. 255-280. Cambridge University Press, Cambridge, 1997.

De Mijolla, A. (ed.): *Diccionario Akal internacional de psicoanálisis.* Akal, Tres Cantos, 2007.

Dillon, J. M.: *The Middle Platonists.* Cornell University Press, Ithaca, NY, 1997.

—: «Iamblichus' Defence of Theurgy: Some Reflections», *International Journal of the Platonic Tradition,* vol. 1, pp. 30-41 (2007).

Dodds, E. R.: «Theurgy and Its Relationship to Neoplatonism», *Journal of Roman Studies,* vol. 37:1-2, pp. 55-69 (1947).

—: *Los griegos y lo irracional.* Alianza Editorial, Madrid, 2019.

—: «The Astral Body in Neoplatonism», en Proclo, *The Elements of Theology: A Revised Text with Translation, Introduction, and Com-*

mentary, trad. E. R. Dodds, pp. 313-321. Clarendon Press, Oxford 1963.

DOURLEY, J. P.: *The Intellectual Autobiography of a Jungian Theologian.* Edwin Mellen Press, Lampeter, 2006.

DRONKE, P. (ed.): *A History of Twelfth-Century Western Philosophy.* Cambridge University Press, Cambridge, 1992.

DURAND, G.: «Exploration of the Imaginal», en Benjamin Sells (ed.), *Working with Images: The Theoretical Base of Archetypal Psychology*, pp. 53-68. Spring, Woodstock, CT, 2000.

DYKES, B. N.: *Traditional Astrology for Today: An Introduction.* Cazimi Press, St. Paul, MN, 2011.

EAGLETON, T.: *Literary Theory: An Introduction.* Blackwell, Londres, 1996.

EDIGHOFFER, R.: «Rosicrucianism: From the Seventeenth to the Twentieth Century», en A. Faivre y J. Needleman (eds.), *Modern Esoteric Spirituality*, pp. 186-209. Crossroad, Nueva York, 1992.

EDINGER, E. F.: *Ego y arquetipos: Una ventana a los símbolos de transformación.* Sirena de los Vientos, Madrid, 2018.

EDWARDS, M. J.: «Gnostic Eros and Orphic Themes», *Zeitschrift für Papyrologie und Epigraphik,* vol. 88, pp. 25-40 (1991).

ELIADE, M.: *The Forge and the Crucible: The Origins and Structures of Alchemy.* University of Chicago Press, Chicago. 1956.

ELLENBERGER, H. F.: *El descubrimiento del inconsciente.* Gredos, Madrid, 1976.

EVANS, R. J. W. y MARR, A. (eds.): *Curiosity and Wonder from the Renaissance to the Enlightenment.* Ashgate, Farnham 2006.

EYSENCK, H. J. y NIAS, D. K. B.: *Astrology: Science or Superstition?* St. Martin's Press, Nueva York, 1982.

FAIVRE, A. y HANEGRAAFF, W. J. (eds.): *Western Esotericism and the Science of Religion.* Peeters, Leuven, 1998.

FAIVRE, A. y NEEDLEMAN, J. (eds.): *Espiritualidad de los movimientos esotéricos modernos.* Paidós Ibérica, Barcelona, 2000.

FAIVRE, A. y VOSS, K. C.: «Western Esotericism and the Science of Religion», *Numen,* vol. 42:1, pp. 48-77 (1995).

FANGER, C. (ed.): *Invoking Angels: Theurgic Ideas and Practices, Thirteenth to Sixteenth Centuries.* Penn State University Press, University Park, 2012.

FARACOVI, O. P.: *Gli oroscopi di Cristo.* Marsilio Editori, Venecia, 1999.

FARAONE, C. y OBBINK, D. (eds.): *Magika Hiera: Ancient Greek Magic and Religion.* Oxford University Press, Oxford, 1991.

FARNELL, K.: «A Brief Biography of Alan Leo» (2006), disponible en <www.skyscript.co.uk/Alan_Leo.html>

—: *Flirting with the Zodiac.* Wessex Astrologer, Bournemouth, 2007.

—: «Seven Faces of Raphael», disponible en <www.skyscript.co.uk/raphael.html>

—: «That Terrible Iconoclast: A Brief Biography of Sepharial», disponible en <www.skyscript.co.uk/sepharial.html>

FIDELER, D.: *Jesus Christ, Sun of God: Ancient Cosmology and Early Christian Symbolism.* Quest Books/Theosophical Publishing House, Wheaton, IL, 1993.

FIELDS, S. y JOHNSTON, M.: *Genetic Twists of Fate.* MIT Press, Cambridge, MA, 2010.

FINAMORE, J. F.: *Iamblichus and the Theory of the Vehicle of the Soul.* Scholars Press, Chico, CA, 1994.

FLOWERS, S. E.: *The Fraternitas Saturni or Brotherhood of Saturn: An Introduction to Its History Philosophy and Rituals.* Rûna-Raven Press, Smithville, TX, 2006 [1990].

FODOR, N.: *Freud, Jung and Occultism.* University Books, New Hyde Park, NY, 1971.

FORSHAW, P.: «Curious Knowledge and Wonder-Working Wisdom in the Occult Works of Heinrich Khunrath», en R.J.W. Evans and A. Marr (eds.), *Curiosity and Wonder from the Renaissance to the Enlightenment*, pp. 107-130. Ashgate, Farnham 2006.

FOSTER, M. L.: «Symbolism: The Foundation of Culture», en T. Ingold (ed.), *The Companion Encyclopedia of Anthropology*, pp. 366-395. Routledge, Londres, 1994.

FOWDEN, G.: *The Egyptian Hermes: A Historical Approach to the Late Pagan Mind.* Princeton University Press, Princeton, NJ, 1993.

FRATER V. D., *Die Fraternitas Saturni heute.* Verlag Ralph Tegtmeier Nachf, Büllingen, 1994.

GERSH, S.: *From Iamblichus to Eriugena.* Brill, Leiden, 1978.

GERSON, L. P.: *The Cambridge Companion to Plotinus.* Cambridge University Press, Cambridge, 1996.

GERSON, L. P. (ed.): *The Cambridge History of Philosophy in Late Antiquity*, 2 volúmenes. Cambridge University Press, Cambridge, 2010.

GILBERT, R. A.: *A. E. Waite: Magician of Many Parts.* Crucible, Wellingborough, 1987.

—: *The Golden Dawn Scrapbook: The Rise and Fall of a Magical Order.* Quantum, Slough, 1997.

GIVERSEN, S., Petersen, T. y Sørensen, P. (eds.), *The Nag Hammadi Texts in the History of Religions*, pp. 84-94. Royal Danish Academy of Sciences and Letters, Copenhague, 2002.

GODWIN, J.: *The Theosophical Enlightenment.* SUNY Press, Albany, 1994.

GOMBRICH, E. H., «Icones Symbolicae: The Visual Image in Neo-Platonic Thjought», *Journal of the Warburg and Courtauld Institutes,* vol. 11, pp. 163-192 (1948).

GOODMAN, L. E. (ed.): *Neoplatonism and Jewish Thought.* SUNY Press, Albany, 1992.

GOODRICK-CLARKE, C. y Goodrick-Clarke, N.: *G.R.S. Mead and the Gnostic Quest* (Berkeley, CA: North Atlantic Books, 2005)

GOODRICK-CLARKE, N.: *The Occult Roots of Nazism.* Tauris Parke, Londres, 2004.

GRAF-NOLD, A.: «C. G. Jung's Position at the Swiss Federal Institute of Technology Zürich», *Jung History* 2:2, disponible en <http://philemonfoundation.org/wp-content/uploads/2017/12/phil.vol2_.iss2_-4.pdf>

GREENBAUM, D. G.: *Temperament: Astrology's Forgotten Key.* Wessex Astrologer, Bournemouth, 2005.

—: «Allotment and Fate: Lots in Ancient Astrology», *Astrological Journal,* vol. 56:2, pp. 27-31 (2014).

—: *The Daimon in Hellenistic Astrology: Origins and Influence.* Brill, Leiden, 2015.

GREENE, L.: «Is Astrology a Divinatory System?», *Culture and Cosmos,* vol. 12:1, pp. 3-30 (2008).

—: «Signs, Signatures, and Symbols: The Language of Heaven», en N. Campion y L. Greene (eds.), *Astrologies: Plurality and Diversity*, pp. 17-46. Sophia Centre Press, Lampeter, 2011.

—: *Magi and Maggidim: The Kabbalah in British Occultism, 1860-1940.* Sophia Centre Press, Lampeter, 2012.

—: *The Astrological World of Jung's 'Liber Novus': Daimons, Gods, and the Planetary Journey.* Routledge, London, 2017.

Gurdjieff, G. I.: *Encuentros con hombres notables.* Gaia, Móstoles, 2017.

Guthrie, W.K.C.: *Orfeo y la religión griega: Estudio sobre el «Movimiento Órfico».* Buenos Aires, Eudeba, 1970.

Hair, libretto y letra de J. Rado y G. Ragni, música de G. MacDermot (1967).

Hakfoort, C.: «Science Deified: Wilhelm Osstwald's Energeticist World-View and the History of Scientism», *Annals of Science,* vol. 49:6, pp. 525-544 (1992).

Hakl, H. T.: *Eranos: An Alternative Intellectual History of the Twentieth Century,* trans. C. McIntosh. McGill-Queens University Press, Montreal, 2013.

Halbertal, M.: *Concealment and Revelation: Esotericism in Jewish Thought and Its Philosophical Implications.* Princeton University Press, Princeton, NJ, 2007.

Hammer, O.: *Claiming Knowledge: Strategies of Epistemology from Theosophy to the New Age.* Brill, Leiden, 2004.

Hanegraaff, W. J.: *New Age Religion and Western Culture: Esotericism in the Mirror of Secular Thought.* Brill, Leiden, 1996.

—: «Introduction: The Birth of a Discipline», en A. Faivre y W. J. Hanegraaff (eds.), *Western Esotericism and the Science of Religion,* pp. VII-XVII. Peeters, Leuven, 1998.

—: «Romanticism and the Esoteric Connection», en R. van den Broek y W. J. Hanegraaff (eds.), *Gnosis and Hermeticism: From Antiquity to Modern Times,* pp. 237-268. SUNY Press, Albany, 1998.

—: «How Magic Survived the Disenchantment of the World», *Religion,* vol. 33, pp. 357-380 (2003).

—: *Esotericism and the Academy: Rejected Knowledge in Western Culture.* Cambridge University Press, Cambridge, 2012.

HART, S.: *Brain, Attachment, Personality: An Introduction to Neuroaffective Development.* Karnac, Londres, 2008.

HAULE, J. R.: «Freud and Jung: A Failure of Eros», *Harvest,* vol. 39, pp. 147-58 (1993).

—: «Personal Secrets, Ethical Questions», en D. Jonte-Pace y W. B. Parsons (eds.), *Religion and Psychology: Mapping the Terrain*, pp. 151-167. Routledge, Londres, 2001.

—: L.: «The Astrology of Carl Jung and His Red Book» (2009), disponible en <www.beliefnet.com/columnists/astrologicalmusings/2009/09/carl-jung-and-the-astrology-of.html>

HEELAS, P.: *The New Age Movement: The Celebration of the Self and the Sacralization of Modernity.* Blackwell, Oxford, 1996.

HEGEDUS, T.: «Necessity and Free Will in the Thought of Bardaisan of Edessa», *Laval théologique et philosophique,* vol. 69:2, pp. 333-344 (2003).

HELLEMAN, W. E.: «Plotinus and Magic», *International Journal of the Platonic Tradition,* vol. 4, pp. 114-146 (2010).

HENDERSON, J. L.: *A Bridge Across Time: The Role of Myths in History.* Turnstone, Londres, 1975.

HILLMAN, J.: *Loose Ends: Primary Papers in Archetypal Psychology.* Spring, Zúrich, 1975.

—: «Plotino, Ficino, and Vico as Precursors of Archetypal Psychology», en J. Hillman, *Loose Ends: Primary Papers in Archetypal Psychology*, pp. 146-169. Spring, Zúrich, 1975.

—: «Some Early Background to Jung's Ideas: Notes on C. G. Jung's Medium by Stephanie Zumstein-Preiswerk», *Spring,* pp. 123-136 (1976).

—: «Jung's Daimonic Inheritance», *Sphinx,* vol. 1, pp. 9-19 (1988).

—: *El código del alma.* Martínez Roca, Barcelona, 1998.

—: «Heaven Retains in Its Sphere Half of All Bodies and Maladies», ponencia pronunciada en el Congreso «Cycles and Symbols III: The Return of Soul to the Cosmos», Isis Institute, San Francisco, CA, Febrero 1997, disponible en <www.springpub.com/astro.htm>

—: «The Azure Vault: The Caelum as Experience», en N. Campion y P. Curry (eds.), *Sky and Psyche: The Relationship Between Cosmos and Consciousness*, pp. 37-58. Floris Books, Edimburgo, 2006.

Hillman, J. y Shamdasani, S.: *Lament of the Dead: Psychology After Jung's Red Book.* W. W. Norton, Nueva York, 2013.

Hodges, H. J.: «Gnostic Liberation from Astrological Determinism: Hipparchan "Trepidation" and the Breaking of Fate», *Vigiliae Christianae,* vol. 51:4, pp. 359-373 (1997).

Hoeller, S. A.: *Jung gnóstico y los Siete Sermones a los Muertos.* Ed. Sirio, Málaga, 2005.

—: *Gnosticism: New Light on the Ancient Tradition of Inner Knowing.* Theosophical Publishing Society, Wheaton, IL, 1982.

—: «C. G. Jung and the Alchemical Revival», *Gnosis,* vol. 8, pp. 34-39 (1988).

Hoffman, L.: «Varieties of Psychoanalytic Experience: Review of *The Red Book*», *Journal of the American Psychoanalytic Association,* vol. 58, pp. 781-785 (2010).

Holden, J. H.: *A History of Horoscopic Astrology.* American Federation of Astrologers, Tempe, AZ, 1996.

—: «Early Horoscopes of Jesus», *American Federation of Astrologers Journal of Research,* vol. 12:1 (2001).

Hone, M.: *The Modern Textbook of Astrology.* L. N. Fowler, Londres, 1950.

Hood, R. W., Jr.: «The Construction and Preliminary Validation of a Measure of Reported Mystical Experience», *Journal for the Scientific Study of Religion,* vol. 14, pp. 29-41 (1975).

Horowitz, A. y Maley, T. (eds.): *The Barbarism of Reason: Max Weber and the Twilight of Enlightenment.* University of Toronto Press, Toronto, 1994.

Horowitz, M. C. (ed.): *New Dictionary of the History of Ideas,* 6 volúmenes. Charles Scribner's Sons, Detroit, MI, 2005.

Horton, S.: «Inside Jung's *Red Book*: Six Questions for Sonu Shamdasani», *Harper's Magazine,* 12 de julio de 2014, disponible en <https://harpers.org/2009/10/inside-jungs-_red-book_-six-questions-for-sonu-shamdasani/>

Howe, E.: *Urania's Children: The Strange World of the Astrologers.* William Kimber, Londres, 1967.

Hubbs, V. C.: «German Romanticism and C. G. Jung: Selective Affinities», *Journal of Evolutionary Psychology,* vol. 4:1-2, pp. 4-24 (1983).

Hughes, A.: «The Three Worlds of ibn Ezra's Hay ben Meqitz», *Journal of Jewish Thought and Philosophy,* vol. 11:1, pp. 1-24 (2002).

Huskinson, L.: *Nietzsche and Jung: The Whole Self in the Union of Opposites.* Routledge, Londres, 2004.

Idel, M.: «The Magical and Neoplatonic Interpretations of the Kabbalah in the Renaissance», en B. D. Cooperman (ed.), *Jewish Thought in the Sixteenth Century,* pp. 186-242. Harvard University Press, Cambridge, MA, 1983.

Iribarren, I. y Lenz, M. (eds.): *Angels in Medieval Philosophical Inquiry.* Ashgate, Aldershot, 2008.

Jansen, D. B.: *Jung's Apprentice: A Biography of Helton Godwin Baynes.* Daimon Verlag, Einsiedeln, Switzerland, 2003.

Jensen, F. (ed.): *C. G. Jung, Emma Jung, and Toni Wolff: A Collection of Remembrances.* Analytical Psychology Club of San Francisco, San Francisco, CA, 1982.

Johnston, S. I.: «Introduction: Divining Divination», en S. I. Johnston y P. T. Struck (eds.), *Mantikê: Studies in Ancient Divination,* pp. 1-28. Brill, Leiden, 2005.

Johnston, S. I. y Struck, P. T. (eds.): *Mantikê: Studies in Ancient Divination.* Brill, Leiden, 2005.

Jonas, H.: *La religión gnóstica: El mensaje del Dios extraño y los comienzos del cristianismo.* Ed. Siruela, Madrid, 2000.

Jonte-Pace, D. y Parsons, W. B. (eds.): *Religion and Psychology: Mapping the Terrain.* Routledge, Londres, 2001.

Kassenbrock, B. W.: *Novalis and the Two Cultures: The Chiasmic Discourse of Mathematics, Philosophy, and Poetics* (tesis doctoral no publicada). Departmento de Lenguas y Literaturas Germánicas, Universidad de Nueva York, 2009.

Katz, D. S.: *The Occult Tradition: From the Renaissance to the Present Day.* Jonathan Cape, Londres, 2005.

Katz, S. T. (ed.): *Mysticism and Language.* Oxford University Press, Oxford, 1992.

Kaylo, J.: «Imagination and the Mundus Imaginalis», *Spring*, vol. 77, pp. 107-124 (2007).

Kilcher, A.: «The Moses of Sinai and the Moses of Egypt: Moses as Magician in Jewish Literature and Western Esotericism», *Aries*, vol. 4:2, pp. 148-170 (2004).

Kim, J. C. y Dumecki, S. M.: «Genetic Fate-Mapping Approaches: New Means to Explore the Embryonic Origins of the Cochlear Nucleus», *Methods in Molecular Biology*, vol. 493, pp. 65-85 (2009).

Kingsley, P.: «Poimandres: The Etymology of the Name and the Origins of the Hermetica», *Journal of the Warburg and Courtauld Institutes*, vol. 56, pp. 1-24 (1993).

—: *Filosofía antigua, misterios y magia: Empédocles y la tradición pitagórica*. Atalanta, Girona, 2008.

Kirsch, T. B.: *The Jungians: A Comparative and Historical Perspective*. Routledge, Londres, 2012.

Kline, R.: *Ancient Angels: Conceptualizing Angeloi in the Roman Empire*. Brill, Leiden, 2011.

Klutz, T. (ed.): *Magic in the Biblical World: From the Rod of Aaron to the Ring of Solomon*. T&T Clark, Edimburgo, 2003.

Knapp, B. L.: *A Jungian Approach to Literature*. Southern Illinois University Press, Carbondale, 1984.

Koenig, P. R.: «Did You Know Oscar R. Schlag?», disponible en <https://www.parareligion.ch/sunrise/schlag1.htm>

Kontos, A.: «The World Disenchanted, and the Return of Gods and Demons», en Asher Horowitz y Terry Maley (eds.), *The Barbarism of Reason: Max Weber and the Twilight of Enlightenment*, pp. 223-247. University of Toronto Press, Toronto, 1994.

Kotansky, R.: «Incantations and Prayers for Salvation on Inscribed Greek Amulets», en C. A. Faraone y D. Obbink (eds.), *Magika Hiera: Ancient Greek Magic and Religion*, pp. 114-116. Oxford University Press, Oxford, 1991.

Kugelman, R.: «Review of *The Red Book*», *Journal of the History of the Behavioral Sciences*, vol. 47:1, pp. 101-104 (2011).

Kuhn, T.: *La estructura de las revoluciones científicas*. Fondo de Cultura Económica de España, 2017.

LAKS, A. y MOST, G. W. (eds.): *Studies on the Derveni Papyrus.* Oxford University Press, Oxford, 2001.

LEHMAN, J. L.: *Classical Solar Returns.* Schiffer, Atglen, PA, 2012.

LEHRICH, C.: *The Occult Mind: Magic in Theory and Practice.* Cornell University Press, Ithaca, NY, 2007.

LESSES, R. M.: «Speaking with Angels: Jewish and Greco-Egyptian Revelatory Adjurations», *Harvard Theological Review,* vol. 89:1, pp. 41-60 (1996).

—: *Ritual Practices to Gain Power: Angels, Incantations, and Revelation in Early Jewish Mysticism.* Trinity Press, Harrisburg, PA, 1998.

LEWIN, N.: *Jung on War, Politics and Nazi Germany: Exploring the Theory of Archetypes and the Collective Unconscious.* Karnac Books, Londres, 2009.

LEWIS, H. S.: *Preguntas y respuestas Rosacruces: Con la historia completa de la Orden Rosacruz.* Maxtor, Valladolid, 2009.

LEWIS, J. R.: *The Astrology Book: The Encyclopedia of Heavenly Influences.* Visible Ink Press, Canton, MI, 2003.

LEWIS, N. D.: *Cosmology and Fate in Gnosticism and Graeco-Roman Antiquity.* Brill, Leiden, 2013.

LINDEN, S. J. (ed.): *The Alchemy Reader: From Hermes Trismegistus to Isaac Newton.* Cambridge University Press, Cambridge, 2003.

LONG, A. A.: *From Epicurus to Epictetus: Studies in Hellenistic and Roman Philosophy.* Oxford University Press, Oxford, 2006.

LONG, A. A. y SEDLEY, D. N.: *The Hellenistic Philosophers*, vol. 1: *Translation of the Principle Sources with Philosophical Commentary.* Cambridge University Press, Cambridge, 1987.

LOUTH, A.: *The Origins of the Christian Mystical Tradition: From Plato to Denys.* Oxford University Press, Oxford, 1983.

LUCK, G.: *Arcana Mundi: Magia y ciencias ocultas en el mundo griego y romano.* Gredos, Madrid, 1995.

MACINTYRE, A.: «Is Understanding Religion Compatible With Believing?», en R. T. McCutcheon (ed.), *The Insider/Outsider Problem in the Study of Religion: A Reader*, pp. 37-49. Cassell, Londres, 1999.

MACLENNAN, B. J.: «Evolution, Jung, and Theurgy: Their Role in Modern Neoplatonism», en R. M. Berchman y J. F. Finamore (eds.),

History of Platonism: Plato Redivivus, pp. 305-322. University Press of the South, Nueva Orleans, LA, 2005.

MAIN, R.: *The Rupture of Time: Synchronicity and Jung's Critique of Modern Western Culture.* Brunner-Routledge, Hove, 2004.

—: «New Age Thinking in the Light of C. G. Jung's Theory of Synchronicity», *Journal of Alternative Spiritualities and New Age Studies,* vol. 2, pp. 8-25 (2006).

—: (ed.): *Jung, Synchronicity, and the Paranormal.* Routledge, Londres, 1997.

MARJANEN, A. y LUOMANEN, P. (eds.): *A Companion to Second-Century Christian 'Heretics'.* Brill, Leiden, 2008.

MARTINDALE, P.: «"Against All Hushing Up and Stamping Down": The Medico-Psychological Clinic of London and the Novelist May Sinclair», *Psychoanalysis and History,* vol. 6:2, pp. 177-200 (2004).

MASLOW, A.: *El hombre autorrealizado: Hacia una psicología del ser.* Kairós, Barcelona, 2012.

MAYO, J.: *Curso de astrología.* Ediciones Obelisco, Barcelona, 1984.

MAZUR, Z.: «*Unio Magica*, Part I: On the Magical Origins of Plotinus' Mysticism», *Dionysius,* vol. 21, pp. 23-52 (2003).

—: «*Unio Magica*, Part II: Plotinus, Theurgy, and the Question of Ritual», *Dionysius,* vol. 22, pp. 29-56 (2004).

MCCUTCHEON, R. T. (ed.): *The Insider/Outsider Problem in the Study of Religion: A Reader.* Cassell, Londres, 1999.

MCGILLION, F.: «"The Influence of Wilhelm Fliess" Cosmology on Sigmund Freud», *Culture and Cosmos,* vol. 2:1, pp. 33-48 (1998).

MCGUIRE, W. y HULL, R.F.C. (eds.): *Encuentros con Jung.* Ed. Trotta, Madrid, 2000.

MCINTOSH, C.: *Los Rosacruces: Historia, mitología y rituales de una orden oculta.* Edaf, Madrid, 1988.

MERKUR, D.: *Gnosis: An Esoteric Tradition of Mystical Visions and Unions.* SUNY Press, Albany, 1993.

—: *Mystical Moments and Unitive Thinking.* SUNY Press, Albany,1999.

—: «Stages of Ascension in Hermetic Rebirth», *Esoterica,* vol. 1, pp. 79-96 (1999).

—: *Crucified with Christ: Meditation on the Passion, Mystical Death, and the Medieval Invention of Psychotherapy.* SUNY Press, Albany, 2007.

Merlan, P.: «Plotinus and Magic», *Isis,* vol. 44:4, pp. 341-348 (1953).

Miller, D. L.: «Misprision: Pitfalls in Teaching Jung in a University Religious Studies Department», en K. Bulkeley and C. Weldon (eds.), *Teaching Jung,* pp. 29-50. Oxford University Press, Oxford, 2011.

Mulacz, W. P.: «Oscar R. Schlag», *Journal of the Society for Psychical Research,* vol. 60, pp. 263-267 (1995).

Murray, G.: *Four Stages of Greek Religion.* Oxford University Press, Oxford, 1912.

Myers, I. B.: *An Introduction to Type: A Guide to Understanding Your Results on the Myers-Briggs Type Indicator.* Oxford Psychologists Press, Oxford, 2000 [1990].

Neugebauer, O. E.: «The Study of Wretched Subjects», *Isis,* vol. 42:2, p. 111 (1951).

Neumann, E.: *The Origins and History of Consciousness.* Princeton University Press, Princeton, NJ, 1954.

—: *La Gran Madre: Una fenomenología de las creaciones femeninas de lo inconsciente.* Ed. Trotta, Madrid, 2009.

Noll, R.: *The Jung Cult: Origins of a Charismatic Movement.* Princeton University Press, Princeton, NJ, 1994.

—: «Jung the *Leontocephalus*», in P. Bishop (ed.), *Jung in Contexts: A Reader,* pp. 51-91. Routledge, Londres, 1999.

North, J. D.: *Stars, Mind, and Fate: Essays in Ancient and Medieval Cosmology.* Continuum, Londres, 1989.

Oestmann, G. y Darrel Rutkin, H. (eds.), y von Stuckrad, K.: *Horoscopes and Public Spheres: Essays on the History of Astrology.* Walter de Gruyter, Berlín, 2005.

Olyan, S. M.: *A Thousand Thousands Served Him: Exegesis and the Naming of Angels in Ancient Judaism.* Mohr Siebeck, Tubinga, 1993.

Ouspensky, P. D.: *Fragmentos de una enseñanza desconocida: En busca de lo milagroso.* Ed. Gaia, Móstoles, 2012.

Owen, A.: «Occultism and the "Modern Self" in Fin-de-Siècle Britain», en M. Daunton and B. Rieger (eds.), *Meanings of Modernity:*

Britain from the Late-Victorian Era to World War II, pp. 71-96. Berg, Oxford, 2001.
—: *The Place of Enchantment: British Occultism and the Culture of the Modern*. University of Chicago Press, Chicago, 2004.
Owens, L. S.: «Jung and Aion: Time, Vision, and a Wayfaring Man», *Psychological Perspectives: A Quarterly Journal of Jungian Thought*, vol. 54:3, pp. 253-289 (2011).
Page, S.: «Uplifting Souls: The *Liber de essentia spirituum* and the *Liber Razielis*», en C. Fanger (ed.), *Invoking Angels: Theurgic Ideas and Practices, Thirteenth to Sixteenth Centuries*, pp. 79-112. Penn State University Press, University Park, 2012.
Panofsky, E.: *Renacimiento y renacimientos en el arte occidental*. Alianza Editorial, Madrid, 2014.
Patai, R.: *The Jewish Alchemists: A History and Sourcebook*. Princeton University Press, Princeton, NJ, 1995.
Pavlov, I. P.: *Los reflejos condicionados: Lecciones sobre la función de los grandes hemisferios*. Ed. Morata, Madrid, 1997.
Pearson, B. A.: *Gnosticism, Judaism, and Egyptian Christianity*. Fortress Press, Minneapolis, MN, 1980.
—: «Jewish Elements in *Corpus Hermeticum* I (*Poimandres*)», en R. van den Broek y C. van Heertum (eds.), *From Poimandres to Jacob Böhme: Hermetism, Gnosis and the Christian Tradition*, pp. 336-348. Brill, Leiden 2000.
—: «Basilides the Gnostic», en A. Marjanen y P. Luomanen (eds.), *A Companion to Second-Century Christian 'Heretics'*, pp. 1-31. Brill, Leiden, 2008.
Peck, M. S.: *El camino menos transitado*. Vergara, Barcelona, 2019.
—: *People of the Lie: The Hope for Healing Human Evil*. Rider, Londres, 1988.
Peterson, G. R.: «Demarcation and the Scientistic Fallacy», *Zygon*, vol. 38:4, pp. 751-761 (2003).
Pittinger, D. J.: «Measuring the MBTI . . . And Coming Up Short», *Journal of Career Planning and Employment*, vol. 54:1, pp. 48-52 (1993).
Platt, H.: «Fighting for Professional Survival», *Psychotherapist*, vol. 48, pp. 29-32 (2011).

Popovic, M.: *Reading the Human Body: Physiognomics and Astrology in the Dead Sea Scolls and Hellenistic-Early Roman Period Judaism.* Brill, Leiden, 2007.

Primiano, L. N.: «Vernacular Religion and the Search for Method in Religious Folklife», *Western Folklore,* vol. 54:1, pp. 37-56 (1995).

Progoff, I.: *The Symbolic and the Real: A New Psychological Approach to the Fuller Experience of Personal Existence.* McGraw-Hill, Nueva York, 1973.

Quispel, G.: *Gnosis als Weltreligion: Die Bedeutung der Gnosis in der Antike.* Origo Verlag, Zúrich, 1951.

—: *Gnostica, Judaica, Catholica: Collected Essays of Gilles Quispel*, ed. J. van Oort (: Brill, Leiden, 2008).

Raff, J.: *Jung and the Alchemical Imagination.* Nicolas-Hays, York Beach, ME, 2000.

Raine, K.: *Yeats, the Tarot, and the Golden Dawn.* Dolmen Press, Dublín, 1972.

Raitt, S.: «Early British Psychoanalysis and the Medico-Psychological Clinic», *History Workshop Journal,* vol. 58, pp. 63-85 (2004).

Raman, B. V.: *How to Judge a Horoscope,* 2 volúmenes. South Asia Books, Columbia, MO, 2000.

Reichert, C. L.: «Oskar Adolf Hermann Schmitz», en *New German Biography,* vol. 23, pp. 254-255. Duncker and Humblot, Berlín, 2007.

Riffard, P.: *L'esoterisme.* Laffont, París, 1990.

Rist, J. M.: *The Stoics.* University of California Press, Berkeley, 1978.

—: «Plotinus and Christian Philosophy», en L. P. Gerson (ed.), *The Cambridge Companion to Plotinus,* pp. 386-413. Cambridge University Press, Cambridge 1996.

Robinson, J. M. y Smith, R. (eds.): *The Nag Hammadi Library in English.* Brill, Leiden, 1977.

Roling, B.: «The Complete Nature of Christ: Sources and Structures of a Christological Theurgy in the Works of Johannes Reuchlin», en J. N. Bremmer y J. R. Veenstra (eds.), *The Metamorphosis of Magic: From Late Antiquity to the Early Modern Period,* pp. 231-266. Peeters, Leuven, 2002.

ROSENMEYER, T. G.: *Senecan Drama and Stoic Cosmology.* University of California Press, Berkeley, 1989.

RUDOLPH, K.: *Gnosis: The Nature and History of Gnosticism*, trad. P. W. Coxon, K. H. Kuhn y R. McL. Wilson. T&T Clark, Edimburgo, 1984.

RÜMKE, A. C. y de Rijcke, S.: *Rebekka Aleida Beigel (1886-1943): Een Vrouw in de Psychologie.* Barkhuism, Eelde, 2006.

RUPERTI, A.: «Dane Rudhyar: A Seed-Man for the New Era», *Astrological Journal,* vol. 32:2, p. 57 (1986).

RUSSELL, D. A.: «Some Texts Similar to *De genio*», en Plutarco, *On the Daimonion of Socrates: Human Liberation, Divine Guidance and Philosophy*, ed. H. G. Nesselrath, trad. D. Russell, G. Cawkwell, W. Deuse, J. Dillon, H. G. Nesselrath, R. Parker, C. Pelling y S. Schröder, pp. 201-206. Mohr Siebeck, Tubinga, 2010.

SAMUEL, G. y JOHNSTON, J. (eds.): *Religion and the Subtle Body in Asia and the West.* Routledge, Londres, 2013.

SAMUELS, A.: *Jung y los post-junguianos.* Manuscritos, Morata de Tajuña, 2015.

SANDBACH, F. H.: *The Stoics.* Duckworth, Londres, 1975.

SAUNDERS, B. R.: *Ivan Pavlov: Exploring the Mysteries of Behavior.* Enslow, Berkeley Heights, NJ, 2006.

SCHÄFER, P.: «Jewish Magic Literature in Late Antiquity and the Early Middle Ages», *Journal of Jewish Studies,* vol. 41:1, pp. 75-91 (1990).

SCHARFSTEIN, B. A.: *The Roots of Bergson's Philosophy.* Columbia University Press, Nueva York, 1943.

SCHAVERIEN, J.: *The Revealing Image: Analytical Art Psychotherapy in Theory and Practice.* Jessica Kingsley, Londres, 2009.

SCHMIDT, B. E. y HUSKINSON, L. (eds.): *Spirit Possession and Trance: New Interdisciplinary Perspectives.* Continuum, London, 2010.

SCHOLEM, G.: *Jewish Gnosticism, Merkabah Mysticism, and Talmudic Tradition.* Jewish Theological Seminary, Nueva York, 1970.

—: *Kabbalah: A Definitive History of the Evolution, Ideas, Leading Figures and Extraordinary Influence of Jewish Mysticism.* Meridian, Nueva York, 1978.

—: «The Concept of Kavvanah in Early Kabbalah», en A. Jospe (ed.), *Studies in Jewish Thought: An Anthology of German Jewish Scholarship*, pp. 162-180. Wayne State University Press, Detroit, MI, 1981.

—: *On the Mystical Shape of the Godhead: Basic Concepts in the Kabbalah*, trad. Joachim Neugroschel. Schocken Books, Nueva York, 1991.

—: *Alchemy and Kabbalah*, trad. Klaus Ottman. Spring, Dallas, 2006.

Scrimali, T.: *Neuroscience-Based Cognitive Therapy: New Methods for Assessment, Treatment and Self-Regulation.* John Wiley & Sons, London, 2012.

Secret, F.: «Sur quelques traductions du Sefer Raziel», *Revue des Études Juives,* vol. 128, pp. 223-245 (1969).

Segal, A. F.: «Heavenly Ascent in Hellenistic Judaism, Early Christianity and Their Environment», en *Aufstieg und Niedergang der römischen Welt* (*ANRW*), vol. 2, ed. W. Haase, pp. 1333-1394. De Gruyter, Berlín, 1980.

—: *Life After Death: A History of the Afterlife in Western Religion.* Doubleday, Nueva York, 2012.

Segal, R. A.: «Jung's Very Twentieth-Century View of Myth», *Journal of Analytical Psychology,* vol. 48:5, pp. 593-617 (2003).

—: «Jung as Psychologist of Religion and Jung as Philosopher of Religion», *Journal of Analytical Psychology,* vol. 55:3, pp. 361-384 (2010).

—: (ed.): *The Gnostic Jung, Including 'Seven Sermons to the Dead'.* Princeton University Press, Princeton, NJ, 1992.

Sellars, J.: *Stoicism.* University of California Press, Berkeley, 2006.

Sells, B. (ed.): *Working with Images: The Theoretical Base of Archetypal Psychology.* Spring, Woodstock, CT, 2000.

Serrano, M.: *C. G. Jung and Hermann Hesse: A Record of Two Friendships.* Daimon Verlag, Einsiedeln, Suiza, 1998.

Seznec, J.: *Los dioses de la Antigüedad en la Edad Media y el Renacimiento.* Taurus, Madrid, 1983.

Shalit, E.: *The Complex: Path of Transformation from Archetype to Ego.* Inner City Books, Toronto, 2002.

Shamdasani, S.: *Cult Fictions: C. G. Jung and the Founding of Analytical Psychology.* Routledge, Londres, 1998.

—: «Memories, Dreams, Omissions», en P. Bishop (ed.), *Jung in Contexts: A Reader*, pp. 33-50. Routledge, Londres, 1999.

—: *Jung y la creación de la psicología moderna.* Atalanta, Girona, 2018.

—: *C. G. Jung: A Biography in Books.* W. W. Norton, Nueva York, 2012.

Shamdasani, S. (ed.): *Jung contra Freud: The 1912 New York Lectures on the Theory of Psychoanalysis.* Princeton University Press, Princeton, NJ, 2011.

Shaw, G.: «Theurgy: Rituals of Unification in the Neoplatonism of Iamblichus», *Traditio,* vol. 41, pp. 1-28 (1985).

—: *Theurgy and the Soul: The Neoplatonism of Iamblichus.* Penn State University Press, University Park, 1995.

—: «Neoplatonic Theurgy and Dionysius the Areopagate», *Journal of Early Christian Studies,* vol. 7:4, pp. 573-599 (1999).

—: «The Talisman: Magic and True Philosophers», en A. Voss y J. H. Lall (eds.), *The Imaginal Cosmos: Astrology, Divination and the Sacred*, pp. 25-34. University of Kent, Canterbury, 2007.

Sheldon-Williams, I. P.: «The Greek Christian Platonist Tradition from the Cappadocians to Maximus and Eriugena», en A. H. Armstrong (ed.), *Later Greek and Early Medieval Philosophy*, pp. 421-534. Cambridge University Press, Cambridge, 1967.

Sherry, J.: *A Pictorial Guide to The Red Book* (Archive for Research in Archetypal Symbolism, ARAS Connections, 2010), disponible en <https://aras.org/sites/default/files/docs/00033Sherry.pdf>.

Silverstone, L.: *Art Therapy Exercises: Inspirational and Practical Ideas to Stimulate the Imagination.* Jessica Kingsley, Londres, 2009.

Singer, T. y Kimbles, S. L. (eds.): *The Cultural Complex: Contemporary Jungian Perspectives on Psyche and Society.* Routledge, Londres, 2004.

Smart, N.: *The Science of Religion and the Sociology of Knowledge.* Princeton University Press, Princeton, NJ, 1973.

Smythe, W. E. y Baydala, A.: «The Hermeneutic Background of C. G. Jung», *Journal of Analytical Psychology,* vol. 57, pp. 57-75 (2012).

Solovyoff, V. S.: *A Modern Priestess of Isis.* Longmans, Green, Londres, 1895.

SPERBER, D.: *Rethinking Symbolism*, trad. A. L. Morton. Cambridge Univerity Press, Cambridge, 1974.

STRUCK, P. T.: *Birth of the Symbol: Ancient Readers at the Limits of Their Texts*. Princeton University Press, Princeton, NJ, 2004.

—: «A World Full of Signs: Understanding Divination in Ancient Stoicism», en P. Curry y A. Voss (eds.), *Seeing with Different Eyes: Essays in Astrology and Divination*, pp. 3-20. Cambridge Scholars, Newcastle, 2007.

SULLOWAY, F. J.: *Freud, Biologist of the Mind: Beyond the Psychoanalytic Legend*. Harvard University Press, Cambridge, MA, 1992.

SWAN, W.: «C. G. Jung's Psychotherapeutic Technique of Active Imagination in Historical Context», *Psychoanalysis and History*, vol. 10:2, pp. 185-204 (2008).

SWANSON, R. N., *The 12th-Century Renaissance*. Manchester University Press, Manchester, 1999.

SWATOS, W. H. y OLSON, D. V. A. (eds.): *The Secularization Debate*. Rowman & Littlefield, Nueva York, 2000.

TACEY, D. J.: *Jung and the New Age*. Brunner-Routledge, Hove, 2001.

—: «The Challenge of Teaching Jung in the University», en K. Bulkeley y C. Weldon (eds.), *Teaching Jung*, pp. 13-27. Oxford University Press, Oxford, 2011.

TAYLOR, A.: *Annie Besant: A Biography*. Oxford University Press, Oxford, 1991.

THOMAS, K.: *Religion and the Decline of Magic*. Weidenfeld & Nicolson, Londres, 1971.

THOMPSON, M.: *Roots and Role of Imagination in Kant: Imagination at the Core* (tesis doctoral no publicada, University of South Florida, 2009.

THROWER, J.: *Religion: The Classical Theories*. Edinburgh University Press, Edimburgo,1999.

TORIJANO, P. A.: *Solomon the Esoteric King: From King to Magus, Development of a Tradition*. Brill, Leiden, 2002.

TSANTSANOGLOU, K.: «The First Columns of the Derveni Papyrus and Their Religious Significance», en A. Laks y G. W. Most (eds.), *Studies on the Derveni Papyrus*, pp. 93-128. Oxford University Press, Oxford, 2001.

ULANSEY, D.: *The Origins of the Mithraic Mysteries: Cosmology and Salvation in the Ancient World.* Oxford University Press, Oxford, 1991.

ULINOV, A. B.: «Teaching Jung in a Theological Seminary», en D. Jonte-Pace y W. B. Parsons (eds.), *Religion and Psychology: Mapping the Terrain*, pp. 51-59. Routledge, Londres, 2001.

VALLÉE, G.: *A Study in Anti-Gnostic Polemics: Irenaeus, Hippolytus, and Epiphanius.* Wilfrid Laurier University Press, Waterloo, ON, 1981.

VAN DEN BROEK, R.: «The Creation of Adam's Psychic Body in the *Apocryphon of John*», en R. van den Broek y M. J. Vermaseren (eds.), *Studies in Gnosticism and Hellenistic Religions*, pp. 38-57. Brill, Leiden, 1981.

—: *Studies in Gnosticism and Alexandrian Christianity.* Brill, Leiden, 1996.

—: *Gnostic Religion in Antiquity.* Cambridge University Press, Cambridge, 2013.

VAN DEN BROEK, R. y HANEGRAAFF, W. J. (eds.): *Gnosis and Hermeticism: From Antiquity to Modern Times.* SUNY Press, Albany, 1998.

VAN DEN BROEK, R. y VAN HEERTUM, C. (eds.): *From Poimandres to Jacob Böhme: Hermetism, Gnosis and the Christian Tradition.* Brill, Leiden, 2000.

VAN DEN BROEK, R. y VERMASEREN, M. J. (eds.): *Studies in Gnosticism and Hellenistic Religions.* Brill, Leiden, 1981.

VAN OORT, J.: «Manichaeism: Its Sources and Influences on Western Christianity», en R. van den Broek y W. J. Hanegraaff (eds.), *Gnosis and Hermeticism: From Antiquity to Modern Times*, pp. 37-51. SUNY Press, Albany, 1997.

VON FRANZ, M. L.: *Alchemical Active Imagination.* Spring, Irving, TX, 1979.

—: «On Active Imagination», en I. Baker (ed.), *The Methods of Treatment in Analytical Psychology*, pp. 88-99. Verlag Adolf Bonz, Fellbach, 1980.

VOSS, A. y LALL, J. H. (eds.): *The Imaginal Cosmos: Astrology, Divination and the Sacred.* University of Kent, Canterbury, 2007.

WALKER, D. P.: «The Astral Body in Renaissance Medicine», *Journal of the Warburg and Courtauld Institutes*, vol. 21:1-2, pp. 119-133 (1958).

—: *Spiritual and Demonic Magic: From Ficino to Campanella*. Warburg Institute, Londres, 1958.

Wallis, R. T. y Bregman, J. (eds.): *Neoplatonism and Gnosticism.* SUNY Press, Albany, 1992.

Wasserstrom, S.: *Religion After Religion: Gershom Scholem, Mircea Eliade, and Henry Corbin at Eranos.* Princeton University Press, Princeton, NJ, 1999.

Wear, S. K. y Dillon, J. M.: *Dionysius the Areopagite and the Neoplatonist Tradition: Despoiling the Hellenes.* Ashgate, Farnham, 2007.

Webb, J.: *The Occult Establishment.* Richard Drew, Londres, 1981.

Wehr, G.: *Carl Gustav Jung: Su vida, su obra, su influencia.* Paidós Ibérica, Barcelona, 1991.

—: «C. G. Jung in the Context of Christian Esotericism and Cultural History», en A. Faivre y J. Needleman (eds.), *Modern Esoteric Spirituality*, pp. 381-399. Crossroad, Nueva York, 1995.

—: *Jung and Steiner: The Birth of a New Psychology*, trad. M. Jaeckel. Anthroposophic Press, Great Barrington, MA, 2002.

Wels, H.: «Late Medieval Debates on the Location of Angels After the Condemnation of 1277», en I. Iribarren y M. Lenz (eds.), *Angels in Medieval Philosophical Inquiry*, pp. 113-127. Ashgate, Aldershot, 2008.

Wilson, R. McL.: «Gnosis and the Mysteries», en R. van den Broek y M. J. Vermaseren (eds.), *Studies in Gnosticism and Hellenistic Religions*, pp. 451-466. Brill, Leiden, 1981.

Wind, E.: *Misterior paganos en el renacimiento.* Alianza Editorial, Madrid, 1997.

Winnicott, D. W.: «Review of C. G. Jung, *Memories, Dreams, Reflections*», *International Journal of Psycho-analysis,* vol. 45, pp. 450-455 (1964).

Wolfson, E. R.: «Merkavah Traditions in Philosophical Garb: Judah Halevi Reconsidered», *Proceedings of the American Academy for Jewish Research,* vol. 57, pp. 179-242 (1990-91).

—: *Through a Speculum That Shines: Vision and Imagination in Medieval Jewish Mysticism.* Princeton University Press, Princeton, NJ, 1997.

—: «Theosis, Vision, and the Astral Body in Medieval German Pietism and the Spanish Kabbalah», en N. Campion y L. Greene (eds.), *Sky and Symbol*, pp. 119-142. Sophia Centre Press, Lampeter, 2013.

WUEST, P. V.: *Precession of the Equinoxes.* Georgia Southern University, Atlanta, 1998.

YATES, F. A.: *Giordano Bruno y la tradición hermética.* Ariel, Barcelona, 1983.

—: *El iluminismo Rosacruz.* Siruela, Madrid, 2008.

YOSHIDA, H.: *Joyce and Jung: The 'Four Stages of Eroticism' in A Portrait of the Artist as a Young Man.* Peter Lang, Nueva York, 2007.

YOUNG-EISENDRATH, P. y DAWSON, T. (eds.): *The Cambridge Companion to Jung.* Cambridge University Press, Cambridge, 1997.

ZAMBELLI, P.: *The Speculum astronomiae and Its Enigma.* Kluwer Academic, Dordrecht, 1992.

ZIOMKOWSKI, R.: «Neoplatonism», en M. C. Horowitz (ed.), *New Dictionary of the History of Ideas*, 6 volúmenes, 4:1628. Charles Scribner's Sons, Detroit, MI, 2005.

ZOLLER, R.: *Fate, Free Will and Astrology.* Ixion Press, Nueva York, 1992.

—: *Tools & Techniques of the Medieval Astrologer, Book One: Prenatal Concerns and the Calculation of the Length of Life.* New Library, Londres, 2001.

Websites

<www.capt.org/research/psychological-type-journal.htm#>

<http://wildhunt.org/blog/tag/liber-novus>

<www.fraternitas.de>

<www.oocities.org/astrologyages/ageofaquarius.htm>

<http://philemonfoundation.org/wp-content/uploads/2017/12/phil.vol1_.iss2_-1-1.pdf>

<https://www.nhs.uk/mental-health/talking-therapies-medicine-treatments/talking-therapies-and-counselling/cognitive-behavioural-therapy-cbt/overview/>

<www.acat.me.uk/page/home>

Índice analítico

B

C

D

I

R

S

T

Imágenes

Figuras

1. Publicado en castellano bajo el título *Los signos del zodíaco,* en RBA, Barcelona, 2003.

Láminas

Nota sobre las referencias

Las obras de C. G. Jung citadas en el texto se referencian a pie de página con el número del volumen de *The Collected Works of C. G. Jung (Obras completas de C. G. Jung),* seguido por el número de párrafo.[1] Por ejemplo CW13, p. 82-84. En la Bibliografía se ofrece información completa sobre estas publicaciones. Las obras que cita Jung y que no se hallan incluidas en su Obra completa se referencian en las notas a pie de página mediante el título principal, volumen, si es aplicable, y número de página, dándose todos los detalles de la publicación en la Bibliografía. Por ejemplo: Jung, *Visions Seminars* I:23. La autobiografía de Jung, *Memories, Dreams, Reflections (Recuerdos, sueños, pensamientos),*[2] se referencia en las notas a pie de página como *MDR,* dándose los detalles de publicación en la Bibliografía.

Las obras de Platón y de otros autores de la antigüedad citados en el texto en su traducción inglesa se dan en las notas a pie de página según el título de la obra y la referencia normalizada del párrafo, ofreciéndose todas las referencias en la Bibliografía, incluida la información sobre

1. Los números de volumen y de párrafo de *The Collected Works of C. G. Jung* se corresponden exactamente con los números de volumen y párrafo de *Carl Gustav Jung: Obra completa* en 18 volúmenes, publicados por Editorial Trotta, Madrid, 2016. *(N. del T.)*
2. Publicado por Seix Barral, Barcelona, 1999.

traducción y publicación. Por ejemplo, Platón, *Symposium,* 52a-56c; Jámblico, *De mysteriis,* I.21.

Las obras de Sigmund Freud citadas en el texto se dan por el número de volumen de la *Standard Edition of the Works of Sigmund Freud (Edición normalizada de las obras de Sigmund Freud),* seguido por el número de página de la edición específica que he utilizado. Por ejemplo: Freud, SE5, p. 155. En la Bibliografía se ofrece información completa sobre traducciones y publicación en lengua inglesa.

Cuando una obra citada tiene subtítulo, sólo se ofrece el título principal en las notas a pie de página, incluyendo los detalles de publicación y página. Sin embargo, el título completo sólo se da en la Bibliografía.

Agradecimientos

Me gustaría dar las gracias al profesor Sonu Shamdasani por su cuidadosa lectura del manuscrito, por su apoyo y por las valiosas sugerencias que me ha hecho. También me gustaría dar las gracias a Andreas Jung y a su esposa Vreni por haberme dado permiso para examinar los archivos privados y las carpetas de documentos personales de Jung, así como por su interés y su apoyo en la confección de este libro.

Índice